21世纪经济管理新形态教材·经济学系列

产业经济学

温　军　李双燕　蒋仁爱 ◎ 主　编
杨秀云　林　颖　高　宇 ◎ 副主编

清华大学出版社
北京

内 容 简 介

本书在考虑数字经济发展对产业转型影响的基础上,吸纳了相关理论研究的新成果,系统介绍了产业经济学的理论和实践,通过对产业经济学各环节的全景式描述,使读者对产业经济学体系框架有一个清晰的认识。全书共分为16章,包括导论、企业理论、产业组织理论历史演进与现实发展、不完全竞争、价格歧视、价格竞争、产品差异化、广告、技术创新与专利、进入与退出、网络与标准竞争、产业结构、产业关联、反垄断政策、产业规制政策、各国产业政策调整与产业发展趋势,涵盖了产业经济学的基本理论、新实践和发展趋势。

本书内容丰富,注重理论和实践的有机结合,章节中含有基本计算、案例、复习参考题和即测即练。本书适合作为经济与管理类专业研究生和本科高年级学生的基础性教材,也可作为相关从业人员的培训和学习用书。

本书封面贴有清华大学出版社防伪标签,无标签者不得销售。
版权所有,侵权必究。举报: 010-62782989,beiqinquan@tup.tsinghua.edu.cn

图书在版编目(CIP)数据

产业经济学/温军,李双燕,蒋仁爱主编. —北京:清华大学出版社,2024.5
21世纪经济管理新形态教材. 经济学系列
ISBN 978-7-302-66146-7

Ⅰ. ①产… Ⅱ. ①温… ②李… ③蒋… Ⅲ. ①产业经济学-教材 Ⅳ. ①F062.9

中国国家版本馆CIP数据核字(2024)第085675号

责任编辑: 付潭娇
封面设计: 李伯骥
责任校对: 宋玉莲
责任印制: 刘 菲

出版发行: 清华大学出版社
网　　址: https://www.tup.com.cn, https://www.wqxuetang.com
地　　址: 北京清华大学学研大厦A座　　邮　编: 100084
社 总 机: 010-83470000　　邮　购: 010-62786544
投稿与读者服务: 010-62776969, c-service@tup.tsinghua.edu.cn
质 量 反 馈: 010-62772015, zhiliang@tup.tsinghua.edu.cn
课 件 下 载: https://www.tup.com.cn, 010-83470332

印 装 者: 三河市东方印刷有限公司
经　　销: 全国新华书店
开　　本: 185mm×260mm　　印　张: 22.25　　字　数: 511千字
版　　次: 2024年7月第1版　　印　次: 2024年7月第1次印刷
定　　价: 69.00元

产品编号: 100109-01

前 言

作为应用经济学的一门分支学科,产业经济学主要研究产业活动,寻求产业发展规律,它是介于宏观经济和微观经济之间的中观经济,是理解宏微观经济和产业发展问题的关键纽带。在以人工智能、大数据等为代表的第四次工业革命的发展推动下,人类社会正在继农业经济、工业经济之后,进入数字经济时代。人们的生产和生活正在发生深刻的变化,新技术带来的新工艺、新产品和新应用,要求产业必须进行转型,企业生产管理和组织方式也需要发生深刻变革。根据国务院印发的《"十四五"数字经济发展规划》,到 2025 年,数字经济核心产业增加值要占到 GDP 的 10%,这就要求在构建现代化产业体系的过程中,不仅要推动传统产业数字化转型,还要推进数字产业化发展,产业结构、产业政策也要发生相应的变化。这对新时期产业经济学教材的与时俱进提出了新的要求。西安交通大学经济与金融学院的产业经济学专业是国家重点学科,产业经济学课程一直是本专业研究生的核心必修课程,自开设以来便受到了学生的广泛欢迎。我们的教学团队在多年的教学基础上,编写了本教材。

本教材充分考虑了数字经济发展对产业转型的影响,吸纳了相关理论研究的最新成果,如数字经济时代企业、产业的新特征,数字经济时代互联网广告与拍卖的新特点,数字经济时代反垄断规制发展的新方向等,同时结合习近平新时代中国特色社会主义思想的最新成果,在编写过程中融入了诸多中国特色的企业及产业发展实际,将更多思政元素体现在本教材的编写中。全书共分为四部分:第一部分为企业理论篇(第一章、第二章)。在编写的过程中,我们对企业的边界理论和委托代理理论、企业结构以及企业在产业链中的地位进行了详细介绍。第二部分为产业组织篇(第三至第十一章)。在本篇中,我们对产业组织理论历史演进与现实发展、不完全竞争、价格歧视、价格竞争、产品差异化、广告、技术创新与专利、进入与退出、网络与标准竞争进行了充分的讨论。第三部分为产业结构与产业关联篇(第十二、第十三章)。在本篇中,我们对产业结构及产业关联进行了深入的分析,包括产业结构的演变、产业结构的优化、产业布局、产业集聚和产业转移,以及产业关联的概念、产业关联分析的基本工具与产业波及效果等。第四部分为产业政策篇(第十四至第十六章)。在本篇中,我们对反垄断政策、产业规制政策和各国产业政策调整与产业发展趋势进行了预测和讨论。

本书是面向经济与管理类产业经济学专业研究生和本科高年级产业经济学学生的

基础性教材，也可供实践中对产业经济学感兴趣的从业人员自主阅读。通过本教材的学习，希望广大读者能够了解产业及产业组织发展的基本规律、产业领域产生的新现象、产业结构变革的动因及机理，产业政策调整的缘由和方向等。本书的写作大纲和内容是由我与其他主编和副主编多次研究及修改后确定的，全书由温军、李双燕、蒋仁爱担任主编，杨秀云、林颖和高宇为副主编。参与本教材编写的还有西安交通大学李世英副教授及研究生团队成员，他们是梁旭晖、邓沛东、李凌霄、宋书新、尹华棠、杨竞豪、杨圣豪、高鹏飞、尹芳菲、苏祖龙、廉思东、乔阳娇、王岩晖。在初稿完成后，我与各位主编和副主编分别对各章节的内容进行了润色与修改。此外，西安交通大学王国林教授、赵春艳教授在本教材的编写过程中对教材结构、编写方法等提出了诸多建设性的意见，在此均致以诚挚的谢意。

最后，感谢清华大学出版社以及本教材编辑所付出的辛勤劳动！

温 军

2023 年 4 月于西安交通大学经济与金融学院

目 录

企业理论篇

第一章　导论 ·· 3
　　第一节　产业的定义与分类 ·· 3
　　第二节　产业经济学的含义及演进 ·· 6
　　课后习题 ··· 10
　　即测即练 ··· 11

第二章　企业理论 ·· 12
　　第一节　基于交易成本的企业边界理论 ······································ 13
　　第二节　企业目标与委托代理理论 ·· 28
　　第三节　企业形态及不同类型的企业结构 ··································· 34
　　第四节　企业在产业链中的角色定位与作用 ································ 43
　　课后习题 ··· 47
　　即测即练 ··· 47

产业组织篇

第三章　产业组织理论历史演进与现实发展 ···································· 51
　　第一节　产业组织理论的渊源及形成 ··· 51
　　第二节　产业组织理论与实践的新发展 ······································ 59
　　课后习题 ··· 73
　　即测即练 ··· 74

第四章　不完全竞争 ··· 75
　　第一节　不完全竞争市场 ··· 75
　　第二节　市场结构 ··· 77
　　第三节　市场势力 ··· 81
　　第四节　垄断 ··· 83
　　课后习题 ··· 89
　　即测即练 ··· 90

第五章 价格歧视 ··· 91

- 第一节 价格歧视的动机和条件 ··· 91
- 第二节 完全价格歧视 ··· 93
- 第三节 三级价格歧视 ··· 96
- 第四节 个人套利与消费者甄别（二级价格歧视） ··· 100
- 第五节 数字经济与价格歧视 ··· 107
- 第六节 补充节：非线性定价 ··· 108
- 课后习题 ··· 112
- 即测即练 ··· 113

第六章 价格竞争 ··· 114

- 第一节 伯川德悖论及其解决办法 ··· 114
- 第二节 生产能力约束下的价格竞争 ··· 117
- 第三节 动态价格竞争 ··· 121
- 课后习题 ··· 128
- 即测即练 ··· 128

第七章 产品差异化 ··· 129

- 第一节 产品差异化的基础性质 ··· 129
- 第二节 产品定位模型 ··· 131
- 第三节 纵向差异化 ··· 141
- 第四节 数字经济对产品差异化的影响 ··· 143
- 课后习题 ··· 145
- 即测即练 ··· 146

第八章 广告 ··· 147

- 第一节 广告理论概述 ··· 147
- 第二节 广告强度与决策 ··· 151
- 第三节 广告与产品质量 ··· 156
- 第四节 互联网时代的广告与拍卖 ··· 160
- 课后习题 ··· 166
- 即测即练 ··· 166

第九章 技术创新与专利 ··· 167

- 第一节 技术创新概述 ··· 168
- 第二节 创新激励 ··· 172
- 第三节 专利 ··· 175
- 第四节 新技术扩散速度的决定机制 ··· 183
- 课后习题 ··· 186

即测即练 ·· 187

第十章　进入与退出 ·· 188
　　第一节　进入壁垒、固定成本和沉没成本 ······························· 188
　　第二节　斯坦克尔伯格模型及扩展与企业策略分类 ···················· 191
　　第三节　不对称信息重复价格竞争模型 ··································· 200
　　课后习题 ··· 205
　　即测即练 ··· 205

第十一章　网络与标准竞争 ··· 206
　　第一节　网络外部性 ··· 207
　　第二节　标准竞争与兼容性 ·· 212
　　第三节　公共政策 ·· 217
　　课后习题 ··· 220
　　即测即练 ··· 220

产业结构与产业关联篇

第十二章　产业结构 ··· 223
　　第一节　产业结构演变 ·· 224
　　第二节　产业结构优化 ·· 231
　　第三节　产业布局 ·· 237
　　第四节　产业集聚与转移 ··· 242
　　课后习题 ··· 245
　　即测即练 ··· 245

第十三章　产业关联 ··· 246
　　第一节　产业关联概述 ·· 247
　　第二节　产业关联分析的基本工具 ·· 249
　　第三节　产业关联分析的主要内容 ·· 258
　　第四节　产业波及效果分析 ·· 262
　　课后习题 ··· 271
　　即测即练 ··· 271

产业政策篇

第十四章　反垄断政策 ·· 275
　　第一节　反垄断理论基础 ··· 277
　　第二节　美国和欧盟的反垄断体系 ·· 283

　　第三节　美国和欧盟反垄断监管行业分析 286
　　第四节　我国反垄断政策规制 289
　课后习题 294
　即测即练 294

第十五章　产业规制政策 295

　　第一节　产业规制概述 296
　　第二节　产业规制的依据和工具 302
　　第三节　规制失灵与放松规制 309
　　第四节　产业规制国内外实践 312
　课后习题 318
　即测即练 318

第十六章　各国产业政策调整与产业发展趋势 319

　　第一节　主要国家产业政策调整与产业发展状况 321
　　第二节　产业经济发展实践的新趋势 331
　　第三节　我国产业经济发展的问题和趋势 335
　　第四节　产业经济理论研究前沿 337
　课后习题 340
　即测即练 340

参考文献 341

企业理论篇

第一章

导 论

【本章学习目标】

通过本章学习，学生能够：
1. 对产业的定义和分类有一个全面、清晰的认知；
2. 熟悉产业经济学的含义与研究对象；
3. 了解本书的内容框架。

第一节 产业的定义与分类

一、产业的定义

在学习产业经济学之前，首先需理解和把握产业的含义。"产业"这一术语在各种研究领域都有其特定的含义：在历史学和政治经济学的框架下，它主要是指"工业"，如"产业革命"和"产业工人"；在法律学领域，"不动产"主要指的是个人所持有的土地、房产和工厂等，这些财产都具有明确的私人产权定义；从经济学的视角来看，这一概念具有更为丰富的内涵，如人们在日常生活中描述某人拥有的"私有产业"，或者说经济社会中的物质生产部门生产某种特定产品，如"农业""工业""交通运输业"等。

从产业经济学角度去理解，产业是指属于某种同类属性的、具有相互关联和作用的经济活动的总和。一个产业可以是多个企业甚至一两个企业（比如单独垄断和双头垄断的情形）的同类经济活动所组成的；而一个企业也可以由于从事包括多种类的经济活动而从事多产业（即跨行业）经营。产业应该具有以下某种同类属性：第一，从需求视角看，是指具有同类或相互密切竞争与替代关系的产品或服务；第二，从供应视角看，是指具有类似生产技术、生产过程、生产工艺等特征的物质生产活动的服务活动。

在现代经济社会中，存在着大大小小的、居于不同层次的经济单位，而产业就是介于微观经济单位（企业和家庭）与宏观经济单位（国民经济）之间的若干"集合"。企业和家庭是最基本的也是最小的经济单位，国民经济是最大的经济单位。处于两者之间的经济单位是大小不同、数目繁多的，因具有某种同一属性而组合到一起的企业集合，就是产业。

在产业经济学各个领域，会以不同目的对产业进行分析，为便于分析，将产业划分为三个层次。第一层次，侧重微观层面，是以同一商品市场为最小单位而划分的产业，也称产业组织。从现实来看，不同产业中的企业关系结构是不同的，且会对产业的经济效益产生重大影响。为实现某一产业经济效益最大化，需满足两个条件：其一，应具有合理且高度适配的企业关系结构，使该产业内的企业能够增强经营能力、提高技术水平、逐渐降低成本；其二，充分利用"规模经济"极大限度降低产业内企业的单位成本。第二层次，侧重中观层面，是以生产过程中所涉及的相关技术和工艺相似度为依据划分的产业，即产业联系。第三层次，是以社会再生产过程中不同经济部门在产业间的分布状态为依据，将国民经济划分为若干产业，即产业结构。

二、产业的分类

对于产业的分类，按照不同的分类目的，有许多具体的方法。产业的一般分类方法有三次产业分类法、生产要素分类法、关联分类法、国家标准分类法、国际标准分类法等。

1. 三次产业分类法

三次产业分类法是由新西兰的经济学家费谢尔和英国的经济学家克拉克共同创立的。费谢尔是第一个提出三次产业分类方法和依据的人，他根据世界经济发展历史上人类经济活动的三个不同阶段，将国民经济的各个产业细分为三次产业。接着，克拉克对三次产业结构的演变规律及其对经济增长的影响进行了总结，并对这一理论进行了拓展。三次产业分类的理论是基于经济活动与自然界之间的联系，将所有的经济活动划分为三个主要类别：第一次产业指的是直接从自然界中获取产品的物质生产部门，也就是广义上的农业，通常包括种植业、畜牧业、渔业、狩猎业和林业；第二次产业指的是从自然界中提取物质进行加工的生产领域，也就是广义上的工业，涵盖了制造业、采掘业、矿业和建筑业等多个行业；从第一和第二产业的物质生产活动中衍生出的非物质生产领域被称为第三产业，这是一个广义的服务行业，涵盖了运输、通信、仓储、金融等多个行业。直到现在，三次产业分类法在西方的经济学领域以及西方各国和政府的统计机构仍然得到了广泛的应用。目前，联合国发布的国际标准产业分类法也是基于三次产业的理论，并进一步进行了细化和完善。

2. 生产要素分类法

生产要素分类法根据劳动、资本和知识等要素在生产中所占的比例对产业进行分类，另外也可以根据各产业对于生产要素的需求情况进行分类。在不同类型的产品制造过程中，所需生产要素的比例各不相同，因此各个产业对这些生产要素的依赖度也存在差异。从理论上看，在经济发展阶段与产业结构升级过程当中，生产要素的配置情况会影响到产业的结构和效率，进而对整个社会经济运行产生重要作用。基于实际生产中的生产要素占比和各个产业对不同生产要素的依赖程度，我们可以将所有参与经济活动的生产部门分类为劳动密集型产业、资本密集型产业和知识密集型产业三大类。

劳动密集型产业是指在实际生产过程中劳动要素占总投入要素的比重非常大，但对于资本和知识的依赖程度相对较低的产业。典型的劳动密集型产业有服装纺织、食品加工等。资本密集型产业是指在其生产过程中对于资本要素依赖程度非常高，但劳动及知识等要素相对占比较低的产业。机械制造、物流运输以及钢铁冶金等行业都是比较典型的资本密集型产业。而知识密集型产业则主要是指知识或者脑力劳动对于生产过程起着重要作用，在投入要素中占比较高的产业。例如，航空航天、信息技术以及电子仪器等高新技术产业都属于该类产业。

通过生产要素分析法可以相对客观地分析一国的经济发展状况，例如，如果某国的生产部门主要是知识密集型产业，就可以说明这个国家经济比较发达；而如果在所有的生产部门中劳动密集型产业所占的比重较大，则可以说明这个国家的经济相对落后。此外，生产要素分类法也可以反映出产业结构的高度化演进趋势，即最初在生产部门中拥有较大比重的是劳动密集型产业，随着社会经济的不断发展，资本密集型产业所占比重会逐渐增加并开始占主导地位，而最后则会过渡到以知识密集型产业为主导的产业结构。产业结构的这种演进趋势有利于政府制定相应的产业政策，从而促进经济的发展，因此生产要素分类法具有重要的价值。但是，此分类法也存在一定的局限性：一是划分界限不明确，易受主观因素的影响；二是资源的密集程度是相对且动态变化的，随着技术进步，已有知识也在老化。因此现有的知识密集型产业会随着时间转变为劳动密集型产业。

3. 关联分类法

关联分类法是按照企业活动管理方式的相似程度将其进行分类的一种方法，它又可以依照不同的关联方式进一步细分。例如，技术关联分类法，就是根据企业技术关联关系，对其经济活动进行分类；原料关联分类法，就是按照原料相同或者相近，投入物表现类似的特点，把企业经济活动构成集合进行归类；用途关联分类法，把具有同一或类似产品用途的企业经济活动构成一集合；方向关联分类法，就是根据产业间的联系方向来划分行业；战略关联分类法，就是根据在一国有关产业政策中处于不同战略地位来划分产业的方法。

4. 国家标准分类法

一国政府可以通过编制与颁布相应的产业划分国家标准来实现对本国产业经济研究统计与分析口径的统一，这一划分方法即为国家标准分类法。国家标准分类法具有以下五点特性：第一，它的编制与颁布由一国政府或者相关的技术管理部门完成，而非出自私人或者普通机构，因此有较高的广泛性与权威性；第二，由于它是由政府相关部门制定并颁布的，因此在实际运用当中具有强制性与代表性；第三，它的编制是为了统一我国产业经济研究的统计口径与分析口径，从而帮助相关部门更加高效地制定产业政策，具有很强的目的性；第四，由于国家标准分类法是根据一个国家或一个地区的产业实际状况进行编制的，因此具有很强的特殊性与针对性；第五，它能够比较客观地反映一国或一个地区的产业发展情况，同时也能适应其产业发展和变化的需要，因此具有较强的科学性。

世界上许多国家都有各自的国家标准分类法，例如，俄罗斯编制的国家标准采用19个俄文字母作为分类号；韩国编制的国家标准分类法有21个主要产业种类，其标准体系更偏向于美国的标准体系；英国编制的国家标准分类法有27个主要产业种类，181

个产业分类。

目前我国普遍使用的产业分类方法是《国民经济行业分类》，该分类法于 1984 年首次发布，2017 年第四次修订。该标准（GB/T 4754—2017）由国家统计局起草，国家质量监督检验检疫总局、国家标准化管理委员会批准发布，并于 2017 年 10 月 1 日起实施。新修订的国民经济行业主要分类如下：第一产业，包括农业、林业、畜牧业和渔业；第二产业，包括采矿业、制造业、水、电、燃气的生产和供应业、建筑业；第三产业，包括交通运输、信息传输、计算机服务和软件业、住宿和餐饮业、房地产业等其他服务业。

5. 国际标准分类法

联合国在 1971 年编制颁布《全部经济活动的国际标准产业分类索引》以实现对各国产业分类的统一，这种分类方法即为国际标准产业分类法。在划分的思路上，国际标准产业分类法与三次产业分类法有着一定的相似之处，其分类大项也可以分为三个部分，但具体门类相比后者更加细致。从双方的对应关系来看，第一大项对应第一次产业；第二至第五大项对应第二次产业；第六至第十大项对应第三次产业。正是基于国际标准分类法的上述特点，用它所作的统计有很高的可比性，可以为相关研究提供极大的便利，因此被广泛运用于产业经济学领域。

除了上文介绍的五种常见分类方法外，还有一些其他的产业分类方法。比如，将物质生产部门分成农业、轻工业和重工业三部门的农轻重产业分类法，将社会的总生产划分为生产资料的生产部门和消费资料的生产部门的两大部类分类法，以及按产业发展所处的不同阶段进行产业分类的产业发展阶段分类法等。

第二节　产业经济学的含义及演进

一、产业经济学的内涵外延

产业经济学是一门新型的应用经济学科，目前仍在发展中，虽然真正成为一门独立的学科是在 20 世纪中叶，但其思想的形成则源远流长，最早可以追溯至战国时代商鞅、荀子等提出的"农本工商末"思想，反映出古代思想家对于农业和工商业这两个产业之间关系的认识。如今产业经济学各方面的理论已经实现巨大的发展，在对其研究不断深入的过程中，产业经济学的应用范围也在不断拓展，对社会经济发展所起到的作用也越来越大，世界各国也越发重视对产业经济学的研究与应用，因此，学习产业经济学有助于我们理解现实生活中的经济现象与发展规律，利用经济规律指导实践。

产业经济学的研究内容，既包括产业内不同企业间的竞争与垄断关系，也包括产业间的技术与经济联系、产业的演化规律和演化方向，同时还包括政府在产业发展与演进过程中的作用。它对制定合理的产业政策，推动产业的协调发展具有十分重要的意义。产业经济学包含不同行为规律下的具体研究对象，其种类繁多，如产业组织、产业结构、产业布局以及产业政策等。所谓产业组织，就是生产某种同类商品的企业集聚于同一市场所形成的同一行业中不同企业间互动的关系结构，而这种关系结构对于行业中企业竞争活力的发挥与规模经济效益的均衡具有决定性的意义。产业结构主要是指各产业间数量关系结构及技术经济联系方式等,而需求结构、生产结构、就业结构与贸易结构的变动及其关联机制是引起产业结构变动的重要因素。产业布局的含义则是指一个国家或一个地区产业生产力在一定区域内的空间布局及组合情况,它对应着产业空间结构,它的适配程度会影响一个国家或一个地区经济优势的发挥及社会经济发展速度。产业政策是指国家或地区政府运用产业经济学的相关原理,把全产业作为对象对引导影响产业发展过程以实现一定的经济目的或社会目的而形成的一整套政策的总称,它是产业经济学理论研究以及实际应用的一个重要目的。

二、产业经济学的学科领域

产业经济学经过不断地发展,已经建立起比较完善的学科体系。其依据不同层次的行为规律,可以分化出不同的研究对象,主要包括产业组织、产业结构、产业政策和产业发展四个方面。

1. 产业组织

产业组织理论主要用以研究产业内不同企业之间竞争与垄断关系,它以特定产业作为研究对象,着重研究一个产业中的市场结构、市场行为和市场绩效及其三者之间的互动关系。产业组织理论是微观经济学的价格理论研究的延续,或者说是其应用部分,它的核心问题其实是在保护市场机制下竞争活力的同时,如何充分有效利用"规模经济"。

最早研究产业组织的是英国的古典经济学家亚当·斯密。在其著作《国民财富的性质和原因的研究》中,他提出两个对后代产生深远影响的观点:一是关于市场竞争机制的理论;二是关于劳动分工的理论,这两种理论与企业在自由竞争的市场环境中的行为模式紧密相关,并对西方的经济学和产业组织理论产生了深远的影响。1890年,英国经济学家马歇尔在其著作《经济学原理》中首次引入了产业组织这一概念,除此之外,他还在萨伊提出的生产三大要素——劳动、资本和土地的基础上新增了第一个新的要素,即工业组织,他还揭露了规模经济和竞争活力之间存在的内在矛盾,也就是所谓的"马歇尔冲突"。在努力解决"马歇尔冲突"的过程中,现代产业组织理论应运而生并逐步壮大,因此,很多西方产业组织的学者都认为马歇尔是产业组织理论的开创者。在1930年前后,大量的西方经济学家围绕"马歇尔冲突"这一主题,进行了大量与实际操作紧密相关的理论研究。哈佛大学的经济学家,以梅森和贝恩为首,他们采用了实证研究方法,对美国在过去几十年中产业组织政策上的实践进行系统的梳理,从而构建了一个完整的产业组织理论体系。1959年,贝恩发布的《产业组织》标志这一完整体系建设的重要里程碑,在他的著作中,他清晰地定义了产业组织,并将产业组织总结为产业内不同企业之间的各种市场互动,这包括了交易、资源拥有、利益和行为等方面的关系。此外,他还阐述了市场结构(S)、市场行为(C)以及市场绩效(P),并深入探讨了它们之间的相互联系。他将研究焦点集中在市场的结构上,并构建了一个结构—行为—绩效的理论框架,这也被称为主导的产业组织理论。这个理论特别强调了市场结构对其他两个因素的决定性影响，因此它被普遍认为是结构主义学派。

尽管主流的产业组织理论已经取得了显著的进展，并对政府的宏观策略产生了影响，但它依然存在许多不足之处。芝加哥大学，以施蒂格勒为首的学者群体，提出了一系列批评意见。这群批评者指出，该理论没有考虑企业行为可能给市场构造带来的后果，并且它的研究方法主要是静态的和单一的。因此，自20世纪70年代起，经济学家在结构—行为—绩效分析的理论框架内，对当前主流产业组织理论进行了一系列修订和补充，最终逐步形成了新的产业组织理论体系。在新的产业组织理论体系中，企业理论、交易费用理论等多个相关学科的研究成果得到了广泛的应用，从而使理论研究得到了加强。这一理论将企业的行为视为研究焦点，因此也常被人们称作行为主义或厂商主义的学派。到目前为止，西方的产业组织理论已经发展到一个相当成熟的阶段，并在一些欧美国家中成为一个独立且相对成熟的学科。

2. 产业结构

产业结构理论主要研究产业之间的联系及其相互影响，它有着更加广泛的研究范围，具体来看，它包含了产业结构优化、产业关联以及产业布局这三个方面。

产业结构的理论研究主要从两个维度来探讨产业结构的优化：其一是从广义的视角来探索三大产业间的相互联系；其二是从狭义的视角来研究工业内部不同产业间的相互联系。17世纪，英国古典政治经济学家配第被公认为三次产业关系研究领域的领军人物。他在著作《政治算术》中，通过对英格兰和荷兰的数据进行统计分析，得出了一个结论：与农业和商业相比，制造业更有可能实现更高的收益。他推断出劳动力在各个产业间的流动主要是由于不同产业之间在相对收入方面存在不平等。1930年前后，澳大利亚经济学家费歇尔将第一产业定义为可以直接从自然界中获取物质信息的产业，也就是广义上的农业；将第二产业定义为对自然界产出的物品进行加工和再加工的行业，也就是广泛意义上的制造业；第三产业代表着除了第一和第二产业之外的其他经济行为。继此之后，英国经济学家克拉克基于他和另一位学者的研究，通过分析多个国家的大量经济统计数据，更深入地揭示了劳动力在三大产业之间的分布和转移模式，这一发现被命名为配第—克拉克定理。自1950年以后，一些来自美国和日本的经济学者进一步从更广泛与更深入的角度对产业结构的理论进行了拓展。例如，美国的经济学者库兹涅茨对二十多个国家的相关数据进行了收集和整理，他深入研究了国民收入在三大产业之间分布模式的变化，并为此提供了有深远影响的理论见解。霍夫曼，这位德国的经济学者，也是首位进行工业内部不同行业间关系研究的学者。他在1931年发布的《工业化的阶段和类型》一书中，将所有产业细分为消费资料产业、资本资料产业和其他类型的产业。霍夫曼对工业化进行了详细的分析，将其划分为四个不同的阶段，并对这些阶段进行了量化的分析，他得出的结论是：消费资料产业的占比正在逐步下降，而资本资料产业的占比正在逐步增加，这一发现被称为霍夫曼定理。

产业关联是指各不同产业之间所存在的相互依存以及制约的关系，它的实质就是在经济活动过程中不同产业之间所产生的技术经济联系，也就是静态去考察国民经济各产业之间存在的技术经济的联系以及联系的方式，具体而言即不同产业之间的投入与产出之间的量化比例关系。对于每个产业而言，在经济运行过程中，为了满足其自身正常运行的需要，都需要由其他产业为其提供必须的生产基础，与此同时其他产业也需要根据这个产业的产出来满足自身的消费需求。正是基于这种复杂的供求关系，各个产业才能够实现生存和发展，进而保证国民经济能够良性运行。美国经济学家里昂惕夫对于产业关联理论的发展作出巨大的贡献，他的论文《美国经济制度中的投入产出数量关系》于1936年在《经济学和统计学的评论》杂志上发表，这是研究投入产出分析的第一篇论文，它标志着投入产出方法的诞生。随后，他又陆续进行了一系列与投入产出分析相关的研究，发表了大量论文与著作，在相关领域广泛传播。1941年，他在《1919—1929年的美国经济结构》中更加全面地阐述了投入产出的基本原理及其发展，产业关联理论的学科体系也因此建立起来。

最早对产业布局问题进行专门探讨的理论体系则以杜能的农业区位论和韦伯的工业区位论作为古典区位论的代表。古典区位论的一个显著特征是它以相对单一的企业或中心为研究起点，专注于如何最小化成本和运费，却忽略了市场消费因素与产品销售的问题，因此它被视为西方区位理论中的成本学派。随着资本主义工业化的快速进展、劳动生产率急剧上升，国家经济的核心部门也从农业转向了第二产业和第三产业。特别是在交通运输网络迅猛发展的背景下，运输对生产的影响大大减少，因此市场的作用逐渐成为产业持续发展的关键要素。随着时间的推移，区位理论从古典区位论的成本学派逐渐演变为近代区位论的市场学派，它的研究焦点也从单一的企业或工厂转向了城市或地区，并从追求成本和运费的最小化转向了追求市场的最大化。费特的贸易区边界区位理论、克里斯泰勒的中心地理论和廖什的市场区位理论是市场学派的核心理论。到1960年为止，全球在一定程度上加速了工业化和城市化的步伐，基于区域经济活动最优组织的现代区位理论也随之诞生。与过去仅从区位生产、价格和贸易的视角研究不同，现代区位理论将区位的生产、交换、价格和贸易视为一个统一的整体进行探讨。与之前的理论相比，现代区位理论经历了三大变革：首先，它从研究单一经济单位的区位转向了对整个区域的研究；其次，它从仅关注区位经济产出的单一目标转向了更多地关注人与自然之间和谐发展；最后，它从纯粹的理论推导转向了对实际区域的分析和应用模型的深入研究。成本—市场学派、历史学派和计量学派是现代区位理论的几个主要代表流派。

3. 产业政策

产业政策理论主要探讨了政府如何通过制定一系列有效的政策来促进产业的形成和发展，以实现特定的经济和社会目标。这包括制定科学的产业组织政策，以实现产业内规模经济与竞争活力的平衡，进而形成有效的竞争格局。此外，通过制定科学的产业结构政策，可以实现产业间的协调发展和产业结构的持续优化。虽然产业政策这一概念在第二次世界大战之后才逐渐浮现，但在此之前，关于产业政策的观念和实际操作已经形成。大约在1840年，代表了德国历史学派的李斯特编写了名为《政治经济学的国民体系》的著作，在他的著作中，他对多个国家的经济和政策进行了深入的比较与分析，特别是对英国的自由贸易政策、海外扩张政策、美国的关税保护政策以及产业扶持政策进行了详细的比较。基于这些分析，他进一步提出了国家应根据其经济发展的不同阶段特点来制定相应的经济政策。在全球范围内，日本被普遍认为是提出并成功执行产业政策的国家。作为第二次世界大战的战败方，日本战后的经济遭受了巨大的打击，人民生活在极度贫困中，因此日本政府肩负着经济复苏的重大责任。为了实现电力、合成纤维、海运和煤炭等多个工业领域的产业复兴与产业合理化，从 1955 年开始，日本的经济飞速发展，与欧美等先进国家的经济水平相当接近。在这个阶段，日本的产业策略旨在大幅推进国民经济的增长，首先是设定产业结构高度化目标和发展路径，然后选择合适的战略性产业进行培养和发展。正是由于日本依靠产业政策的制定和有效执行，其经济在 1965 年前后实现了持续的快速增长，并逐步成为全球经济强国。世界各国的产业界和经济学界都对日本的经济奇迹给了高度的关注，并对其产业政策的相关理论进行了深入研究。1970—1972 年，经济合作与发展组织（OECD）发布了一系列与成员国的产业政策相关的研究报告，这些报告在全球经济领域产生了深远的影响，并因此得到了广泛的认可。同时，日本也在深化对产业经济理论的研究，目的是为经济学领域在制定和执行产业政策时提供坚实的理论支撑。在众多作品中，小宫隆太郎的《日本的产业政策》、筱原三代平的《产业结构论》和宫泽健一的《产业经济学》是最具代表性的几部。日本的经济学者们对现有的西方产业经济理论进行了总结，并将其精练为一个创新的理论框架，他们还编写了第一本以《产业经济学》为名的书籍，这些行动标志着产业经济学的诞生。

4. 产业发展

产业发展理论的核心内容是探讨产业发展过程中的模式和周期，以及影响产业增长的各种因素，还包括产业迁移、资源分配和发展策略等相关议题。产业发展的基本规律是通过对一个产业从诞生到成长，再到扩张，衰退和淘汰的各个阶段所需的条件与环境进行深入分析，基于这些分析来制定相应的政策和措施。对产业发展规律的深入研究不仅可以帮助决策机构根据产业不同的发展阶段制定相应的政策，同时也为企业提供了一个依据产业发展规律采取相应的措施制定发展策略的机会。比如，新兴产业的诞生通常是由一系列新的发明和创造所驱动的，而这些新的发明和创造又离不开政府及企业为研究和开发制定的相关政策和战略支持。当一个产业进入不同的发展时期时，它会表现出各自独特的发展模式；而在同一发展时期，不同的产业也会表现出各自的发展模式。因此，为了增强产业发展的竞争力并进一步推动整个国民经济的健康发展，有必要深入探究相关产业发展的内在规律。

课后习题

1. 详述产业经济学中的产业的三个层次。
2. 详述三次产业分类法的分类方式。
3. 根据所需投入生产要素的不同比重和对不同生产要素的不同依赖程度，可以将全部生产部门划分为哪三类？
4. 详述国家标准分类法的定义。

5. 详述产业经济学的学科定义。

6. 详述产业政策理论的研究内容。

7. 产业发展理论包含什么?

第二章

企业理论

【本章学习目标】

通过本章学习,学生能够:
1. 理解什么是企业边界,对企业边界理论有一个全面、清晰的认知;
2. 了解企业的目标和委托代理理论;
3. 了解企业组织结构的经济理论渊源,并熟悉组织结构的变化趋势;
4. 理解不同视角下企业在产业链中的定位和作用。

小米公司的发展

小米科技有限责任公司(以下简称"小米公司")成立于2010年3月3日,是一家全球化移动互联网公司,其主要生产产品为智能硬件及电子产品,同时也是一家生产智能手机、互联网电视和智能家居的创新型科技企业,创业至今,小米公司迅速发展,已经成为全球最大的智能手机制造商之一。小米公司通过发展智能互联网产品,推动企业边界不断扩展。小米公司的企业边界塑造过程主要分为以下三个阶段。

1. 通过手机作为切入点,确定企业边界(2010—2014年)

大约在2010年,伴随着苹果手机的推出和安卓系统的进步,手机市场开始从传统手机向智能手机转变,与此同时,传统的互联网也逐渐向移动互联网方向发展。智能手机的发展带动了手机产业链上游芯片供应商、操作系统开发商、终端厂商等行业的蓬勃发展,并最终导致了手机行业的重新洗牌。面对这一发展趋势,雷军敏锐地捕捉到了手机市场的潜力,并最终决定创办一家以安卓系统为基础,以手机硬件为中心、软硬件一体的移动互联网公司。2010年,小米公司正式成立,其首个产品是MIUI操作系统,这是一个基于安卓操作系统,并根据中国用户的操作习惯进行优化的开放式操作系统。它具有四大核心功能:拨打电话、发送短信、通讯录和系统桌面。自从产品发布以来,迅速吸引了大量的用户。因此,2011年,小米公司依托这一系统推出了首款智能手机小米1,并进一步开发了米聊软件和小米的电子商务平台。到了2014年,小米手机的销售额已经超越了全国其他品牌,达到了惊人的700多亿元。小米手机不仅是小米公司的主要业务,同时也是其企业边界的原点。

2. 万物互联,扩大企业边界(2014—2017年)

2014年之后,随着手机市场的红利逐渐减弱和物联网时代的到来,小米启动了新产品的研发工作，首先致力于拓宽其产品线，持续推出创新产品，创立了生态链部门，并采纳了"投资+孵化"的生态企业策略，进一步向手机相关的智能硬件领域扩展。通过"投资+孵化+运营"的方式，企业快速成长起来，成为一家优秀的互联网初创型公司。此外，小米公司推出了物联网（Internet of Things，IoT）模块，并以"连接和智能"作为其硬件发展的核心理念。一方面，硬件产品能够与云端进行连接，并通过手机进行控制，小米公司因此成立了专门的IoT部门来研发相应的模块和系统，以实现产品之间的互联互通；另一方面，在智能模块方面，小米公司的产品通过生成和收集信息数据，达到了智能化的目的。同时，通过与第三方服务商合作，实现了产品和服务之间的无缝链接，使用户能够享受到更便捷高效的使用体验。2015年，小米公司推出了IoT战略，以推动产品之间的互联和互动。经历了3年的持续发展后，小米公司的产品线逐渐拓宽，小米公司从智能手机生产商转型为基于IoT平台的企业。

3. AIoT赋能，企业边界指数级扩张（2017年至今）

AIoT是AI+IoT的结合，也就是人工智能与物联网的融合，小米从IoT向AIoT的转型主要涉及三个核心方面：首先，与产品的互动方式已从传统的按键和触摸屏转变为更加贴近人们交互需求的声音和动作；其次，智能硬件技术已从单一设备进化为多个设备协同工作；最后，产品连接已经升级为一个以人为核心的智能场景连接方式。例如，在驾车过程中，车内语言交互环境被创建，通过AIoT赋能实现场景的联动，用户可以通过语音来驾驶车辆，从而获得更多的安全保障。在此阶段，小米公司的产品由面向个体消费者（To Consumer，ToC）领域转向面向企业（To Business，ToB）领域。企业身份由IoT平台向智能场景体系供应商转变，极大地扩展了企业业务，企业边界实现指数级增长。小米公司通过互联网、物联网以及人工智能等重新定义了自身的企业边界，实现了企业快速成长的目的，为其他企业进行物联网战略转型提供了借鉴，同时小米公司企业边界的快速扩张也对传统的企业边界理论提出了质疑，这对进一步分析数字经济时代的企业边界理论有重要研究价值，对完善企业边界理论有着重大意义。

案例来源：曹鑫，欧阳桃花，黄江明. 智能互联产品重塑企业边界研究：小米案例[J]. 管理世界，2022，38（4）：125-142.

第一节 基于交易成本的企业边界理论

一、工业经济时代企业边界理论

在现代社会中，企业是一种重要的生产组织形式，它为众多的人口解决了就业问题，也对经济发展贡献巨大。从宏观层面来看，企业的本质是一种资源配置的机制，不同企业的管理结构、内部组织结构以及人员构成等都会对企业的效益产生影响。从微观层面来看，企业被认为不存在结构和内部组织的差别，进而可以用生产函数来描述其具有的将原材料转化为产成品的能力。不可否认，微观经济学这种方式可以更简单地分析各种类型市场中的资源配置问题，但是要深入了解企业的本质，则需从分析企业边界开始。因此，本节从产权和交易成本理论开始介绍企业边界理论。

1. 交易成本理论的前提：产权明晰

交易成本是指由于使用价格机制所带来的成本，它是企业存在的重要原因。市场通过价格机制来配置资源并不是无偿的，实质上存在着一定的成本，即交易成本。而企业这一组织形式，可以通过将生产范围扩大等方式，将市场交易转化为企业内部交易，因而可以有效地降低交易成本。

交易成本的类型可以概括为以下几种。

（1）价格发现成本。当可以迅速且精准地了解其所拥有的生产资料价格变动信息时，生产商能够将生产资料更有效地配置。例如，假设最终产品 X 和 Y 的生产都需要某一种生产资料 M，在技术水平恒定时，如果产品 X 的市场价格上升而产品 Y 的市场价格保持不变，那么拥有生产资料 M 的厂商就会生产更多的产品 X。但是，厂商这种行为是建立在一定基础之上的，即价格变动的信息是完全的，并且不存在时滞性，然而信息实际上是一种有价商品，厂商对于价格这一信息的把握是需要付出代价的，这一成本便是价格发现成本。

（2）谈判和签约成本。由于市场影响供求关系的因素不断发生变动，市场中的商品价格也是不断波动的。而价格变动会引起交易双方所获利润变动，因而签订合约的交易双方可能会重新谈判和拟定新的合同，而谈判和签约需要耗费大量的时间、精力和金钱成本，并且在价格频繁波动的时期，这一成本可能会更大。另外，谈判和签约成本也会随交易对象的增加而增加，现实中，一个生产资料所有者可能会同时供应给多个厂商生产产品，因而谈判和签约成本也是构成交易成本的重要因素。

（3）履行合约成本。签订合约之后，由于交易双方并不能起到完全互相监督的作用，因此，可能会存在交易一方或多方不按照合约执行的情况，进而会出现欺诈和赔偿问题，违约之后的法律纠纷也可能会由于违约行为无法认定而无法对损失给予合理的赔偿。因此，交易双方对合约的履行存在违约风险，从而存在履行合约的成本。

（4）不确定性与风险。当市场价格发生频繁的波动时，对于交易双方都存在很大的不确定性与风险。例如，当通货膨胀时，原材料的价格频繁上涨，其所有者若仍然按照原有的价格进行交易势必造成损失，而一种有效降低风险的途径就是签订长期合约，长期合约可以有效地规避短期合约不确定性所带来的成本，可以通过给予交易双方一段时间内较为稳定的预期来降低风险。

产权明晰化是指厘清企业在产权关系方面的资产所有权和相关权利的归属，其前提是界定产权边界，因为只有在明确了企业可交易权利的边界、类型及归属问题时，交易才能够顺利进行，才能讨论交易成本问题。而产权明晰化包括以下特征：①排他性。同一事物的控制权或拥有权只属于同一家企业，而不能被多家企业同时拥有或控制，特定权利主体只能有一个。②可转让性。产权在不同的主体之间可以转让。清晰的产权定义有助于企业在交易过程中建成合理的预期，这样的预期将激发一种激励机制，以规范生产者和经营者的行为模式，从而提升投入和产出的比率，并使交易的总成本下降。

1）科斯定理与企业边界

科斯定理是科斯对新古典经济学作出的反思，并在此之上提出综合了产权、交易成本和资源配置效率三者的定理。科斯定理是在科斯研究外部性问题时得出的，外部性也叫外溢性、相邻效应，是指某一生产者或消费者的行为影响了其他生产者或消费者，但是这一行为并没有反映在市场价格中，它是市场失灵的表现之一，存在正外部性和负外部性两类，当一方的行为使另一方受益时，即存在正的外部性；相反，当一方的行为使另一方受损时，即存在负的外部性。当存在外部性时，会造成私人成本和社会成本之间或是私人收益和社会收益之间的不一致，从而导致资源配置的问题和市场失灵。例如，假设存在一生产钢材的厂商向河里排放污水，导致河水中生物的生存环境遭到破坏，对渔业以及生活在河水沿岸的居民生活造成了影响，然而这一部分成本并不会由生产钢材的厂商承担，这就会使生产钢材的厂商低估了自身的边际成本，最终可能造成污染和过量生产，带来无效率。

而科斯定理正是对这一外部性问题提出了解决思路。

科斯定理的内容是：在不存在交易费用时，只要产权界定清晰，在允许产权转移的前提下，能否实现资源的有效配置，并不取决于初始产权如何分配；而存在交易费用时，初始产权的界定会影响最终资源的有效配置。其中，产权是指描述人们或厂商可以对其财产进行处置的法律准则。科斯定理说明，只要不存在交易费用，市场可以不需要政府的干预，市场势力就可以从内部解决外部性问题，从而实现资源的有效配置。科斯持有的观点是，企业的存续或扩展取决于成本的对比：当公司内部成本超过市场交易成本时，企业的界限可能会逐渐缩小甚至消失，这就是所谓的市场替代企业的现象；反之，企业边界会扩大直至消亡。相对地说，当企业能够生存或扩展其界限时，它们就可以替代市场。

科斯定理中一个重要假设就是交易成本不存在，而根据现有的企业理论可知，由于人存在着有限理性和机会主义，以及市场交易往往存在不确定性和资产专用性，现实当中交易成本往往存在。尽管实际上交易成本一定存在，但企业可以通过规模扩张来降低交易成本：对于价格发现成本，如果生产要素所有者本身是产品的生产者，那么它可以以更低的成本、更加便利的方式来获取信息，如直接从上游部门获取价格信息；对于谈判和签约成本，当需要签订合约的交易行为发生在企业内部时，企业可以直接省去签订合约的步骤；对于履行合约的成本，企业管理者可以更简便地认定违约行为，并快速有效地给予处罚；对于不确定性与风险成本，企业可以通过扩大规模和签订长期合约来降低。

科斯曾举了一个养牛者走失的牛对相邻农夫谷物的损害的例子来说明科斯定理，在相邻的土地上，一个农民和一个养牛者都在劳作，由于这两块土地之间缺乏围栏，养牛者的牛可能会跑到农民的土地上去吃谷物，这可能会导致生产活动产生负面的外部影响。在交易费用为零的情况下，产权界定为养牛者对农夫的损失承担责任或者不承担责任两种情况，而无论哪种情况，牛群规模与产权的初始界定无关，最终都能实现资源的有效配置。下面将通过数学模型对此进行证明。

设农夫的成本函数为 $C_1 = C_1(Q_1, Q_2)$，养牛者的成本函数为 $C_2 = C_2(Q_2)$，其中 Q_1、Q_2 分别代表谷物的产量及牛的数量。农夫的成本函数中包含了 Q_2，用来说明牛群对谷物的负外部性。P_1、P_2 分别表示谷物和牛的价格，因此可以对农夫以及养牛者的利润函数进行计算，结果如下

$$L_1 = P_1Q_1 - C_1(Q_1, Q_2) \tag{2-1}$$

$$L_2 = P_2Q_2 - C_2(Q_2) \tag{2-2}$$

下面分两种情况对产权进行界定：第一种是养牛者对农夫的损失承担责任；第二种是养牛者无须对农夫的损失承担责任，讨论结果如下。

（1）养牛者对农夫的损失承担责任。在这种情况下，养牛者需要向农夫支付一定的赔偿费用，用线性齐次函数 $m(Q_2)$ 表示，而这部分赔偿费用将会成为农夫的收益和养牛者的成本，因此二者的利润函数可重新写为

$$L_1 = P_1Q_1 - C_1(Q_1, Q_2) + m(Q_2) \tag{2-3}$$

$$L_2 = P_2Q_2 - C_2(Q_2) - m(Q_2) \tag{2-4}$$

最终农夫和养牛者通过市场交易，谷物和牛的产量由式（2-5）决定，即各自的利润达到最大化。

$$\max_{Q_1, Q_2} \begin{vmatrix} L_1 = P_1Q_1 - C_1(Q_1, Q_2) + m(Q_2) \\ L_2 = P_2Q_2 - C_2(Q_2) - m(Q_2) \end{vmatrix} \tag{2-5}$$

式（2-5）的一阶条件为

$$\frac{\partial L_1}{\partial Q_1} = P_1 - \frac{\partial C_1(Q_1, Q_2)}{\partial Q_1} = 0$$

$$\frac{\partial L_1}{\partial Q_2} = \frac{-\partial C_1(Q_1, Q_2)}{\partial Q_2} + \frac{\partial m(Q_2)}{\partial Q_2} = 0$$

$$\frac{\partial L_2}{\partial Q_2} = P_2 - \frac{\partial C_2(Q_2)}{\partial Q_2} - \frac{\partial m(Q_2)}{\partial Q_2} = 0$$

二阶条件总是满足的，整理得到

$$P_1 = \frac{\partial C_1(Q_1^*, Q_2^*)}{\partial Q_1} \tag{2-6}$$

$$P_2 = \frac{\partial C_1(Q_1^*, Q_2^*)}{\partial Q_2} + \frac{\partial C_2(Q_2^*)}{\partial Q_2} \tag{2-7}$$

式（2-6）和式（2-7）得出了最优资源配置的产量 (Q_1^*, Q_2^*)，通过式（2-6），可以看到，农夫种植谷物的边际收益等于边际成本，即符合利润最大化的条件。式（2-7）也符合该条件，不过式（2-7）不仅包括养牛者自身的成本，还包括给农夫的赔偿带来的成本。

（2）养牛者对农夫的损失不承担责任。在这种情况下，养牛者无须对农夫的损失承担责任，因此农夫为了规避损失，需要向养牛者支付一定的赔偿费用，用线性齐次函数 $n(Q_2)$ 表示，从而农夫和养牛者的利润变为

$$L_1 = P_1Q_1 - C_1(Q_1, Q_2) - n(Q_2) \tag{2-8}$$

$$L_2 = P_2Q_2 - C_2(Q_2) + n(Q_2) \tag{2-9}$$

最终农夫和养牛者通过市场交易，谷物和牛的产量由式（2-10）决定，即各自的利润达到最大化。

$$\max_{Q_1, Q_2} \begin{vmatrix} L_1 = P_1Q_1 - C_1(Q_1, Q_2) - n(Q_2) \\ L_2 = P_2Q_2 - C_2(Q_2) + n(Q_2) \end{vmatrix} \tag{2-10}$$

式（2-10）的一阶条件为

$$\frac{\partial L_1}{\partial Q_1} = P_1 - \frac{\partial C_1(Q_1, Q_2)}{\partial Q_1} = 0$$

$$\frac{\partial L_1}{\partial Q_2} = \frac{-\partial C_1(Q_1, Q_2)}{\partial Q_2} - \frac{\partial n(Q_2)}{\partial Q_2} = 0$$

$$\frac{\partial L_2}{\partial Q_2} = P_2 - \frac{\partial C_2(Q_2)}{\partial Q_2} + \frac{\partial n(Q_2)}{\partial Q_2} = 0$$

二阶条件总是满足的，整理得到

$$P_1 = \frac{\partial C_1(Q_1^*, Q_2^*)}{\partial Q_1} \tag{2-11}$$

$$P_2 = \frac{\partial C_1(Q_1^*, Q_2^*)}{\partial Q_2} + \frac{\partial C_2(Q_2^*)}{\partial Q_2} \tag{2-12}$$

式（2-11）和式（2-12）决定了最优资源配置的产量(Q_1^*, Q_2^*)，发现式（2-6）、式（2-7）和式（2-11）、式（2-12）完全相同，说明在不同的产权界定下，最优资源配置结果完全相同，科斯定理得到证明。

虽然企业可以在一定程度上通过内部交易取代市场交易，但是企业这一生产组织形式也存在一定的组织成本，因此企业的规模扩张会有限度，只能部分取代市场，而不能完全代替市场，即企业是存在边界的。企业的界限可以被明确为：企业在与市场互动中通过发挥其核心能力所达到的最大的经营规模和范围，而当企业继续扩大时，所获得的利益与交易成本的增长是一致的。企业的边界包含横向边界和纵向边界两种，横向边界是指企业能够生产的产品数量与种类，而纵向边界是指企业内部生产流程中不同生产阶段的数量。

成本是影响企业横向边界的因素，当企业生产产品的数量和种类增加时，企业的组织和管理成本也会上升，到一定程度之后会出现规模不经济和范围不经济，最后导致生产成本上升、利润下降，制约企业横向边界的进一步扩张。

企业纵向边界的扩张被称作纵向一体化，是指企业沿着某种产品或服务的价值链向一端或两端进行延伸的行为。纵向一体化又分为前向一体化、后向一体化两种。前向一体化是指价值链向下游扩张，生产产品更加靠近最终用户；相反，价值链向上游扩张，生产产品更加远离最终用户，称为后向一体化。

2）产权性质

基于市场经济的前提，产权的性质主要表现在以下三方面。

（1）经济实体性。即产权具有经济实体所具备的三个特征：首先，必须有一定的财产作为参与社会再生产的前提；其次，必须直接参加社会再生产活动；最后，有自己独立的经济利益，并且为了最大化自己的经济利益而参与社会营利性经济活动。

（2）可分离性。在市场经济中，财产的价值形态运动与使用价值形态运动的发展不是不可分离的。也就是说，在法定的最终归属上，这项财产权利不一定属于该实体。

（3）产权流动具有独立性。这里讲的独立性是指一旦产权被明确，那么在法律允许的范围内，产权的持有者将拥有完全的决策权，不会受到任何干预。

2. 市场失灵与纵向一体化

纵向一体化指的是将原来由市场连接的上下游厂商纳入同一个企业中，是一个企业代替市场的过程。纵向一体化是企业扩大规模的重要途径，然而随着经济的发展，有时候也存在失灵的情况，当企业通过纵向一体化来扩大其业务规模时，有时其内部组织所需的成本甚至超过了市场进行相同交易所需的成本。在此背景下，纵向整合显得既不经济又缺乏理性，因此，企业应该考虑向市场方向转型。

市场失灵包括以下两种情况：①市场机制不能发挥资源配置功能，如在公共产品领域。②市场机制不能保障最优资源配置，这时候需要政府的干预。科斯的观点是，无论是企业还是市场，都有能力配置资源，并且与市场相比，企业组织的交易成本更低，这也是企业诞生的根本原因。市场被企业替代的原因在于，市场无法以相对较低的交易成本来分配资源。因此我们可以从成本的视角来解读市场的失效，也就是说，市场无法以相对较低的交易成本来分配资源。

1）企业边界扩大的原因：不完全契约

不完全契约理论指出，在人类有限的理性、交易的不确定性和信息的不完整性这三个因素的共同作用下，会产生过高的明确的特殊权力成本，这极大地减少了制定完全契约的可能性，从而导致不完全契约的频繁出现。在实践中，由于交易成本的存在，契约总是会存在的，科斯和威廉姆森（Williamson）提出了会造成不完全契约的四种类型的交易成本，与上述提到的四种交易成本基本一致。

解决企业的边界决定问题是不完全契约理论的重要应用。格罗斯曼（Grossman）、哈特（Hart）和莫尔（Moore）以不完全契约为背景，构建了著名的格罗斯曼—哈特—莫尔（GHM）模型。该模型认为，事前契约存在不完全性，是由于签约双方的事前预见能力有限以及信息的不完全，而当交易双方能够完全了解有关信息时，交易方可能已经执行了部分契约，并为此投入了专用性资本，此时即使签约双方能够对初始契约进行再谈判，但由于专用性资本的投入也会使双方地位存在不平等，专用性资产的投资者可能会受到交易方机会主义动机之下的利益侵害而出现"敲竹杠"问题，试图获得专用性投资带来的准租金。而如果专用性资产的投资者事先预料到了这一状况，可能会采取减少专用性投资的措施，最终造成无法达到最优效率。而如果在事先确定产权的归属权给投资地位相对较高的一方，则能够增加其在谈判过程中的外部选择权和谈判力，因而可以获得更多投资剩余，以避免事前专用性投资带来的"敲竹杠"问题，达到次优效率。当公司的产权发生这样的变化时，也就是说，当一方购买另一方的产权时，交易的双方关系也随之改变，原本自由的市场交易逐渐转化为企业的内部交易，同时企业的界限也得到了扩展。

2）交易成本增加的原因

综上所述，纵向一体化的目的是降低市场的价格机制带来的交易成本，用企业内部交易来替代市场交易，而实际上，交易成本是否能够得到降低这一问题只能在一体化完成之后才能够被检验，因而存在交易成本增加、纵向一体化失灵的可能性。

首先，在降低交易成本存在可能的前提下，才能作出纵向一体化的决策，然而这一决策可能是基于直觉、经验或当下环境作出的，存在不确定性，并且一体化是否能够带来经济效益只能在作出一体化之后得到检验，无法进行事前检验，而事前与事后的一些外在因素可能会存在变化，如环境、资源可得性或者是否理性决策。即有限理性可能会造成纵向一体化失灵，交易成本增加。

其次，企业是处于市场之上的经济组织，企业的发展离不开市场竞争。如果纵向一体化能够降低交易成本，在原有的其他技术水平因素不变的情况下，企业拥有了相较于其他竞争者更强有力的竞争优势，实质上也能检验纵向一体化的成效。而企业在完成纵向一体化后，也会面临新的竞争环境，可能因无法适应新的竞争环境而发生纵向一体化失灵的现象，使交易成本增加。

最后，技术因素也可能导致纵向一体化失灵，带来交易成本的上升。一般而言，技术具有相对稳定性，但是在纵向一体化完成后，企业的规模扩大和经营范围的扩张，会导致技术变化的可能性增加，所以纵向一体化完成后，如果企业的技术进步机制与协调机制不能相互适应和有效运作，可能会造成一体化失灵。

3. 资产专用性和纵向一体化

威廉姆森指出，资产的专用性描述的是资产在不牺牲其生产价值的情况下，可以被用于各种不同的目的或被不同的用户所使用的程度。威廉姆森指出，以下三种资本是具有资产专用性的：特殊实物资本，如可由多家买主使用的建筑机器等；特殊人力资本，是指某些产品需要受过特殊培训的工人来生产；有特殊地点的资本，指的是位置相邻的生产连续阶段的资本。20 世纪 70 年代以来，经济学家将纵向一体化的原因都归结于资产专用性，其中典型的代表是威廉姆森、克莱因（Klein）、克劳福德（Crawford）和阿尔钦（Alchain）、格罗斯曼和哈特等。

1）资产专用性和可占用性准租金

资产专用性会使投资者面临资产价值沉淀的风险，如果某些投资除去特定用途之外用作其他用途时，其价值会大幅减少甚至完全丧失，那么这项资产就存在资产专用性。首次对资产专用性这一概念给予精确定义的是威廉姆森，他在 1985 年就提出资产专用性的概念。

威廉姆森的定义是在克莱因、克劳福德和阿尔钦的影响之下形成的。他们提出了关于可占用性准租金分析：在交易启动后，当投资者决定投资于特定的资产，相应的可占用性准租金也会随之出现，而这些准租的数额是由租户的最佳使用价值与另一个租户的最佳使用价值的差额所决定的。因此，可以明确地看出资产的专用性与其可占用性的准租之间有着正向的联系。以前，资产专用性通常被认为是一个绝对数量，指的是一项投资，对某些用户有用，但对另一些用户却毫无价值。然而在此之后，将资产专用性定义为一个相对数概念更容易被接纳，可以对企业的纵向扩张进行更好的解释。资产专用性的存在与沉淀成本密不可分，也就是说，只要这项投资已经作出，其改用作其他用途所造成的价值损失是无法收回的。

2）企业边界扩大的原因

从 20 世纪 70 年代至今，经济学者们对于纵向一体化出现的原因的解释是不间断的，且他们互相之间的观点并不存在较大冲突，基本契合一致，以下对其中的部分观点进行简单阐述。

（1）威廉姆森的观点。威廉姆森对于纵向一体化相关研究的开始标志是他在 1971 年发表的论文《生产的纵向一体化：市场失灵的考察》。他的相关观点也在其之后撰写的文章中得到了更深层次的提炼和升华。

威廉姆森认为市场以及企业都是一种特定的治理结构。市场以及企业都是交易可以发生的地点，但是当一个治理结构运作的时候，必不可少地会支出一定的治理成本，而治理成本由三个特征要素决定：资产专用性、资产的不确定性以及交易发生的频繁程度。其中，资产专用性是最重要的要素，其对治理成本起着十分关键的作用。为了更好地说明这个问题，我们首先要了解企业和市场的治理成本涉及哪些方面。

第一，市场的治理成本。市场的治理成本包括两个方面的成本：一方面是双方关于交易的竞价博弈成本；另一方面是交易方采取机会主义行为而付出的成本，并且治理成本与资产专用性程度这两者是正相关的关系。

第二，企业的治理成本。威廉姆森指出，企业治理过程中可能产生的成本有两个原因：其一，与市场相比，企业的激励强度较弱；其二，企业各部门间的官僚行为可能会降低企业的生产效率。

（2）克莱因、克劳福德和阿尔钦的观点。克莱因、克劳福德和阿尔钦从资产专用性概念的角度，推导出了可占用性准租的概念，并进一步考察了使用市场体制的一项特别的成本：后契约机会主义行为。虽然是威廉姆森最早提出了机会主义行为假定，但并没有给出交易参与者采取机会主义行为的原因。而克莱因等人指出，专用性投资是产生可占用性准租的原因。

那怎样才能在现实中降低甚至避免这种风险的发生呢？克莱因等人认为，企业纵向一体化的方法相较于市场契约的方法会更加有效。由于交易双方的有限理性，虽然有市场契约的约束对采取机会主义的交易方进行惩戒，但由于契约的有限性，并不能包含所有的机会主义行为，因此，尽管其中一位当事人确实有违反契约的实际行为，但后续的法庭调查和实施契约诉讼过程所进行的支出是十分巨大的，这无疑为生产经营活动增添了一项高额的成本支出。若当事人在市场中进行交易，那么市场可以为交易者在未来提供贴现，令他可以拥有足够的准租金，以便使契约能够顺利且连续地进行下去，提供贴现的行为可以保证交易方在采取机会主义行为时付出更大的机会成本。通常情况下，资产的专用性越高，它所产生的可占用性租赁也就越大，这意味着当事人可以从机会主义行为中获得更高的短期收益，从而使市场契约实施的成本相应增加。

克莱因等人还假定了，企业内部的协调或其他所有权成本与拥有实物资产的专用可占用性准租之间，并不存在一个系统的联系。他们认为，保障企业内部交易得以顺利运行的原因是权威，而不是契约，故他们认为企业间的纵向一体化能够有效地降低契约执行的成本。因此，我们可以推断：如果某一资产可能导致大量的准租，并且该资产与其他专用性资产高度依赖，那么这两种资产都应当被交易的一方所有。

4. 契约关系的规则和纵向一体化

威廉姆森以准租金为重点，结合交易特点以及契约的多种形式，提出了基于交易费用的企业边界理论新模式。

1）重建契约类型

威廉姆森放弃之前契约短期和长期的分类，因为这样会导致扩大企业的边界，但是现实中并非如此，交易之间还是有各种契约的存在。因此，威廉姆森重新对契约关系做了以下三种分类。

（1）古典契约关系。这种理想契约可以说是一个人对另一个人的承诺，它具有不可预知性、不可逆性等特点，因此在签订契约前，双方必须达成一致的意见与协议。从法律和经济的角度看，这种契约关系都可以被视为一种理想的契约形式。契约关系也不是一成不变的，它随着时间的推移会发生变化。人们只在意违约的惩罚和赔偿，由于是一次性的交易，当事人在完成契约后就像陌生人一样，当事人的人格不重要。

（2）新古典契约关系。长期契约有两个显著的共性：一是筹划契约的时机具有灵活性；二是契约具有一定的灵活性，无论是在筹划过程中还是在严格筹划阶段，筹划人员所采用的程序和技术都是可变的。因此，在出现争端的情况下，通常会有第三方介入，并通过法律诉讼等手段实现契约的灵活性。

（3）关系性契约关系。这类契约的核心是强调专业合作和维护长久的关系，各方都期望建立一个适应契约关系调整的制度框架，与古典契约不同的是，新古典契约主要以初始契约条件为参考，而关系性契约则根据实际情况进行调整，并不总是遵循初始契约的条件，通常不需要第三方的介入。

2）交易的特点、投资与规制结构的匹配

威廉姆森认为体现交易特征的三个基本方面是不确定性、交易重复的频率、耐用交易专用性投资发生的程度。假定不确定性非常大，契约关系继续得到调整；假定存在两种不同的交换频率，仅有几次出现以及频繁的重复出现。我们将资产按专用性程度分为三类：非专业型（通用型）资产、特质型（专业型）资产，以及位于二者之间的混合型资产。表 2-1 为商业交易矩阵，由于非交易专用性结构包括市场等，高度专用性结构适用于介于两者之间的、对某一类特定需求的交易。故我们提出以下观点：①对于高度标准化的交易，不应实施专业性的规定。②需要高度专业性的只有经常性交易。③对于那些不符合标准的交易，尽管交易的专业性规制结构并不是必需的，当投资与交易的属性相匹配时，企业的成本可以得到降低，但只有当契约的形式与交易的方式相匹配时，投资者才能实现预期的收益。因此，我们必须考虑交易成本的效应，并寻找与之相匹配的最佳合同结构，以实现最大的经济回报。

表 2-1 商业交易矩阵

交易频率与投资特点	非专业型	混合型	特质型
数次	购买标准设备	购买定制设备	营造工厂
经常	购买标准材料	购买定制材料	各道工序中间产品现场交换

威廉姆森认为，规制结构与商业交易的最优匹配如表2-2所示，主要分为以下三种。

表2-2 规制结构与商业交易的最优匹配

交易频率与投资特点	非专业型	混合型	特质型
数次	市场规制（古典契约活动）	三方规制（新古典契约活动）	
经常		双边规制（关系性契约）	统一规制（关系性契约）

（1）市场规制结构和古典契约匹配。在数次和经常性购买中，交易的双方依据商誉或是其他买家的购买经验进行行动决策。在物品和劳务都是标准化的假定下，依据商誉或是其他买家的购买经验可以迫使交易双方对交易行为负责。由于契约标准易于理解和掌握，加上诉讼成本相对较低，这有助于减少交易的总成本，因此市场的规制结构与古典契约匹配是最为理想的。

（2）三方规制和新古典契约匹配。三方规制的交易分为两种类型：一种是混合型交易；另一种是具有高度特定性的交易。所谓特质物品和劳务，是指那些已经被专门用于交易目的的人力资本的投资，而这种投资可能会出现专业性准租的竞争问题，在合同开始生效的时段内，为了达到特质活动的成本效益，卖方研发了专门的交易技术。这两种投资都需要有一个持续性的关系才能得到鼓励。而交易专用的规制结构的设定费用往往无法通过几笔交易来弥补，争端评估绩效需要第三方来解决，而新古典契约恰恰符合这种需求。

（3）交易专用性规制和关系性契约匹配。①双边规制。当交易经常发生、资产是混合型的时候，适合关系性契约。因为需要有若干提出后能被接受的调整内容的方法，导致契约具有一定灵活性，适合关系性契约。②统一规制（纵向一体化）。当经常交易的投资类型具有高度特质性的时候，适应性契约可能会失效，即不一定可以避免机会主义行为，因为频繁地谈判不可避免地会导致交易成本的增加，在此环境下统一规制应运而生。它的一个显著优势是可以以一种连贯的方式实施，避免了对企业间协议进行不必要的查询和修改。

威廉姆森认为，资产的专用性和契约的种类匹配一方面对市场和企业的资源分配效率产生影响，另一方面也会改变中间市场在资源配置上的策略和效率。他深入探讨了有关企业边界的理论，他认为生产要素的企业边界和交易费用紧密相关，一个最优的企业边界应当能够降低交易费用。

5. GHM理论对企业边界理论的影响

GHM理论，是由格罗斯曼、哈特、莫尔共同建立的理论模型，是在不完全契约的基础之上建立的，与传统的产权理论不同。该模型认为，企业所拥有的和控制的资产构成了企业，但由于人们的有限理性、不确定性和信息的不完全，不存在能够拟定完全的契约，因而会出现剩余控制权。剩余控制权是指由于契约的不完全而没有明确界定归属的权利，而特定权利是指被明确规定的权利，由于剩余控制权是无法被预见的，因而相较于可预见的产权分配，剩余控制权对于资源配置更加重要。在契约不完全时，剩余控制权配置会给投资决策中的更重要的一方带来更高效率。而对于剩余控制权的来源，格罗斯曼、哈特和莫尔等认为，一般源于对物质资产的所有权，因而归属于非人力资本。

哈特对于不完全契约的解释，是从以下三个角度来讲的：首先，由于人们存在有限理性，很难对变幻莫测的环境做出准确的计划和判断；其次，即使能够做出某些计划，但交易各方也很难对此达成共识，在这一点上，经验提供的帮助十分有限；最后，即便交易各方能够满足前两点，即做出计划和达成共识，他们也很难明确详细地解释并将这些计划记录下来。

GHM 模型将权利分为特定权利和剩余控制权两种，由于特定权利是由市场确定的，因而是对称的，双方权利大多相等，而剩余控制权是未预见的，可能会出现非对称分布。模型认为，当在契约之中写出所有关于财产的特殊权利费用很高时，交易双方互相兼并是最佳解决办法，即一方买入另一方的剩余控制权，然而剩余控制权对于二者的激励不同，对于购买方，他是可以为其获得更多收益，而对于出售方，剩余控制权是一种损失，这可能会导致激励机制的扭曲。因而，对于剩余权利的有效配置必须满足以下条件，即购买者从中获得的收益能够满足售出者在激励中的损失。GHM 模型明确指出，一体化也会产生成本和费用，对于剩余控制权的分配可能会影响效率，而企业边界的决定实质上就是达到剩余控制权最优化。它解释了为什么激励问题不能通过市场契约来解决，这一交易费用理论并没有给出合理解释的问题。

1）格罗斯曼—哈特模型

格罗曼斯和哈特从剩余控制权的视角出发，认为所有权结构的不同可能会导致双方在事前的投资激励上产生偏差。我们可以通过对比不同场景下的投资激励的偏差，来估算纵向一体化带来的经济回报和支出花费，通过对比这两个资金规模，能够理解企业为何选择纵向一体化。

剩余控制权的定义是：一般情况下归属资产所有者拥有的。格罗斯曼和哈特认为，企业之间的一体化问题的本质就是确定剩余控制权究竟属于谁这一问题。

他们通过创造一个两时期模型，来对其持有的观点进行解释说明。该模型假定存在甲、乙两家企业，两家公司的管理者同时也是两家公司的所有者，双方于时期 1 签订了一份契约并进行专用性投资 P；在时期 2 进行生产活动 Q，并可以从中获得生产收益。

此处的 Q 指向的就是剩余控制权，因为活动 Q 并不能在时期 1 时就得到确定，需要根据时期 2 的发展才能最终确定，因此活动 Q 并不能在事前就写进契约，这也导致了事后的生产活动的收益与事前契约的规定之间存在着一定的差额，该差额就是剩余收益。剩余收益将按照一定的比例在甲和乙之间进行分配。

正是由于剩余控制权的持有者并不能完全掌握剩余的收益，且这种控制权是由预先的投资所产生的，因此无论企业是否实现了一体化，甲与乙的事前投资都可能出现某种程度的偏差。但在不同的情境下，这两种投资的偏差方向可能会有所区别。他们的最后观点是：如果所有者同时持有企业 1 和企业 2，这可能会使所有者对企业 1 产生过度投资，而对企业 2 投资不足，并且，非一体化策略将确保各企业的投资保持在一个相对适当的水平。

基于哈特和霍姆斯特罗姆的模型，构建并购双方控制权配置的动态演化模型。假设有两个企业，企业 A 和企业 B，开始阶段需要确定两个企业的组织形式，令企业 A 为国有企业，企业 B 为非国有企业；其次两个企业需要做出是否合并的选择；最后估计企业的收益（时序图如图 2-1 所示）。

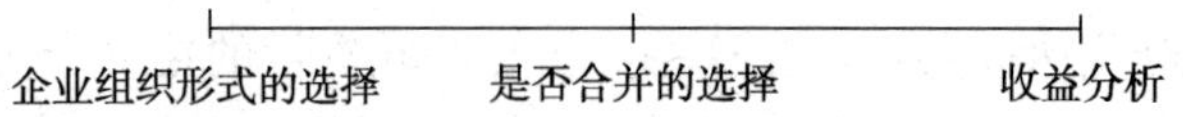

```
|————————————|————————————|————————————|
企业组织形式的选择    是否合并的选择      收益分析
```

图 2-1　时序图

假设每个企业的决策由企业所有者做出，企业可以选择合并或者不合并，且事后不能改变，后面会放松这些条件，进一步分析企业的相关收益。图 2-2 显示了企业 A 和企业 B 不同选择的收益，假设这些收益是不可验证且完全正确的。其中"v"表示利润，"w"表示私人收益（私人收益可以用货币衡量），"Y"表示选择合并，"N"表示不合并。从图中可知只要有一方选择不合并，两个企业都选择不合并。

		企业B：非国有企业	
		Y：合并	N：不合并
企业A：国有企业	Y：合并	A: $v_A(Y,Y), w_A(Y,Y)$ B: $v_B(Y,Y), w_B(Y,Y)$	A: $v_A(N,N), w_A(N,N)$ B: $v_B(N,N), w_B(N,N)$
	N：不合并	A: $v_A(N,N), w_A(N,N)$ B: $v_B(N,N), w_B(N,N)$	A: $v_A(N,N), w_A(N,N)$ B: $v_B(N,N), w_B(N,N)$

图 2-2　企业不同选择下的收益分布

令 Z_i（i = A 或者 B）表示企业的总盈余，则

$$Z_A = v_A + w_A，\quad Z_B \equiv v_B + w_B \tag{2-13}$$

$$\Delta v_i = v_i(Y,Y) - v_i(N,N)，\quad i = A, B$$
$$\Delta w_i = w_i(Y,Y) - w_i(N,N)，\quad i = A, B \tag{2-14}$$
$$\Delta z_i = z_i(Y,Y) - z_i(N,N)，\quad i = A, B$$

其中，假设私人利益的获得来自工作满意度，且假设合并将导致私人利益的减少，即 $\Delta w_i \leq 0$；关于利润 v 没有严格假设；两个企业合并或者不合并的总盈余也是不确定的。

针对企业 A（国有企业）和企业 B（非国有企业）有两种选择：第一，不合并，每个企业将实现自身盈余的最大化，即 $\max(Z_i)$；第二，合并，合并后如果由专业经理人经营，则将实现利润最大化，即 $\max(v_A + v_B)$；如果由企业 A（国有企业）或者企业 B（非国有企业）中的管理者经营，则在实现利润最大化的前提下，也将实现私人利益的最大化，即 $\max(v_A + v_B + w_i)$，i = A, B。

前面的假设较为严格，一个企业选择不合并等同于两个企业都选择不合并。现在我们放松这一假设，则可以得到四个结果，分别为 (Y,Y), (Y,N), (N,Y), (N,N)，同时假设当一个企业选择合并比不合并获得的私人利益低，则意味着合并将导致企业获得集体利益但是会造成私人利益的损失。在前面的基本假设中，在不合并的条件下，(Y,Y) 不是一个纳什均衡，主要由于利益分布不均。但是在放松了基本假设以后，(Y,Y) 不是

纳什均衡的主要原因是存在"搭便车"行为。根据上述简单模型设定，如果(N,N)是有效的，则不合并能够实现利益最大化；如果(Y,Y)是有效的，则合并能够实现利益最大化。此外，假设通过合并获得的利润足够大，且这些利润在企业间不均匀分布，则合并是最优的选择。如果合并的私人成本足够高，那么不合并将是最优的选择。

2）哈特和穆尔的模型

在GHM理论发展的同时，对其有关的质疑也很多，哈特和穆尔也发现模型存在着两个缺陷：首先，模型对于事前投资在一体化过程中发挥的作用过分强调；其次，与事后效率有关的假设也并不适用于所有权和经营权相分离的企业。于是，哈特和穆尔在《作为参照点的契约》一文中，构建了一个契约理论模型，该模型为双方的交易关系提供了契约的参考点。这个模型在初始契约签署后，交易双方仍有权在相关绑定的条件下获得他们应得的权益，从而在一定情况下限制了因分歧、损害等行为导致的损失，并且，哈特和穆尔还证明了这一理论模型具有权衡不完全契约的刚性和弹性的能力，这一文章还解释了为什么在交易对双方都有利的情况下会出现不签订契约的情况。

哈特和穆尔认为，契约是当事人权利的参考点，一个人如果没有得到他认为有权得到的东西，就会受到侵害，影响到业绩，这会伤害其他当事人，造成无谓损失。也就是说，事后的绩效只能减少一部分："敷衍"的表现可以强制执行，但"完美"的表现不能。将上述简单模型扩展后，构建基于简单模型的损益模型。在模型中令θ表示影子参数（或者称为损失参数）。同理，如果(N,N)是有效的，则不合并能够实现利益最大化；如果(Y,Y)是有效的，则合并需要协调，由于协调会造成无谓损失，所以合并并不是最优的选择，应视情况而定，因此企业选择合并有两种情况：

第一，当$\Delta v_A + \Delta v_B \leqslant 0$时，职业经理人和企业拥有者偏好一致，此时不存在隐形损失，社会剩余为

$$S = Z_A(N,N) + Z_B(N,N) \tag{2-15}$$

第二，当$\Delta v_A + \Delta v_B > 0$时，此时企业拥有者想合并，但是职业经理人不想合并，此时存在私人收益，条件变为$\Delta v_A + \Delta v_B + \theta(\Delta w_A + \Delta w_B) \geqslant 0$。

如果该条件成立，则社会剩余为：$S = Z_A(Y,Y) + Z_B(Y,Y) + \theta(\Delta w_A + \Delta w_B)$。

如果该条件不成立，则社会剩余为：$S = Z_A(N,N) + Z_B(N,N) - \theta(\Delta w_A + \Delta w_B)$。

因此损益模型和基本模型的区别在于由于合并需要协调，从而产生隐性损失。

二、数字经济时代企业边界的新特征

1. 数字技术对交易费用的影响

伴随着信息技术革命的发展，出现了数字经济这一新的经济形态，数字经济近年在互联网、大数据、云计算、区块链、AI等技术的发展之下，呈现出高速增长的态势。国家统计局公布的《数字经济及其核心产业统计分类（2021）》给予了数字经济一个明确的定义，数字经济是指以数据资源作为关键生产要素、以现代信息网络作为重要载体、以信息通信技术的有效使用作为效率提升和经济结构优化的重要推动力的一系列经济

活动。

与传统的农业和工业经济相比，数字经济有所差别，这主要归因于它们在核心生产要素上的不同。生产要素涵盖了物质生产所需的所有要素和环境条件。比如，在以农业为经济支柱的时代，主要的经济都来源于土地和劳动力，在工业化经济的时代背景下，我们使用生产设备提高生产效率。而对于主要依靠数据资源的数字经济时代，数据和信息成为经济增长的核心要素。数字经济时代下数字技术对于交易成本能够起到一定的降低作用，主要是从资产专用性、信息不对称以及机会主义行为三个方面而言的。

1）数字技术对资产专用性的影响

在数字化经济的背景下，数据、用户数量以及知识已经变成了关键的生产要素，企业的主要能力也转向了对无形资产的管理，具体来说可以分为以下四个方面：第一，发现消费者需求的能力；第二，收集并分析处理数据的能力；第三，不断更新知识储备、持续研发创造的能力；第四，实现组织高效率与维持较低成本的协调能力。这些核心能力并不像以往的工业经济时代，依托于有形资源，但却同样决定了企业的竞争能力、经济效益以及规模扩张的边界。正是由于企业更多地依赖于数据、用户和知识这类无形资产，相较于以往，数字经济时代下企业的专用性资产占比大大降低，对于企业规模扩大和边界延伸的影响限制大大减少，即数字技术降低了资产专用性对企业边界扩张的影响，企业的核心竞争力可以在不同的领域分享共用、重复无限次地使用，大大降低了企业的交易费用。

2）数字技术对信息不对称的影响

有时，市场上的信息存在这样一种状况，市场中的某些参与者拥有的信息，另一些参与者不拥有，即买卖双方所掌握的信息不对等，一方多一些，而另一方少一些。一般而言，信息不对称的情况分为两种：一种是买方获得的信息多于卖方，如在保险市场上会出现这种情况，投保者比保险公司更加了解自身的健康状况；另一种是卖方获得的信息多于买方，如在二手车市场上，二手车卖方会更了解旧车的使用状况。信息不对称会引发逆向选择、道德风险和委托代理问题，进而导致市场失灵。

数字技术使企业在信息收集的过程中，能够获取更深、覆盖面更广的信息，企业可以通过大数据、人工智能等技术获得消费者购物网站的浏览记录、电商平台的消费记录、社交网站上的互动数据，甚至是与用户有关的声音、图像的个人信息，这些信息的收集使得企业对于消费者有了更全面、精准、直接的了解，便于对他们做出更精确的用户画像。此外，数字经济化使企业的数据分析与整理变得更加智能化，从简单抽样转变为总体分析，从描述性统计分析转变为数据挖掘，可以使企业从相同的数据之中获取到更有价值的信息，对数据这一资产的利用程度更进一步。同时，数字技术还使信息披露更加透明，降低了不完全信息和信息不对称的程度。综上所述，数字经济时代下企业的信息不对称程度大大降低。

3）数字技术对机会主义行为的影响

机会主义是指在条件允许的情况下，人们总是会选择追求自身利益的最大化，即使这种行为有时会存在欺诈，是以损害他人利益为前提的，但仍然存在这种激励。它是人们在追求利益最大化时的一种激励特征,因而,当制度存在缺陷的时候,或是契约不完善,即便违反道德约束,市场中的参与者仍然可能会选择各种方式来追求自身利益。在工业经济时代,如果交易双方发生"敲竹杠"问题,则拥有专用性资产的一方可能会因为另一交易方的机会主义行为蒙受损失,而数字技术已经使专用性资产大大减少,这在一定程度上避免了机会主义行为。另外,数字技术的发展使得企业和企业之间的联系更加便捷与紧密,甚至出现了一套适用性很强、信息传播与获取较快的征信系统,如果某些企业具有机会主义行为,它的声誉将会大受影响,并且很有可能会影响其之后的正常经营交易与合作。

2. 边界日趋模糊化

工业经济时代下,企业边界的扩展主要是通过横向边界的扩展和纵向一体化实现的,因而企业主要在原本的经营范围内扩大种类和数量,又或是沿着产业链向前端或后端进行延伸,对于大部分的企业来说,业务扩张的范围十分有限。而数字经济时代就大为不同,数据技术的发展使企业的核心能力有了改变,企业跨界成功的案例屡见不鲜,打破了传统的经营边界,使边界趋向模糊化。

1) 产品边界模糊化

新兴技术的发展带来了人民生活水平的飞速提高,一个重要表现就是具有了更多功能、能满足消费者丰富需求的产品不断涌现。产品的功能越来越多,产品的体积、重量越来越小,而产品的边界也越来越模糊。比如4G带来了短视频的爆发,人们对于摄影的需求越来越大,质量也越来越高。普通用户参与摄影的门槛逐渐降低。这就是智能设备的集成化。从某种程度上说,产品边界变得越来越模糊,如手机逐渐不再是以前单一的通信工具,而是可以承载人们观看影音视频、收听电台广播、学习阅读文献等以前需要电视机、收音机、MP3、电子阅读器等多种产品才能满足的需求。

2) 企业边界模糊化

信息技术的发展降低了企业内部组织成本,同时也降低了市场价格机制的交易成本,因而出现了企业内部业务市场化和市场交易企业化这两种趋势,企业基于追求效率提升的需要开始调整自身的经营规模,这些都导致企业边界日渐模糊化。另外,数字经济时代下,用户、信息和数据是核心资源,专用性资产大大减少,这也为一些企业跨界提供了良好的基础,诸如华为、百度等互联网行业的龙头企业也尝试跨界,这种跨界整合的行为也进一步打破了传统企业的边界,现如今对于很多企业来说,想要简单地对其所属行业进行单一划分也十分困难。

3) 产业边界模糊化

产业融合是指高新技术及其产业作用于传统产业,并且使不少于两个的产业融为一体,最终形成新的产业的过程。值得注意的是,产业融合并不是简单地将两个产业进行相加,也不等于企业之间的并购,而是通过特殊的组织形式或结构将二者合二为一,重新形成全新的产业,具有不同的属性。数据技术这种高新技术,是产业融合的重要推动力,使得原本相互独立的两个产业融为一体,具有全新的竞争力、组织结构和生产特点,并且形成新的市场需求，使得产业之间的边界模糊化。例如，IT 技术的进步就引起数据行业与传统信息服务合二为一，形成新的产业。

4）市场边界模糊化

企业、产业边界的模糊使得原本相互分离的市场之间出现了交集，进而出现了竞争，原有市场之间的边界被打破，市场中的企业要面临的竞争也较以往而言更加激烈，除去原有行业内部的竞争企业，跨界进入的新兴企业凭借其在其他产业市场上积攒的良好声誉与用户基数，也是强有力的竞争对手。例如，方便面市场的销售量会随着外卖平台的迅速发展而萎缩，平板电脑和电子书行业的兴起也会使造纸印刷行业的销售业绩屡屡下滑。市场之间的边界逐渐模糊，这也对置身其中的企业如何维护市场、提升经济效益提出了新的挑战。

第二节　企业目标与委托代理理论

经济学假设，企业之所以存在是为了获取利润，而企业的原则是追求利润的最大化，并且，企业如果想要获得足够多的竞争优势，能够占据一定的市场份额，相较于其他竞争对手，更低的成本是重要因素，因而，企业对于目标成本的管理十分必要。另外，在现代企业当中，诸多企业实质上面临着所有权和经营权分离的问题，即企业的实际经营者并不是企业的所有者，因而就可能出现委托代理问题，即委托人和代理人的目标不一致甚至出现矛盾。

一、企业目标

1. 利润最大化

对于任何一个以盈利为目的的企业，利润最大化都是其追求的目标。然而，企业是否一直以利润最大化为目标呢？事实上，在短期内，并不是所有的企业都以利润最大化为企业目标。原因在于，很多企业在没有占据一定的市场份额的情况下，短期内并不能实现盈利，许多正存在着的网络外部性行业都出现过这样的情况。以电商平台为例，大部分的电商平台在进入市场的初期都在亏损，并且以普遍低于市场其他竞争企业的价格售卖相同甚至是质量更好的商品，似乎看来在短期内这些企业并不是以利润最大化为目标，但事实上，企业短期经营目标可能会短暂偏离利润最大化，实质上是企业采取的一种竞争战略。还是以电商平台为例，几乎所有的电商平台都花费大量的资金在做铺天盖地的广告和以为消费者谋福利的旗号不断打破价格下限，但正是这种短期的低价战略，才可能会为其长期的盈利打下基础。由于同一种商品并不会被限制在一家平台售卖，以及电商平台上售卖的商品大多同质化严重，产品差异很小，此时如果不采取低价战略，就无法吸引足够多的消费者在此平台消费，也无法带来更高的规模经济，市场份额也会受到阻碍。对于电商平台来说，谁能在前期积累足够多的消费者和足够大的市场规模，谁就能在后期盈利。因此，企业短期当中各种背离利润最大化的竞争策略，并不与长期的目标相悖，短期偏离利润最大化也是为长期能获得更多利润做铺垫。

2. 目标成本管理

目标成本管理是一种针对利润和成本进行综合管理的战略规划过程,它主要围绕价格导向、客户反馈以及产品和流程设计,同时也需要跨部门团队的积极参与。目标成本管理贯穿始终,伴随产品的整个生命周期,并在此过程中将价值链参与融进产品本身。目标成本管理以获取利润为目的,同时开展利润和成本规划。

目标成本管理有以下六条基本原则。

(1) 价格引导的成本管理:在具有竞争性的市场条件下,目标成本管理体系是通过从市场定价中减去计划利润来设定目标成本的。市场定价的情况取决于当前竞争市场的具体状况,并且计划利润是由公司的经营状况和行业情况所决定的。

(2) 围绕客户需求:顾客在市场中的需求是非常重要的,对于公司来说了解顾客的需求以及竞争对手是如何满足顾客需求的也至关重要。在对产品进行研发的整个过程中都需要时刻关注顾客需求,由顾客需求来驱动引导产品开发。因为市场需求就具体表现为顾客的需求,只有当我们所研发的产品符合市场需求和顾客需求时,才能最大限度地迎合市场并获得市场竞争力。只有当研发的产品能够满足顾客消费者的需求和预期时,他们才会愿意为产品支付更高价格,才能通过产品打通竞争市场,赢得更高的销售额和市场份额。

(3) 围绕产品和流程设计:目标管理过程中,产品的设计和流程设计是一个重要环节,也是进行成本管理的一大关键。进行目标管理时,如果在设计前期能够投入更多的时间和精力,有效地提升产品和流程设计,在后续就可以减少一些不必要、费时费力且耗财的改动,从而缩短产品上市的时间,赢得时间优势。

(4) 跨职能合作:跨职能合作是参与产品开发设计的职能部门、公司外部参与者、下游职能部门三方共同合作,相互配合,同时对产品负责,从而达到减少后期更改、缩短上市时间的目的。

(5) 生命周期成本削弱:生命周期成本从始至终在目标管理体系开展时就会受到关注,其目标即为削弱成本。生命周期成本是指一项产品从有到无、从产生到报废的一整套成本,具体包括以下部分:买入成本、使用成本、后期维护修理成本以及报废处置成本。

(6) 价值链参与:为了使目标管理效益最大化,价值链上的上、中、下游各部分的成员都要参与其中,为目标管理作出贡献,所有的成员间要建立起长期且互利互惠的合作关系,共同的目标即为了削弱成本需作出一致的努力。

上述目标成本管理的六项基本原则是将其与传统成本管理方法区别开来的重要依据。传统的成本管理和利润规划方式采用的是成本加成法,这种方法的定价方式是通过估算产品的本身价值,再加上预期利润得出最终定价,一旦市场无法接受产品的价格,后续公司就需要根据市场反馈来不断地修改定价。而目标成本管理一开始的出发点就是市场价格,同时结合了目标利润率,从而有利于直接规划出产品可被接受的最高成本区间,后续的修改都在可控范围之内。

3. 确定产品价格及利润率

市场行情、产品质量、服务质量等特性都能够通过市场价格体现出来。在目标成本环境下,日本公司选择了四个关键因素来设定产品的定价,分别是:客户的实际需求、可以接受的定价、市场的竞争态势分析以及目标市场的市场份额。

确定目标利润需要考虑两个角度:一是公司的宏观计划,二是具体产品的微观利润。产品经理首先会通过观察市场的变化趋势来预估产品可能的销售数量,接着,他们会将目标销售利润率与目标销售量相乘,从而计算出产品在微观层次上的预期盈利。通过将特定产品的微观收益与公司的预期利润目标相结合,并进行比较分析,我们能够确认最终的预期利润。需要重点注意的是:无论是基于公司层面的利润规划来设定预期的目标利润,还是基于产品层面的规划来设定预期的目标利润,都必须建立在对产品的生命周期销售预测的基础上,并且不是一成不变的,会随着开发过程的变化而改变。

在进行长期产品与利润规划时,需要根据长期产品盈利情况、公司要求的财务报酬率和市场份额以及竞争策略分配来进行规划,规划的最优结果是得到年度产品组合以及该产品组合能够获得的年度最大利润回报。

目标利润率通常是由公司所要求的财务报酬率决定的。这些比率通过销售利润率联系在一起。具体公式如下

新的销售利润率 = w_1 × (公司过去的销售利润率) + w_2 × (行业过去的销售利润率) + w_3 × (公司未来五年的目标销售利润率)

其中:w——加权系数;

$w_1 + w_2 + w_3 = 1$;并且从长期看,$w_3 = 1$。

这个计算公式结合了公司与行业过去的销售利润率,并且一般情况下会采用递减权重,考虑公司未来的目标销售利润率。即随着时间的推移,分配到过去销售利润率的权重逐渐缩小为0。

销售利润率与资产报酬率(ROA)紧密相关。资产报酬率的公式表达如下

资产报酬率 = (销售额/资产) × (利润/销售额)

销售额/资产就是资产周转率,利润/销售额是销售利润率。如果我们的资产保持稳定,并且资产报酬率可以被视为恒定,那么我们就能根据所需的销售利润率来确定目标资产报酬率。

4. 从可允许目标成本到可实现目标成本

可允许目标成本是指能够维护企业市场竞争地位的市场价格所确定的成本,企业可以通过这些可接受的成本将市场竞争的压力转移给产品的设计者或零部件供应商身上,从而实现这些可接受的目标成本到这些目标成本的转变,涉及五个具体的步骤。第一步是预估并计算可允许目标成本与现行成本之间的差距;第二步是对成本拆分,从不同的视角进行分析;第三步是根据已分解拆分的成本,将削弱降低成本目标的安排分配至不同团队;第四步是对成本作出一定的估算计量,用于检验成本优化工作是否达到了向既定目标靠近的目的;第五步是处理还未达到的成本目标,不断优化改进。

5. 将顾客需求纳入目标成本管理

目标成本管理的关键所在是时刻关注由市场情况决定的市场行情变化。如果忽视顾

客对产品的具体表现需求，那么目标成本的实现实际上是毫无意义的。

公司关注顾客需求和意见不局限于单一的中间顾客或者最终顾客，而是需要同时兼顾不同层次的顾客。花费时间去聆听了解顾客需求，不仅有利于制定出更好满足需求的方案，还有利于激发团队的灵感，带来更好的优化改进方案。为了理解顾客需求，我们需要了解顾客价值与顾客关注的定义，同时还要明确可获得的顾客信息类型。顾客价值定义为消费者在追求产品效益时所付出的费用与他们实际获得的效益之间的差值。效用来自消费者对产品和服务的价值感知，是顾客的一种主观感受判断，通常情况下一个产品的生命周期使用寿命越长，感知风险就越大，顾客的感知成本也会越高。顾客关注是了解顾客需求观的一个过程，包括询问获取顾客信息、将收集到的顾客信息向产品团队传递并进行沟通、团队利用所得到的信息采取相应行动，即获取信息、沟通信息、解释信息以及运用信息的过程。可获得的顾客信息类型具体可分为前瞻性信息和反馈信息两种：前瞻性信息反映了顾客的需求和为产品支付的意愿态度；反馈信息则是消费者进行实际购买行为之后所产生的对产品的具体评价。

获取顾客意见数据的方式有很多，如焦点小组法、售后服务记录法以及销售反馈法等，本部分只简要介绍一些常见的方法。

（1）焦点小组法是将顾客和潜在顾客人群召集起来组成一个小组，公司会将内部数据交与焦点小组进行讨论，在经过不断地讨论后将从一对一访谈中收集到的价值维度进行精简优化，形成一定数量的产品特征，用于后续问卷使用。

（2）售后服务记录法是将售后过程中消费者提供的信息和所反映的问题进行收集，主要是处理售后质量赔偿、投诉反馈和售后回访等方面。

（3）销售反馈法是充分利用公司内部信息分析获取顾客意见的一种方法，通过分析销售情况、市场份额变化、顾客满意度等内容来制成统计资料进行意见反馈。

除以上几种获取方法外，还包括顾客座谈小组会、问卷调查法、β测试法、顾客价值调查法、面对面访谈法等。无论公司与顾客之间的关系多么融洽，公司都需要时刻关注并分析顾客意见，获取顾客信息是进行目标管理的一项重要任务。在此过程中，不同的公司要根据实际情况选取适合自己获取顾客的方式，以达到效用最大化。

6. 我国不同类型企业目标的变化

对于企业经营目标的理解，主流观点有以下四种：第一种理解认为企业经营的目标是利润最大化。第二种理解认为企业经营的目标是股东财富最大化，这种观点将风险与货币的时间价值综合起来考虑，能对企业某些逐利的短期行为进行更好的说明，但随着时间的推移，这一观点的可信度一度遭到质疑。第三种理解认为企业经营的目标是利益相关者利益最大化，这一理解兴起于最近几年企业在经营活动中考虑到了各利益相关者，在这个过程中，利益相关者群体并不单纯意味着股东利益，还包括债权人、雇员、消费者以及供应商等，也就是和商家息息相关的一群人。尽管该方法最大限度地实现各利益相关者利益最大化，却存在操作性差的问题。第四种理解认为企业经营的目标是企业价值最大化，该目标不同于利润最大化目标，它是指企业在其生命周期内追求价值的持续增长，具有动态性、长期性和可持续性的特征。

根据经济类型划分，我国企业可分为国有企业和非国有企业。经济学假设企业存在的最终目标是利润最大化，但在现代企业中，国有企业的目标和职责不止于此，它们往往还会承担社会职责。国有企业可以定义为国家或政府所拥有的企业，这些企业是由一个国家的中央政府或联邦政府进行投资或管理的。我国的国有企业还包括地方政府出资或控股的国有企业。国有企业因其性质特殊，在我国现代化建设过程中具有举足轻重的作用。

国有企业的发展史在一定程度上也反映了我国经济的发展进程。在计划经济的背景下，国家对国有企业的管理和控制非常严格，实施了"对企业进行控制，对资产进行监管"的管理策略，国有企业也肩负着国家的经济职能。而随着人们物质需求和生活水平的不断提高，国有企业的目标也逐渐从提升企业价值转变为满足社会需求。之后随着国有企业数量的增加，其目标也随之变化为兼顾政府与社会职能。进入市场经济时代后，国有企业的目标也随之发生了巨大转变，一些处于竞争性行业的国有企业进入市场，需要自力更生，自负盈亏，这之后的国有企业可以大致分为四类：第一类是具有完全市场属性的国有企业，它们在市场上与非国有企业竞争地位基本相同，以平等的地位争夺资源；第二类是市场属性较强但不完全的国有企业，如电力国企，它们销售的产品会受到一定限制，可能会存在地域垄断，而垄断权利的支配就掌握在政府手中；第三类是由政府控制且具有市场属性的国企，它们往往被设置在与国家安全或是重大经济战略有关的领域上；第四类国有企业的市场属性最弱，一定程度上可以被认为是国家行为的延伸，如印钞企业、军工企业等。

我国的国有企业具有特殊的性质，它们可能会面对更加宽松的财政约束，受到国家某些政策的扶持，甚至获得国家的资源补助等，同样地，它们也主动承担着许多社会责任。许多国有企业会为维持社会稳定提供更多的就业岗位，发挥维持经济平稳的"主力军"职责，而这些往往以牺牲利润最大化的原则为代价，充分体现其社会责任感。例如，在2020年初的新冠疫情时期，许多国有企业积极主动、快速行动、勇于承担危难险重责任，为夺取疫情防控和实现经济社会发展目标双胜利提供强大支撑与保障。比如国有企业为建设火神山和雷神山医院助力，给重点医疗防控提供物资供应，从率先复工复产到为中小企业复工复产助力，充分发挥了国有企业的顶梁柱作用，赢得社会各界的广泛关注和赞誉。另外，非国有企业在疫情期间也发挥了较大的作用，诸如比亚迪等非国有企业也通过暂停日常生产、从事生产口罩，为抗疫贡献了自身力量；京东也利用自身强大的物流网络，为高效调配资源作出了积极贡献。

案例：北京国资公司

二、委托代理理论

1. 现代企业与委托代理关系

从本质上来讲，市场交易就是产权交易，企业是现代市场的主体，但前提是企业必须拥有独立的产权和清晰的界限，现代企业的一个重要特点是所有权和经营权的分离，企业的实际所有权归属者将企业的管理经营权交付给代理人,由代理人来进行企业的日常经营和业务管理。

多个委托代理关系的综合,构成了现代企业,我国的现代企业的结构可以分为权益层、决策及监督层和执行层,它们各司其职并且联系紧密。权益层是企业的实际权益所有者,它由企业的全体股东组成,并以股东大会的形式来行使其权利,是企业的权益机构;决策及监督层由董事会和监事会组成,监事会起到对董事会的监督,行使监督权利,董事会是由股东大会挑选任命的决策机构,行使决策权利,并且能够任命总经理,由总经理行使经营管理权,如图2-3所示。

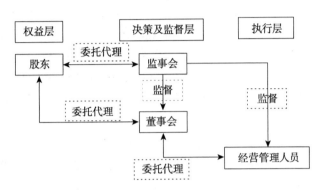

图 2-3　企业委托代理关系

总的来讲,在我国,现代企业由三层委托代理关系组成:第一层是由股东组成的股东大会与董事会之间的委托代理关系,股东大会拥有权益,而将企业的决策权益和资产所有权委托给董事会,是企业所有权和经营权分离的结果,这一委托代理关系使得企业的所有权分为两部分:一部分是终极所有权,另一部分是法人所有权。第二层是股东大会与监事会之间的委托代理关系,它存在的原因在于企业的股东对于监督管理的专业知识并不一定十分擅长,并且在股份制下企业的股份较为分散,单独的股东很难对董事会起到有效的监督。因而,股东大会可以通过管理技能更加完备的监事会来代替行使其监督权。第三层是董事会与经营管理人员之间的委托代理关系,董事会负责决策与管理,而将实际的经营权利委托给经营管理人员,经营管理人员可能分工更加细化,因而在某些方面更加擅长,可以更有效地作出一些日常的经营决策。毋庸置疑,我国企业的多层委托代理关系给企业带来了更高的经济效益,但由于经营权和所有权的分离,委托人和代理人实际上获得的信息是不对称的,代理人常常会比委托人了解关于企业更多的信息,并且可能会由于二者的利益并不完全一致而出现矛盾,最终代理人作出不利于委托人初始目标的行为。这时,委托代理问题就会产生。

2. 道德风险与代理成本

委托代理问题是指当委托人和代理人的目标不一致时,由于存在信息不对称,代理人可能会追求自身的目标,而不满足委托人的利润最大化目标。在企业中,经营者可能会追求升职加薪,或是使企业在短期内的盈利状况良好,以维持自身在职时的声望和高薪,而不惜以长期内企业的利润受损为代价。委托代理问题的出现是由于委托人和代理人之间的信息不对称,企业的所有者并没有足够多的时间和精力去监督经营者的每一个决策,并且也可能会由于所有者和管理者固有的经验知识与管理能力上的差距而无法对管理者行为作出正确判断和解读,监督的成本很高;反之,企业经营者几乎了解企业的细节,拥有企业全面运行的一手信息,因而经营者存在足够的激励去追求自身的目标,并且不一定会被所有者立即察觉,这便出现了道德风险。道德风险是指在信息不对称的条件下,一方获得其行为的收益而不承担与此相对应的成本,将成本转移给他人,给他人带来损失的可能。

怎样能使委托人和代理人的目标一致呢?这就需要一定的激励机制。一种常用的激励机制是通过设置一种适当的薪资机制,与企业经营者和所有者的目标相联系,让经营者在风险规避的同时又能有足够的激励。常见的是,很多企业会将经营者的收入分为两部分:一部分是不随业绩变化的固定收入,以维持经营者的最低劳务收入;另一部分是随着企业经营状况波动的奖金,与盈利状况息息相关。此外,股票期权也是一种相当普遍的激励手段。股票期权制度作为一种长期激励机制已经越来越多地被应用到我国的上市公司中,股票期权意味着企业授予其高级管理或技术核心人员在某一特定时间段内以特定价格购买公司的常规股票的权力。通过购买股票期权这一金融工具,经营者自身的利润目标会和企业未来的经营状况相关,例如,企业给予经营者以每股 20 元的价格购买公司 20 万普通股的权利,但只有当经营者在经营期满五年之后才生效,那么如果经营者能够使企业的股票在五年后超过 20 元,他的收入就能大大增加。除去委托代理问题本身造成的损失以外,企业为解决委托代理问题带来的损失而设置一些激励机制,也会带来一定的成本,因而委托代理关系实质上是存在成本的。

第三节 企业形态及不同类型的企业结构

一、企业组织结构的经济学理论渊源

1. 熊彼特企业创新理论中的组织结构理论

1870 年之后,垄断渐渐代替自由竞争成为资本主义新的发展阶段,市场环境恶劣,经济问题频出,又逢世界大战,给资本主义带来了重重挑战。在这样的局势之下,思想家、经济学家们进行了不断的争论并进一步发展前人的研究。在以往的经验思想之上,熊彼特(Schumpeter)的著作《经济发展理论》问世,在此书中,熊彼特首次提出"创新理论"这一概念,并通过其后续的《经济周期》等著作不断完善和发展,最终形成系统的熊彼特企业创新理论。

熊彼特企业创新理论包含创新理论和在此基础上发展形成的创造性破坏理论。熊彼特创新理论主要包括以下四个方面:①创新是推动经济发展的根本力量。②创新的传导机制即创造性破坏的产生过程,实质就是技术和生产不断推陈出新,进而推动经济发展的过程。③对创新的组织者进行阐述,创新的组织者即企业家,是创新的主体,他们能够创造出新技术,进而为实现创新提供条件,并促进创新的完成。④对经济周期的产生进行了解释,他认为经济发展必然会产生经济周期。

熊彼特企业创新理论认为，所谓创新就是建立一种新的生产函数重新来组合生产要素，将某种从来没有的关于生产要素和生产条件的新组合引入生产体系中，据此实现创新。

熊彼特指出创新的五种情况有：①制造出消费者尚未熟悉的全新产品，或者为产品注入新的属性。②采纳一种创新的生产技术，这种技术还没有经过相关制造部门的经验验证，可能缺乏科学上的最新发现，或者它是商业产品处理的一种新方法。③创造一个之前未曾涉足的新市场，无论这个市场是否曾经存在。④寻找或管理一种新的原材料或半成品的供应渠道。这意味着在一个新的经济领域内获得了一些新的利润和收入。⑤建立新的组织结构，如建造或打破垄断状态。

基于此，可分析熊彼特创新理论中组织结构的理论主要是关于组织创新，因为企业所处环境的变化和自身特征的变化，企业需要不断调整组织结构。比如在成长初期，高度集权化，企业的决策权掌握在最高管理者手中，扁平式的简单结构更加适合；在成熟期，企业规模大、业务多，分权特征的事业部制和矩阵制结构更加合适。因此处于不同生命周期的企业应适时调整自身的组织结构，才能更有利于激发企业的潜能，实现企业价值最大化。

2. 新制度经济学中的组织结构理论

所谓新制度经济学，是用主流的经济学方法分析制度的经济学，主要分为两派，即以加尔布雷思为代表的新制度经济学派和以科斯为代表的新制度经济学派。在企业理论方面，认为市场机制是一种配置资源的手段，企业也是配置资源的手段，两者能相互替代。市场运作必然伴随着一定的成本，但如果能够建立一个有组织的结构，并允许某一权威来管理资源，那么就有可能实现市场成本的节约。

新制度经济学可从交易费用理论的角度来研究组织结构。新制度经济学交易费用理论是科斯首先提出来的。交易费用就是利用市场价格机制所付出代价，它由两部分组成：一是找到贴现价格以获取准确市场信息所付出的代价；二是在交易过程中进行协商的代价、履行契约所付出的代价。在科斯看来，企业与市场是可以相互替代的两种资源配置机制，市场交易费用因其有限理性和不确定性而变得昂贵，企业作为一种替代市场的新的交易形式，可以节省成本，而且企业可以采用不同组织结构方式以节省交易成本。

威廉姆森以科斯的理论为基础对交易费用理论作了进一步发展，他认为一切经济活动都可以被视为交易，一切交易都可以被视为契约，并且人们存在有限理性和机会主义，某项交易由市场组织还是科层组织，是由交易的生产成本和交易费用综合决定的。比如在其他条件相同的情况下，资产专用性水平越高，市场节约成本优势就越小，交易比较适合科层组织进行，而在资产专用性水平低的情况下交易则适合市场组织进行，介于二者之间的交易就适合以混合形式组织进行。相对于市场制度而言，内部交易者活动能得到有效监管，内部组织在解决纠纷方面具有优势，同时也可以缓解信息不对称所带来的冲击。威廉姆森将组织结构分为U型、H型、M型三类。其中，U型组织结构是最基本的一种管理组织形式，它采取的是一种中央集权式结构，是以企业内部职能分工为前提的。因此，相对来说，每个部门的独立性非常有限，权力集中于总经理手中。同时，U型组织结构也存在许多的问题，如股权结构分散、公司治理低效等。H型组织结构是在U型基础之上建立的，H型组织结构更像是企业集团的组织形式。H型公司持有子公司或分公司的部分或者全部的股份,并且子公司是相对独立的,拥有独立的法人资格,H型组织结构往往出现在横向合并的企业,有高度分权的特性,与此同时,它也存在着结构相对较为分散的问题。M型组织结构是H型结构的进一步演化,它是由一系列相似的事业部门组成的分权体系,而这些部门各自专注于不同的产品系列或市场区域。M型组织结构形成了专业的市场化分工,其中,各个部门负责企业内部的一些日常经营决策,而企业总部的最高层领导负责制定一些企业的战略决策。简单地说,与U型结构相比,M型结构实施了更多向下分权,与H型结构相比,M型结构实施更多中央调控。威廉姆森认为从U型到H型再到M型是20世纪最伟大的组织变革。

二、企业组织结构的演化过程及类型

1. 古典组织结构理论及类型

古典组织结构理论的观点是所有组织的模式基本都是相同的,这种组织模式是通过层级制的高度正式安排,制订统一规定的详细计划和制度来支配组织活动。这种组织结构理论对处在"古典"发展时期的企业具有重要的指导意义。但是该制度也有明显的缺陷,主要有以下几个方面。

(1)强调了统一安排组织活动,却忽略了企业内部和外部的分工协作。

(2)过度强调组织的指挥和安排,却忽略个人的主观能动性。

(3)假定有一种最好的组织结构存在,则可能导致现有的组织结构非常稳定,但缺乏变革性,很难适应外界环境的变化。

在古典组织结构理论当中,如果对于不同类型的组织形式加以区分,则可将常见的组织结构类型分为直线制、职能制以及直线职能制三种类型。

(1)直线制。直线制是一种较为简单的传统组织结构形式。在这一组织架构中,企业的各个级别单位都遵循从上至下的垂直管理模式。也就是说,其下属部门仅受一个上级部门的指导,而各个级别的主管则负责处理单位内出现的各种问题。在企业中,并没有专门的职能部门,而是由企业内部的职能人员来辅助主管,而主管则负责履行各种不同的职责。

采用直线制的组织结构具有结构简洁、职责明确和统一规划的优势。然而,行政负责人需要对各种业务有深入的了解,掌握大量的专业知识和技术,并对所有业务活动负全责。在面对业务的复杂性和企业的庞大规模时,如果仅将管理职责集中于最高主管,那么最高主管的管理工作将会变得异常困难。因此,对于规模不大且生产技术相对简单的公司,直线制是更合适的选择,但对于那些生产管理复杂且规模庞大的公司则不太适合。

(2)职能制。职能制建立在各级行政单位主管的基础之上,并进一步建立了专门的职能机构。在这样的组织架构中,行政主管并不负责执行全部的管理任务,而是与相关的职能部门紧密合作。因此,下属的负责人必须服从上级领导以及上级各个功能部门的指导和命令。

职能制的优点是在生产技术复杂、管理工作相对精细的条件下,依然适用。这样的组织架构有助于减轻直接领导的工作压力，充分发挥职能机构在管理方面的作用。然而，这个组织的结构存在一些明显的不足，这些不足妨碍了集中领导和统一指挥，导致了多头领导的形成，从而降低了行政效率。另外，责任不明确导致功过的确定比较困难。除此之外，当上级领导和职能机构的指令发生矛盾时，下级不知该如何执行，从而影响组织工作的进行。由于职能制组织结构的缺点相对严重，因此现代企业一般不采用该组织结构形式。

（3）直线职能制。直线职能制是将直线制和职能制进行结合形成的组织结构形式。该组织结构将管理机构和人员分为两类，即领导机构和人员以及职能机构和人员，分别负责行使指挥权和职能管理工作。直线领导机构和人员对自己职责范围内的工作有一定的决定权，同时也对下属拥有指挥权，并对其管理的部门承担全部的工作责任。职能机构和人员的主要职责是为业务提供指导，充当领导团队的智囊团，而不是向部门下达具体的指令。

直线职能制的主要优点是它既维持了企业集中统一管理的直线制优势，同时也保留了职能型在各级行政领导的指导下，最大限度地发挥各个职能部门管理功能的优势。但不足之处在于职能机构之间的配合较差，很多工作需要向上级请示才能处理，给上级领导加重负担的同时，也降低了工作效率。

2. 现代组织结构理论及类型

随着组织的发展和企业所面临环境的日益变化，传统的组织结构已经难以满足顾客、员工以及其他相关单位的要求，因此管理者开始寻求一种更加现代的组织结构类型，包括事业部制、模拟分权制、矩阵制等。

（1）事业部制。事业部制代表了一种在高度集权背景下的分权管理模式，特别适用于那些规模巨大、产品种类丰富且技术相对复杂的大型企业。该结构遵循"集中决策，分散经营"的原则，在这一决策框架的指导下，企业进行分散式的经营活动，根据产品、地理位置和客户，企业被细分为多个相对独立的经营部门，并各自设立事业部门。采取分级管理、分级核算和自负盈亏的管理模式。从产品设计、原料采购、成本核算、产品制造到产品的销售，均由事业部和其下属工厂负责，实行独立核算和独立经营的制度，而公司总部仅保留人事决策、预算控制和监督等权力，并通过收入和利润等指标对事业部进行监督与控制。

（2）模拟分权制。这是介于直线职能制和事业部制之间的组织结构形式，由于某些产品生产的特殊性，很难将企业分成多个独立的事业部，为了更好地管理便产生该组织结构形式，适合有着很大的规模且各生产单位又不好明确分开的企业。模拟指的是模拟事业部的单独核算，独立经营，但是并不是真正的事业部，而是各个生产单位。分权指的是企业高层管理人员将部分权力分给生产单位，使得这些生产单位有相对较大的自主权，有利于发挥其积极性。

该组织结构形式的优点是能够解决企业规模大、不好管理的问题，同时能够调动各生产单位的积极性，减轻了企业高层管理人员的负担；缺点是不便明确各个生产单位的具体任务，使得考核成为一件困难的事。另外，由于生产单位领导人对企业全貌了解不足，使得信息互换和决策进行不便。

（3）矩阵制。矩阵制组织结构克服了直线职能制横向联系不足这一缺点，不仅依据职能划分的垂直领导系统，还依据产品或项目划分了横向领导关系的结构。

矩阵制组织结构的特点是可以针对某项专门任务成立跨职能部门的专门机构。例如，对于某种新产品的开发工作，在研究设计制造的不同阶段，就由不同部门派人共同合作完成。这种组织结构的形式是固定的，但是人员并不是固定的。对于某项目小组，负责人是临时成立和任职的。因此，横向协作和攻关项目比较适合用矩阵制组织结构进行分析。

矩阵制组织结构的优点是比较灵活，项目的开始和结束便于控制，便于合作者之间的沟通与人员合作。项目组里的成员都是有备而来的，负责专长的领域，并且沟通交流比较方便，能够更好地攻克难关。该组织结构各部门之间的联系较强，避免了直线职能制中各部门的脱节。缺点是参加项目人员只是临时而来，仍属于原部门，项目负责人对他们的管理比较困难。另外，工作人员还可能会产生临时观念，工作态度可能受影响。

3. 后现代组织结构理论及类型

随着互联网知识经济全球化、信息网络化趋势的不断发展，企业的外部环境发生了巨大变化，传统的企业层级组织结构已不能满足需求。在纵向上，上级的指示要经过多个层级才能传递给执行者，这增加了时间，降低了效率，同时一线员工对产品和顾客的反馈也要经过多层次才能传递给决策者，不利于快速作出反应；在横向上，任务被划分到多个部门完成，沟通不方便等可能降低效率。企业组织结构逐渐向着扁平化、柔性化、分立化趋势发展。后现代组织是相对于现代组织的一个概念，进入20世纪80年代时，在通信技术的不断发展和全球经济一体化趋势的逐渐显现下，现代主义组织模式逐渐开始暴露其缺点，因而组织变革的浪潮开始掀起，而后现代组织这一概念可以很好地概括此时期变革所产生的新型组织。后现代组织的产生和发展是环境变化的要求，它以水平的组织结构代替垂直的组织结构，更加适用于持续变化的环境。

在后现代组织理论的发展过程中，英国和美国的经济学家发挥着巨大作用，西方学者的观点虽然存在差异，但对于后现代组织的定义大致相同，主要有以下几种。

（1）后现代组织是指目前所出现的一切组织变革及其产生的新型组织，如虚拟组织、无边界组织、企业流程再造等。

（2）后现代组织是一种柔性组织。亨克·付博达认为，柔性是指流动性、反应性、敏锐性、适应性、柔软性。

（3）后现代组织是一个复杂性组织，充满不确定性和复杂性。

（4）后现代组织是一种学习型组织。因为后现代组织所处环境是不断变化的，必然要求其组织形式发生相应的变革，因而组织学习就会随之发生。学习型组织是指这样一种组织，在这个组织内部中，各个成员不断完成有效学习，学习氛围蔚然成风，每个组织个体的自我价值得到良好呈现，组织绩效大幅提高。

（5）动态组织观。不同于以往的组织理论，后现代组织理论认为，组织不仅是一个静止的结构，还应当是一个过程和一个动词。

总的来说，后现代组织是在后现代理论的主导下，针对更具不确定性、复杂性的市场环境,以作业为核心所构建的一种新型组织,它的结构扁平,具有流动性、反应性、敏捷性、适应性的特点。后现代组织是与复杂变换的环境密不可分的,现代科层组织之所以向后现代组织发展,就是为了更加适应这种环境。

后现代组织具有三种要素,分别是后现代组织的领导、后现代组织的员工和后现代组织的团队。后现代组织的领导是一种服务性质的领导,由于组织结构扁平,后现代组织的领导不再具有绝对性的权威,也并不依靠行政命令来下达指令,而是通过一种引导、帮助性质的行为,帮助员工发现自我潜力,实现个人与团队的价值。后现代组织的员工是组织的有机组成部分,不再是一种零件式的工具,只发挥某种特定职能。组织与成员之间不需要永久性的雇佣契约来制约,而是依靠一种诚信的合作关系。对于员工而言,组织的边界不再存在,可以自由跨越,并且在组织内部他们的能力不受制约,也会根据能力被赋予一定的决策权,后现代组织的员工遵循自律原则,而不是基于等级或惩罚性的分类,他们是在接受筛选和培训后成为能够独立行动、自我激励和自我管理的组织成员。后现代组织中的团队构成了组织,它反映了后现代组织的本质特征。

从目前的后现代组织理论研究而言,后现代组织可以分为两种:一种是对独立的现代科层企业进行变革,这是一个漫长的过程,也被称为后现代组织化。可以通过企业流程再造、构建管理团队、模块化生产等方式,增加企业的垂直边界、水平边界等柔性,将企业转变为学习型组织、复杂性组织或无边界组织等新型组织。另一种是构建虚拟企业,即一种全新的完全脱离现代科层组织的新型企业组织。这种组织是通过确定的合作项目,选择合作伙伴,充分利用各种前沿的通信工具等技术手段,与合作者建立起动态的联盟关系,相互分享知识、信息、技术,使各自的优势完全发挥。这种组织形式是一种利益共享与风险共担,是基于某种特定的合作项目而形成的,合作者的地位各自相等,项目结束后也可立即解散。

4. 企业组织结构演化动因

企业组织结构演化的动因可分为外部动因和内部动因。

外部动因包括:①经济全球化的发展。当今整个世界的经济逐渐融合成不可分割的整体(袁斐、朱婧,2008),为了应对全球化趋势,企业的组织结构设计应当具有全球化的战略眼光。②信息技术的广泛应用。信息技术的发展正在改变着商业社会的诸多运作方式,合理利用信息技术将对企业的发展更加有利。

内部动因包括:①企业创新的需要。创新为企业注入了新的活力,通过对企业组织结构的创新,可以实现企业管理水平的提升以及其在市场上竞争力的增强。②战略重心的转移。现代企业的发展需要员工的知识和能力,企业的战略可向知识管理转移。③顾客的地位逐渐上升,企业在战略上重视顾客。

三、企业组织结构内涵、影响因素及变化趋势

1. 企业组织结构的内涵

企业组织结构指的是组织的基本架构,是对完成组织目标的人员、工作、技术和信

息的制度性安排。当前，国内研究普遍认为，企业的组织结构是指全体员工为了达成企业的目标而进行的分工合作，在职责范围、责任、权利等方面形成的结构体系。

组织结构可以用复杂性、规范性和集权性三个特性来描述。

复杂性描述的是组织内部在任务分配、组织级别、管理范围以及员工与部门、部门间的相互关系的复杂性。

规范性意味着组织依赖于明确的规章制度和标准化的操作来对员工的行为进行规范与指导。

集权性描述的是一个组织在做决策时，权力在其管理结构中的分布和集中度。组织的权力在高层越集中，组织的集权化程度就越高。当组织下层有更多决策权力时，组织的集权化程度较低，这样的方式称为分权。

目前，企业日益依赖于与其他企业的合作关系，对社会的依赖也在不断增加，仅仅考虑企业内部组织环境已经不能满足当前企业组织结构研究的需求。当前的组织结构概念已经不仅仅局限于企业自身，还在更广泛的范围内拓展，包括与之相关的"外部组织"和"外部力量"，也逐渐成为组织结构的一部分。此外，还包括企业与其他企业形成的合作群体之间的结构关系。所谓的企业间组织结构，实际上是指企业之间的组织元素和它们之间建立的互动关系的综合体现。

2. 企业组织结构的影响因素

1）技术变革因素

技术变革会使企业的经营环境发生重大变化，进而影响组织的结构。第一次工业革命，蒸汽机的发明解决了生产经营中的动力问题，推动了工业部门的机械化，企业规模变大，需要设置职能部门，由于此时的产品单一层级简单，因此职能制是企业最佳的组织结构方式。第二次工业革命，发电机、电话的发明改善了企业的经营环境，提高了工作效率，企业开始跨地区跨行业扩张，这时事业部制和矩阵制更加适合。第三次工业革命，微电子技术和互联网的发展加快了信息传播改变了人们的观念，平等、开放、共享成为共识，管理者开始寻求多方合作的组织结构，网络化结构更加适合。第四次工业革命，信息技术和互联网高速发展，全球化趋势发展出现了虚拟企业、无边界组织等新的网络企业组织结构。

2）制度变迁因素

制度包含三个层面：管制、准则及文化认知。制度对企业组织结构有着重要影响。管制包括法律法规、税收、补贴、社会福利等。我国在改革开放后，颁布了很多政策和法律法规，走上了市场化道路，随着企业自主权的扩大和国家对企业的改制，部分企业选择事业部制和矩阵制。准则层面主要包括行业规则和专业人士的力量。由许多专业人士和公司管理层组成行业协会等组织，制定的准则对企业组织结构有影响。文化认知层面包括信念共识等，不同企业文化的差异可能导致企业集权和领导风格不同，从而影响企业的组织结构。

3）企业自身特征的变化因素

企业的自身特征包括成长周期、企业战略、企业知识和技术水平、企业规模和范围等,这些可能对企业组织的结构产生影响。企业的成长周期包括初创期、成长期、成熟期和衰退期。在每个阶段,企业有着不同的目标和战略,从而企业的组织结构方式也有所不同。在初创期,企业首先求生存,正规化程度低,企业决策集中,重视顾客需求,因此选择扁平式的简单结构。随着成长期的企业规模迅速扩大,低度正规化和高度集权的简单结构会加大高层管理者的负担,决策变得缓慢,在此阶段则直线职能制更加适合。在成熟期,企业规模很大,相较于不能满足企业横向协调需求的直线职能制,有分权特征的事业部制和矩阵制结构则更加合适,有利于各部门的合作并提高工作积极性。衰退期的企业有些保守,减少管理层次,提高灵活性,具有更强竞争力,适合网络组织。员工的知识可能影响企业的集权与分权,影响组织结构。规模小、产品少的企业适合职能制,而规模大、产品多的企业更适合事业部制或矩阵制。

3. 企业组织结构的变化趋势

1)扁平化

组织层级是指组织中所形成的管理层次,组织幅度是指组织中上级领导所管的下级的数量。在组织规模保持不变时,组织的层级与其规模之间存在逆向关系,组织的规模越大,由上级领导管理的下属数量就越多,从而导致组织的层级越低。

组织层级与组织幅度之间的这种反比关系决定了企业组织结构的扁平化趋势,当组织幅度较大而组织层级较小时,企业就呈现出扁平化的组织结构。

扁平式组织结构的优点是:组织层级较小,上下级之间的信息沟通较为方便,有利于信息传递,且信息的真实度得到保证。同时,由于组织幅度较大,上下级之间的控制不是很强,有利于发挥下属的积极性和创造力。然而,这种组织结构也存在一定的不足,由于上级领导管理的下属较多,使得对下属的监管变得困难。

2)柔性化

企业组织结构的柔性化指的是企业组织结构的灵活变化,能够对外界环境变化及时反应并作出调整。在知识经济时代,外界环境变化十分迅速,因此柔性化成为企业在不确定环境中生存发展不可或缺的因素。

柔性化的主要特点是集权和分权的统一、稳定和变革的统一。组织在实行分权的同时,也有必要的集中。上级和下级之间存在若干直接或间接的沟通路径,这使得他们能够实时地交流信息,并对结构进行适应性的调整。稳定性和变革性的统一表现在既有负责组织经常性任务的稳定性组织结构,又有为了完成临时性任务而设立的组织结构,这类组织结构变化较大。

企业柔性化的组织结构具有灵活便捷的特点,能够加强对外界环境变化的适应能力,并且促进了部门之间的交流合作,有利于知识和技术的创新。

3)分立化

企业组织结构的分立化意味着从一个大型企业中独立出几个相对独立的小型公司、分支机构或部门,也就是将公司与其下属单位之间的内部上下级关系转变为类似外部的公司与公司之间的关系。

对于组织分立化,主要存在两种策略:其一是基于产品的种类进行横向划分;其二是根据同一产品在不同生产阶段进行纵向划分。

组织分立化赋予基层更多的决策权力，从而使基层组织更加充满活力，能够更好地适应外界条件的变化并且提高组织的创新能力。

4）网络化

企业组织结构的网络化是指中心组织依靠其他组织以契约为基础进行各种经营活动而建立起的网络化结构。

企业组织结构的网络化既包括企业内部结构的联网化，也包括企业之间结构的联网化。内部结构网络化是指打破各部门成员之间的界限，类似网络化的形式的连接，使信息在企业内部快速传播并共享。企业间的结构网络有纵网和横网两种。纵网是指处于价值链不同环节的企业之间在行业内形成的网络化组织结构，横网则是指企业在不同行业内组成的网络化组织结构。

网络化组织结构的优点是提高效率，有利于资源的合理分配。而缺点是这样的合作组织稳定性较差，比如当某个不可替代的合作部门出现故障时，组织就可能无法运行下去。

4. 我国企业组织结构的发展趋势

21世纪随着信息技术、知识经济全球化的发展，我国企业组织环境面临着巨大的变化，因此，我国企业组织结构也有所变化，主要呈现出扁平化、柔性化、分立化、从金字塔型向大森林型方向变化、从常规型向集团型和细微型方向发展等变化趋势。

1）扁平化

扁平化组织结构通过减少管理层次，撤销多余的职位或部门，从而形成一种较高效率的扁平化组织结构。上下级之间的交流更加便捷，提高了企业的决策效率，在外界环境变化时能够迅速作出反应，采用扁平化组织结构的优势有：①上下级之间信息交流更加方便，信息失真较少，缩短了决策周期；②管理方式较为灵活，调动了员工工作的积极性，提高了生产效率；③撤销多余的职位或部门，减少了企业的成本。

2）柔性化

柔性化最明显的特点是灵活富有弹性，企业能够对外界不稳定因素所带来的影响临时建立团队应对，并作出调整政策。这种柔性化的组织结构在面对市场环境的动荡与不确定性时具有良好的效果。柔性化组织结构需要保持二者之间的平衡，要求管理者有较高的管理能力。柔性化组织结构能够充分利用企业的人力资源，加强各部门之间的合作交流，有利于技术的创新。

3）分立化

分立化是指企业中某些部分成为单独的企业，包括横向分立和纵向分立等，具有明显的优势。一方面，增强了子公司的自主权，调动了积极性；另一方面，简化了管理结构，提高了效率。另外，信息传递迅速，有较强的灵活性，各部门之间关系平等也有利于相互配合，沟通交流。

4）从金字塔型向大森林型方向变化

金字塔型组织结构描述了企业管理体系从基层到高层的逐步缩减，权力的逐渐扩张,以及等级的等级制度,从而构建了一个纵向的组织结构。大森林型的组织结构却呈现出相反的特点,它主张降低管理的层级,确保同一层级的管理组织间的平等和紧密的横向联系,从而构建了一个横向的体系结构,包括扁平型或网络结构等。如今企业面临的外界环境变化迅速,企业需要根据自身条件迅速作出决策,传统的金字塔型结构很难应对,因此在这种形势下,大森林型组织结构便应运而生。

5)从常规型向集团型和细微型方向发展

我国企业组织还有一个明显的趋势便是从常规型企业向集团型企业和细微型企业方向发展,这主要是市场竞争的结果,形成集团型或者细微型企业可以有效规避和减少风险,并且能够发挥大企业和小企业的经营优势。

大型企业具有的优势包括:①形成规模经济,获得更多收益。②充分实现专业化管理。③将业务扩展到多个领域,扩张势力,减少风险。大型企业可通过横向扩展,收购或兼并同类企业;通过纵向扩展收购或兼并原料供应企业或产品销售企业等;通过多元化扩展收购与自身业务无关联的企业等方式来进行变革。

小型企业具有的优势包括:①人员少,有着较高的办事效率。②经营灵活,更适应环境变化,作出战略决策改变较容易。③专业化程度高,有利于提高质量。小型企业的发展趋势有科研型、智力型、服务型等。

目前,我国正处在社会主义现代化建设的关键时期,脱贫攻坚战取得了全面胜利,实现了全面建成小康社会的目标,然而也面临着很多挑战,国际形势依然严峻,国内企业也有一些尚未解决的问题。目前我国企业发展面临不少问题,尤其是中小企业,如寿命短、思维和模式老、产品科技含量低、资金少等问题,而中小企业作为经济发展的重要一环,其组织结构的调整在自身发展中起着重要的作用。在企业发展过程中,各种因素都处于动态变化中,随着内外部环境的变化,尤其是近几年中美贸易战和新冠疫情的暴发,给我国中小企业的发展带来了巨大压力,因此企业组织结构革新对企业发展发挥着关键作用,企业在面对外界环境的变化时,必须不断进行变革和创新才能继续生存与发展,从而为我国经济的发展贡献力量,助推"中国梦"的实现。

第四节 企业在产业链中的角色定位与作用

一、企业在产业链中的角色定位

产业链可以定义为基于特定的技术和经济联系,各产业部门之间根据其独特的逻辑和时空空间布局而形成的链条式的关联模式,这种关系可以细分为四个主要部分:价值链、企业链、供需链和空间链。

在产业链中,企业的角色定位取决于利润率,利润率高的就是龙头企业,利润率低的就是会员企业,因为一般龙头企业进入门槛高,会员企业进入门槛低,会员企业如果利润率比龙头企业高,那龙头企业就会进入会员企业的领域。

1. 基于产品链的角色定位

产品链主要体现在产品的输入和输出之间的紧密联系，它是一种完整的产业链结构，由产品的物流、信息流和资金流三大部分组成。在产品链中，利润较高的企业位于产品链的最上游和最下游，而位于产品链最上游的企业与资源最为接近，而位于最下游的企业则与消费者最为接近。产品链主要可以分为两大类别：一是以资源为主导的；二是以顾客为主导的。

1）资源主导型产品链

在资源主导型产品链中，资源作为主导，拥有或控制稀缺资源的上游企业定位为主导企业，下游企业定位为成员企业。然而，领先的企业应该追求一个合理的利润水平，如果过度提高收益并将价格偏向下游，可能会引发产品链合作的中断。在这种情况下，下游企业可能会寻找新的替代资源，如果这些新的替代资源是稀有的，那么可能会形成一个新的以资源为主导的产品链，主导企业要让渡利润率，并不断寻找新的替代资源；如果新的替代资源不是稀缺资源，资源主导型就会变成研发主导型。

2）顾客主导型产品链

在顾客主导型产品链中，拥有或控制顾客的下游企业是主导企业。因为在此产品链中，资源、技术等不是很稀缺，但顾客稀缺，因此此产品链为顾客主导型产品链。在该产品链中，顾客直接提出需求，供应方会根据顾客需求，同时结合企业自身的条件为顾客提供相应的产品和服务，进而来满足顾客的部分需求。此外，顾客主导型产品链在一定程度上能够降低沟通成本，也能够提高顾客满意度。

2. 基于价值链的角色定位

价值链主要体现在产业链内部的价值流动上，通过这种价值流动来实现价值的增长，从而给产业链内的企业带来经济收益。在价值链中核心产品起到了主导作用，利润率从核心产品到外延产品下降，拥有核心产品的企业定位为主导企业。

核心产品包含两个层面：一是满足消费者需求的技术；二是满足主观需求的品牌。我们将价值链分为以下两类。

1）研发主导型产业链

在高新技术产业中，以研发为主导的产业链尤为突出，那些掌握核心技术的公司被视为主导力量。为了积累核心技术的能力，我们需要不断地进行研发，尽管研发为主导的产业链是一个长期的结构，但由于技术更新的时间周期缩短，这个产业链有可能会发生变化。此外，研发为主导的产业链的关键技术或许并非高新技术，也可能是公司的独家秘方，如老干妈辣酱。

2）品牌主导型产业链

有时候，品牌的作用很大，名牌产品的销量巨大，这种类型的产业链便被称为品牌主导型产业链。在品牌主导型产业链内，品牌为稀缺资源，拥有名牌的企业为主导型企业，没有名牌企业的为成员企业。品牌主导型产业链进一步升级的关键在于加快推进前沿技术的研发，推动技术进步，同时学会运用互联网和大数据技术推动模式创新，促进渠道转型。

3. 基于知识链的角色定位

知识链是通过知识的流动实现知识共享，达到合作目标的产业链形态。知识可分为核心知识和普通知识，主导企业不仅要掌握核心知识，还要掌握普通知识，并将二者整合。知识链与产品链、价值链的不同在于知识的系统性，通过系统知识的整合，企业能创造更多价值。

知识链是创新主导型产业链，需要不断地进行知识的创新，创新主导型产业链不仅关注技术创新，还关注模式创新、组织创新等知识创新，通过整合知识系统来创造更多价值。

产品链、价值链，或者知识链都是在产业链内，哪个环节稀缺，处在稀缺环节的企业就定位为主导企业。

二、企业在产业链中的作用

1. 基于成本视角

在产业链上下游，企业可通过合作的方式来降低成本，提高企业的战略地位，具体表现在以下方面。

1）提高交易双方的效率

产业链上的企业采取合作的方式，共同寻找节约成本的方式。具体可通过中间企业或者供给商改变自身行为，提高交易的效率降低成本。

2）供给商行为的改变

供给商可通过改变自身行为的方法来降低产业链上企业的成本，比如某企业采取零库存策略，如果供给商发货延迟，企业可能会有大的损失，此时，企业可向供给商传达延迟发货会增加成本的信息。供货商便能采用新的程序按时发货，此举让企业避免了增加成本，同时该企业还可向供货商提供零库存的经验，达到互惠互利。

3）消费者行为的改变

消费者改变自身行为可以节约供货方成本。比如，购货企业订购大量订单，供货企业会有很高的订单处理成本，消费者改变订购方式，如通过网络采购将数据输入供货企业的销售订单系统以节约企业成本。

4）购货企业行为的改变

除了供货商和消费者行为改变外，购货企业也要改变自身行为，从而降低产业链上各方企业的成本，改善企业之间的关系。

2. 基于竞争的视角

企业在产业链中通过有效整合，细化产业链企业分工，拉长产业链条，能够增加各个环节的附加值，提高企业的竞争优势（王建军，2007），具体体现在以下方面。

1）消除或减少环境的不确定性，增强企业抗风险能力。

随着企业规模的扩大，企业的经营风险也扩大，有时候可能出现供求终端的情况，这会给企业运营带来很大风险，此时，通过在产业链中控制上下游，比如控制上游的供货商，或者下游的销售商，就能够减少不确定风险，提高竞争能力。

2）降低企业的交易成本。

当企业通过纯市场关系来进行交易的时候，可能会产生收集信息、签约、监督等一系列成本，这会加大负担，在产业链中的上下游企业由市场协调转向组织协调，交易成本会节省很多。

3）提高对市场的控制力。

企业通过对产业链资源的整合，在提高市场份额的同时也能增强企业在市场的实力，提高对市场的控制力，使竞争优势加强。同时企业也可通过价格范畴、管理者和直营机构三种方式，提高自身渠道控制能力，从而进一步提升对相应市场的控制力。

4）获得协同效应。

产业链上的企业通过产业链整合，企业之间的联系更加紧密，不仅有之前产品市场的联系，还有合作联盟、资源共享、文化渗透等深度合作。产业链之间的企业更能协调资源有效配置以提升竞争力。

3. 基于创新的视角

在整个产业链中的公司的投资和交易成本相对较低，这使得信息资源的交流和沟通变得更加方便，对技术和产品创新都产生了积极的影响。集群产业链是一个由众多中小企业构成的网络组织结构，它有利于企业更好地培养其学习和创新能力。通过企业之间的互动交流，企业可以感知到竞争带来的压迫感，这进一步推动了企业在技术和管理方面的创新。市场的需求推动了技术的创新，当一个企业成功地整合了各种创新资源，采用多种策略和方法来开发新的产品与工艺，并将这些创新应用于其生产和商业活动中，从而给企业带来实际益处时，技术创新便被认为是成功的，因此，在产品设计、研发、技术应用、销售策略和管理流程等多个方面，都需要持续创新，以适应不断变化的市场需求。企业间的知识创新可以轻易地渗透到产业链中的其他企业，这些企业可以通过实地考察、访问和定期交流来互相学习新的知识与技术，在产业链中，由于频繁的合作，如果相邻企业的某一创新成果被其他企业发现并进行改进，这将推进新的创新产生，从而产生强烈的挤压效应。产业链为企业的创新活动提供了一个有效的推动平台，产业集群拥有推动创新所必需的组织架构、产业文化基础以及知识的积累和传播等多方面条件，从而为企业创新提供了可行的路径。

4. 基于区域经济发展的视角

企业在产业链中有利于打造区位品牌。区位品牌指以地区作为品牌象征，如法国的香水、意大利的时装、瑞士的手表等。单个企业想要形成区位品牌比较困难，但是如果企业在产业链内形成相互协作的网络，彼此之间共享信息、基础设施资源等，利用整个集群的力量，就能形成区位品牌。区位品牌比单个品牌更形象直接，是众多企业品牌的浓缩，具有更加广泛持续的品牌效应。区位品牌由产业链内企业共同发展，对区位内企业都有好处。区位品牌不仅有利于企业发展，还有利于整个区域树立良好形象，从而促进区域发展。

产业链内的公司在区域经济增长上拥有明显的优势。随着全球产业一体化的不断推进，一个地区是否能在激烈的竞争中获得优势，很大程度上取决于产业的持续发展和竞争力的增强。而产业链作为产业发展的关键连接点，对区域经济的增长起到了决定性的作用，产业通过产业价值链作为连接点，构建了一个有助于促进区域经济增长的地方性生产结构。从现代区域产业发展的视角来看，是龙头企业在产业内部发挥主导作用，促使相关企业通过产业链进行延伸发展。随着产业链中的配套企业发展壮大，它们有能力孕育出新的领军企业，并激励其他的龙头企业持续进步和发展，从而形成一个强大的产业群体，这不仅增强了整个产业的竞争力，还促进了产业经济和区域经济的持续增长。

区域经济的发展有两个有效途径：①产业链作为连接纽带，可以深化产业加工生产的层次，通过企业间综合配套来加强产业内部和产业间的联动，使其变得更大更强，培养有专业特色的企业群体，并构建产业集群的支撑框架。②以产业价值链为核心的关键产品和主导产业的协同合作，不仅推动了企业的持续成长，还致力于融入全球的分工与合作模式。在经济全球化背景下，我国区域之间的分工越来越紧密。一个区域的产业是否具备竞争力，不仅依赖于一个或多个大型企业集团，还需要仔细观察该地区的产业价值链结构。在全球化进程中，只有地区有产业链，才能更好发展。

1. 交易成本与企业边界的关系是什么？
2. 科斯定理的主要内容是什么？
3. 资产专用性与纵向一体化的关系是什么？
4. 重建契约有哪些类型？请简述。
5. 企业边界日趋模糊化的表现有哪些？
6. 现代企业的委托代理问题是什么？
7. 企业组织结构的内涵是什么？
8. 请从成本视角回答企业在产业链中的作用。

产业组织篇

第三章

产业组织理论历史演进与现实发展

【本章学习目标】

通过本章学习，学生能够：
1. 理解什么是产业组织，对产业组织理论有一个全面、清晰的认知；
2. 了解产业组织结构的经济理论渊源，并熟悉组织结构的变化趋势；
3. 了解产业组织理论与实践的新发展。

第一节 产业组织理论的渊源及形成

一、产业组织的含义

经济学领域的组织最早是由著名的经济学家马歇尔所提出的。他于 1890 年出版了著作《经济学原理》，在该书中，马歇尔对组织这一概念进行了初次阐述，他将组织定义为一种新的生产要素，并认为它可以增强知识的影响力。

产业组织（Industrial Organization）一般指的是在同一产业内的企业之间，涵盖了交易、行为、资源使用和利益等多个方面的组织或市场互动。在市场经济条件下，市场竞争与产品供给是两个相互联系却又有区别的问题，因此产业组织也必然要受其影响。对于产业组织的探讨，可从竞争、垄断和规模经济等多个视角来分析与解释企业之间的市场互动关系。

产业组织主要研究的是同一产业中的公司，也就是那些位于同一商品市场中的公司之间的市场互动关系。在市场经济条件下，商品是由许多品种和规格组成的，每个品种都有自己独特的性质、用途以及与之相对应的价格等。商品的同一性，其含义是，不同的企业生产的产品或者同一家企业生产的不同产品，在性能上必须基本一致，也就是说，不同的商品之间应具有较强的替代性。

产业组织经济学研究包括两个方面：理论研究和经验研究。理论研究，也称产业组织理论（Theory of Industrial Organization）或理论产业组织学（Theoretical Industrial Organization）。产业组织理论面临的核心问题是，实现规模经济和市场竞争的均衡，也就是在追求规模经济的过程中，规避垄断所带来的不良影响，也就是所谓的"马歇尔难题"。张伯伦、梅森、贝恩、谢勒等人是传统产业组织理论体系的主要构建者，他们提出了市场结构、市场行为和市场绩效的理论模型,这也被称为 SCP 分析范式(Structure-Conduct-Performance)。该研究范式为产业组织的理论框架提供了坚实的基础。

二、产业组织理论的渊源

1. 亚当·斯密的市场机制

产业组织理论专注于研究各个产业中企业间的互动关系,探讨企业、产业和市场是如何组织的,以及为何会形成当前的组织模式和结构,并进一步分析这些组织模式和结构是如何影响市场运作与绩效的。亚当·斯密关于市场机制的观点是产业组织理论思想的根源。他认为市场机制可以有效解决资源配置过程中的效率问题,但也存在着严重缺陷。在 1776 年发布的《国富论》一书中,亚当·斯密深入探讨了竞争机制如何让每个人都在不知不觉中参与到推动社会整体利益的进程中。他指出,通过一只"看不见的手",即由竞争的力量来自发决定的价格体系,可以创造一个理想的市场秩序和最优的经济社会,从而实现资源在产业间和产业内企业间的自然与合理分配,以实现资源的最优配置和经济福利的最大化。

2. 马歇尔的经济理论

斯密不仅是分工理论的开创者,他还通过深入分析著名的"大头针"实例,展示了分工如何影响专业化生产和团队合作从而提高经济效益。他认为,在市场上进行交易时,存在着一种自发形成的力量——分工,它能使企业获得较高的生产率并降低交易成本。然而,他只关注了由竞争机制和分工合作带来的规模经济效益,却对竞争与规模经济之间的相互关系视而不见。新古典学派的经济学家马歇尔成功地填补了这一研究空白。

1879 年,英国经济学家马歇尔在与其夫人合著的《产业经济学》一书中,将产业组织正式定义为产业内部的结构。在 1890 年出版的《经济学原理》第四篇中,提出"有时把组织分开来算作一个独立的生产要素,似乎最为妥当"。他将"组织"作为除劳动、资本、土地三种生产要素之外的第四种生产要素,认为分工有助于提升生产的效率,专业工业在特定区域的集中可以增加效率,而大规模的生产也能提升效率,同时产业的组织结构也能增强产业的经济收益;认为组织是一种新的生产要素,能够增强知识的影响力。他认为,市场机制可以有效解决资源配置过程中的效率问题,但也存在着严重缺陷。此外,他将组织进行细分,具体包括同一企业的内部组织、同一产业内不同企业之间的组织、不同产业之间的组织以及政府的组织等多种类型。

在产业组织这个概念下,马歇尔既观察了企业内的生产组织形式,实际上,也观察了企业之间的组织形式问题。结果马歇尔发现,那些善于利用大规模生产的利益,即规模经济并善于经营的企业家会不断扩大营业规模,以至于"如果这种情况能维持一百年的话,则他和其他一两个像他这样的人,就会瓜分他所经营的那个工业部门的全部营业了"。

到这里,尽管马歇尔没有直说,但他预感到如果这个推论真的成了现实,那么,推动一切经济进步的动力——竞争,将会由于生产的高度集中而荡然无存了。这无异于说,现代大工业的发展将倾覆市场经济。于是马歇尔就编了一个在经济学说史上著名的"大森林的故事"。这个故事讲的是大森林中新、老树木更新换代的故事。马歇尔表示:"在这片土地上,我们可以从森林里新长出的树木和老树在浓密的树荫中努力挣扎的经验中吸取教训。许多新长出的树木在成长过程中不幸夭折,只有极少数能够存活下来。然而,这些新长出的树木每年都在不断壮大,每当高度增加时,它们都能获得更多的阳光和空气,从而能够傲然于周围的树木,仿佛它们会永远这样继续生长。但实际上并不是这样。尽管一棵树能够比另一棵树保持更长时间活力和茂密的树冠,但年龄和活力都会对它们产生一定的影响。更高的树木虽然可以获得更多的阳光和空气,但也会逐渐失去生命,被物质力量较小但青春活力更强的其他树木所取代。"

马歇尔所讲的"大森林的故事",其含义在于类比企业之间的关系。他认为,行业内的某一家企业会拥有一时的垄断地位,但不会拥有永久的垄断地位,产业内的竞争也是不可能消失的。

在规模经济与竞争效益之间的选择困境中,与大规模生产伴随的,自然是更大的规模经济,而这又会进一步导致这些企业产品的单位成本逐渐降低,市场份额持续上升。在这种情况下,垄断成分在市场结构中的比例不断攀升,妨碍竞争机制在资源的合理分配中的作用,从而降低经济的活跃性,进一步降低自由竞争的可能性。这种两难选择使得规模经济与市场竞争无法协调统一。面对这种内在的矛盾,马歇尔尝试通过描述"生存—发展—衰退"的连续过程,也就是"大森林的故事"来阐述垄断并不会无休止地扩散,而规模经济与竞争能够达到某种平衡状态。

马歇尔的"大森林的故事"涵盖了产业经济学研究的核心问题,也就是规模经济和竞争效益的矛盾与统一,所以产业经济学的学者们认为马歇尔是产业组织理论的鼻祖,也将规模经济和竞争效益之间的两难选择称为"马歇尔悖论"。

马歇尔的产业组织研究被西方学者视为产业组织论的先驱。但是,他把"组织"的概念应用到诸多领域而没有进行有效区分。而梅森及其弟子贝恩把产业内企业间关系结构从马歇尔相当混杂的"组织"概念中分离出来。

3. 张伯伦的"垄断竞争理论"

20世纪初,随着经济的不断发展,生产呈现集中化的趋势,企业规模不断扩大,使得垄断、寡头垄断在发达资本主义国家已经十分普遍,卡特尔、托拉斯等垄断组织和形式已有了一定的发展。因此,在此背景下,出现了大量经济学家针对垄断与竞争问题进行研究。而新古典经济学家的研究前提是完全竞争市场,所以新古典经济学无法对垄断条件下的生产和价格决定问题进行解释,于是产生了有关"马歇尔冲突"的理论争论。1933年,美国哈佛大学教授张伯伦(E.H. Chamberlin)和英国剑桥大学教授罗宾逊夫人(J.V. Robinson)分别出版了《垄断竞争理论》(*The Theory of Monopolistic Competition*)、《不完全竞争经济学》(*The Economics of Imperfect Competition*),他们不约而同地提出了关于垄断竞争的理论。这一理论完全驳斥了过去"非垄断即竞争"的极端看法,它主张在实际生活中,各种不同的竞争和垄断行为往往是相互交织与共存的。两位经济学家都围绕机制与垄断的关系进行了全面研究,从而为垄断价格奠定了基础。他们认为:现实市场中，垄断和竞争是混合的，真实世界中，产品却存在差异性，因此市场既不是纯粹的完全竞争市场，也不是完全垄断的，而是垄断与竞争共存，即垄断竞争。在垄断竞争市场结构中，企业对价格有一定的决断能力。张伯伦与罗宾逊夫人分别建构了一种区别于完全竞争和垄断的新型市场类型，即不完全竞争，不完全竞争介于完全竞争与完全垄断之间，这种市场结构更加契合经济现实。垄断竞争理论的创立是产业经济学的重要雏形，为产业组织理论的创立和发展奠定了基础。其中，张伯伦提出的一些观点和概念对于现代产业组织理论的形成起到了重要作用。这些观点和概念主要有以下几个方面。

（1）对完全竞争存在的条件进行否定，基于现实市场情况，提出了垄断竞争的概念。张伯伦认为，实际的市场是垄断与竞争两种因素的混合，许多市场价格都包含竞争和垄断因素。

（2）界定了"产品差别"的内涵及其对市场竞争的影响。张伯伦认为，正因为实际市场上，产品是存在差异性的，所以现实的市场结构是垄断与竞争混合的，它是造成垄断的一个决定性因素。只要存在某个明确的标准，使得某一个销售者的产品或者服务可以明显区别于其他销售者的产品或劳务，那么就可以认为这类产品具有差异性。一旦一个销售者拥有了具有差异性的产品，就意味着该销售者在该产品上拥有绝对的垄断，但是，市场上仍然会存在非常接近的替代品与其竞争。这样每一个销售者既是垄断者也是竞争者，即"垄断的竞争者"。

（3）提出了企业在市场上的进入与退出问题。张伯伦在进行市场结构分析时指出，企业"进入"该产业的难易程度是决定一个企业成本—收益关系的基本因素。

（4）对垄断竞争的市场结构进行了分类。张伯伦提出了一套处在两种极端之间的"垄断竞争"的市场模式，这种市场模式分为四种类型：完全竞争、垄断竞争、寡头垄断和完全垄断，这种市场模式更加符合资本主义进入垄断阶段的实际情况。

（5）提出了垄断竞争价值理论。张伯伦基于产品差异性理论，创建了垄断竞争价值理论。他认为，在垄断竞争情况下，每家厂商的销售量受价格、产品性质和销售开发三个因素的影响。垄断竞争价值理论就是研究这三个因素和销售量的均衡关系。他依次确立了单个厂商的均衡状态和一个行业所有厂商的集团均衡状态。

三、产业组织理论体系的形成——哈佛学派的 SCP 分析框架

1. 产业组织理论体系的建立

20 世纪 30 年代后期，在美国逐渐形成了以哈佛大学为中心的较为完善的产业组织理论体系。从经济学的角度分析，竞争是经济进步的重要助推力之一。统一产业内的企业之间必然会存在竞争关系，它们都期望可以达到自身利益的最大化，因而这种竞争就会体现在规模经济方面。而这种竞争必然会导致产业内的垄断因素增加，资源配置结构趋于集中，进而出现垄断。垄断的存在，必然会产生一些垄断价格和无视公平竞争原则的不正当企业行为。

然而，在实践中，区分什么是垄断行为、什么是合理的竞争行为是相当困难的，因

为竞争的手段总是同垄断的后果相通的。无法真正实现规模经济与竞争效益的两全，同大多数矛盾的实物体一样，二者的有效统一，只能靠一定约束条件下的优化组合来实现。

1938年，梅森在哈佛大学组建了一个研究小组，对市场竞争的各个方面进行经验性的探究，包括但不限于组织构架、竞争行为模式以及市场竞争的最终结果。他认为，有效的竞争是指能够使企业获得最大利润或价值最大化的竞争状态。梅森在张伯伦对垄断竞争理论的分析基础上，构建了产业组织的理论框架和研究方向。他使用了两个标准来定义有效竞争和实现有效竞争的条件，即市场结构标准和经济绩效标准。这便是对有效竞争准则进行二分法处理的方式。1939年，《大企业的生产价格政策》这本书正式出版。

1940年，美国经济学者克拉克发布了一篇名为《论有效竞争的概念》的文章。这篇文章对西方学者有关有效竞争问题的观点做了比较系统的论述，并指出它在理论上有一定价值。克拉克持有的观点是，不完全竞争的存在表明，长期均衡和短期均衡的实现条件是不一致的，这种不一致性揭示了市场竞争与规模经济之间的冲突。为了探究如何在现实市场环境中尽量减少这种不一致性，实现长期均衡与短期均衡的平衡，克拉克引入了有效竞争概念。有效竞争理论是以市场机制为基础产生并发展起来的一种新经济学。所指的有效竞争，实际上是在保持竞争优势和利用规模经济的同时，拥有一个和谐的竞争环境。在这一过程中，企业要通过提高技术改善经营管理等方式来达到上述目的。在这其中，政府的公共政策被视为主要的协调工具。他把政府公共政策作为影响企业行为的重要因素之一，认为政策制定要考虑到企业行为的成本效益关系。然而，克拉克在理论层面上并未明确提出关于有效竞争的评价标准和如何达到有效竞争的方法。在他之前的一些文献中，人们只是从不同的角度来探讨有效竞争问题。在克拉克的研究基础上，众多学者对有效竞争的概念及其实施条件进行了深入探讨。

1939年，梅森提出了一套产业组织的理论框架和研究方向，他不仅给出了有效竞争的定义，而且阐述了实现有效竞争的必要条件。在此基础上，就如何建立有效竞争制度也进行了充分的讨论。梅森提出了两个准则来判断有效竞争：一是市场结构标准，二是经济绩效标准，这就是有效竞争标准的二分法。他认为，有效竞争只可能存在于稳定状态的市场上。在有效竞争标准二分法的基础上，部分经济学家提出了有效竞争标准的三分法，在二分法的基础上添加了企业行为标准，即市场结构标准、企业行为标准和经济绩效标准。有学者进一步给出了11个判断标准，来衡量是否为有效竞争：3条市场结构基准——①集中度不高；②市场进入壁垒低；③不存在极端产品差别化。3条市场行为基准——①对于价格没有共谋；②对于产品没有共谋；③对竞争者没有压制政策。5条市场绩效基准——①存在不断改进产品和生产过程的压力；②价格随着成本大幅下降也向下调整；③企业与产业处于适度规模；④销售费用在总费用中的比重不存在过高现象；⑤不存在长期的过剩生产能力。

1959年，梅森的弟子贝恩出版了《产业组织》一书，该书系统论述了产业组织理论，这也是贝恩成为产业组织理论的集大成者的原因。正统产业组织理论的诞生，SCP分析框架初步形成的一个显著标志就是这本书的发布。贝恩主要采用实证性研究方法，将产业视为一个特定的市场，并根据产业组织的"三分法"进行深入研究。他构建了一个分析框架，包括市场结构（Structure）、市场行为（Conduct）和市场绩效（Performance）。该分析框架的优势在于，可以深入产业经济的各具体环节，并具严密的逻辑性，通常简称 SCP 分析范式。

哈佛学派提出的 SCP 分析范式开创了产业组织理论的第一次研究高潮，在第二次世界大战后的半个世纪里，SCP 分析范式一直在产业组织领域占据着主导地位，现在也仍然是产业组织理论的主要体系框架。不过在现代新产业组织理论中，虽然保留了 SCP 体系的外在形式，但内在的实质却早已发生了重大的变化。

1970 年，谢勒发表了著作《产业市场结构和经济绩效》。这本书的主要贡献在于，对市场行为与市场绩效之间的紧密联系进行了深入探讨，同时对市场行为的研究成果进行了全面总结。这填补了贝恩的《产业组织》中关于市场行为的研究空白。

凯维斯在产业组织理论发展史上也是十分重要的，他在担任贝恩的助理教授以及担任哈佛大学教授期间，对西方国家的产业组织进行了深入的实证研究。此外，他还对国际经济学与产业组织理论的结合进行了大量的研究。为产业组织理论体系的进一步发展作出了杰出的贡献。

鉴于这些学术研究主要是围绕哈佛大学进行的，学术领域因此将其命名为产业组织的哈佛学派。

2. 哈佛学派的 SCP 分析框架

哈佛学派的产业组织理论建立在新古典学派的价格理论的基础上，在以往学者的基础上以实证研究为主要手段，将产业分解为特定的市场，按结构、行为、绩效三个方面进行分析，构造了一个分析范式：市场结构（Structure）—企业行为（Conduct）—经济绩效（Performance）分析框架（简称 SCP 分析框架）。该分析框架既能深入产业经济学的具体环节又具有严密的逻辑体系，并通过实际测量市场关系的各个方面，从市场结构、企业行为和经济绩效三个方面提出政府公共政策组织政策（产业组织政策），从而规范了产业组织的理论体系。

在哈佛学派的 SCP 分析框架下，产业组织理论是由市场结构、企业行为、经济绩效这三个基本部分和政府的产业组织政策组成的，它是按照 SCP 分析框架的基本分析程序进行的，也就是市场结构、企业行为、经济绩效。其中，市场结构是影响产业组织的首要因素。市场结构、企业行为、经济绩效三者之间的关系有明确的因果方向，市场结构决定企业行为，企业行为进一步影响经济绩效。因此，制定产业组织政策的目的，就要通过公共政策对市场中的某些不合适的结构进行修正和直接优化，从而实现市场的相对稳定，提供市场效率，促进经济增长，如图 3-1 所示。

图 3-1 哈佛学派的 SCP 分析框架

这个 SCP 分析框架是基于微观经济学的观点，它对于实际市场的判断是：它将完全竞争和垄断视为两个极端，并认为实际市场位于这两种极端之间。这种分析方法以市场上垄断的企业数量作为衡量市场结构的标准，并由市场结构进一步判断市场的相对效率，具体而言它认为随着企业数量的增长，市场中的垄断因素随之减少，市场将趋近完全竞争的状态，从而达到资源配置效率的理性状态。也正是因为哈佛学派把市场结构视为产业组织理论的核心分析内容，所以哈佛学派的学者常被誉为"结构主义者"。

在 SCP 分析框架里，集中度这一市场结构指标与利润率这一市场绩效基准之间的联系研究占据了核心和关键的位置。贝恩对美国制造业中的 42 个行业进行实证分析后表明，集中度与利润率呈现正相关关系。贝恩将这些行业划分为两大类：其中一类是 CR8（即最大的 8 家公司的市场集中度）超过 70%的 21 个行业；另外 21 家产业中，CR8 的规模小于 70%。在此基础上，通过对这些产业的利润进行比较分析后发现，这两组产业间存在显著的利润率差。调研数据显示，这两个集中度不同的产业集群之间有着显著的利润率差距，前者的平均利润率为 11.8%，而后者的平均利润率仅为 7.5%。基于此，贝恩的观点是："在一个高度集中的市场环境中，制造商可能会有效地控制产量，并将价格提升至正常收益之上。"

在哈佛学派看来，在占有或垄断市场结构的行业中，由于存在通过较高的进入壁垒限制竞争的共谋、协调行为，使得市场的竞争性被削弱，其结果往往是产生超额利润，使资源配置效率遭到破坏。如果具有市场支配力的企业增多，就会使整体经济受到垄断弊病的侵害，所以假说主张为了恢复和维护有效竞争的市场秩序，必须采取直接作用于市场结构的公共政策，如企业分割、禁止兼并等。

哈佛学派区别于其他学派的两个重要特征是：在这一分析框架里，市场结构被特别强调，而研究方法则主要侧重于实证性的研究。贝恩和他的团队认为，寡占市场结构会导致资源分配上的效率低下。因此，在制定有效的产业组织政策时，首要任务应是构建和维持一个具有有效竞争性质的市场结构，并制定一系列反垄断政策，对经济活动中存在的垄断和寡头现象实施相应的规制措施。哈佛学派的这一观点在第二次世界大战后，对以美国为代表的西方发达国家的反垄断政策的实施和加强，都产生了深远的影响。

第二次世界大战结束后，在美国积极推动反垄断政策的背景下，哈佛学派的理念作为正统派的产业组织理论得到了长时间的认同，其中 1968 年总统特别咨询委员会发布的关于反托拉斯政策的报告是最具代表性的。该报告认为，政府对竞争的限制会导致垄断行为，因此必须进行反垄断立法以维护公平竞争。1972 年，根据报告书编写的法律提案在国会被正式提出，该提案旨在通过结构性规定和企业的分割来建立一个有竞争力的市场环境。

尽管在 20 世纪 70 年代初结构主义盛行，但关于企业分割可能带来的社会利益超过其可能导致的社会损失的观点，并没有得到广泛的社会支持。因此，哈佛学派的市场结构主义者提出的相关法律建议并未成功。随后，结构主义的反垄断政策开始深入考虑在其他市场绩效因素的基础上，更加严格地选择作为分割对象的行业和企业转变方向。

但是，这种结构主义的反垄断政策并没有一直占主导地位，以 20 世纪 80 年代为节点，这一政策在美国逐步失去了主导地位，原因有以下几点：①美国曾是全球最强大的国家，但是从 20 世纪 70 年代晚期到 80 年代初期，这种情况发生了转变，由于日本和"亚洲四小龙"的出口对其传统优势产业产生了巨大的冲击，导致其国际竞争力逐渐减弱，逐渐失去主导地位。因此实行全球最严格的反垄断政策被视为削弱美国产业竞争力的关键因素之一。②大规模的反垄断事件导致了大量的时间消耗，例如 IBM 公司案件前后长达 13 年的诉讼，案件产生了 6600 万页的文件，消耗了纳税人和 IBM 数十亿美元。大量时间和金钱的消耗，让越来越多的人开始质疑实施结构性管制所消耗的巨大社会成本是否能产生更显著的实际效益。同时，人们逐渐开始认为，政府管制的放宽是否能更有效地促进竞争。③产业组织中的芝加哥学派从理论角度对哈佛学派的结构主义理论进行了深入的批评。20 世纪 80 年代，里根政府在其 8 年的执政期间，主要采纳了芝加哥学派的"自由放任"理念，并在反对垄断的策略上实施了一些缓和措施。

3. 哈佛学派的贡献与不足

（1）哈佛学派的主要贡献。第一，明确了产业组织的研究对象和研究方法。哈佛学派开创了研究产业组织理论的先河，明确了其研究对象和方法。哈佛学派所关注的是企业的经营环境以及在这种环境中，企业作为生产者、销售者和购买者分别是如何行动的，即企业的市场行为。相应地，该学派主要的分析对象是产业或竞争中的企业集团，而并非微观的单个企业或宏观的企业总体。关于研究方法，哈佛学派以经验性研究为主，通过分析大量产业案例来寻找"结构—行为—绩效"的一般规律。除采用跨部门的经验分析法外，哈佛学派还采用时间序列分析法，并强调必须从历史、现实和理论三方面进行经济分析。第二，提出并完善了产业组织理论的基本分析范式。"结构—行为—绩效"分析范式明确了三者间存在着一种单向因果关系，即市场结构决定市场行为，市场行为决定市场绩效。贝恩还发现，市场竞争是否充分主要体现在市场结构上。市场集中度越高，企业的垄断能力就越强，所获得的利润率也越高；而市场集中度高的行业，其进入壁垒也高、产品差异化程度较大。同时，通过研究美国企业的市场行为，贝恩提出了评价市场绩效的一系列指标。谢勒等学者进一步完善了贝恩的分析范式，阐明了基本市场条件与市场结构、市场行为、市场绩效以及产业组织政策之间的关系，即基本的市场条件决定市场结构，制定产业组织政策的目的是通过改善市场结构和市场行为来追求良好的市场绩效。第三，为美国的反垄断政策和法规提供了理论支撑。从 19 世纪末至 20 世纪 70 年代，随着市场经济由自由竞争逐步向私人垄断，进而向国家垄断发展，美国对市场部门的监控领域不断扩大，政府对经济的干预调节作用日益增强。哈佛学派提出的"维护竞争、规制垄断"的思想为当时美国反垄断政策的实施和反垄断法规的完善提供了适时的理论依据。20 世纪 70 年代，美国制造业中近半数部门所形成的垄断市场结构并未得到强化，此外，诸如炼铝、卷烟、石油等工业部门的垄断势力被限制和削弱。这些现象都足以表明，哈佛学派理论的实施在一定程度上遏制了垄断势力的发展。

（2）哈佛学派的不足。尽管哈佛学派所提出的"结构—行为—绩效"分析范式主宰了主流产业组织理论学界近半个世纪，但其本身的确存在许多缺陷。第一，作为经验性分析的产物，"结构—行为—绩效"分析范式缺乏坚实可信的理论基础。即便贝恩在早年就已宣称其产业组织理论以"价格理论"为指南，但实际上，哈佛学派用以解释市场结构、市场行为和市场绩效之间关系的依据并非主流的理论观点。尽管该学派的学者们竭尽所能，但一些主要理论只是基于对大量表象的经验性描述，并不具有逻辑上的必然性。第二，哈佛学派过分强调市场结构对市场行为的决定作用，对企业的一些策略性行为难以作出清楚的解释。虽然谢勒在完善贝恩的"结构—行为—绩效"分析范式时明确了一些市场结构之外的因素（如企业的基本条件），也并不否认市场行为对市场结构存在反馈效应，但这些基本条件也仅仅是描述性的，其片面性相当明显：一方面，这些因素并不能有效解释不完全竞争条件下企业的市场行为；另一方面，一些新的重要因素（如信息不对称、有限理性、交易费用等）并未被纳入基本分析框架中。第三，哈佛学派所推崇的跨部门经验性研究存在着数据采集和模型设计方面的缺陷：一方面，在跨部门研究中，学者们使用的实证数据来自政府统计部门，而政府统计口径下的产业与产业组织理论中的产业相距甚远。因此，跨部门研究无法根据经济学意义上的产品市场来定义产业，对市场上的一些多元化企业也没有令人满意的处理办法。另一方面，要使所选取的模型及指标能准确表征或反映变量间的关系也相当困难，企业的决策会在很大程度上影响可观测变量，从而导致内生性问题，尤其是在跨部门回归分析中，出现不可观测变量与自变量之间相互关联的概率很大，因而估计值与真实值之间难免会存在较大的偏差。

第二节　产业组织理论与实践的新发展

一、产业组织理论的新发展

20世纪70年代以前，美国一直推行哈佛学派所提倡的反垄断政策，但美国的经济表现却并不如意，同时期美国的钢铁、汽车等主要产业的国际竞争力却不断下降，经济中出现了"滞胀"现象。产业组织领域的学者认为，美国过于严格的反垄断政策和缺乏实质意义的规制措施是导致这种情况的主要原因。因此，自20世纪70年代末期起，关于反垄断政策的放宽、批判和反对结构主义的理论逐渐成为研究焦点。在这些研究中，芝加哥学派的产业组织理论、鲍莫尔等学者的可竞争市场观点以及新奥地利学派的产业组织观点最具有代表性。

1. 芝加哥学派

1）芝加哥学派的形成及主要观点

芝加哥学派，作为产业组织理论的一部分，是在20世纪60年代末对哈佛学派进行批评的过程中逐渐崭露头角的。乔治·约瑟夫·施蒂格勒、哈罗德·德姆塞茨、布罗曾（Y. Brozen）和波斯纳（R. Posner）等都是这一学派的杰出代表。芝加哥学派沿袭了芝加哥的传统经济自由主义和社会达尔文主义思想，因此他们十分注重自然优胜劣汰的法则，强调在自由市场经济环境下竞争机制的重要性，反对国家干预，同时也突出了价格理论在产业活动中的核心地位，致力于维护自由市场经济的原则。他们认为，产业组织和公共政策问题应该从价格理论的角度进行深入研究，并建议重新将价格理论中的完全竞争和垄断这两个传统观念作为分析产业组织理论问题的基础框架。在研究方法方面，他们以实证分析方法为主，但也有不少学者运用规范分析法进行研究。芝加哥学派与哈佛学派在方法论上存在明显的差异，后者在产业分析中更倾向于采用产品差异和进入壁垒等新概念来阐述这些价格理论难以解释的问题。1968年，施蒂格勒所著的《产业组织》一书的发布，象征着芝加哥学派在学术理论方面达到一个成熟的阶段。

芝加哥学派的基本观点是：在实际市场环境中，只要没有国家的介入和政府的干预，在存在着某些市场垄断或不完全竞争的情况下，实现长期竞争的均衡状态是完全可行的。

该学派认为，之所以一个产业能够持续保持高的利润率，不能说一定是因为该行业有垄断现象的存在，而应该考虑到，很可能是因为该行业中的一些企业展现出了高效率和创新能力。从这个意义上讲，政府管制并不是必要的，由于缺乏政府的入场规定，这种由于高度集中导致的高利润率可能会因为众多新企业的涌入或卡特尔协议的中断而难以持续。尽管市场可能是垄断的或高度集中的，但只要经济表现出色，政府就没有必要进行管制。因此，芝加哥学派的显著特点是，他们更多地关注集中或定价策略是否增强了经济效益，而不是像结构主义者那样仅仅关注是否阻碍了市场的全面竞争。

德姆塞茨和他的团队进行了众多的实证研究，他们对哈佛学派提出的"集中度—利润率"理论进行了反驳，并强调在高集中度的产业中，高利润率不一定代表资源配置的非效率，它也可能是生产效率的直接结果。他们还发现在某些行业中，集中度越高的产业利润率越低，这就意味着存在着一种新的产业组织形式即"集中度—利润率负相关"现象。德姆塞茨通过对比不同集中度和规模的企业，发现即使是资产规模最小的企业，其利润率也并未随着产业集中程度的增加而上升。这意味着高度集中导致企业之间的断裂和不正当定价，从而使垄断利润的假设与实际情况并不吻合。

布罗曾也通过研究贝恩所研究的企业，发现在高度集中的市场中，有长期高利润的出现，是因为该产业内有大企业高效率经营。

芝加哥学派认为是生产效率导致了高集中产业中的高利润率的产生，是经济绩效或企业行为决定了市场结构。芝加哥学派认为经济绩效起决定性作用，所以信奉芝加哥学派理论的人通常被称为"效率主义者"。

从政府的角度看，芝加哥学派主张，反托拉斯政策的核心应当是对公司的市场行为进行干预，尤其是禁止和控制卡特尔以及其他企业间的价格协调和市场分配协调行为。

2）芝加哥学派的影响

相对于哈佛学派的"结构—行为—绩效"分析范式来说，芝加哥学派的理论也具有一定的影响力，对产业组织理论的发展与兴起是十分重要的，也一度成为20世纪80年代美国反垄断政策变革的重要依据。但在许多方面芝加哥学派都没有达到哈佛学派的成熟与完整程度，其主要理论贡献仍然局限在对哈佛学派分析范式的批判上。

芝加哥学派对哈佛学派的批判主要集中在两个方面：一是施蒂格勒重塑了贝恩的"进入壁垒"概念。这一新概念将必要资本量和产品差异化两大因素排除在外，除非新进入企业在筹资和制造产品差异化方面需支付更高的成本。从某种意义上说，只要与现有企业相比，新进入企业如果不遭受成本上的不利，那么这些企业就能自由进入市场。

二是芝加哥学派认为哈佛学派的"结构—行为—绩效"分析范式过于简单,事实上这三者之间的关系并非单向因果关系,而是双向的、相互影响的关系。此外,在对贝恩的"集中度—利润率"假说进行批判时,布罗曾认为,该假说实质上反映的是一种非均衡关系,并且由于选取产业样本和盈利性数据等方面存在偏差,所得的经验性分析结果不足以支持这一假说的成立。

自20世纪70年代后,传统产业在国际市场上的竞争力逐渐减弱,导致美国经济出现了大量的财政和贸易赤字,这进一步引发了产业空心化的问题。许多人认为,出现这种现象的原因在于美国实行了过于严格的反垄断和规制政策。这与芝加哥学派的观点不谋而合,这也是芝加哥学派的政策观点被越来越多的人所认同的原因。在1981年罗纳德·威尔逊·里根担任美国总统之后,他选择了信仰自由主义的贝格斯特和米勒作为美国司法部反托拉斯局局长以及联邦贸易委员会主席。从那时起,芝加哥学派逐渐成为美国反垄断策略的核心,并给美国的反垄断政策带来了深刻的变革。

芝加哥学派的缺陷和不足主要表现在三个方面:其一,关于市场功能。芝加哥学派主张维护市场机制至高无上的地位,认为市场机制可以解决一切问题,这导致了反垄断政策作用的弱化和政府应有的干预能力被限制;同时,芝加哥学派没有意识到合资公司、纵向一体化、企业间协调行为等市场力量会对消费者利益和社会福利有所损害。其二,关于反垄断政策。芝加哥学派着眼于实现包括消费者和生产者在内的社会福利的最大化与经济效率的最大化,高度强调自由竞争的市场机制,但并没有意识到在实施反垄断政策的同时,还应当对市场竞争行为施以必要的监督,以保证市场机制的正常运行。其三,关于理想市场。芝加哥学派没有注意到现实市场竞争过程中存在大量的竞争限制行为,其效率标准并不适用于现实市场的状况。同时,该学派仅仅基于对个体企业行为和效率的观察作出市场分析,忽略了个体企业会在实际竞争中作出有损于竞争对手利益或消费者福利行为的可能性。

2. 可竞争市场理论

1)可竞争市场理论的形成及主要观点

可竞争市场理论(Theory of Contestable Markets)是在20世纪70年代末到80年代初形成的,它是基于芝加哥学派的产业组织理论,由美国经济学家威廉·杰克·鲍莫尔(William Jack Baumol)、帕恩查(J. C. Panzar)和威林(R. D. Willing)等人提出的。该理论从企业微观行为角度出发分析了企业如何通过市场竞争获得利润并提高竞争力的问题。1982年《可竞争市场与产业结构理论》的出版象征着可竞争市场理论的诞生。可竞争市场理论对市场结构进行了全新的分析,该理论认为即使不是在完全竞争市场中,仍然有可能达到较优的生产效率及技术效率,实现资源的有效配置。可竞争市场理论以完全可竞争市场和沉没成本为核心概念,对如何实现可持续且高效的产业组织的基础状况以及其内部形成的机制进行分析。完全可竞争市场的定义是,当市场中的企业决定退出市场时,不需要承担任何不可收回的沉没成本。也就是说,在完全可竞争市场中,企业进出市场是完全自由的,那么在这种情况下,市场中的企业数量与市场规模会达到相等。沉没成本所指的是企业在进入市场时所投入的、但在退出该市场时无法回收的投资部分。沉没成本通常用固定成本表示，沉没的严重程度不取决于投入的固定成本大小，而是主要取决于资本被转移到其他市场或资产回收的机会大小。因此，在进行投资决策时，沉没成本的大小是十分值得被考虑的。

可竞争市场理论的核心思想是：高度集中的市场结构也能够与效率共同存在。该理论认为，影响到企业退出市场的困难程度的原因在于沉没成本的规模，而沉没成本的规模还会对企业进入市场的决策产生影响。从这个角度看，可竞争市场理论和传统产业组织理论在决定进入壁垒的因素上，如规模经济性和产品差异性费用差异方面，存在着显著的不同。在传统产业组织理论中，进入壁垒通常由市场集中度或进入成本来确定，而可竞争市场则主要通过企业间的价格竞争实现。在一个完全竞争的市场环境中，企业常常面临着快速进入和退出的压力，不论是在垄断还是在寡占的市场环境中，任何企业都无法维持能够带来垄断超额利润的价格和低效率的生产组织。

基于可竞争市场的观点，相对于常规的政府管理策略，放任自流的策略在近乎完全竞争的市场环境中表现得更为出色。鲍莫尔等人对政府的侧重点进行分析，在他们看来，政府更多关心的是潜在的竞争压力是否存在，而不是市场的结构。他们认为，最关键的是尽量减少沉没的成本，以确保潜在的竞争压力能够持续存在。为此，他们主张以下两个观点：①积极研究新工艺，可以降低沉没成本。②排除一切人为的进出市场障碍。

2）可竞争市场理论的贡献与不足

虽然在实际市场中，很少存在真正满足可竞争市场理论预设条件的产业。同时，可竞争市场理论在应用范围上有明显的局限，但它对过去20年中发达资本主义国家的政府规制、政策方向以及措施调整等方面仍然具有重要作用。

博弈论、可竞争市场理论、交易成本理论等新理论、新工具的运用和创新，使得新产业组织理论在研究重点、理论基础及分析方法等方面均产生了巨大的突破，但同时也存在一些不足，简单总结如下：一是关于研究重点。新产业组织理论的研究重点由市场结构转向行为主体之间的博弈、由结构主义转向行为主义、并不断寻求将产业组织理论与新古典微观经济学进行更加紧密的结合。但新产业组织理论对企业行为的理解过于简单化、抽象化，容易忽略一些影响企业行为的重要因素。二是关于理论基础。新产业组织理论对新古典主义的假设有所突破，尽管科斯的交易成本理论彻底颠覆了其他学派仅从技术视角和垄断竞争视角来审视企业与市场的传统观点，但它与现实中的企业仍存在明显的差距。与此同时，新产业组织理论采用了"可竞争市场理论"来取代"完全竞争市场理论"，并试图利用这一理论作为评估市场运作效率和减少政府干预的基础。这种分析思路虽较先前的研究有所创新，但却并未考虑到现实经济活动中还存在技术性障碍、信息不完全、外部性以及寡头企业的策略性行为等因素。鉴于此，可竞争市场理论仍无法为放松政府管制的政策主张提供充分的理由。三是关于研究方法。博弈论、信息经济学等分析方法和工具的使用突破了传统产业组织理论实证分析的局限性，使得新产业组织理论的推理过程更具严密性和逻辑性。但这种通过构建理论模型进行分析的方法严格依赖初始条件，在解释现实问题时仍面临很多困难，而且很难进行检验。

目前，在产业组织研究中，过去截然区分理论研究与实证研究的做法不再流行，理论研究也开始注重检验，实证研究越来越愿意吸纳经济学理论和计量经济方法的最新成果,理论与实证研究的融合已经成为趋势。

3. 新奥地利学派

新奥地利学派作为产业组织理论的一个分支,是除了芝加哥学派之外的另一个具有广泛影响力的学派。新奥地利学派在多个理论方面都取得了成就,这一切都是基于卡尔·门格尔(Carl Menger)和欧根·冯·庞巴维克(Eugen von Bohn-Bawark)所创立的奥地利经济学派的传统观念和方法论。该学派对当代西方经济学产生了深远而重要的影响,它的许多观点至今仍有一定的现实意义,其代表性人物包括路德维希·冯·米塞斯(Ludwig von Mises)、弗里德里希·奥古斯特·冯·哈耶克(Friedrich August von Hayek)、伊斯雷尔·柯兹纳(Israel M. Kirzner)、莫瑞·罗斯巴德(Murray N. Rothbard)等。这些学者都是著名的哲学家、社会学家、经济学家、历史学家,他们之所以被称为新奥地利学派,是因为虽然他们在美国和英国学术界都很活跃,但他们深受奥地利学派思想和传统的影响。

1)新奥地利学派的方法论特征

对于新奥地利学派而言,他们研究的是从个体的效用和行为到价格的非线性因果关系,而不是众所周知的函数之间的相互影响。新奥地利学派认为,市场是不稳定的,其中最重要的因素之一就是政府干预。因此,虽然新奥地利学派和其他学派都倾向于自由主义,但在探究这种结构是如何形成的过程中,他们与新古典主义的观点存在差异。他们认为,市场不是完全随机的,而是具有某种内在机制使之趋于均衡状态的。他们根据自己独到的分析方法来研究市场动态,他们的基本理论与芝加哥学派存在显著的不同,这正是新奥地利学派的显著特征。新奥地利学派基于主观主义的观点,认为经济学与自然科学中所称的"人类行为科学"有所不同,它研究的是与自然现象在本质上有所区别的经济活动,在经济学的研究中不应该使用与自然科学一样的分析方法。故该学派强烈反对将现代数学方法用作经济分析的手段,而是主张在描述经济现象时应采用以人为本的方法,并用语言进行解释。

关于竞争的观点,新奥地利学派持有的观点明显区别于新古典经济理论。具体表现为:新古典经济理论认为竞争是现实的和潜在的,竞争使价格趋向均衡点的边际成本。而新奥地利学派分析竞争观点的基本前提是市场竞争,而没有考虑到垄断问题认为具有高于正常的利润是垄断力量的一种典型表现。然而,新奥地利学派认为信息是不完整的,而竞争性市场正是一个发现信息、利用信息的分散过程。他们认为,新古典经济学家忽视了一个关键因素,就是企业家。他们认为,在寻找新的利润机会时,特别是在竞争性市场中如何引导资源流动,以更好地满足消费者需求的行为时,企业家是至关重要的。

2)新奥地利学派的政策主张

新奥地利学派对传统的哈佛学派的反垄断政策基本持批判态度,在这一点上,新奥地利学派与芝加哥学派一样。新奥地利学派认为,政府的信息是不完备的,在不完备的信息背景下,政府对经济运行的干预就不一定是正确的,反而有可能会扭曲市场调整过程,造成市场的经济绩效低下。新奥地利学派认为,政府应该做的就是建立一套能够保证最大的个人自由和最少的政府干预的体系制度。

新奥地利学派强调竞争的过程性,对新古典主义关于市场运行的完全竞争理论持完全否定的态度，他们持有的观点是，在新古典的完全竞争模型里，企业并不是价格的被动接受者，没有产品之间的竞争（产品的同质性没有差异），也没有销售方面的竞争（不进行广告宣传），更没有创新（缺少降低成本和采纳新技术的驱动力）。实际上，企业并没有真正的竞争行为，仅仅是名义上的竞争，并没有真正的竞争实质。换句话说，完全竞争仅仅是一种静态的平衡状态，与追求平衡的竞争过程没有直接关系。新奥地利学派对市场的解读基于信息的不完整性、人类的有限理性和环境的不确定性，他们认为，完全竞争理论中的完全信息假设与实际情况不符，进而否定完全竞争概念，提出了竞争的实际行为标准。他们把竞争看作一个动态发展过程，并且认为，当今市场基本上是竞争性的，市场的竞争过程并不必然产生均衡，但却能提供某种"秩序"，这里所谓的秩序是经济趋向均衡的一种趋势。通过比较哈佛学派和芝加哥学派，我们可以明确看到这是三个学派的主要差异：哈佛学派更注重市场结构，芝加哥学派更看重市场绩效，而新奥地利学派则更倾向于强调市场竞争行为。这三个不同学派在理论上有其合理性和局限性。它们的不同点还在于：哈佛学派推崇的市场结构是是否存在竞争的原因；芝加哥学派的市场绩效是竞争充分与否的结果；新奥地利学派认为，竞争本质上是一个过程，重点应该是现在是否存在竞争行为，市场结构、市场绩效不是最重要的决定性因素，行为才是。所以说，本质上，新奥地利学派是产业组织学的行为学派。

　　新奥地利学派强调企业家及其创业精神在市场竞争中的核心地位。在这种竞争激烈的市场环境中，企业家因为其创业精神，能够将分散的信息和知识资源进行高效的分配与利用，从而实现资源的合理分配和流动，满足消费者的需求。然而，政府的计划性干预无法实现这一目标。新奥地利学派认为，企业家创业精神不仅引发了市场竞争，还有助于减少甚至消除进入市场的壁垒。基于消费者主权的原则，只要新成立的企业的供应能够满足消费者的需求，这些新企业便会源源不断地进入市场，即使是垄断的制造商也不能阻止他们。这是因为这些新企业的企业家通过创业活动，将不可避免地减少进入市场的障碍，从而加剧市场竞争，增加市场进出的可能性，并进一步开放市场。企业家的创业活动与垄断资本之间存在着一种内在的联系，但这种联系并非简单的线性关系，而是一个非线性关系。新奥地利学派持有的观点是，当企业家探索新的方向、采纳新的技术或研发新的产品时，他们所获得的风险回报相当于丰厚的利润。在这个意义上说，企业家的风险报酬等于他所获得的利润与他所付出的沉没成本之差。由于信息的不完整性和创业活动的风险性，企业家需要承受大量的沉没成本，因此，利润实际上是对企业家风险的一种回报。新古典经济学认为，企业家在经营中总是追求最大收益，因此他必须考虑风险与利益之间的关系问题。米塞斯持有这样的观点：市场结构让我们能够借助他人的知识来增强我们对市场的了解程度以及洞察能力。通过观察市场上价格的波动和利润的得与失，我们才能准确地区分正确与错误的企业家预期。创新的实质是通过改变供给结构而实现资源优化配置，因此企业经营的核心在于提高其效率和创造价值。约·阿·熊彼特的观点是，所谓的创新，实际上是一种生产函数的迁移、生产要素与生产环境的重新整合，并通过生产体系的改革，来实现企业家或潜在超额利润的获取过程。他提出了创新理论。我们可以把创新的核心内容总结为五大领域：创新的产品、前沿的技术、全新的市场、新的供应渠道以及创新的组织或管理策略。在现代社会中，企业家精神是企业经营成功的关键之一。企业家与普通的企业管理者有所区别，他们不仅是创新活动的推动者，还是创新活动的实践者。创新活动的成功依赖于企业家精神。企业家精神代表了一种非物质的精神力量，它体现了企业家对事业的热情、荣誉感以及其他精神层面的满足。企业家精神具有鲜明的时代特征，其中，创新精神是核心驱动因素。

新奥地利学派强调企业家及其创业精神在市场竞争过程中的重要作用，他们认为，在竞争市场上，企业家的创业精神将市场上分散的各种信息和知识进行合理利用，从而实现资源配置的合理流动，以满足消费者的需要，而政府的计划干预不能实现这样的功能。新奥地利学派认为，竞争是随着企业家创业精神产生的，同时竞争的产生可以降低甚至消除进入壁垒。从消费者主权原则出发，只要新企业的供给产品存在市场需求，符合消费者需求，即使存在垄断厂商，新企业也会不断进入该产业，导致市场进出可能性加大。新奥地利学派认为，信息是具有不完全性的，企业家进行创新承担了很大的风险，付出了巨大的沉没成本，因此高利润就是企业家进行突破创新、引进新技术的风险报酬。米塞斯认为，是市场体制使得我们可以借用他人的知识来增强自己的洞察能力，正是通过分析价格的变动趋势，我们才能够判断企业家的预期是否正确。约·阿·熊彼特认为，所谓的创新，实际上是一种生产函数的迁移、生产要素与生产环境的重新整合，并通过生产体系的改革来实现企业家或潜在超额利润的获取过程。创新就是通过对企业内部和外部资源进行有效的整合而创造出新的价值的活动。我们可以将创新的核心内容总结为五大领域：创新的产品、前沿的技术、全新的市场、新的供应渠道以及创新的组织或管理策略。

从政策立场来看，新奥地利学派基于市场是一个对抗性过程这一核心观点，全面反驳哈佛学派的结构主义政策。该学派主张，首先需要废除那些已经过时的规制政策和不必要的行政垄断，才能有效地推动竞争。只要政府不进行干预，市场就能完全自由地进入，从而确保充足的竞争环境。该学派反对政府对市场进行过度控制，认为政府必须通过制定合理的产业政策来鼓励企业进入市场。该学派持有的观点是，行政垄断构成了产业进入的唯一障碍，唯有消除这一障碍，竞争才能得到促进。新奥地利学派还提出，政府必须对社会进行彻底改革，以减少其管制行为所产生的不利后果。该学派基于信息的不完整性持有这样的观点：政府所拥有的知识和信息是不完整的，政府的干预反而会扭曲市场的调整过程，损害经济绩效。

4. 新产业组织理论

由梅森、贝恩于20世纪30年代创立的正统产业组织理论，在20世纪50—70年代虽然有了很大的发展，但是其研究的局限性也很快被学界发现，主要表现为两个方面：一是企业目标假定单一。它假定所有企业（不论是垄断企业还是完全竞争企业）都是以利润最大化为目的。这种不加区分的单一假定，没有考虑企业会因为类型不同导致其目标以及行为也会存在差异的事实。此外，与追求最大利润的假设有关，传统的产业组织理论认为，无论是生产者还是消费者，他们都可以获取完整的信息，也就是说，交易成本不会增加，所以会达到完全平衡的状态。但正因为缺少交易成本的概念，传统的产业组织理论对于大型企业在资源分配中的角色的理解，是有所偏差的。二是传统的产业组织理论的研究方法是静态与单向的。他们构建的研究框架 SCP 范式，就是单向的研究范式，即市场结构会影响企业的行为，从而进一步影响组织的运营状态。在这一严格的模式下，市场结构会影响企业的行为，这意味着企业的行为是内生的，但事实上，当前市场结构也会受到上一期企业行为的影响。所以考虑以上的缺陷，从 20 世纪 60 年代末开始，部分经济学家在坚持 SCP 分析框架的基础上，对传统的产业组织理论进行了修订和补充，并在 20 世纪 80 年代进一步发展为新的产业组织理论，也被称为现代产业组织理论。相较于传统的理论体系，该理论实现了范式的重大突破、研究方法的革新和研究领域的拓宽，同时也对产业组织进行了全面的研究，其政策主张主要涵盖了以下几个方面。

强调市场行为的核心地位。现代产业组织理论认为，市场结构是一个外部变量，具体由技术和需求等基础条件所决定。所以，产业经济学应该以企业的策略性行为为研究的出发点，重点观察企业的策略行为对社会福利产生的具体影响。也就是说，新产业组织理论研究的中心议题是寡头竞争企业的策略性行动。

强调市场结构不仅是影响厂商行为和市场绩效的外部因素，更是一个与市场行为和市场绩效相互关联的内部变量。所以市场结构需要在市场分析的框架中加以阐释。在寡占市场结构下，市场的主导厂商的企业行为影响力很大，它们有能力通过所采取的行为对整个市场环境作出改变，包括影响市场中现有和潜在竞争对手的数量，以及影响产业的生产技术、进出壁垒等多个方面。综上所述，市场的环境并不是由外部因素决定的，企业可以通过策略性的行动来调整市场环境。那么，在这种情况下，主导企业就可以通过自身的企业行为，对市场环境进行操控，进而作出对自己有利的决策。新产业组织理论运用新制度经济学和博弈论分析方法来分析组织问题。新产业组织理论引入交易费用理论。1937 年，罗纳德·哈里·科斯（R. H. Coase）的《企业的性质》（*The Nature of the Firm*）发表问世，在该书中，他首次提出了交易费用的概念。这一概念被新制度学派的产业组织理论引入，他们从企业内部产权结构和组织结构的变化来分析企业行为的变异以及对经济运行效果的影响。在研究企业定义的层面上，传统的产业组织理论对于企业的"厂商"理论的讨论局限于理论层面，而针对企业规模问题及市场边界等问题无法进行回答。新制度经济学打开了这个"黑箱"，它使用"交易费用"这一概念对企业的规模边界问题进行了广泛的讨论。在威廉姆森的交易成本经济学中，由于市场不完全和有限理性，交易双方需要通过一体化来最小化交易成本，来避免因为机会主义而产生的一些欺诈问题。决定一体化的主要因素有三个，分别是交易次数、不确定性和资产专用性的交易维度。产权理论分析了市场和企业之间的关系，并且对企业内部的权威机制和治理结构的所有权配置问题进行了深入讨论。交易成本理论的引入，给为产业组织理论的研究领域带来了新的视角，这使得我们能够深入企业这一黑匣子，去探索经济活动的新趋势，并探究交易成本和行为的不确定性如何影响价格机制。同时也为我们理解市场失灵提供了新视角和新思路，并在此基础上建立起现代产业组织结构模型。因此，一些学者认为交易成本理论是新产业组织理论的中心和精华。新制度经济学则把交易成本作为一种重要的资源纳入其理论体系之中。简而言之，新制度经济学为产业组织理论提供了一个全新的理论视野。

新产业组织理论在其研究方法上更多地强调市场行为，而不是市场结构，并且该理论把市场看作一个内生变量。这一理论建立了一个双向、动态的研究框架，而不再是一个静态单向的研究框架，并结合了新古典微观经济学。这使得新产业组织理论成为一个相对独立的理论体系，也为我们提供了一个更为广阔的研究视角。新产业组织理论的研究焦点并未发生变化，但相较于以往的产业组织理论，新产业组织理论的研究领域不再局限于结构、行为和绩效之间的相互关联，而是拓展了研究领域的范围，涵盖了企业内部组织结构、政治市场等多个方面。也就是说，新产业组织理论更为具体化、微观化，也更加复杂，更接近实际市场的情况。新产业组织理论与新古典理论有着紧密的联系，并为新古典理论的解读提供了更广阔的空间。

同时，在研究方法上引入博弈论。现实市场中，最为常见的市场结构是寡头市场结构，而以往的理论侧重于分析完全竞争或垄断竞争市场。因此，一些传统的分析方法不能够用于分析寡头市场，因此在分析现代寡头市场竞争方式时，博弈论就成为最佳的分析手段。使用博弈论分析的特点在于，博弈论方法为寡头竞争问题提供了一套较为规范的理论分析手段，为了在均衡过程中体现个人行为因素的影响，提出了寡头竞争的非合作博弈均衡的存在，从而进一步延伸了传统价格理论所导出的资源配置结论。由于受到某些预设条件的制约，传统的边际分析工具在面对不完全竞争环境时，难以为厂商的行为提供准确的解读。

与传统的产业组织理论中的反垄断策略相比，新的产业组织理论在政策立场上经历了显著的改变。在新产业组织的理论政策主张中，更多地强调了对产业组织理论政策内涵的深入研究，并致力于为公共政策提供坚实的理论基础。

首先，从反垄断政策上看，新产业组织理论不同于前两个学派，该学派既不赞同哈佛学派的观点，也不同意芝加哥学派的观点。哈佛学派认为，垄断会造成垄断利润，会引起社会的不公平，因此要对垄断实行严格管制，该理论所依据的关于垄断竞争的理论是有问题的；芝加哥学派则认为，只要不对产业横加管制，在长期中，市场中不可能存在垄断利润，因为市场是可竞争的，企业的规模扩大是规模经济的要求，不应该对产业的行为过多干预。相比较于这两种学派，新产业组织理论的反垄断政策出现了三个明显的变化倾向：第一，新产业组织理论早先的研究重点是反垄断结构，现在其研究重点转移到反垄断行为上。新产业组织理论认为，反垄断政策的制定，并不是为了单纯限制企业数量或者价格歧视，而应该是一种针对特定行业内企业之间竞争状况进行调整的制度安排。在他们看来，垄断的结构不一定会引发垄断行为，也就不一定会损害消费者的权益。第二，以往西方国家的反垄断政策的核心目标主要关注在保护消费者权益上，而从20世纪80年代开始，反垄断政策追求的目标发生了细微的转变，逐渐转变为在优先提高市场效率的同时，也要考虑保护消费者的利益。第三，反垄断政策松动明显。根据可竞争市场理论，只要市场是可竞争的，少数大企业纵向或横向兼并，没有损害市场效率和消费者利益。所以，政府的竞争政策的重心应该落在是否存在充分的潜在竞争压力上，而不必急于进行反垄断起诉。

其次，在管制政策理论方面，也发生了一些变化，新产业组织理论所提出的机制设计管制理论取代了原来的价格管制理论。该管制理论强调管制者与被管制企业之间信息的非对称性、建立激励性管制机制的重要性,激励企业以技术创新为手段,从而实现效率的提高、成本的降低。在新产业组织理论的启示下,西方国家对管制政策进行了调整,具体集中在三个方面:第一,对公共服务部门的自由化和私有化采取了更为宽松的管制措施;第二,传统的管理方法已被更具激励性的管理方式所取代;第三,在降低经济管制的基础上,需要加强对社会的监管,重视环境的保护,推进可持续发展,并确保消费者的权益不被侵犯。

5. 2000年后产业组织理论的新发展

进入2000年以来,产业组织研究领域又表现出一些新的变化。

首先,西方产业组织理论开始对行为不确定性和不完全信息问题进行重点研究。近年来,欧美一些发达国家连续发生金融诈骗事件和财务丑闻事件等,西方产业组织理论界从不同层面对这些事件进行剖析,包括事件的动因、现行体制约束力欠缺的原因、预防机制、事后处理等问题。部分学者认为,之所以发生这些负面事件,是因为社会监督机制作用低下以及诚信缺失,同时行为的不确定性和信息不完全性也不能忽略。

其次,近年来,产业组织理论研究的另一个重点是政府官员行为问题。政府在经济运行中的作用一直是研究的热点。为了考察政府规制对产业结构的影响,一些产业组织学者运用实证研究方法,对政府官员的行为问题进行深入分析。例如,赫尔曼和考夫曼在《解决转轨国家中的政府俘获问题》(2002)一文中提出了一种衡量政府整体腐败情况的方法,对22个转轨国家的政府俘获问题进行调查和研究,分析企业获取政府官员的扶持以便获取高利润的途径。研究表明,俘获问题带来的负面效应是巨大的,包括破坏市场的竞争环境、降低社会发展速度、抑制国家创新能力发展,同时还会破坏经济可持续增长,所以改善政府治理结构、加强法制建设,才能够解决政府俘获问题。

最后,在信息时代,产业组织理论已经产生了许多新的研究领域,其中就包括研究产业结构。它既涉及传统的产业组织方式,也包括对未来产业组织形态的设想和展望。自20世纪90年代起,随着信息技术的飞速进步,企业间的数字化信息交换和共享变得更为便捷与高效。这导致了原有企业的组织结构效率有所下降。所以就产生了一种更为高效的"模块化"产业组织结构。这种结构允许企业共享特定资源,从而在行业内部将其分解为多个固定模块,这些模块专注于设计和制造特定产品。之后,企业可以在不同行业之间建立合作关系,这有助于大幅减少资本消耗并提高行业的竞争力。

二、产业组织实践的新发展——面向未来的第四产业

任何产业都不是从天而降的"飞来峰",它的产生和进化都根植于一国的资源禀赋、要素条件和制度环境,离不开人类祖祖辈辈的长期奋斗和探索。要实现产业的迭代升级,必须回望过去走过的路,用历史映照现实、远观未来。从历史来看,农业的发展为工业化奠定了基础,工业的繁荣为服务业发展打开了广阔空间,农业、工业和服务业都为第四产业的应运而生奏响了前奏。

配第、克拉克、库兹涅茨等经济学家绘制了三次产业划分的产业地图,揭示了产业发展的规律。但随着数据要素成为新的生产要素,三次产业划分理论逐渐成为历史,难

以解释新的模式、规则和国际产业格局,旧的产业地图对世界发展潮流的指引作用变得不再可靠和清晰。因此,为了探索第四产业的"新大陆",人类需要一份新的产业地图来引领未来发展的航程。

1. 三次产业划分的历史

1)配第开创产业划分的先河

1672年,配第《政治算术》的问世,标志着人类开始以翔实的调查数据和数量方法研究产业划分问题,开启了产业发展与经济发展的讨论,成为产业地图划分的开端。

由于担任过水手、医生、土地测量总监等丰富的经历和手工作坊家庭背景,配第对产业非常敏感,对政治与经济的结合提出了跨时代的理论。根据统计资料,他分析了荷兰、法国及英国的产业,说明地理位置、国家产业政策、海运等因素是造成经济增长差异的根源。当时经济增长最快的荷兰,就凭借优越的地理位置,选择优先推动航海运输的发展,以进出口贸易带动国内其他产业的繁荣,并促进国家内部工业发展及国家外部的配套分工。荷兰人将利润较低的产业转移给丹麦人和波兰人,他们自己主要从事利润较高的航运,由于航运业的快速发展和分工深化,形成规模效应,成本持续降低,效益不断提升,经济得以快速增长。配第根据这一现象,得出了以下结论:"随着经济增长过程的演进,人力资源(尤其是农业劳动力)将向优势产业转移;而人力资源的充分利用将加速经济增长。"他同时作出判断:在经济增长过程中,为了利益最大化,劳动力将会从"穷困而艰辛的农业转移至更加有利的手工业及其他产业",反言之,"随着各种产业和新奇技艺的增加,农业便趋向衰退"。

2)克拉克奠定产业分类的基础

科林·克拉克创作了《经济进步的条件》一书,标志着产业结构理论的开始。这本产业经济学重量级著作对三次产业做了详细的划分,并对伴随经济发展的产业结构演变规律进行了总结,他把区域的全部经济活动划分为三个产业,这一思想被各国经济界普遍接受并沿用至今,成为国家和地区产业统计的基础。在他的著作中,第一产业是指直接取自自然界的自然物生产,包括广义的农业和矿业;第二产业是指对自然物进行加工的生产,包括广义的工业和建筑业;第三产业是指服务并繁衍于有形物质生产之上的无形财富生产,包含除第一、第二产业外的所有经济活动,提供服务是其主要特征。

在产业发展规律方面,他继承和发展了配第的思想,认为随着经济发展,人均国民收入水平会不断提高,相应地,劳动力会首先由第一产业转移至第二产业,然后再转移至第三产业,这一理论被称为配第—克拉克定理。

配第—克拉克定理的背后有两个重要机制:一是收入弹性差异机制。克拉克认为,第一产业的定义主要是农业,但农产品具有一个特性:当人们的收入水平达到一定程度时,对于农产品的需求,几乎不会随着人们收入的提高同步提高,即其收入弹性下降的幅度,比提供工业品和劳务的二、三产业的收入弹性要小。因此,经济的发展必然会导致国民收入和劳动力分布从第一产业转移至第二、第三产业。二是投资报酬差异。第一、二产业之间技术进步差别很大,这是因为第一产业以农业为主,而农业具有生产周期长的特点，使得其试错和技术迭代周期也较长，而第二产业主要是工业，技术进步速度更快，随着工业投资的增加、产量的加大、单位成本下降的潜力很大，报酬增长空间更为广阔。而农业的投资更容易出现"报酬递减"的情况。

配第—克拉克定理不仅可以从一个国家经济发展的时间序列分析中得到印证，还可以从不同发展水平的国家，在同一时点上的横断面比较中得到类似的验证。也就是说，在人均国民收入越低的国家，农业劳动者的比例相对较高，而第二和第三产业的劳动者所占的比例则相对较低；人均国民收入水平高的国家则相反。因此，一国或一地区经济发展水平越高，其农业劳动力比重也相应地提高。这个定理已经变成了绘制产业地图和评估产业结构特征最关键的标准之一。

3）库兹涅茨推进产业划分的进程

库兹涅茨非常注重实证研究，认为具体而真实的数据最具有说服力，最能反映问题的本质，撰写了《生产和价格的长期运动》《工业和贸易的季节性波动》《商品流量与资本形成》《1919—1938年国民收入与债务支出》《国民收入及其构成》等著作。对于经济增长与产业结构，库兹涅茨沿用并改造了克拉克的分类，将其分为农业部门、工业部门和服务业部门，这一分类方法被称为"AIS 分类法"，与我国的产业分类更为类似。通过大量数据的实证研究，他发现产值上农业部门的比重趋于下降，工业部门的比重趋于上升，服务业部门则没有明显变化，劳动力则向工业和服务业流动，且服务业部门就业人数的增长大于产值的增长。

同时，他发现产业结构的变化是由科技进步引起的，在经济发展的不同阶段，有的部门会率先应用新的科学技术，成为科技研发高地，导致生产率上升和成本降低，进而实现产业结构变化，并推动城市化进展产生新的需求，反馈并引领科技方向的变化。另外，新的需求、新的技术也会创造新的产业部门。

对于欠发达国家，其经济停滞的主要原因，则是农业部门束缚了大量的劳动力。随着国家经济的增长，劳动力的释放会创造红利，加速经济的发展。这显示出经济增长和产业结构变化是互相影响的，但是一定程度的经济增长依然是产业结构变化的前提和推手。相较于克拉克，库兹涅茨进行了大量的实证检验，为产业划分理论提供了丰富的经验证据，部分依然适用于当下更加复杂的国际国内环境，为我国经济增长和产业划分提供了重要启示。

2. 三次产业分类模式面临的现实困境

了解事物的关键方法之一便是分类。"分"即鉴定、描述和命名；"类"即归类，按一定秩序排列类群。对国民经济进行分类，是正确认识国民经济各个单位、部门、环节之间数量关系的基础，是进行国民经济统计分析的起点。分类整理，可以使零星分散的资料系统化、条理化，从宏观上分析国民经济运行规模，从中观和微观上揭示国民经济的结构，识别国民经济各部分之间的差异，反映部分与整体、部分与部分之间的关系。

三次产业划分实质上可以看作对国民经济进行分类、分组。三次产业划分及其动态调整涉及两个主要步骤：首先，从统计学视角对产业活动进行统一的分类标准分析；其次，从经济学的视角对产业经济进行深入研究，并预测产业的未来发展方向。然而，三次产业划分理论诞生于20世纪三四十年代，工业时代的烙印十分明显，产业按照产品区分的特点较为突出，不同的产品与不同的产业一一对应。例如，取自自然界的产品对应农业，初级原料加工后的产品对应工业，非物质类产品对应服务业。当前人类社会发展日新月异，产业形态也发生了极大变化，新的产业形态对旧的产业划分框架形成了冲击。

传统的产业分类不仅难以涵盖不断涌现的新兴产业，也难以区分融合了新技术元素和新模式创新的原有产业。这种对新产业、新业态战略定位和属性的绑定固化，降低了产业分类的粒度，降低了新产业和新业态崭露头角与被识别的可能性，从而削弱了它们在产品市场和各要素市场的竞争优势，妨碍了产业发展和市场环境的更好耦合。从另一个角度看，如果限制了产业跃进的创意，这将不利于摆脱传统的产业发展路径、模式和方向，从而也不利于产业的健康成长。

对不同产业部门进行界定，在此基础上分类统计汇总。配第、克拉克、库兹涅茨等经济学家提出的三次产业划分理论，为不同的产业部门提供了统一的统计核算方法，这使得产业结构的变化可以被量化、统计和规划，同时也为国际经济的交流和合作提供了统一的标准。在此前提下，产业统计研究应该是宏观与微观相结合、定性与定量相协调。借助统计技术作为基础，并以提供相似或相同产品的企业为研究对象，通过数据收集和分析来进行产业领域的经济评估，我们可以从产业的基础属性出发，对其投资、产出、效益和结构关联等进行全面的描述，这不仅满足了微观管理的需求，也为宏观管理和分析提供了数据支持。虽然三次产业分类相对较为粗糙，但其思路和方法对摸清经济底数具有不可替代的作用。在国民经济统计中，国际组织、各国统计部门对产业标准进行多种界定，虽然不同机构的分类标准有所不同，同一机构的分类标准也会随经济发展变化而调整，但在大类上都延续了三次产业分类的思路。1971年联合国颁布《全部经济活动的国际标准产业分类索引》，1984年我国首次编制《国民经济行业分类与代码》，这些都是三次产业分类理论的生动实例。

三次产业划分理论中，第三产业被界定为除了第一产业、第二产业外的其他产业，实质上是个"兜底条款"。在理论产生后的很长一段时间，这一划分是契合实践发展需求的。但是，随着经济的不断发展，第三产业的范畴不断增大，内容越来越庞杂，不断容纳了大量的细分产业。第三产业在国民经济中"体格虚胖"、门类冗杂，导致统计方式粗放笼统，统计结果难免偏差，难以为新产业发展提供科学的研究基础。即使对第三产业有了进一步的细分（如OECD将第三产业分为五类：第一类是批发、零售、餐饮和旅馆；第二类是运输、仓储和通信；第三类是金融、保险、房地产和商务服务；第四类是公共管理和国防；第五类是教育、卫生、社会服务等），也仍然无法满足经济发展的现实需要。第三产业作为"兜底条款"的问题正日益显现。经济总在不断发展，经济结构也在不断调整。三次产业划分理论在产业清晰定义、边界划定、剥离区分、统计测算以及研判分析等方面开始出现短板，渐渐难以预测未来产业发展态势，不同程度地造成产业政策存在失真、盲目等问题，其理论解释力受到较大冲击和挑战。

3. 第四产业的提出及其划分标准

在新技术的催化下，传统产业也发生了许多新的变化，呈现出跨界融合的特点。以互联网为例，早期出现的互联网技术，其行业特性相对单一，但在此后的发展中，互联网技术的运用逐步渗透到农业、工业和服务业中，开始演化成复杂的产业结合体。数据时代的到来进一步加速了产业融合的步伐。当前，5G 等新一代信息技术加速向各行业融合渗透，数据的赋能、赋值、赋智作用日益凸显，应用场景不断拓展。C2B（消费者到企业）、个性化定制、云制造等新业态、新模式发展迅速，制造服务化、服务制造化趋势明显。依托两次工业革命，世界经济史分成了三个阶段，即农业时代、工业时代、信息时代，分别是以第一、二、三产业为主导，并以逐级递进的关系延伸发展。

如果我们把已有的第一、二、三产业称为"旧大陆"，那么随着人类经济的蓬勃发展、科技的不懈探索，我们是否会发现第四产业的"新大陆"？20 世纪 70 年代以来，不同领域的学者提出了各种产业"四分法"设计方案，美国经济学家波拉特在 1977 年所著的《信息经济》中提出第四产业应为信息产业，是以国民经济为主的第四大产业部门。1987 年，美国统计学家肯尼西在其所著的《经济的第一、二、三、四部门》中提出将金融业作为第四产业部门单独核算。2000 年，北京大学学者叶文虎、韩凌提出，将处理废物、促进环保的绿色产业作为第四产业核算。以上方案均存在着合理性，学者的探讨对理论探索和实践发展具有重要的价值。

作为独立于第一、二、三产业的新产业，第四产业至少应当满足以下四条初步标准。

第一，递进性。从最初以农业为中心的初级工业化到后来工业与服务业共同推动下的高级工业化，再到如今以信息科技为代表的现代信息化时代，三次产业之间的关系发生着深刻变化。三大产业的分类起源于人类的经济增长和社会的分工变迁。随着三次产业在生产流程和成果方面的逐步发展，社会的分工合作也变得更为细致，同时生产力也呈现出阶梯式的增长。

第二，引领性。从产业结构演进看，"新兴产业—传统产业—高端服务业"构成一个循环过程。三次产业分类法最初的目的是揭示科技进步的历史轨迹，但随着经济质量的逐步提升，第二产业和第三产业在 GDP 中的占比也逐步提高。第二产业和第三产业在过去曾是经济发展的主导方向。产业地图上的"新领域"应被视为新的希望，而非过时的古董。

第三，可区分性。第四产业是对我国战略性新兴产业发展中的问题及对策建议。从实际核算认定的视角来看，第四产业还需要满足一个最基本的准则，即可以进行区分。我们应该确保与传统的三次产业有明显的系统性差异，并在资源的投入与产出的核心特性上进行区分，这样可以确保产业的确定、核算和规划都是实际可操作的。

第四，产出无形性。在库兹涅茨提出的六项标准当中，产业的最终产品被视为最关键且最具说服力的区分标准，这一点需要单独进行阐述。从理论角度看，第四产业的最终产出应该是无形和流动的，是"看不见、摸不着"的，这与第一产业、第二产业、第三产业的"看得见、摸不着"的人工产物形成了明显的区别。

4. 一个可能的第四产业——数据业

从递进性看，数据业的投入是非常鲜明的新生产要素——数据。数据行业从日常生活的多个维度收集数据资源，并采用特定的技术手段进行数据的存储和传播。通过增强计算能力和优化算法，这些数据资源可以被转化为各种数据产品或服务，并有可能在未来形成独特的人工智慧。数据业是信息通信与计算机互联网深度融合发展的结果，也是信息化时代信息产业的新业态之一。这表明，在传统的三次产业的基础之上，数据行业已经发展出了创新的产品和服务模式，并建立了明确的层次关系。

从引领性看，数据行业成功地突破了资源稀缺性的束缚，为经济的爆炸性增长创造了更多机会。通过数据的产业化，它催生了新的业态和模式，而产业数据化则推动了传统产业的转型和升级，从而明显提高了经济效益和持续增长的动力。数据产业还可以从新技术运用、低交易成本、价值链及网络重构等多个方面，有效拓展生产可能性边界，促进先进技术扩散，引致传统产业结构优化升级，给商业模式带来创新，提升社会管理水平。

从可区分性看，数据是独特的生产要素，其生产者与消费者之间往往是零距离的，数据传输和复制的成本几乎为零，边际效益逐渐增加，边际成本几乎接近零，这导致在库兹涅茨的六个标准下，数据行业与传统的三次产业存在明显的系统性差异，因此可以进行明确的识别和核算。

从产出的有形性视角来看，数据行业的核心产出是"数据产品或服务"。这种产出是由算法生成的，以数据为载体，虽然也用产品或服务命名，但与传统的产品或服务相比，它是"看不见、摸不着"的，具有无形性、流动性。在这一特性基础上，数据业又被称为"大数据时代的服务业"。数据业作为一种新业态。它产生了与第一、二、三产业完全不同的生产成果，并且明确地区分了数据业和传统的第一、二、三产业。

此外，包含研发、文创等行业的创意产业，有时也被称作第四产业，其产出的"创意"也是"看不见、摸不着"的，是其无形性、流动性的生产成果。如果仔细辨析创意业和数据业之间的关系，可以发现二者之间存在类似手工业和工业之间的关系。创意产业主要是使用人脑对广义的数据进行加工处理以形成成果的行业，而数据业则大规模采用计算机对数据进行批量化、标准化生产加工。随着技术的进步，大算力成为可能，数据业实际上是人脑创意的数据化、模型化、复杂化。因此，创意产业作为第四产业的雏形，可被纳入数据业的范畴，成为第四产业的一部分。

1. 产业组织的含义是什么？
2. 什么是"马歇尔冲突"？
3. 试利用 SCP 范式来分析某一具体产业。
4. 芝加哥学派的主要观点是什么？
5. 试比较芝加哥学派和哈佛学派的联系与区别。

6. 请简述可竞争市场理论的主要内容。
7. 新奥地利学派的主要观点是什么?
8. 请简述新产业组织理论。
9. 请简述第四产业的划分标准。

第四章

不完全竞争

【本章学习目标】

通过本章学习,学生能够:
1. 全面认知不完全竞争市场;
2. 熟悉和掌握市场结构及其测度方法;
3. 熟悉和掌握市场势力及其测度方法;
4. 理解垄断企业的垄断目标、定价行为和福利损失。

A公司的广告策略

在X产品市场,A公司由于垄断了生产该产品所必需的关键性资源,因此,其在X产品市场占到了80%左右的份额,已经达到足以对X产品价格产生重大影响的程度。

B公司尽管不能生产X产品,但它能够生产出Y产品(无须用到生产X产品所必需的关键性资源)。Y产品能否成为X产品的替代品主要取决于消费者的认知程度。如果消费者认为Y产品是X产品的良好替代品,则A公司任何试图提高X产品价格的做法都会使消费者转向消费Y产品。

为了避免这种情况的出现,A公司主要采取了以下策略:投入了大量的资金用于广告支出,通过电视、网络、报纸等多种途径不断宣传X产品的独特属性,试图在消费者心中将X产品和Y产品区分开来。随着广告的持续性推广,越来越多的消费者在听到该广告词时首先想到的是X产品而不是Y产品。慢慢地,大部分消费者逐渐认为,X产品与Y产品之间存在着本质性区别。毫无疑问,A公司的广告策略取得了巨大成功。

当消费者认为Y产品与X产品存在着较大不同时,就意味着A公司在X产品市场拥有了更大的市场势力。

第一节 不完全竞争市场

一、不完全竞争市场的需求曲线

对于完全竞争市场,由于市场中企业的数量众多,并且所有企业都是价格的接受者,此时,企业产量的增加或减少并不会对价格产生影响,因此,完全竞争市场的市场需求曲线为一条水平的直线，如图 4-1（a）所示。相较于完全竞争市场，非完全竞争市场中的企业数量有限，部分企业成为价格的制定者，当企业增加产量时，其销售价格会出现下降，而当企业减少产量时，其销售价格又会出现上升，此时市场需求曲线向右下方倾斜，如图 4-1（b）所示。

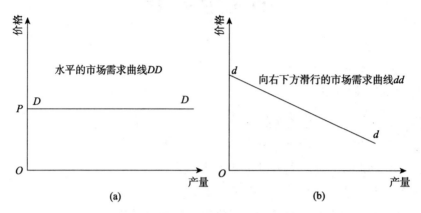

图 4-1　完全竞争与不完全竞争的市场需求曲线

二、不同类型的市场结构及其特征

一个市场的结构特征主要从卖者（企业）的数量和规模、产品差异化程度以及进入条件这三个方面进行描述。需要指出的是，相比于数量众多的买方，卖方之间的垄断力量对比更为重要。我们根据卖方的数量与力量对比，将不完全竞争的市场结构分为垄断、寡头垄断和垄断竞争三种类型。

1. 垄断市场的主要特征

所谓"垄断"（Monopoly），是指在某一产品市场上有且只有一个生产企业的情形。垄断市场的主要特征有以下三点。

（1）市场上只有一个供给者。该企业提供了市场上的所有产品。

（2）由于是某一产品的唯一供给者，意味着其产品具有不可替代性，企业在制定产品价格时不会考虑其他替代因素。

（3）进入壁垒极高。新企业几乎没有任何机会进入该产品市场。

2. 寡头垄断市场的主要特征

所谓"寡头垄断"（Oligopoly），是指某一产品市场上有两个及两个以上的有限供应企业。进一步地，当这一产品市场上的企业个数正好为两个时，则称其为"双头垄断"（Duopoly）。寡头垄断市场的特征主要有以下三点。

（1）全部市场份额由产业内的几个少数大企业占有，或者这几个少数大企业占有该产业的大部分市场份额。

（2）在产品的差异化方面，寡头垄断市场存在两种情况，即有的产品存在差异性，有的产品则没有差异性，我们将前者称为差别寡头垄断市场，后者则称为纯粹寡头垄断市场。

（3）进入壁垒很高。受制于资金、专利技术垄断以及产业内现有企业的协调行为等因素影响，新企业在进入产业时困难很大，难度很高。

3. 垄断竞争市场的主要特征

相较于完全竞争，在不完全竞争状态中与其较为接近的市场类型为垄断竞争。所谓"垄断竞争"（Monopolistic Competition），是指在同类型产品市场上，存在着数量较多的生产企业，这些企业在安排生产时与完全竞争状态下相同而不考虑其他企业的产量。但在产品差异化方面，各个企业的产品并不同质，存在一定的差异性。应当指出，垄断竞争是经济中常见的一种市场状态，在这一状态下，市场是竞争的，但企业凭借自身的差异化产品又具有一定的垄断地位。具体来说，垄断竞争市场主要有以下三点特征。

（1）市场上企业数量众多，且每个企业的产量在产品市场总产量中占比很小。

（2）存在一定的产品差异性，但由于产品之间的替代弹性较大，使得生产者之间的竞争程度较为激烈，同时，产品差异也使部分企业具有一定的垄断势力。

案例：现实中的不完全竞争市场

（3）进入壁垒较低。新企业基本能够自由进入市场。同时，当产品市场内的总体供给量超过需求量而导致部分企业收益出现下降甚至亏损时，这些企业也能够退出市场。

4. 不同类型市场结构的 SCP 分析范式

在产业经济学的发展过程中，哈佛学派创立并提出了著名的"市场结构—市场行为—市场绩效"分析范式，也被称为 SCP 分析范式。根据这一范式，市场结构决定市场行为，市场行为又决定市场绩效。我们按照 SCP 分析范式描述了完全竞争、垄断竞争、寡头垄断和完全垄断四种市场类型的主要特征，如表 4-1 所示。

表 4-1 市场结构—市场行为—市场绩效

市场类型	市场结构			市场行为			市场绩效		
	企业数量	进入条件	产品差异化	价格策略	产量策略	促销策略	利润率	效率	技术进步
完全竞争	很多	容易	标准化	无	生产能力	无	经济利润为零	很高	好
垄断竞争	较多	较容易	差异化	有依赖	市场	有	正常	较高	较好
寡头垄断	较少	有阻碍	明显差异化	明显依赖	市场与利润	有	有超额利润	较差	一般
完全垄断	一个	很困难	完全差异化	完全依赖	利润	有	较高高额利润	差	差

第二节 市场结构

市场结构主要考察市场各构成要素之间的内在联系及其特征，包括买方之间的关系、卖方（企业）之间的关系、买卖双方之间的关系以及市场内已有的买卖方与市场潜在进入的买卖方之间的关系。

一、市场结构测度方法

市场集中度是产业经济学衡量市场结构最常使用的方法。在一个特定的产业或者市场中，市场集中度衡量卖方或者买方的相对规模结构，反映这个特定市场的集中程度，且这一指标与市场中垄断力量的形成具有十分紧密的联系。进一步地，由于市场结构的组成要素有卖方和买方，因此，市场集中度可以分为卖方集中度和买方集中度。需要说明的是，产业经济学主要分析并研究卖方集中度。显然，在一个市场中，大企业的数量及其规模分布将决定市场集中度这一指标的大小。例如，在一个高集中度的市场内部，由于企业的数量较少、规模较大，从而导致部分大企业对市场价格的影响就更大，同时，企业与企业之间出于利益的考虑更容易达成协议，最终形成对市场的绝对或相对控制。常见的衡量市场集中度的指标主要有行业集中度（Concentrate Ratio，CR）、洛伦兹曲线（Lorenz Curve）和基尼系数（Gini Factor）、赫芬达尔指数（Herfindahl Index，HHI）以及熵指数（Entropy Index，EI）等。下面详细介绍上述四种测量方法。

1. 行业集中度

行业集中度是指一个市场或产业内规模（用销售额、产值、增加值、职工人数、资产额等指标表示）最大的前几个企业占整个市场或产业份额的总和。其计算公式如式（4-1）所示

$$CR_n = \frac{\sum_{i=1}^{n} X_i}{X} \tag{4-1}$$

式中：CR_n 为行业集中度指标，表示某产业内前 n 个最大企业的规模总和占该行业总规模的比重。n 的值取决于计算需要，常见的主要有四企业集中度($n=4$)、八企业集中度($n=8$)，或十企业集中度($n=10$)。

该指标的优点和缺点都十分明显。从优点来说，行业集中度简单直观，也是产业经济学最常用的计算指标，能综合反映出特定产业内决定市场结构的两个重要因素：企业数量及其分布。从缺点来说，一方面，行业集中度在反映企业规模分布上并不全面，即它只是反映了特定产业内最大的 n 个企业的总体规模，却容易忽略这 n 个企业的规模分布差异。比如当 $n=8$ 时，存在两种特殊情况：一是这八个企业中有一个企业的规模极大，而其余七个企业的相对规模都较小；二是这八个企业的规模相当。显然，在上述两种情况下计算出来的行业集中度数值完全相同，但实际的市场结构存在较大差异；另一方面，行业集中度也难以准确反映市场份额与产品差异程度的变化情况。

案例：软饮料行业的市场集中度

2. 洛伦兹曲线和基尼系数

1）洛伦兹曲线

行业集中度衡量绝对集中程度，相比较而言，洛伦兹曲线是一个相对集中的指标，

通过一个矩形图直观反映出产业内企业数量与规模之间的关系。图 4-2 展示了标准的洛伦兹曲线,其中,横轴表示产业内企业规模由小到大排列的企业数目累计百分比,纵轴表示有关数值(销售额、产值、增加值、职工人数、资产额等)的累计百分比,横轴和纵轴均以百分比为单位。存在一种极端情况是,当产业内所有企业的规模都相同时,洛伦兹曲线与对角线是重合的。现实中更为普遍的洛伦兹曲线是一条对角线凸向右下角的曲线,一般来说,该曲线越凸向右下角,表明产业的集中度就越高。

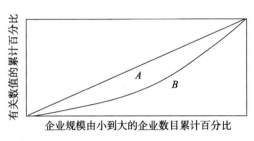

图 4-2　标准的洛伦兹曲线

2)基尼系数

以洛伦兹曲线为基础,基尼系数能把洛伦兹曲线反映的不均匀程度用量化的指标体现出来。基尼系数也是一种相对集中度指标。其计算公式为

$$\text{基尼系数} = \frac{\text{洛伦兹曲线与对角线围成的面积}}{\text{对角线以下的面积}} = \frac{A}{A+B} \quad (4-2)$$

洛伦兹曲线和基尼系数最早是经济学家用来反映收入分配不均的一对指标,产业经济学家则将它们用来反映产业内企业规模的不均。从其计算公式可以看到,基尼系数的数值严格落在了 0 与 1 之间。我们对一些极端情况进行讨论:当 $A=0$ 时,基尼系数等于 0,这意味着产业内的企业规模分布是均等的;当 $B=0$ 时,基尼系数变为 1,也就是说,此时产业内有且只有一家企业,这时市场处于完全垄断状态。事实上,基尼系数严格大于 0 小于 1 是经济学中更为普遍存在的一种状态。基尼系数越小表明企业规模的分布越接近均等;其值越大则意味着市场集中度越高。

3.赫芬达尔指数

为了克服以上两个指标的缺陷和不足,产业经济学家们又找到了另一个衡量市场集中度的综合性指标——赫芬达尔指数,简称 HHI 指数。其计算公式为

$$\text{HHI} = \sum_{i=1}^{N}\left(\frac{X_i}{X}\right)^2 = \sum_{i=1}^{N} S_i^2 \quad (4-3)$$

式中:N 为企业数目;X_i 为 i 企业的规模(用销售额、产值、增加值、职工人数、资产额等表示);X 为产业的总规模;X_i/X 为 i 企业的市场份额。

从上述公式可以看到,赫芬达尔指数实质上就是指该产业内所有企业市场份额的平方和。

举一个简单的例子对赫芬达尔指数进行说明,假设在一个既定的产业中,产业总资产等于 100,该产业共有 5 家企业,它们的资产分别是 50、30、10、5 和 5,那么这个产业的赫芬达尔指数 $= 0.5^2 + 0.3^2 + 0.1^2 + 0.05^2 + 0.05^2 = 0.355$。

同样对一些极端值进行讨论：当 HHI 指数无限趋于 0 时，此时的产业为完全竞争市场；当 HHI 指数等于 1 时，说明产业内只有一家企业，这时该产业为完全垄断市场；当 HHI 指数等于 1/N 时，说明产业内所有企业的规模是相同的。一般来说，赫芬达尔指数越大，代表了市场集中度越高。显然，由于包含了产业中的所有企业，该指数可以用来计算行业份额的变化情况。需要指出的是，由于要收集产业内所有企业的相关数据来测算赫芬达尔指数，这会导致数据收集存在一定的困难。

4. 熵指数

熵指数，简称 EI 指数，主要是借用信息理论中"熵"的概念来测量市场集中度，它具有平均信息量的含义。其计算公式为

$$EI = \sum_{i=1}^{N} S_i \ln\left(\frac{1}{S_i}\right) \qquad (4-4)$$

式中：EI 为熵指数；S_i 为第 i 个企业的市场份额；N 为该市场中的企业总数。

EI 指数与 HHI 指数的共同点在于，两者均属于综合性指标，能够反映产业内所有企业的情况；EI 指数与 HHI 指数的不同点在于，两个指标分配给各个企业市场份额的权重不同，具体来说，HHI 指数的权重是市场份额，而 EI 指数的权重则是市场份额倒数的对数。总之，HHI 指数和 EI 指数都有较好的理论背景与实用性。

5. 小结

通过对上述四个计算市场集中度的指标进行总结，可以发现，行业集中度、洛伦兹曲线和基尼系数、赫芬达尔指数以及熵指数等市场集中度指标，均有各自的优点和不足，同时，其基本问题就是度量的对象并不是十分清晰的。一般来说，这些指标是相互联系的，但在实际的应用过程中需要根据具体问题来选取合适的市场集中度指标。

二、影响市场结构的因素

本部分我们将讨论市场结构的影响因素。事实上，影响市场结构的因素有很多，主要包括市场集中度、产品差异化、进入和退出壁垒以及规模经济等。这些因素之间又会相互影响，当其中一个因素改变时，可能会导致其他因素也发生变化，从而影响整个市场的结构特征。接下来，我们主要对上述四个影响因素做简要介绍。

1. 市场集中度

市场集中度主要反映特定市场的集中程度，与市场中垄断力量的形成密切相关。在一个产业内，企业规模的大小及企业数量的多少对企业间的垄断及竞争关系都有直接的影响。一个特定产业的市场集中度越高，意味着该产业越趋向垄断这一市场结构，市场集中度越低，则表明该产业越趋向完全竞争这一市场结构。因此，市场集中度是影响市场结构的一个主要因素。

2. 产品差异化

产品差异化，顾名思义就是产品之间存在着一定的差异性。产品差异化的实现途径

主要有四个：一是研究开发，优化产品结构、功能、质量、外观、包装等；二是提供使用产品所需要的技术信息、售中及售后提供保修等服务、提高消费者忠诚度；三是通过营销形成消费者偏好；四是建立完善的营销网络，以满足消费者的特殊需求。通过产品差异化的实现途径不难发现，产品差异化主要是通过影响市场集中度以及形成市场进入壁垒来影响市场结构。

3. 进入和退出壁垒

一方面，从进入壁垒的主要因素来说，主要包括规模经济壁垒、必要资本量壁垒、绝对优势壁垒、产品差别壁垒、阻止进入行为以及制度性壁垒等；另一方面，从退出壁垒的主要因素来说，主要包括资产专用性与沉没成本、退出处置壁垒、政策法律壁垒以及其他退出壁垒等。进入和退出壁垒势必会影响市场中的企业数量，进而影响到市场结构。

4. 规模经济

规模经济的来源主要分为三个方面：一是对固定成本的节约；二是对其他成本的节约，如在原材料、零部件购买方面，又如在融资、广告营销方面，再如在生产运输存货方面；三是组织管理方面的效率。规模经济意味着市场中卖方和买方之间的关系会发生一定的变化，从而影响市场结构。

第三节 市 场 势 力

市场势力也称市场权利，作为产业经济学的核心概念，是指一个企业在长期内能够将价格提高到边际成本以上从而获取超额利润的能力。根据组成市场的主体，市场势力分为卖方市场势力和买方市场势力，产业经济学中，我们主要分析并讨论卖方市场势力。在一个特定的产业或者市场中，市场势力表示卖方影响市场价格的能力。常见的衡量市场势力的指标主要有勒纳指数（Lerner index）、贝恩指数（Bain index）、托宾 q 值（Tobin's q）等。下面我们将详细介绍上述几种测量市场势力的方法。

一、勒纳指数

勒纳指数是价格与边际成本的偏离程度，主要用于测度市场的垄断程度。勒纳指数的计算公式为

$$L = \frac{p - MC}{p} \quad (4-5)$$

其中：L 表示勒纳指数；p 表示产品的价格；MC 表示边际成本。

如果市场是完全竞争的，此时由于产品价格等于边际成本，L 等于 0；如果市场是垄断的，则此时 L 大于 0，但并不会大于 1。一般情况下，由于 $p \geq MC$ 且为正值，所以 $0 \leq L \leq 1$，L 的数值越大，意味着单个企业的垄断势力就越大。

我们在一个古诺寡头模型市场中确定企业 i 的市场势力，假设市场中的企业生产的产品是同质的，其价格为 p，且具有不变的边际成本 MC_i。则企业 i 的利润函数为

$$\pi_i = p(Q)q_i - MC_i q_i \tag{4-6}$$

式中：$Q = q_i + \sum_{j \ne i} q_j$ 为该产业的总产出；q_i 和 q_j 分别为企业 i 的产出和其竞争的任一企业 j 的产出。

由企业 i 利润最大化的一阶条件可得

$$p^*(Q) - MC_i = -\frac{dp}{dQ} \cdot q_i \tag{4-7}$$

由于 $\varepsilon = -(dQ/Q)/(dp/p)$ 是价格的市场需求弹性，设 $S_i = q_i/Q$ 表示企业 i 在该市场中的市场份额，因此，结合式（4-7），企业 i 的 L 可进一步表示为

$$L_i = \frac{S_i}{\varepsilon} \tag{4-8}$$

式中：L_i 表示企业 i 市场势力的勒纳指数。

该式表明用勒纳指数表示的企业 i 的市场势力大小与其市场份额及该市场的需求弹性相关。当市场为完全垄断时，企业 i 的 $L_i = 1/\varepsilon$。

二、贝恩指数

从长期来看，具有市场势力的企业能够维持高于边际成本水平的定价，而利润率是反映市场势力的基本指标。基于此，哈佛学派的贝恩提出了通过考察利润来确立垄断企业市场势力的方法。贝恩认为，如果一个市场中存在超额利润，一般就反映了垄断的因素。他提出了贝恩指数，即 BI 指数，该指数主要考察企业实现的纯利润，贝恩将利润分为会计利润和经济利润两种，克服了单纯使用利润率计算的弊端。贝恩定义的企业纯利润 NP 的计算公式为

$$NP = R - C - D - iV \tag{4-9}$$

式中：R 为企业的总收益；C 为企业的成本；D 为企业的折旧；$R - C - D$ 为企业的会计利润；i 为企业的投资收益率；V 为企业的投资额。

基于式（4-9），贝恩指数（即企业的超额利润率）的计算公式为

$$BI = NP/V \tag{4-10}$$

由于这种利润率分析了价格与平均成本之间的关系，因此，贝恩指数主要反映了产品价格高于平均成本的程度。

相较于勒纳指数，贝恩指数更容易计算，这主要是因为市场价格和平均成本能够从现有的会计资料中获取。但它也存在着一定的缺陷与不足：一是如果将具有市场势力的企业的成本计算得过高，就会存在低估垄断真实程度的情况；二是由于短期内企业的利润、折旧的计算有多种方法，而不同的计算方法势必会影响对企业真实垄断势力的估计。

三、托宾 q 值

所谓托宾 q 值,是指一个企业的资产市场价值与该企业资产重置成本的比率,该比率可以衡量市场资源的配置效率,其中,企业的市场价值用其已公开发行并售出的股票和债券来衡量。事实上,当一个企业的资产市场价值大于其重置成本时,就意味着这个企业获得了超额利润。托宾 q 值的计算公式为

$$q = \frac{R_1 + R_2}{Q} \quad (4\text{-}11)$$

式中,q 为托宾 q 值;R_1 为企业的股票市值;R_2 为企业的债券市值;Q 为企业的资产重置成本。

案例:微软黑屏事件

具体来看,当托宾 q 值大于 1 时,说明以股票市值和债券市值加总得到的企业资产市场价值大于其以市场价格评估的资产重置成本,这意味着此时企业在市场中能够获得垄断利润。一般来说,托宾 q 值越大,说明企业的垄断势力就越大。应当指出,从托宾 q 值的计算公式可以看出,尽管计算企业的股票市值和债券市值较为容易,但其资产重置成本的估算却较为困难,即存在不能合理地估算资产重置价值这一情况。

第四节 垄 断

本节重点对垄断企业的垄断目标、定价行为及其福利与损失进行深入探讨。事实上,垄断理论在马克思主义政治经济学体系中占有重要地位,对理解当代经济形势有重要意义。以垄断与竞争的关系为例,马克思认为:"我们不仅可以找到竞争、垄断和它们的对抗,而且可以找到它们的合体……垄断产生着竞争,竞争产生着垄断……垄断只有不断投入竞争的斗争才能维护自己。"马克思经济学理论没有一味否定垄断,认为垄断现象是技术和经济发展到一定阶段的必然产物;其效应具有二重性,垄断可以在一定程度上增进资本主义经济的计划性,实现经济全球化;然而,垄断阻碍技术进步,可能导致生产力停滞。

一、垄断企业的垄断目标

垄断企业的垄断目标是利润最大化。我们假设垄断企业面临的市场逆需求函数为 $p = a - bq$,即需求曲线是向右下方倾斜的,如图 4-3(a)所示。在图 4-3(a)中,BC 为垄断企业面临的市场需求曲线,该市场需求曲线表明,当垄断企业的产量 q 等于 0 时,企业的总收益 TR 也为 0,而当该企业的产量 q 超过 a/b 时,此时价格为 0,总收益 TR 仍然为 0。总收益曲线 TR 如图 4-3(b)所示,在图 4-3(b)中,TC 表示垄断企业的总成本曲线,显然,企业的利润水平等于企业总收益 TR 与总成本 TC 之间的差值,可以看到,

当总收益曲线 TR 的斜率与总成本曲线 TC 的斜率相等时，即产量为 q^* 时，曲线 TR 和曲线 TC 之间的差值最大，这意味着此时垄断企业可以获得最大利润，记为 π^*。经济学中，总收益曲线 TR 的斜率表示企业产量增加 1 单位时增加的收益，称为边际收益（Marginal Revenue），记为 MR；总成本曲线 TC 的斜率则表示企业产量增加 1 单位时增加的成本，称为边际成本（Marginal Cost），记为 MC。因此，垄断企业要想获得最大化利润，需满足以下等式

$$边际收益（MR）= 边际成本（MC）$$

从图 4-3 可以看出，当边际收益曲线 MR 与边际成本曲线 MC 相交时，垄断企业获得了最大化利润。此时的产量为 q^*，在需求曲线上对应的价格为 p^*，成本则为平均成本曲线 AC 决定的 c^*，最大化利润 π^* 为 $(p^*-c^*)q^*$ 这一矩形的面积，如图 4-3 所示。

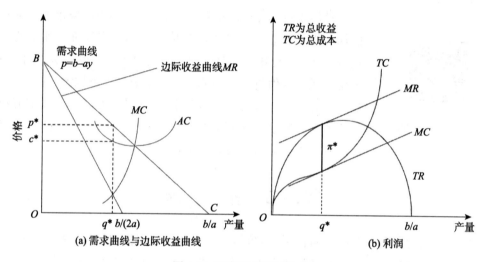

图 4-3　垄断的利润最大化

二、垄断企业的定价行为

为了进一步了解垄断企业的定价行为，我们首先提出两个假设条件：一是假设垄断企业生产的产品是给定的且消费者知道其质量水平；二是假设垄断企业在给定的时间点上没有价格歧视，即给到消费者每单位的商品价格是相同的。接下来我们分别从单一产品垄断企业和多产品垄断企业来介绍其定价行为。

1. 单一产品垄断企业

我们令垄断企业产品的需求函数为 $q = D(p)$，其逆需求函数为 $p = p(q)$，假设需求是可微的且是产品价格的递减函数，即 $D'(p) < 0$；同时，令 $C(q)$ 表示垄断企业生产 q 单位该产品的成本，假设成本函数是可微的且随着产量递增，即 $C'(q) > 0$。

1）垄断企业选择产量以最大化其利润

当垄断企业决定通过选择产量来获取最大化利润时，其目标函数为

$$\underset{q}{\text{MAX}}[qp(q) - C(q)] \tag{4-12}$$

该目标函数最大化的一阶条件（FOC）为

$$qp'(q) + p(q) - C'(q) = 0 \tag{4-13}$$

由式（4-13）计算可得垄断企业的最优产量为 q^m。

需要指出的是，在经济学中，要满足有最大值的条件，式（4-12）的二阶条件（SOC）必须满足小于或等于 0（即目标函数是凹函数或拟凹函数）这一条件，即

$$qp''(q) + 2p'(q) - C''(q) \leqslant 0 \tag{4-14}$$

2）垄断企业选择价格以最大化其利润

当垄断企业决定通过选择价格来获取最大化利润时，其目标函数为

$$\underset{p}{\text{MAX}}\{pD(p) - C[D(p)]\} \tag{4-15}$$

该目标函数最大化的一阶条件（FOC）为

$$pD'(p) + D(p) - C'[D(p)]D'(p) = 0 \tag{4-16}$$

由式（4-16）的计算即可得垄断企业的最优定价 p^m。进一步，我们将式（4-16）改写为边际收益和边际成本之间的等式

$$MR(q^m) = p(q^m) + p'(q^m)q^m = C'(q^m) \tag{4-17}$$

由于 $p'(q^m) < 0$，因此，由式（4-17）可得垄断价格 p^m 大于边际成本 MC。

同样，式（4-17）目标函数的二阶条件（SOC）需满足

$$pD''(p) + 2D'(p) - C''[D(p)][D'(p)]^2 - C'[D(p)]D''(p) \leqslant 0 \tag{4-18}$$

3）垄断企业的勒纳指数

本章在第三节介绍测算垄断势力的勒纳指数时指出，垄断企业的勒纳指数为

$$L = \frac{p^m - C'(q)}{p^m} = \frac{1}{\varepsilon} \tag{4-19}$$

式（4-19）中的 ε 代表在垄断价格 p^m 处的需求弹性。可以看到，当需求弹性独立于价格（例如，需求函数 $q = kp^{-\varepsilon}$）时，勒纳指数是不变的。式（4-19）表明，垄断企业总是在需求弹性大于 1 的这一价格区域运行，其原因在于 $p^m - C'(q) < p^m$，因此，垄断企业的勒纳指数 $L = 1/\varepsilon < 1$，进而 $\varepsilon > 1$。

4）垄断定价的一个特征

垄断定价的一个简单而又非常普遍的特征是：垄断价格是边际成本的非递减函数。为了证明这一结论，假设垄断企业有两种互相替代的成本函数 $C_1(q)$ 和 $C_2(q)$，它们是可微的且对所有的产量 $q > 0$，$C_2'(q) > C_1'(q)$。令 p_1^m 和 q_1^m 分别代表成本函数为 $C_1(q)$ 时的垄断价格和数量，p_2^m 和 q_2^m 分别代表成本函数为 $C_2(q)$ 时的垄断价格和数量。这意味着当垄断企业的成本函数为 $C_1(q)$ 时，垄断者的最优定价为 p_1^m 而非 p_2^m。因此有

$$p_1^m q_1^m - C_1(q_1^m) \geqslant p_2^m q_2^m - C_1(q_2^m) \tag{4-20}$$

当垄断企业的成本函数为 $C_2(q)$ 时，垄断者的最优定价为 p_2^m 而非 p_1^m，此时有

$$p_2^m q_2^m - C_2(q_2^m) \geqslant p_1^m q_1^m - C_2(q_1^m) \quad (4\text{-}21)$$

把式（4-20）与式（4-21）相加，得到

$$[C_2(q_1^m) - C_2(q_2^m)] - [C_1(q_1^m) - C_1(q_2^m)] \geqslant 0 \quad (4\text{-}22)$$

式（4-22）可以改写为

$$\int_{q_2^m}^{q_1^m} [C_2'(x) - C_1'(x)] dx \geqslant 0 \quad (4\text{-}23)$$

由于 $C_2'(x) > C_1'(x)$，因此由式（4-23）可得，$q_1^m \geqslant q_2^m$，$p_1^m \leqslant p_2^m$。

5）产品税的影响

考虑这样一种情况，假如在一个存在垄断的市场中，为了恢复最优的市场状态，政府部门以税率 t 向垄断产出征税。在这种情况下，利润最大化的目标函数变为

$$\underset{p}{\text{MAX}} \{pD(p+t) - C[D(p+t)]\} \quad (4\text{-}24)$$

由一阶条件（FOC）可得

$$D(p+t) + D'(p+t)\{p - C'[D(p+t)]\} = 0 \quad (4\text{-}25)$$

式（4-25）可改写为

$$[D(p+t) - tD'(p+t)] + D'(p+t)\{p + t - C'[D(p+t)]\} = 0 \quad (4\text{-}26)$$

为了恢复社会最优，边际成本 $C'(\cdot)$ 必须等于消费者所面对的价格 $p+t$（边际成本等于边际收益），这意味着

$$t = \frac{D(p^c)}{D'(p^c)} < 0 \quad (4\text{-}27)$$

式（4-27）的结果表明，政府部门为了恢复社会最优而向垄断企业征收的税收变为了补贴。造成这一结果的可能原因是：垄断企业的定价使得一部分消费者退出了该产品的消费，而为了进行有效的资源分配，政府部门通过给予商品补贴，引导他们更多地消费。

2. 多产品垄断企业

本部分主要考察垄断企业对其所生产的多种产品具有垄断力量的情况。假设该垄断企业生产产品 $i = 1, 2, \cdots, n$，产品价格 $p = (p_1, p_2, \cdots, p_n)$，产品数量 $q = (q_1, q_2, \cdots, q_n)$，其中 $q_i = D_i(p)$ 是对商品 i 的需求。成本为 $C(q_1, q_2, \cdots, q_n)$。

如果多种产品的需求是独立的，即对垄断企业 i 商品的需求仅取决于该商品的价格，则 $q_i = D_i(p_i)$，同时总成本可以被分解为 n 个子成本：$C(q_1, q_2, \cdots, q_n) = \sum_{i=1}^{n} C_i(q_i)$，此时定价问题就被分解为 n 个子定价问题，因此，对于任一产品 i，其勒纳指数为

$$L_i = \frac{p_i^m - C_i'}{p_i^m} = \frac{1}{e_i} \quad (4\text{-}28)$$

式（4-28）与单一产品的勒纳指数式（4-19）相同，这两种情况下的勒纳指数均表明：对于需求弹性较低的产品，垄断企业的定价较高。

多种产品垄断企业利润最大化的目标函数为

$$\underset{p_1,p_2,\cdots,p_n}{\text{MAX}} \left\{ \sum_{i=1}^{n}[p_i D_i(p) - C(D_1(p),\cdots,D_n(p))] \right\} \quad (4\text{-}29)$$

对于任一的 i，由一阶条件（FOC）可得

$$\left(D_i + p_i \frac{\partial D_i}{\partial p_i} \right) + \sum_{j \neq i} p_j \frac{\partial D_j}{\partial p_i} = \sum_{k=1}^{n} \frac{\partial C}{\partial q_k} \frac{\partial D_k}{\partial p_i} \quad (4\text{-}30)$$

为了对式（4-30）进行深入分析，考察两种极端情况。

1）相互依赖的需求和可分离的成本

这种情况意味着：一是垄断企业任一产品 i 的需求函数为 $q_i = D_i(p_1, p_2, \cdots, p_n)$。二是垄断企业的成本可以按照产品进行分解，即 $C(q_1, q_2, \cdots, q_n) = \sum_{i=1}^{n} C_i(q_i)$，此时式（4-30）的一阶条件可以改写为

$$\frac{p_i - \dfrac{\partial C_i(\cdot)}{\partial q_i}}{p_i} = -\frac{D_i(p) + \sum_{j \neq i} \dfrac{\partial D_j(p)}{\partial p_i}\left(p_j - \dfrac{\partial C_j(\cdot)}{\partial q_j} \right)}{p_i \dfrac{\partial D_i(p)}{\partial p_i}} \quad (4\text{-}31)$$

注意到，商品 i 自身的需求弹性为

$$\varepsilon_{ii} = -[p_i / D_i(p)][\partial D_i(p) / \partial p_i]$$

商品 j 的需求对商品 i 的价格的交叉弹性为

$$\varepsilon_{ij} = -[p_i / D_j(p)][\partial D_j(p) / \partial p_i]$$

因此，式（4-31）可以改写为

$$\frac{p_i - \dfrac{\partial C_i(\cdot)}{\partial q_i}}{p_i} = \frac{1}{\varepsilon_{ii}} - \sum_{j \neq i} \frac{\left(p_j - \dfrac{\partial C_j(\cdot)}{\partial q_j} \right) D_j(p) \varepsilon_{ij}}{\varepsilon_{ii} p_i D_i(p)} \quad (4\text{-}32)$$

一方面，对于不同的商品 i 和 j，如果它们之间是替代品，那么 $\partial D_j / \partial p_i > 0$ 或者 $\varepsilon_{ij} < 0$，此时由式（4-32）可得任一商品 i 的勒纳指数超过了其自身需求弹性的倒数，即 $L_i > 1/\varepsilon_{ii}$。造成这一结果的一个主要原因是：商品 i 价格的上升增加了商品 j 的需求。

另一方面，对于不同的商品 i 和 j，如果它们之间是互补品，那么 $\partial D_j / \partial p_i < 0$ 或者 $\varepsilon_{ij} > 0$，此时由式（4-32）可得任一商品 i 的勒纳指数小于其自身需求弹性的倒数，即 $L_i < 1/\varepsilon_{ii}$。这一结果是直观的，即商品 i 价格的下降增加了商品 j 的需求。互补品会产生一个十分有趣的现象，即一种或几种商品的价格会以低于边际成本的价格销售，目的是增加其他商品的需求。

接下来，考虑一个单一产品垄断企业的跨期定价问题。假设该产品在两个连续的阶段销售，$t=1$ 表示第一期，$t=2$ 表示第二期。在第一期，该产品的需求为 $q_1 = D_1(p_1)$，

生产成本是 $C_1(q_1)$，由于存在一种商誉作用，即第一阶段较低的价格增加了第一阶段的需求，同时也增加了第二阶段的需求。在第二期，该产品的需求为 $q_2 = D_2(p_2, p_1)$，显然 $\partial D_2 / \partial p_1 < 0$，此时生产成本是 $C_2(q_2)$。垄断企业的利润为

$$p_1 D_1(p_1) - C(q_1) + \delta\{p_2 D_2(p_2, p_1) - C[D_2(p_2, p_1)]\} \quad (4\text{-}33)$$

式（4-33）中，δ 是贴现因子。显然，该利润函数实际上可以看作满足相互依赖需求的多产品垄断的利润函数。进一步地，其最大化的第一期和第二期的一阶条件分别为

$$p_1 \frac{\partial D_1}{\partial p_1} + D_1(\cdot) - \frac{\partial C(\cdot)}{\partial q_1}\frac{\partial D_1}{\partial p_1} + \delta\left(p_2 - \frac{\partial C(\cdot)}{\partial q_2}\right)\frac{\partial D_2}{\partial p_1} = 0 \quad (4\text{-}34)$$

$$p_2 \frac{\partial D_2}{\partial p_2} + D_2(p_2, p_1) - \frac{\partial C(\cdot)}{\partial q_2}\frac{\partial D_2}{\partial p_2} = 0 \quad (4\text{-}35)$$

从式（4-35）可以看到，第二阶段的勒纳指数等于第二阶段需求弹性的倒数，即 $L_2 = 1/\varepsilon_{22}$。然而，从式（4-34）并结合式（4-32）可以看到，第一阶段的勒纳指数小于其自身需求弹性的倒数，即 $L_1 < 1/\varepsilon_{11}$，这意味着垄断者会制定低于静态垄断时的垄断价格，其主要原因是垄断者意识到了第一期的低价能够换来第二期需求的增加，因此，他会采取牺牲部分短期利润来增加长期利润的动态策略。

2）独立的需求和相互依赖的成本

在这种情况下，垄断企业任一产品 i 的需求是独立的，即 $q_i = D_i(p_i)$，其成本函数为 $C(q_1, q_2, \cdots, q_n)$，此时垄断企业利润最大化的目标函数为

$$\max_{p_1, p_2, \cdots, p_n}\left\{\sum_{i=1}^{n}[p_i D_i(p_i) - C(q_1, q_2, \cdots, q_n)]\right\} \quad (4\text{-}36)$$

接下来，对"干中学"这一实例进行深入分析。对于一部分垄断企业，其成本的降低只是由于花时间进行了学习，通过其生产活动的深入，企业的效率会越来越高。同样考察一个单一产品的垄断者在时期 $t = 1,2$ 内进行生产。假设在时期 t，需求是 $q_t = D_t(p_t)$，即需求是依赖于时间的；时期 1 的总成本是 $C_1(q_1)$，时期 2 的总成本是 $C_2(q_2, q_1)$，其中 $\partial C_2 / \partial q_1 < 0$。此时垄断企业的利润是

$$p_1 D_1(p_1) - C_1[D_1(p_1)] + \delta\{p_2 D_2(p_2) - C_2[D_2(p_2), D_1(p_1)]\} \quad (4\text{-}37)$$

在式（4-37）中，δ 同样表示贴现因子。进一步地，利润函数最大化的第一期和第二期的一阶条件分别为

$$p_1 \frac{\partial D_1}{\partial p_1} + D_1(p_1) - \frac{\partial C_1(\cdot)}{\partial q_1}\frac{\partial D_1}{\partial p_1} - \delta\frac{\partial C_2(\cdot)}{\partial q_1}\frac{\partial D_1}{\partial p_1} = 0 \quad (4\text{-}38)$$

$$p_2 \frac{\partial D_2}{\partial p_2} + D_2(p_2) - \frac{\partial C_2(\cdot)}{\partial q_2}\frac{\partial D_2}{\partial p_2} = 0 \quad (4\text{-}39)$$

从式（4-39）可以看到，在第二阶段，垄断企业的边际收益等于边际成本，但式（4-38）的结果却表明，第一阶段垄断企业的边际收益小于边际成本。因此，在第一阶段，垄断企业的要价低于静态垄断时的垄断价格，这一销售策略使得它销量增加，从而也就增

加了生产和学习，进而通过"干中学"其第二阶段的成本出现下降。

三、垄断的福利损失

案例：中国烟草的多产品垄断

众所周知，垄断会对资源的分配造成扭曲，而社会福利的损失可以在一定程度上衡量资源的扭曲。我们通过将垄断价格下的总剩余与竞争性价格（价格等于边际成本）下的总剩余进行比较，以衡量社会福利损失。在图4-4中，p^m为垄断价格，p^c为竞争性价格。在经济学中，总剩余等于消费者剩余和生产者剩余之和，或者等于总消费者效用与生产成本之差。如图4-4所示，在边际成本定价下，总剩余为 DGA 区域；在垄断定价下，总剩余为 DEFA 区域。

进一步地，在图4-4中，垄断下的净消费者剩余为三角形 DEC 的面积，垄断者的利润则为区域 CEFA 的面积，因此，垄断造成的无谓福利损失为三角形 EGF 的面积，如图4-4所示。

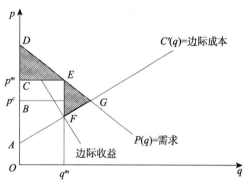

图 4-4 垄断的福利损失

计算题和论述题

1. 假设在一个既定的产业中，某年该产业的总销售额为 1 000 万元，该产业共有 10 家企业，它们的销售额分别是 400 万元、200 万元、100 万元、90 万元、60 万元、50 万元、40 万元、30 万元、20 万元和 10 万元。请分别计算该产业的四企业集中度（CR_4）和赫芬达尔指数（HHI）。

2. 请列出影响市场结构的因素，并说明它们是如何对市场结构产生影响的。

3. 常见的衡量市场集中度的指标主要有哪四种？它们各自的优缺点分别是什么？如何通过以上四种指标判断市场集中度的大小？

4. 哪些因素会影响一个垄断企业的市场势力？请对每个因素进行简单解释。

5. 请说明垄断定价的主要特征。

6. 垄断厂商面临需求 $Q=100-5P$，其生产的边际成本恒为 10 元。在对厂商征收每单位产品 2 元的消费税之后，求：（1）垄断厂商的均衡价格上升了多少？（2）垄断厂商的利润有什么变化？

7. 假设需求有不变弹性 ε：$q=D(p)=p^{-\varepsilon}$。假设成本函数是凸的。证明如果 $\varepsilon>1$，垄断者的利润函数是准凹的。

第五章

价 格 歧 视

【本章学习目标】

通过本章学习,学生能够:
1. 掌握一级、二级和三级价格歧视的定义与定价特点;
2. 熟悉三类价格歧视的实施前提条件;
3. 熟悉一级、三级和两部价格定价策略对企业、消费者的福利影响;
4. 了解最优完全非线性定价的概念和特点。

因人而异的价格

在日常生活中,消费者往往容易在购买统一定价的产品中获得消费者剩余,但也有一些产品的售价是因人而异的。例如,提前预订机票的乘客会享受到优惠价格,而那些临时被要求出行的出差公干的乘客会支付无折扣甚至更高昂的价格;电力公司将用户分为工业用户和居民用户,按照不同的价格收取电费。一些产品的售卖即使不存在任何显著的成本差别,在不同国家或同一国家的不同区域,销售价格也不尽相同。

垄断厂商为了获得超额利润,对消费者实行的有差别的定价行为被称为价格歧视。实现价格歧视的能力和最优策略会因为企业与市场的不同而有所差异,英国著名经济学家庇古(Pigou,1920)把价格歧视策略划分为三大类型:一级价格歧视、二级价格歧视和三级价格歧视。相对应的定价策略称为个别定价、菜单定价和群体定价。本章在介绍价格歧视的动机和条件的基础上,分别分析三种价格歧视的定价策略及其福利效应。

第一节 价格歧视的动机和条件

一、价格歧视的利润动机

非歧视定价会限制垄断厂商攫取消费者剩余的能力。某些消费者具有很高的消费意愿,但因为非歧视定价的存在,他可以支付低于自己支付意愿的价格便完成了购买,那么厂商只能获得有限的一部分消费者剩余,从而此厂商攫取消费者剩余的能力下降了。

案例：肯德基优惠活动

价格歧视可以帮助企业攫取更多的消费者剩余，从而获得更多利润。即价格歧视是厂商为扩大销售向特定的消费者提供较低的价格，但并不同时向所有消费者提供低价的行为。此外，由于具有市场势力的厂商需求曲线向右下方倾斜，在非歧视定价的情况下，厂商为销售额外一单位产品不仅需要对购买该额外产品的消费者降低价格，还必须对其他所有消费者降低价格，这将会削弱垄断厂商向更多消费者提供产品（或服务）的动机，导致社会"生产—消费"非效率。

二、价格歧视的前提条件

虽然所有企业都有意愿采取价格歧视策略以攫取更多的消费者剩余，但歧视性定价策略的有效实施有赖于下述前提条件的成立。

企业应该有能力将价格制定于边际成本之上，即具有相当程度的市场势力。同时也意味着企业所处的市场结构必须是不完全竞争的。因为在完全竞争市场中，每个企业的定价都不会超过边际成本，自然不能有效实施价格歧视策略。

不同消费者群体的需求弹性有明显不同，并且企业能够依据不同的需求弹性来识别和划分消费者群体。这样可以保证企业对需求弹性较低的消费者收取较高价格，而对需求弹性较高的消费者收取较低价格。

企业能够有效阻止不同消费者群体之间发生的套利行为。如果存在转售行为，那么对于任何两个消费者群体的价格歧视就会失效，需支付高价的消费者将不会再从企业处购买产品，因此限制转售是价格歧视的必要条件。

价格歧视既可以帮助厂商攫取更多的消费者剩余，有时又可以让垄断市场更有效率，不过垄断厂商在定价实践中成功实现价格歧视往往是不容易的。需要克服的关键障碍有两个。

（1）识别消费者需求，厂商需要一些易于观察的特征来分辨不同的消费者群体。对于一些产品或服务，如自行车、电视、电脑等，每位消费者在一段时间内最多购买一单位产品，因此企业的需求曲线可以按照消费者的保留价格排序而得到，此时需求曲线顶部由支付意愿很高的消费者组成，底部则是由支付意愿很低的消费者组成。但对于其他商品或服务，如电影、蛋糕、舞蹈课，需求曲线的现实结构便更加复杂，当价格足够低时，消费者会被吸引去购买更多的产品，所以这些产品的需求曲线不仅反映了消费者之间支付意愿的差异，还反映了消费者愿意购买更多件产品的支付意愿差异。因此，垄断厂商必须了解或知道更多的有关消费者的信息，才有可能实施价格歧视。比如，税务师在提供相应咨询服务时，可以更加了解客户的收入信息，并能清楚地知道自己可以为客户节省的金额，所以他们能利用这些信息去识别客户的支付意愿。因此厂商需要知道消费者之间对产品的需求差异，而事实上零售商面临的市场缺乏有关消费者的信息。即使有些方法可以帮助零售商分辨各消费者在需求曲线上的位置，比如根据消费者购买时间调整价格、向早到的顾客提供特价、提供需要付出时间收集的优惠券等，但这些方法并不总是很有效，识别消费者需求的问题仍然困难。

（2）防止或限制消费者套利行为。套利是指消费者将从厂商那里以较低的价格获得的产品转售给那些被厂商收取高价的消费者从而获得利润的行为，套利行为将会导致具有高价支付意愿的消费者不再向垄断厂商购买产品。为了成功实施价格歧视，厂商必须有能力阻止消费者之间的套利行为，事实上一些商品或服务更容易阻止套利行为的发生，如医疗、教育、法律等服务不容易转售，患者总不能把自己需要进行的手术转售给他人。但对于其他的产品如汽车、手机、服装等，要阻止套利行为的发生还是比较困难的。在一些情况下，某些产品的转售行为可以被很好地限制，例如，①服务产品：服务商品一般是不可转售的，因为大多数服务具有生产和消费同时发生的特征，如医生提供的诊疗服务、汽车修理厂提供的维修服务等，因此相对于可交易的商品，服务商品的价格歧视往往更为普遍。②售后承诺：产品生产商可以事先规定如果产品经过转售，那么将不再提供相应的售后服务，这意味着进行该类商品转售时所付出的成本将更大，无疑增加了转售的难度，从而在一定程度上限制了转售行为的发生。③掺杂杂物：是指厂商可以在产品中掺杂其他的物质使得产品的用途受限，从而达到限制转售行为的目的。例如，不同浓度的酒精可以发挥不同的作用，低浓度酒精可以饮用，高浓度酒精可用作医疗，假设一厂商想向饮用酒精的消费者收取高价，而向医用酒精消费者收取低价，为防止这两类消费者发生套利行为，厂商在医用酒精中掺杂，既不影响医用效果，同时使得高浓度酒精无法通过降低浓度的方法变为低浓度酒精来饮用，从而限制了转售行为的发生。④交易成本：如果消费者发现进行转售时要承担或付出更大的交易成本，转售的难度便会增大。例如，你要将一台体积巨大的洗衣机通过邮寄快递方式转售给另一位消费者，当运费很高的时候，转售行为的发生就会受到限制。交易成本不仅包括交通运输成本，还包括搜寻成本与关税成本等，当这些成本太高时就会阻碍套利行为的发生。⑤政府干预：政府部门可以通过设立相关法律法规来阻止转售行为的发生，例如，电力资源的转售在一些国家属于违法行为；国家面向低收入群体提供的社会保障性住房是禁止转售的。⑥垂直一体化：例如一家生产钢原料的厂商，将钢以不同的价格销售给两家生产商，其中以较低的价格销售给生产钢筋的厂商A，以较高的价格销售给生产钢制品的制造业企业B。为了避免两厂商之间发生转售行为，厂商可直接生产钢筋并以较低的价格销售给最终消费者，同时将较高价格的钢原料出售给制造业企业B。这样做能有效限制转售行为的发生，这是因为：首先加工后的钢筋价格会高于钢原料，制造业企业B仍会采购钢原料进行生产；其次厂商A的行动被控制，钢筋不能直接被制造业企业B使用，因此转售行为得到了限制。⑦条约限制：厂商在销售产品时可以通过签署合约的方式，提前告知消费者此产品禁止转售，以此来阻止转售行为的发生。但有时合约补救方式阻止转售行为的效果是有限的，当限制条件缺乏法律效力或不够严谨而有漏洞可循时，转售行为就有可能发生。

第二节　完全价格歧视

假如你的手中有五个几乎相同的手工艺术品，你想卖掉它们来换得现金。有四名收藏家对你的手工艺术品很感兴趣,最欣赏该手工艺术品的收藏家愿意出资 5 万元来购买一个艺术品,偏好程度次之的收藏家愿意支付 4 万元,第三位收藏家愿意支付 3 万元,第四位收藏家愿意支付 2 万元。一种统一定价的策略是,将手工艺术品以 3 万元的标价给四位收藏家,那么前三位收藏家愿意购买艺术品,最终获得 9 万元收入;选择该种策略的原因是,比 3 万元更高或者更低的统一标价都会使总收入减少。但理论上还存在另外一种利润更高的销售方案:通过调查了解每位收藏家的最高支付意愿,将第一个艺术品以 5 万元卖给第一位收藏家,将第二个艺术品以 4 万元卖给第二位收藏家,将第三个艺术品以 3 万元卖给第三位收藏家,将第四个艺术品以 2 万元卖给第四位收藏家。此时你一共获得 14 万元的总收入,这种差异化定价的销售行为被称为完全价格歧视。

完全价格歧视又称一级价格歧视(First-degree Price Discrimination),是指厂商知道每个消费者对任意单位产品所愿意支付的最高价格,并以此定价,以攫取全部的消费者剩余,则称厂商实现了一级价格歧视或完全价格歧视。

首先来考察在统一定价时垄断厂商的利润情况,在单一价格下,垄断厂商的利润是边际收益曲线与边际成本曲线之间的区域面积,如图 5-1 中三角形 POB,用积分形式表示为

$$\pi^{sm} = \int_0^{Q^m}[MR(Q) - MC(Q)]dQ \tag{5-1}$$

当垄断厂商成功实施一级价格歧视时,将售出的产品数量为 Q^E,这与完全竞争市场售出的产品数量相同,不同的是,垄断厂商对最后一个边际消费者制定了等于边际成本的价格 P^*,此时厂商的利润是需求曲线 $D(Q)$ 与边际成本曲线 MC 之间的面积,如图 5-1 中三角形 POE,用积分形式表示为

$$\pi^{dm} = \int_0^{Q^E}[D(Q) - MC(Q)]dQ \tag{5-2}$$

由此可以看出,厂商统一定价与实施一级价格歧视之间的利润差额即是三角形 PBE 的面积。从横向产量角度分析,实施一级价格歧视有助于提高厂商的生产积极性,追求利润的目标会使得厂商扩大生产从而达到完全竞争的产出水平。而在统一定价时,垄断厂商会按照边际收益等于边际成本的原则决定产量并追求利润最大化,因此产出便受到了限制,进而会造成社会净福利的损失。

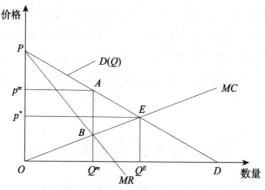

图 5-1 完全价格歧视下的垄断利润

最后一位边际消费者的支付价格等于边际成本,而其他消费者所支付的价格均要高于这一要价,这是因为厂商定价都位于需求曲线上,而需求曲线上的每一点都对应着这一边际消费者的支付意愿,因此垄断厂商便剥夺了全部的消费者剩余。从社会福利的角度看,虽然一级价格歧视并没有影响市场效率,只是改变了生产者与消费者之间的剩余分配,但社会分配的公正性会受到影响,是产生社会矛盾的因素之一。

假定市场中存在 n 个对于垄断厂商产品拥有相同需求的消费者,则每个消费者的需求为 $q = \dfrac{D(p)}{n}$,并且市场的总需求函数 $D(p)$ 也为垄断厂商所知。当采用完全线性定价策略时,消费者的总支付为 $T(q) = pq$,此时厂商利润为 $\{p^m D[p^m] - C(D(p^m))\}$。在竞争性市场的情形下(竞争性价格为 p^c),把价格函数看作反需求函数 $[P(q) \equiv D^{-1}(q)]$,则消费者有净剩余 $S^c = \int_0^{q^c} [P(q) - p^c] \mathrm{d}q$,如图 5-2 所示。

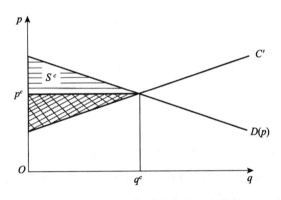

图 5-2 竞争性市场的消费者有净剩余

相较于完全线性定价策略,仿射定价(两部定价)有助于厂商获得更高的利润。两部定价下消费者的支付由两部分组成:一部分是固定费用,可以理解为会员制度下的入会费,赋予消费者能够购买商品的权利;另一部分是从量费用,随着消费数量的变动而变动。两部定价下厂商索取的总支付为 $T(q) = A + pq$。消费者为了获得以 p^c 的价格去购买产品的权利,必须支付一笔固定费用 A(固定费用高达 $\dfrac{S^c}{n}$ 而不至于使消费者一点都不购买),即

$$T(q) = \begin{cases} P^c q + \dfrac{S^c}{n} & \text{如果消费者购买}q\text{单位的商品} \\ 0 & \text{如果消费者不购买产品} \end{cases} \quad (5\text{-}3)$$

则垄断厂商获得的利润为 $\varPi = S^c + p^c q - C(q^c)$,这正好是最优消费点上的社会总剩余。在该点上,垄断者所定的边际价格等于边际成本,消费者在支付 $\dfrac{S^c}{n}$ 的固定费用后将不会有剩余,而垄断厂商则获得了所能获得的最大利润。

当消费者有着不对称的偏好(需求曲线)且这些偏好的信息被垄断厂商所掌握时,

最优定价方案是对边际单位的产品索取一个等于边际成本的价格 p^c，并要求不同偏好类型的消费者支付不同的固定费用［第 i 个消费者支付的固定费用为在价格 p^c 下的消费净剩余 $S_i^c(p^c)$］。最极端的情况是所有消费者的需求曲线都不相同，那么两部定价会等价于一个个性化的定价机制。然而，此处可能存在较为严重的信息显示问题，即消费者没有这种让他人知道自己属于支付意愿很高的群体的意愿，这使得完全价格歧视难以实现。

当然，在现实生活中，很少有企业能采取一级价格歧视策略来获得更多的消费者剩余。这是因为：①一级价格歧视要求企业了解每一个消费者对每一单位产品的支付意愿，企业才能分辨出哪些消费者有更高的支付意愿，但信息往往是不对称的，因此掌握所有消费者的支付意愿是极其困难的。②实施一级价格歧视要求企业具有相当程度的市场势力，垄断厂商才有足够的定价实力去实施价格歧视，因此非垄断企业并不具有实施一级价格歧视的能力与实力。

案例："大数据杀熟"

第三节　三级价格歧视

一、定义

三级价格歧视（Third-degree Price Discrimination），又称多市场价格歧视，也可称为信号选择（Selection by Indicators），是指按照不同的消费者群体来制定不同价格的策略。将消费者分组并分别定价的行为称为市场分割（Market Segmentation），常见的市场分割是以地理位置为基础，制定空间上的价格歧视。例如，针对大学图书馆的国际数据库订阅服务，通常发展中国家大学的价格要比发达国家大学的价格低很多；另外，针对支付意愿低的学生群体，通常有各类折扣价格，如订阅杂志的学生价，手机通信的学生套餐，各类餐馆、影院等消费场所的学生卡，以及笔记本电脑学生机，等等。

相较于统一定价，三级价格歧视往往会带来更多的利润，但其实施的可行性取决于三个关键前提：第一，消费者存在着一些易于观察的特征，如年龄、受教育程度、居住地理位置、收入等，根据这些消费者特征，垄断厂商能够按照消费者的支付意愿对他们进行分类；第二，垄断厂商能够有效防止不同群体之间出现套利现象；第三，三级价格歧视规定垄断厂商对任意特定群体的全部消费者定价相同，每个群体中的消费者根据定价决定购买产品的数量。

案例：特斯拉

二、逆弹性法则

假定垄断者以 $C(q)$ 为总成本函数进行产品的生产，并通过一些外生信息甄别手段来划分消费者群体（年龄、性别、居住地区域、购买次数等），进而将消费者群体划分

为 m 个市场。这 m 个群体或市场有不同的需求曲线，垄断厂商具有这些需求曲线的信息。群体间套利行为受限，厂商为每一个消费者群体设置针对性定价，定价方案记为：$\{p_1,\cdots,p_i,\cdots,p_m\}$。令市场需求数量为：$\{q_1=D_1(p_1),\cdots,q_i=D_i(p_i),\cdots,q_m=D_m(p_m)\}$，并记总需求为 $q=\sum_{i=1}^{m}D(p_i)$。垄断者通过选择定价方案最大化利润 $\pi=\sum_{i=1}^{m}p_iD_i(p_i)-C\left(\sum_{i=1}^{m}D_i(p_i)\right)$。第 i 个市场的一阶条件为

$$D_i(p_i)+p_iD_i'(p_i)=C'(q)D_i'(p_i) \tag{5-4}$$

进一步整理有

$$\frac{D_i(p_i)}{D_i'(p_i)}+p_i=C'(p_i) \tag{5-5}$$

$$\frac{p_i-C'(q)}{p_i}=-\frac{D_i(p_i)}{D_i'(p_i)p_i}=\frac{1}{\varepsilon_i} \tag{5-6}$$

从上式可以看出，最优价格 p_i 的大小与第 i 类消费者的需求弹性的大小负向相关，厂商在需求弹性较小的市场应制定更高的价格（成本溢价）；在需求弹性较大的市场应制定较低的价格，来实现利润的最大化。

三、三级价格歧视的福利效应

相对于非歧视定价，三级价格歧视可能会导致社会福利增加。当进行非歧视定价时，垄断厂商对所有类型消费者索取的价格是相同的，统一定价方案下的最优价格会使得部分消费者群体因为有限的支付水平而最终放弃购买产品；而当垄断厂商实施三级价格歧视时，不同的消费者群体将会支付不同的价格来购买产品，此时可能会有更多类型的消费者群体选择购买产品，从而增大产量和销量，使消费者的福利得到改善。因此三级价格歧视存在社会福利效应。接下来对三级价格歧视的福利效应进行讨论。

假设存在 i 个不同的消费者群体（即存在 i 个消费者市场），垄断厂商实施三级价格歧视，对 i 个消费者市场销售成本为 c 的产品。如图 5-3 所示，记产品在第 i 个市场上的售价为 $p(i)$，产品需求为 $q_i=D(p_i)$，消费者剩余为 $S_i(p_i)$，厂商的利润为 $(p_i-c)q_i$。则总的消费者剩余为 $\sum_i S_i(p_i)$，厂商总利润为 $\sum_i(p_i-c)q_i$。当实施非歧视统一定价时，垄断厂商的产品在 i 个市场上统一定价为 $\overline{p}$。此时产品总需求 $\overline{q_i}=D(\overline{p})$，消费者剩余为 $S_i(\overline{p})$，总的消费者剩余为 $\sum_i S_i(\overline{p})$，厂商总利润为 $\sum_i(\overline{p}-c)\overline{q_i}$。令 $\Delta q_i=q_i-\overline{q_i}$。

实施三级价格歧视与统一定价策略的社会福利总差额为总消费者剩余的差额与总厂商利润差额之和为

$$\Delta W=\left\{\sum_i[S_i(p_i)-S_i(\overline{p})]\right\}+\left\{\sum_i(p_i-c)q_i-\sum_i(\overline{p}-c)\overline{q_i}\right\} \tag{5-7}$$

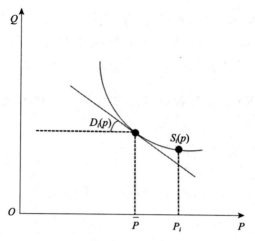

图 5-3 垄断厂商的三级价格歧视

为进一步研究 ΔW 的变化,接下来讨论其上界和下界。根据消费者剩余函数的定义和需求曲线向下倾斜的特征[$S'(p) = -D(p)$ 和 $D'(p) < 0$],消费者剩余函数是市场价格的下凸函数。一元下凸函数的一个基本性质是函数上的每一点邻域的函数值均在该点切线的上方,利用此性质可得到

$$S_i(p_i) - S_i(\overline{p_i}) \geqslant S_i'(\overline{p})(p_i - \overline{p}) \tag{5-8}$$

结合消费者剩余的定义 $S'(p) = -D(p)$,有

$$\Delta W \geqslant \left\{\sum_i (-\overline{q_i})(p_i - \overline{p})\right\} + \left\{\sum_i (p_i - c)q_i - \sum_i (\overline{p} - c)\overline{q_i}\right\} \geqslant$$

$$-\sum_i \overline{q_i} p_i + \sum_i p_i q_i - \sum_i c q_i + \sum_i c \overline{q_i} = \sum_i (p_i - c)(q_i - \overline{q_i}) \tag{5-9}$$

即

$$\Delta W \geqslant \sum_i (p_i - c)\Delta q_i \tag{5-10}$$

同理,根据凸函数性质有:$S_i(\overline{p}) - S_i(p_i) \geqslant S_i'(p_i)(\overline{p} - p_i)$,做类似变量代换后可得

$$\Delta W \leqslant \left\{\sum_i q_i(\overline{p} - p_i)\right\} + \left\{\sum_i (p_i - c)q_i - \sum_i (\overline{p} - c)\overline{q_i}\right\} \leqslant$$

$$\sum_i \overline{p} q_i - \sum_i c q_i - \sum_i \overline{p}\overline{q_i} + \sum_i c\overline{q} = \sum_i (\overline{p} - c)(q_i - \overline{q}) \tag{5-11}$$

即

$$\Delta W \leqslant (\overline{p} - c)\left(\sum_i \Delta q_i\right) \tag{5-12}$$

由式(5-12)可知,当价格歧视的实施未能提高厂商产出水平时,社会总福利就会下降。对此,一个直观的理解是:在既定的产出水平上的价格歧视使得不同偏好类型消费者的产品边际替代率存在差异,扭曲了消费(产生了更多帕累托改进的空间),降低了社会总福利水平。因此,三级价格歧视增加社会福利的必要条件是总产量的提高。

1. 应用：线性需求函数

假定第 i 个市场的需求曲线为 $q_i = a_i - b_i p$。为保证每一个市场的产品供给均大于零，进一步假定对于所有的 i 满足：$a_i > cb_i$。

当垄断者进行价格歧视时，他将选择价格 p_i 来最大化利润

$$\text{MAX}(p_i - c)(a_i - b_i p_i) \tag{5-13}$$

求解此最优化问题，令利润函数关于 p_i 的一阶导数为零

$$a_i - 2b_i p_i + cb_i = 0 \tag{5-14}$$

即

$$p_i = \frac{a_i + cb_i}{2b_i} \tag{5-15}$$

代回线性需求函数得

$$q_i = \frac{a_i - cb_i}{2} \tag{5-16}$$

由此进一步可知产品的总需求为

$$\sum_{i=1}^{m} q_i = \sum_{i=1}^{m} \frac{a_i - cb_i}{2} \tag{5-17}$$

当垄断厂商需要对所有市场统一定价时，厂商最优化问题为

$$\text{MAX}(\bar{p} - c)\left(\sum_{i=1}^{m} a_i - \bar{p} \sum_{i=1}^{m} b_i\right) \tag{5-18}$$

对统一价格 $\bar{p}$ 求导后并令其为零，可得

$$\bar{p} = \frac{\sum_{i=1}^{m} a_i + c \sum_{i=1}^{m} b_i}{2 \sum_{i=1}^{m} b_i}, \quad \sum_{i=1}^{m} \bar{q_i} = \frac{\sum_{i=1}^{m} a_i - c \sum_{i=1}^{m} b_i}{2} \tag{5-19}$$

可以证明，上述两种定价策略下的总产出水平是相等的。结合式（5-12）可知，厂商实施价格歧视定价策略时，社会的总福利降低了。

2. 一点说明

在线性需求函数的偏好设定下，三级价格歧视会降低社会福利的结论需要满足假定：所有市场在统一定价时都有产品供给。事实上，这个假定是很强的，本质上是在要求垄断厂商"抢东家卖西家"，故降低了低弹性市场的价格，提高了高弹性市场的价格，而后者可能会导致高弹性市场中的消费者拒绝购买产品。

假定存在两个市场 $(m=2)$。两个市场的价格与需求分别记为 p_1^m、p_2^m 以及 q_1^m、q_2^m。当垄断厂商实施统一定价时，第二个市场将不会有产品供给，那么统一的价格即为第一个市场的垄断价格：$\bar{p} = p_1^m$ 且 $\bar{q_1} = q_1^m, \bar{q_2} = 0$，此时有

$$\sum_{i=1}^{m}(q_i - \bar{q_i}) = q_1^m - q_1^m + q_2^m - 0 = q_2^m > 0 \tag{5-20}$$

$$\sum_{i=1}^{m}(p_i-c)(q_i-\overline{q_i}) = (p_1^m-c)\times 0 + (p_2^m-c)q_2^m > 0 \qquad (5-21)$$

根据式（5-10），$\Delta W \geq \sum_{i=1}^{m}(p_i-c)(q_i-\overline{q_i}) > 0$，故厂商实施三级价格歧视会增进社会总福利，这是因为价格歧视导致了帕累托改进，第二个市场的消费者剩余为正，第一个市场的消费者剩余不变，垄断厂商获得了更多的利润。

3. 价格歧视对福利影响的不确定性

由上述讨论不难看出，三级价格歧视对社会福利的影响是不确定的。其具体影响取决于价格歧视实施带来的较低弹性市场上消费者的损失和较高弹性市场上消费者及生产厂商的额外收益之和的相对大小。如果价格歧视的禁止会导致市场的关闭，歧视禁令的推行可能会给社会整体福利带来不利影响。

此外，在前面的讨论中我们假定社会福利等于消费者剩余和利润的总和，但这只考虑了政府的效率问题而忽略了分配问题，关于价格歧视的主要政策问题之一便是它对收入分配的影响。价格歧视将低弹性市场上的消费者部分收入再分配给了较高弹性市场上的消费者与厂商，虽然通过牺牲部分消费者群体的利益来提高垄断利润的做法可能并不合适，但从另一角度来看，较低弹性消费者群体通常较为富有。因此，我们不应该认为价格歧视于合理再分配而言是不利的。

第四节 个人套利与消费者甄别（二级价格歧视）

假设垄断者的产品需求源自异质的消费者。如果他能够了解每一个消费者偏好情况的确切信息，则其总能通过对任一消费者提供某种消费组合（如价格—产品数量组合、价格—产品质量组合等）来实现完全价格歧视。然而，当垄断者不了解每位消费者的具体偏好时，垄断者仍会希望通过提供一张包含不同消费组合的菜单来引导不同类型的消费者去消费菜单上为其设计的某种组合以尽力实现价格歧视。这样的做法要求垄断者考虑个人套利的情况，即某一类型的消费者可能会选择消费为另外一类消费者设计的组合。对此，菜单和消费者组合的设计需要满足"自我选择"和"激励相容"两种约束，而这两种约束也将使完全价格歧视难以实现。

本节将从两部定价法开始展开二级价格歧视的讨论。鉴于两部定价法通常不是实现二级价格歧视的最优方案，将在其后对更一般非线性定价进行介绍。进一步地，我们将阐明"价格—质量"歧视和"价格—数量"歧视分析过程的相似性。

一、两部定价

一个两部定价方案$[T(q) = A + pq]$可以被视作一个由分布在直线上的消费组合(T, q)所组成的菜单，且该消费组合对应的直线不过原点。两部定价法在实践中十分常见，表5-1给出了一些例子。

表 5-1 两部定价实例

	固定费用 A	浮动费用的计价基准
自助火锅	锅底费、小料费、餐具费	菜品签数
奶茶	奶茶茶底费	添加小料数
快递	首重费用	续重重量
共享单车	扫码开锁费	骑行时间

两部定价吸引人的地方在于其简洁性。例如，消费者在游乐园里的支付可以设计成一个比两部定价方案更复杂的（同样是关于设备搭乘次数的）函数，但记录消费者的累计搭乘次数增加成本。有时采用两部定价可能会受到有限套利的影响，但这些套利不能是完全的，即不能让某一消费者支付固定费用 A 然后把买来的产品重新销售给其他消费者。表 5-1 给出的所有例子都满足这一前提。实际上两部定价是与数量折扣方案对应的，因为产品的平均价格会随着购买数量的增加而降低。

现在用一个简单的具体例子来考察两部定价下的利润和福利情况。假定消费者的偏好

$$U = \begin{cases} \theta V(q) - T & \text{如果消费者支付}T\text{购买}q\text{单位的产品} \\ 0 & \text{如果消费者不购买产品} \end{cases} \quad (5\text{-}22)$$

其中，$V(0) = 0$，$V'(q) > 0$，$V''(q) < 0$（即该消费者的边际消费效用有递减的特征）。θ 是一个刻画消费者异质性的偏好参数；而 $V(\cdot)$ 则对每位消费者均相同。

式（5-22）可以体现消费者对该产品的共同偏好以及不同消费者间的收入差异。假设所有消费者的偏好为 $U(I-T)+V(q)$（偏好关于净收入 $I-T$ 和产品消费数量 q 是可分的），其中 $U' < 0$，$V(0) = 0$，$V' > 0$，$V'' < 0$。当该产品的花费相对收入较小时（$T \ll I$），消费者偏好可被近似为 $U(I) - TU'(I) + V(q)$。这种偏好可被视为"$\theta V(q) - T$"偏好的一个特例[当 θ 定义为 $U'(I)$ 的倒数]。因此，可以把不同消费者对应的不同 θ 解释为收入差异。

假设有两种类型的消费者。偏好类型为 θ_1 的消费者占比为 λ，偏好类型为 θ_2 的消费者占比为 $1-\lambda$（消费者的绝对数量在当前讨论中并不重要，故将其规范化为 1）。假设 $\theta_2 > \theta_1$，且垄断厂商生产产品的边际成本为常值 $c < \theta_1$。

为简化计算，假定

$$V(q) = \frac{1-(1-q)^2}{2} \quad (5\text{-}23)$$

[使 $V'(q)$ 消费数量为 q 的线性函数]

我们将依次考虑完全歧视、统一的非歧视性的垄断定价和两部定价三种情况（考虑前两种情况只是为了与第三种情况进行比较）。

计算偏好参数为 θ_i 的消费者在边际价格为 p 时对产品的需求。（这一需求函数表明，固定费用只影响消费者是否购买产品，当其决定购买后将不再影响产品的购买数量）消费者最大化

$$\theta_i V(q) - pq \quad (5\text{-}24)$$

故得到一阶条件

$$\theta_i V'(q) = p \quad (5\text{-}25)$$

代入此前假定的具体偏好设定有 $\theta_i(1-q) = p$。

因此，求得需求函数

$$q = D_i(p) = 1 - p/\theta_i \quad (5\text{-}26)$$

消费者剩余为

$$S_i(p) = \theta_i V[D_i(p)] - pD_i(p) \quad (5\text{-}27)$$

（此处忽略任何固定费用）在本特例中

$$S_i(p) = \theta_i \left(\frac{1-[1-D_i(p)]^2}{2} \right) - pD_i(p) = \frac{(\theta_i - p)^2}{2\theta_i} \quad (5\text{-}28)$$

[$S_i(\theta_i) = 0$ 且偏好类型为 θ_2 的消费者总有更高的消费者剩余]

令 θ 为 θ_1 和 θ_2 的"调和平均值"

$$\frac{1}{\theta} \equiv \frac{\lambda}{\theta_1} + \frac{1-\lambda}{\theta_2} \quad (5\text{-}29)$$

则当定价为 p 时，产品的总需求可以表示为

$$D(p) = \lambda D_1(p) + (1-\lambda)D_2(p) = 1 - p/\theta \quad (5\text{-}30)$$

1. 完全价格歧视

假设垄断者能够区分消费者的偏好类型，那么他可以将边际价格定在与边际成本相等的水平上（$p_1 = c$），并且向消费者索取与其净消费剩余相等水平的固定费用；对于类型为 i 的消费者，收取的固定费用为

$$A_i = S_i(c) = \frac{(\theta_i - c)^2}{2\theta_i} \quad (5\text{-}31)$$

高需求消费者（θ_2）被收取的固定费用自然是更高的。此时，垄断者的利润为

$$\Pi_1 = \lambda \frac{(\theta_1 - c)^2}{2\theta_1} + (1-\lambda) \frac{(\theta_2 - c)^2}{2\theta_2} \quad (5\text{-}32)$$

此时社会福利水平达到最优（在不考虑福利的分配问题的情况下）。

如果垄断者不清楚消费者的类型，就无法实施完全歧视。剩余被完全榨取的高需求消费者将有底气去声称他们是低需求消费者。这样做会给他们带来严格为正的效用，因为对于低需求的消费者而言，其按低需求消费者的定价方案消费的效用为零。要防止高需求消费者以低需求消费者的定价方案购买产品，毕竟对垄断者来说是有代价的。

2. 垄断价格

假设消费者能实现完全的套利，以致垄断者被迫向所有消费者统一定价。此时定价方案是完全线性的，即 $T(q) = pq$。垄断者选择价格水平 p_2 来最大化利润 $(p-c)D(p)$，其中 $D(p)$ 为总需求：$D(p) = 1 - p/\theta$。

由此，垄断价格为

$$p_2 = \frac{c+\theta}{2} \quad (5\text{-}33)$$

而垄断利润为

$$\Pi_2 = \frac{(\theta-c)^2}{4\theta} \quad (5\text{-}34)$$

一点说明：以上定价方案和垄断利润的计算皆基于垄断者向两种类型的消费者都销售产品的前提。另一种销售策略是只向类型为 θ_2 的消费者销售产品。当垄断价格 $(c+\theta_2)/2$ 超过 θ_1，且类型为 θ_1 的消费者占比较低时，这种策略是最优的。为了降低讨论的复杂性，我们假设 $(c+\theta_2)/2 \leqslant \theta_1$ 或 λ 不是太小。

3. 两部定价

接下来讨论最优两部定价。此处再一次假设垄断者向两种类型的消费者提供产品。假定边际价格为 p。向客户索取的最高固定费用与类型为 θ_1 的消费者的最大剩余相等，为 $A = S_1(p)$。此时类型为 θ_2 的消费者也将购买产品，因为 $S_2(p) > S_1(p) = A$。因此垄断者将最大化以下利润函数

$$S_1(p) + (p-c)D(p) \quad (5\text{-}35)$$

垄断者总是能通过两部定价来获取比完全线性定价方案更高的利润，因为在完全线性定价利润 $(p-c)D(p)$ 的基础上，两部定价能向所有消费者索取一个额外的费用 $S_1(p)$（另一种理解是把完全线性定价作为两部定价的一个 $A = 0$ 时的特例，无约束优化的解总是不差于约束下的最优解）。通过简单的计算，可以得到

$$p_3 = \frac{c}{2-\theta/\theta_1} \quad (5\text{-}36)$$

垄断者利润为

$$\Pi_3 = S_1(p_3) + (p_3-c)D(p_3) \quad (5\text{-}37)$$

4. 比较

不需要计算便可看出 $\Pi_1 \geqslant \Pi_3 \geqslant \Pi_2$。在实现完全价格歧视时，垄断者无疑获得最多利润。而根据本节的讨论，最优两部定价的利润总是会高于完全线性定价，故有 $\Pi_3 \geqslant \Pi_2$。更有趣的是关于上述三种情况的边际价格和福利的比较。

在垄断者向两类消费者都销售产品的假定下，不难验证 $p_1 = c < p_3 < p_2$。两部定价的边际价格介于竞争价格（实行完全价格歧视时消费者支付的边际价格）和垄断价格之间。一个直观的理解如下：从垄断价格 (p_2) 开始，考虑一个小幅度的降价（$\delta p < 0$）。这个小幅度的价格下降对利润 $(p-c)D(p)$ 的影响是二阶的，但对消费者剩余的影响却是一阶的（与价格的变动成比例）。此时垄断者增加一个与价格下降成比例的固定费用 $\delta A = \delta S_1(p) = -D_1(p)\delta p > 0$，从而获得更多的利润。此外，从竞争价格出发，垄断者可以把价格提高（$\delta p > 0$），并把固定费用降低同样数额，使得类型为 θ_1 的消费者在购买与不购买产品两种选择间是无差异的（因为已经实现了对这种类型消费者的完全价格歧

视）。此时，这一价格变动对于从类型为 θ_1 的消费者身上赚取的利润影响是二阶的，而对于从类型为 θ_2 的消费者身上赚取的利润影响则是一阶的。后者一方面节省了 $D_1(p)\delta p$ 的固定费用，另一方面由于边际价格提高而多支付了 $D_2(p)\delta p$（实际上该价格变动还可能通过改变产品需求对利润产生影响，但由于边际利润 $p-c$ 为零，这种影响没有被考虑），因此，利润的净变动为 $(1-\lambda)[D_2(p-D_1)p]\delta p > 0$。上述的分析阐明了最优两部定价的边际价格是介于边际成本和垄断价格之间的。

同时也值得注意的是，两部定价比完全线性定价对应的福利水平更高，因为其更低的边际价格会使两种类型的消费者都购买和消费更多的产品，从而减少了扭曲。在实行两部定价时，垄断者可以通过索取额外的固定费用来弥补边际价格下降带来的利润损失。因此固定费用的引入可以降低产品的边际价格从而提升福利水平。

5. 搭配销售

有时，厂商生产的某种基础产品是以固定数量（通常是一个单位）消费的，而基础产品对应的互补产品是以可变数量消费（并可以由竞争市场生产）的。曾经和计算机一起使用的穿孔卡片就是这样。如果生产计算机（以固定数量消费的产品）的厂商能够限制套利（即他能够检查出客户是否有在竞争市场上购买互补产品），那么他常会通过要求客户也从他那里购买互补产品（穿孔卡片）而获益。这种做法被称为搭配销售。补充性产品的消费越高，意味着消费者对该产品有更强的偏好（在模型中，θ 越高）；补充性产品的销售是一种计数（计量）装置。因此，制造商可以利用搭配销售来实行二级价格歧视。这可以解释为什么国际商业机器公司要求其客户只购买其公司的穿孔卡片。施乐公司也实行了类似的政策，对其复印机收取每单位的使用费用（如果可以防止套利的话，另一种选择是要求捆绑购买施乐公司的纸张）。

我们建立了一个模型用于搭售的讨论和分析。假设一个消费者，如果他需要购买，就会购买一单位由制造商生产的基本商品和 q 单位的互补商品。当购买商品时，他的效用是 $\theta V(q) - T(q)$，若不购买，效用则是 0。$T(q)$ 是制造商通过搭售收取的两部定价。生产者以 c_0 的成本生产基本产品，以每单位 c 的价格生产补充产品（c 也是补充产品的竞争价格，因为有许多公司愿意以 c 的价格生产并销售补充产品）。厂商是基本产品市场的垄断供应者。

除了厂商需要为每位购买商品的消费者多支付一个额外成本 c_0 外，该模型的分析与前面的两部定价十分类似。如果进一步假定厂商向两种类型的消费者都提供产品，从而 c_0 与决定购买产品的消费者的消费数量无关，将得到与两部定价分析相同的解。与该分析相对应，假设厂商的搭售行为是被禁止的，消费者能从竞争市场上购买到互补产品以最大化其效用 $\theta V(q) - cq$。在此情况下类型为 θ_i 的消费者的净剩余为 $S_i(c)$。在厂商向两种类型的消费者供应产品的假定下，厂商将收取一个与低偏好消费者的净剩余相等的固定费用 $S_1(c)$。

前述的两部定价分析使我们不必计算就能评估搭配销售。在允许搭售时，厂商对互补产品索取的价格会更高（$p > c$），而基础商品的价格会更低 $[S_1(p) < S_1(c)]$。

搭配销售与经典的两部定价之间存在一个重要的差异：只要厂商向两种类型的消费

者提供产品，搭售将减少福利。为了看清楚这一点，我们需要注意当搭售行为被禁止时，消费者将以与产品边际成本相等的价格购买变动（互补）产品，因为产品的社会总剩余完全实现了。然而当搭售行为存在时，边际价格的扭曲（$p > c$）会造成生产和消费水平的扭曲。因此，如果厂商在同时向两种类型消费者提供产品时，搭售总是会给福利水平带来负面影响。当然，对搭售行为的限制使得厂商更可能只向产品偏好、类型更强的消费者（θ_2）提供商品，在该种情形下搭售对福利的影响可能会由负转正。

二、完全非线性定价和数量歧视

两部定价是简单而常见的，但一个能限制产品套利的厂商可以通过一种更复杂的定价方式来获得比最优两部定价更高的利润。图 5-4 描述的产品空间（q, T）有助于解释这一点。图上直线代表最优两部定价 $T(q) = A + pq$。由 $V(q)$ 的性质可知，两条消费者的效用无差异曲线是凸的，且类型为 θ_2 的消费者的无差异曲线比类型为 θ_1 的消费者的无差异曲线更陡峭（$\theta_2 > \theta_1$）。在最优两部定价方案下，类型为 θ_1 的消费者选择 B_1 消费组合而类型为 θ_2 的消费者选择 B_2 消费组合。此时低偏好（θ_1）消费者没有消费净剩余（其无差异曲线经过原点），高偏好（θ_2）消费者则有正的剩余。图 5-4 也画出了垄断者的无差异曲线（$T - cq = $ 常数）。由于 $c < p$，其无差异曲线比最优两部定价的直线更为平坦。

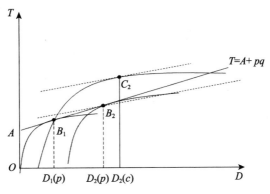

图 5-4 垄断厂商无差异曲线

相对于 B_1，θ_2 类型的消费者严格偏好 B_2。事实上，当这些消费者的无差异曲线穿过 B_1 时，曲线上方或下方的任何一点都会被他们接受。显然，垄断者可以通过向这些消费者提供介于经过 B_2 的垄断者无差异曲线与经过 B_1 的 θ_2 类型消费者无差异曲线之间区域的一个组合来获取额外的利润。事实上，针对 θ_2 类型消费者的最优歧视定价位于 C_2，在该点上经过 B_1 的 θ_2 类型消费者无差异曲线与垄断者无差异曲线相切。由于 θ_2 类型消费者无差异曲线更陡峭（且 θ_1 类型消费者经过原点），不可能经过原点。故 θ_2 类型消费者获得部分租金，垄断者也收获了比最优两部定价方案更多的利润（从 θ_1 类型消费者上赚取的利润不变，而从 θ_2 类型消费者上获得的利润提高了）。

有趣的是，因为垄断者的无差异曲线与消费者的无差异曲线在 C_2 相切，因而该点的生产和消费安排是社会最优的[$q_2 = D_2(c)$]。要得到具体的最优非线性定价，垄断者必须为两类消费者各提供一组消费组合$[(q_1, T_1)$和$(q_2, T_2)]$以在激励相容（无套利）的约束下最大化其垄断利润。具体的技术细节将在补充节中展开。最优非线性定价一般有以下结论（或特点）。

（1）低需求的消费者没有获得净盈余，而高需求的消费者获得了正的净盈余。

（2）具有约束力的个人套利约束防止高需求的消费者购买低需求的消费者的组合。

（3）高需求的消费者购买社会最优数量$[q_2 = D_2(c)]$，而低需求的消费者购买次优数量$[q_1 = D_1(c)]$。

第（3）点是最有经济学意义的，因为其有以下的直观含义：垄断者希望能尽力攫取高需求消费者的剩余，但这种行为面临着个人套利的风险，即如果不能获得足够的剩余，高需求消费者可能转向消费为低需求消费者设计的消费组合。考虑到产品消费量的下降将使高需求消费者遭受更多的福利损失，垄断者可向低需求消费者提供更少的产品（减少低需求消费组合的供应量）来减少这种套利行为。相反，低需求消费者不存在购买为高需求消费者设计的消费组合的套利动机，故没有扭曲高需求消费组合的消费情况。

非线性定价的福利效应是不确定的。尽管垄断者选择的非线性定价无疑是社会次优的，然而，我们不应将这一定价与社会最优的定价进行比较，而应与某个由政府干预产生的价格进行比较。一种被广泛研究的政府干预是强迫垄断者进行完全线性定价（这种干预之所以被反复考察，是因为它不需要政府掌握任何有关消费者偏好的分布、公司成本结构等方面的信息）。垄断者的福利无疑因这种干预而变得更糟，因为失去了定价政策的灵活性。然而，消费者却不一定会受益。在非线性定价下，垄断者可以攫取一些高需求消费者的净剩余，同时仍然向低需求消费者出售。在完全线性定价下，垄断者可能会停止为低需求的消费者提供产品，以攫取高需求的消费者的剩余；因此，垄断者的产出很可能会减少。

三、质量歧视

在本章第一节和第二节中，垄断者通过以不同的价格向对产品有不同偏好的消费者提供不同数量的同种商品，在消费者之间进行歧视销售。类似地，垄断者还可以通过提供不同的产品质量（或服务），对在质量（或服务）上有不同偏好的消费者之间进行歧视。例如，铁路和航空公司提供多种类型座位、机票取消的难易程度、是否存有候补名单以及其他方面也可以是因人而异的。

质量歧视与数量歧视十分类似。我们对垂直产品差异化进行建模：每位消费者都有一单位的产品需求。消费者的偏好（效用函数）为$U = \theta s - p$（如果他们购买产品）。s为衡量产品的质量差异，p为消费者为产品支付的价格，θ为消费者对产品质量的偏好。一般来说，产品的价格取决于其质量$[p = p(s)]$。假定垄断者生产一单位质量为s的产品需要支付$c(s)$，其中c是关于s的递增凸函数。

通过对变量符号的重设，可以把上述质量歧视模型划归转换成前面讨论过的数量歧视模型。令 $q \equiv c(s)$ 并记为产品质量 s 的成本。此外，令 $s = V(q) \equiv c^{-1}(q)$ 来代表其反函数[注意，$c(\cdot)$ 是递增的凸函数意味着 $V(\cdot)$ 也是递增的凸函数]。消费者的偏好为

$$U = \theta V(q) - p(V(q)) = \theta V(q) - \tilde{p}(q) \quad (5\text{-}38)$$

其中：$\tilde{p}(q) = p[V(q)]$。留意到垄断者的成本可以视为关于 q 的线性（正比例）函数，该质量歧视模型和此前讨论的数量歧视模型在形式上是一致的，因此可以把数量歧视模型得出的结论迁移到质量歧视模型的分析中。特别是，在存在两类消费者（高质量需求偏好的消费者和低质量需求偏好的消费者）的情况下，我们有以下结论：

高质量需求偏好的消费者消费社会最优的产品质量，低质量需求偏好的消费者消费低于社会最优的产品质量。

第五节 数字经济与价格歧视

在数字经济时代来临前，许多公司，尤其是提供零售产品和个人服务的企业，已经开始收集客户的个人信息以尝试实施差异性定价。实体分销连锁店通过推出熟客计划、充值卡或订阅卡，逐步地获得了部分客户消费特征信息。同样，零售银行和电信运营商也有较为精确与高频的数据，这些数据主要与客户的收入、购买行为、地理位置有关。不过这些早期出现的实施价格歧视的方法或有两点不足。

一是这些信息只涉及消费者的部分个人特征，鲜有呈现包含其生活和成长环境的背景元素的综合画像，从而很难直接考察客户的兴趣和爱好。

二是决策信息主要源自客户历史的购买或消费行为，但由于某些行业，如食品分销机构，几乎没有关于潜在客户购买能力或购买意愿的历史信息。因此，简单基于客户历史数据的行为预测难以得到较好的应用。还应注意的是，目前即使拥有这些数据库的公司对它们的历史数据的利用仍较为有限，主要还停留在根据数量或购买历史提供针对性折扣券的促销应用上。然而，数字经济时代的到来和大数据的发展可能会从根本上改变这种状况。

首先，大数据技术的发展导致数据的数量和质量大大增加。当用户浏览网页或使用手机时，会留下许多痕迹，这些痕迹将使企业直接或间接地（通过购买第三方数据库）更好地了解他们的行为和偏好。例如，客户在社交平台（如微信朋友圈、微博或 QQ 空间）中发布个人动态时，或者他们不在"隐私"模式下浏览网页时，又或者当他们个性化设定"喜欢"某类内容时，都会自愿地留下痕迹。互联网用户不仅提供关于其客观情况（性别、年龄、居住地等）的声明性数据，也提供反映其偏好的直接信息（如喜欢讨论的主题）。当客户在不登录网站的情况下浏览互联网时，Cookies 也会向搜索引擎和非自愿访问的网站传输与其偏好相关的多种数据：例如，他们的浏览历史、在每个网站上花费的时间、浏览或购买的产品等。大数据的价值不仅在于数据的积累，还在于它们的相互参照，这使得企业可以对客户的偏好进行相当精确的综合刻画。以一家直接在其网站上销售机票的航空企业为例。当用户浏览网页或使用手机应用时，该企业可以收集许多相关的数据并提取有利于捕捉用户偏好的信息。

导航历史：一个经常被搜索或购买的目的地表明该用户对该目的地有强烈的偏好。

连接时间：到一个旅行目的地的连接时间越长，越能显示出个人对该目的地的兴趣。

所选目的地的多样性：用户选择搜索与众不同的目的地往往是为了娱乐而旅行，故此时他们将对价格更加敏感。

除了网站上的链接行为外，航空企业还可以将客户信息与他们的社交网络平台上的个人资料进行交叉对比，以便更好地了解他们的偏好、习惯和兴趣，特别是在目的地或居住地方面。例如，了解消费者的家人和朋友的位置，可以提供关于他们旅行动机的有价值的信息：一个拜访亲友客户的支付意愿很可能会高于一个去不同目的地进行仲裁业务的游客。类似地，在汽车保险领域，大数据的使用使得保险企业能够更好地评估客户的风险状况，例如通过分析客户对车辆的使用频率和使用地点，了解他们最常选择的道路，经常驾驶的长途路线。基于此，保险公司可以制定基于车辆使用习惯的保险政策（"基于使用的保险"），以实现更精准的差异性定价。

其次，生产商已经能够直接了解他们的客户，而不必通过中介或经销商。最典型的案例仍是航空企业：所有航空企业现在都有自己的预订网站，不再依赖旅行社。它们现在（特别是客户使用它们的微信小程序进行订票时）可以获得比贵宾卡上所包含的记录更丰富多样的信息。许多航空公司的网站和 App 每年有上亿名的独立访客；且部分航空企业的几乎所有客户都直接在该公司的网站、App 或微信小程序等渠道上订票，这使得航空企业可以不通过中介获得客户的个人情况。其他行业直接销售的增长，也使得该行业内的企业不通过分销商依旧能够收集宝贵的客户数据。

最后，企业可以在数据分析市场上获得客户数据库。世界数据分析市场在 2000 年以后蓬勃发展并培育产生了安客诚公司（Acxiom）、甲骨文公司（Oracle）或天睿公司（Teradata）等专业数据服务商。国际数据公司（International Data Corporation）的一份报告显示，全球数据分析市场在 2018 年规模约为 1 600 亿美元，并持续快速增长，在 2017—2022 年增长速度达到约 12%，超过 2 600 亿美元。这一市场规模增长主要由银行和专业服务部门的需求推动，目前全球一半以上的数据分析需求位于美国（880 亿美元）。

未来，数字经济时代下基于大数据的个性化价格方案或许能助力企业进一步接近实现一级价格歧视：企业对客户的行为数据和基本特征的相互参照，可以估计出每位客户最大支付意愿，并提供个性化的价格。在极端情况下，公司甚至可以设定一个等于最大支付意愿的价格。但实践中，企业不太可能像理论所述一样完全攫取消费者剩余。大数据使我们能够更好地了解消费者的需求，更好地了解个人的支付意愿，但数据所反映的需求信息终究是一种估计，具有不确定性。其风险在于当设定的价格高于个人的支付意愿时，客户将放弃购买。

第六节　补充节：非线性定价

以下的补充部分是对本章第四节第二小节和第三小节中的非线性定价的技术细节呈现。我们明确地推导出最优定价，并研究该定价是否表现出数量（或质量）折扣。本部分的内容可以应用于经济学中的多种问题，包括与产业组织有关的议题，如最优监管和最优拍卖理论。

我们再次考虑本章第三节第一小节的模型。一家厂商生产一种商品。当消费者购买 q 单位产品时其效用为 $\theta V(q) - T$，不购买商品时其效用为 0。生产该商品的单位成本是常数 c。这里考虑 θ 取值范围为一连续区间情形。

案例：θ 有两个取值时的非线性定价模型

一、消费者类型为连续的非线性定价模型

为了进一步推广非线性定价并获得更一般的结果，假设消费者对产品的偏好参数 θ 的密度函数为 $f(\theta)$ [累积分布函数为 $F(\theta)$]。其中，$\theta \in [\underline{\theta}, \overline{\theta}]$ 且 $0 \leq \underline{\theta} < \overline{\theta}$。

垄断者提供一个非线性的定价方案 $T(q)$。偏好类型为 θ 的消费者可支付 $T[q(\theta)]$ 购买 $q(\theta)$ 单位的产品。垄断者利润为

$$\Pi^m = \int_{\underline{\theta}}^{\overline{\theta}} \{T[q(\theta)] - cq(\theta)\} f(\theta) d\theta \tag{5-39}$$

垄断者在以下两种约束下最大化其利润。

第一种约束：所有类型的消费者必须愿意购买产品

$$\theta V[q(\theta)] - T[q(\theta)] \geq 0, \forall \theta \tag{5-40}$$

与两部定价类似，这实际上只要求个人理性约束式（5-40）对于类型为 $\underline{\theta}$ 的消费者成立

$$\underline{\theta} V[q(\underline{\theta})] - T[q(\underline{\theta})] \geq 0 \tag{5-41}$$

当式（5-41）成立时，其他消费者总能获得非负的效用，因为他们至少可以选择为 $\underline{\theta}$ 类型消费者设计的产品消费组合。

$$\theta V[q(\underline{\theta})] - T[q(\underline{\theta})] \geq (\theta - \underline{\theta}) V[q(\underline{\theta})] \geq 0 \tag{5-42}$$

第二种约束：所有类型的消费者不会去消费为其他类型消费者设计的产品消费组合

$$U(\theta) = \theta V[q(\theta)] - T[q(\theta)] \geq \theta V[q(\tilde{\theta})] - T[q(\tilde{\theta})], \forall \theta, \forall \tilde{\theta}, \theta \neq \tilde{\theta} \tag{5-43}$$

式（5-43）并不好处理，但幸运的是对于本问题而言，它的成立只要求激励相容约束在"局部"成立即可

$$\theta V[q(\theta)] - T[q(\theta)] \geq \theta V[q(\theta - d\theta)] - T[q(\theta - d\theta)], \forall \theta \tag{5-44}$$

假定 $q(\cdot)$ 和 $T(\cdot)$ 是严格递增的可微函数，可以得到

$$\theta V'[q(\theta)] - T'[q(\theta)] = 0 \tag{5-45}$$

式（5-45）意味着这样一个事实：类型为 θ 消费者消费数量的小幅增加产生的边际剩余 $\theta V'[q(\theta)]$ 等于边际支付 $T'[q(\theta)]$。因此，消费者没有动机在边际上改变消费数量。当得到消费数量函数 $[q(\theta)]$ 时，就可以利用式（5-45）来获得支付函数。假设最优消费数量函数 $q(\theta)$ 在 θ 上是严格单调的（这一点往后会被推导出来），可以得到

$$T'(q) = \alpha(q) V'(q) \tag{5-46}$$

其中，$\alpha(\cdot)$ 是数量函数的反函数，即 $\alpha(q)$ 是消费量为 q 的消费者类型 $\{\alpha[q(\theta)] \equiv \theta\}$。为

了推导出最优数量函数，使用一种看似不太自然的激励约束的表示方法是很方便的。让 $U(\theta)$ 表示 θ 类型消费者的效用或净剩余。在激励相容性约束中，有

$$U(\theta) \equiv \theta V[q(\theta)] - T[q(\theta)] = \underset{\tilde{\theta}}{\text{MAX}}\{\theta V[q(\tilde{\theta})] - T[q(\tilde{\theta})]\} \tag{5-47}$$

根据包络定理，U 对 θ 的导数只需考虑 θ 的直接影响，而不考虑由于数量的调整而产生的间接影响

$$\frac{dU}{d\theta} \equiv U'(\theta) = V[q(\theta)] \tag{5-48}$$

对式（5-48）积分，可以得到类型 θ 消费者的效用表达式

$$U(\theta) = \int_{\underline{\theta}}^{\theta} V[q(u)]du + U(\underline{\theta}) = \int_{\underline{\theta}}^{\theta} V[q(u)]du \tag{5-49}$$

第二个等号的成立利用了个人理性约束条件 $U(\underline{\theta}) = 0$。

可以得到一个重要的事实：消费者的效用为 θ 的函数其增加速度随着 $q(\theta)$ 的增大而提高。更高的消费数量因有更大效用"微分"而能容易区分出不同的类型。由于把剩余留给消费者对垄断者来说是一种代价 $\{$回忆 $T[q(\theta)] = \theta T[q(\theta)] - U(\theta)\}$，垄断者将倾向于减少 U，并为此诱使消费者消费次优水平的产品数量。式（5-49）表明，对于低 θ 类型的消费者来说，减少数量$\{$相对于由 $V'[q(\theta)] = c$ 定义的社会最优数量$\}$更为可取，因为 θ 类型的消费者购买的数量增加 $\delta\theta > 0$，使所有 $\theta' > \theta$ 类型消费者的效用提高为 $V'[q(\theta)]\delta\theta > 0$，但不影响 $\theta' < \theta$ 类型消费者的效用。因此，预期低需求消费者的产品消费数量会远远低于社会最优的消费数量，而最高需求类型的消费者（$\theta = \bar{\theta}$）正好消费他的社会最优数量，这个结论类似于文中的结论（3）。如果确实如此，垄断者就会往低消费数量的方向扩大消费组合购买数量的差别程度（在质量模型中则解释为低消费质量方向）。现在正式地证明这些结果。

因为 $T[q(\theta)] = \theta V[q(\theta)] - U(\theta)$，垄断者的利润可以重写为

$$\Pi^m = \int_{\underline{\theta}}^{\bar{\theta}} \left(\theta V[q(\theta)] - \int_{\underline{\theta}}^{\theta} V[q(u)]du - cq(\theta)\right) f(\theta)d\theta \tag{5-50}$$

交换积分次序（或分部积分）得到

$$\Pi^m = \int_{\underline{\theta}}^{\bar{\theta}} ((\theta V[q(\theta)] - cq(\theta))f(\theta) - \theta V(q(\theta))(1 - F(\theta)))d\theta \tag{5-51}$$

选择合适的 $q(\cdot)$ 以最大化 Π^m 要求，对于 θ 的每个取值，被积函数皆实现关于 $q(\theta)$ 的最大化

$$\theta V'[q(\theta)] = c + \frac{1 - F(\theta)}{f(\theta)} V'[q(\theta)] \tag{5-52}$$

由此，可以得出结论：除了最高需求类型消费者（$\theta = \bar{\theta}$）外，其他消费者对产品的边际支付意愿均高于边际成本。因此，垄断者实际上诱使消费者去消费社会次优水平数量的产品。

对于某一类型的消费者（偏好），可以得出一个"利润—成本"加成率的简单表达式。令 $T'(q) = p(q)$ 并记其为当消费者已经消费 q 单位商品后继续消费额外一单位产品的价格。将式（5-45）代入式（5-52），可以得到

$$\frac{p-c}{p} = \frac{1-F(\theta)}{\theta f(\theta)} \quad (5\text{-}53)$$

其中，$p = p[q(\theta)]$。

文献中常采用的假定是消费者类型分布的风险率 $\frac{1-F(\theta)}{f(\theta)}$ 随着 θ 的增加而增大。包括正态分布、帕累托分布、逻辑分布、指数分布和任何非递减密度的概率分布在内的许多分布都有这个性质。基于风险率关于 θ 递增的假设 $\theta - \frac{1-F(\theta)}{\theta f(\theta)}$ 也是 θ 的增函数。由式（5-52）和 V 的凹函数性质，$q(\theta)$ 关于 θ 递增。又 $\frac{1-F(\theta)}{\theta f(\theta)}$ 关于 θ 递减，故"利润—成本"加成率随着消费者需求类型（θ）增加（和产出水平的增加）而下降。

接下来考察一些最优定价函数 $T(\cdot)$ 的性质。根据 $T'(q) = p(q)$，有

$$T'(q) = \frac{dp}{dq} = \frac{dp/d\theta}{dq/d\theta} \quad (5\text{-}54)$$

由式（5-53）易知 $dp/d\theta < 0$，又 $dq/d\theta > 0$，因此最优定价函数是凹的（图 5-4）。图 5-4 呈现了定价函数的两个性质：

（1）产品的平均价格随着购买数量的增加而下降。

（2）由于凹函数是其切线的下包络，最优的非线性定价也可以通过提供两部定价的菜单来实现（垄断者让消费者在两部定价的连续中进行选择）。从图 5-4 中可以看出，θ 类型的消费者确实选择了边际价格（斜率）为 $p[q(\theta)]$ 的两部定价方案。

更一般的需求函数

对于一般的剩余函数 $V(q,\theta)$，只要 $\frac{\partial V}{\partial \theta} > 0$ 和 $\frac{\partial^2 V}{\partial q \partial \theta} > 0$，上述理论也是成立的。此时式（5-52）将变成

$$\frac{\partial V}{\partial q}[q(\theta),\theta] = c + \frac{1-F(\theta)}{f(\theta)} \frac{\partial^2 V}{\partial q \partial \theta}[q(\theta),\theta] \quad (5\text{-}55)$$

福利

卡茨（Katz, 1983）证明，与社会最优相比，非线性定价可能导致过少或过多产出。（给定产量下其在消费者之间的分配也不是福利最大化的，因为对给定产出的有效分配的手段是统一定价。）然而，如果 $\frac{\partial^2 V}{\partial q \partial \theta} > 0$ 成立（如这里所假设的），垄断者一般会生产过少的产出。

二、最优非线性定价是一种拉姆齐（Ramsey）价格

下面将最优非线性定价和逆弹性定价法则进行类比，以统一一级、二级和三级价格歧视的理论。为此，把总需求函数分解为对边际消费单位的独立需求。固定一个数量 q，考虑对第 q 个消费单位的需求，该单位的价格是 p。愿意购买这个单位的消费者的

比例是

$$D_q(p) \equiv 1 - F[\theta_q^*(p)] \quad (5\text{-}56)$$

其中：$[\theta_q^*(p)]$ 表示在价格为 p 时在购买或不购买第 q 个单位之间效用无差异的消费者类型

$$[\theta_q^*(p)]V'(q) = p \quad (5\text{-}57)$$

对于任意的 $q \neq \tilde{q}$，第 q 个单位与第 $\tilde{q}$ 个单位的需求是独立的，因此可以使用逆弹性定价法。第 q 个单位的最优价格为

$$\frac{p-c}{p} = \frac{dp}{dD_q} \frac{D_q}{p} \quad (5\text{-}58)$$

又因为

$$\frac{dD_q}{dp} = -f[\theta_q^*(p)]\frac{d\theta_q^*}{dp}, \frac{d\theta_q^*}{\theta_q^*} = \frac{dp}{p} \quad (5\text{-}59)$$

由此得

$$\frac{p-c}{p} = \frac{1-F[\theta_q^*(p)]}{\theta_q^*(p)f[\theta_q^*(p)]} \quad (5\text{-}60)$$

而这实际上就是式（5-53）。

1. 腾讯 Tim 和腾讯 QQ 是腾讯公司开发的两种社交客户端，都具有在线聊天、视频电话、点对点断点续传文件、共享文件等功能，但二者的一些场景辅助功能略有差异，是否可以用价格歧视来解释？如果是，属于哪一种？

2. 以足球协会联赛（或其他赛事）为分析对象，思考该项比赛的组织者在售票时为实施歧视性定价如何有效限制转售套利。

3. 一个垄断企业的产品边际成本为 40 元，向两个不同的地区销售；其中地区 1 的需求函数为 $Q_1 = 300 - p_1$，地区 2 的需求函数为 $Q_2 = 180 - p_2$。
    a. 求在两个地区实行统一定价策略时的最优价格和产量水平。
    b. 假设垄断企业能在两个地区实行差异化定价。企业应分别在地区 1 和地区 2 将价格定于什么水平？此时每个地区的销量是多少？

4. 一位年轻人开了一家饮品店，每杯饮料的单位成本是 2 元。他发现学生对饮料的需求与成年人不同，这两类人各占每晚人群的一半左右。具体来说，他观察到两类人对饮料的需求如下：

    学生需求（年龄为 18～25 岁）：$q = 18 - 5p$
    成年人需求（年龄为 25 岁以上）：$q = 10 - 2p$

    a. 如果无法实现价格歧视，并假设最优的统一价格足够低使得两个类群体都能消费饮料，那么最优的统一定价水平是多少？

b. 如果对所有人都采取一样的两部定价，那么在最优两部定价下，固定费用将是多少？每杯饮料的价格应调整到什么水平？

5. 设垄断者面临两类消费者，偏好类型分别为 θ_i ($i = 1, 2$)。每种类型消费者的产品反需求曲线为：$P = \theta_i (1 - Q_i)$ 且 $\theta_1 > \theta_2$。假设类型 1 和类型 2 在 N 总人口中的份额分别为 λ 和 $1 - \lambda$。

   a. 假设垄断企业为两种类型的消费者皆提供产品，证明总需求为 $Q(p) = N\left(1 - \dfrac{p}{\alpha}\right)$，其中 $\alpha = \dfrac{\lambda}{\theta_1} + \dfrac{1-\lambda}{\theta_2}$。

   b. 找出企业实现利润最大化的二级价格歧视策略。

   c. 找出企业实现利润最大化的统一定价策略。

6. 一个垄断者生产两种质量水平的产品，记产品质量水平为 z；$z = 1$（高质量）和 $z = \sigma < 1$（低质量）。高质量产品的生产成本为 c^H。低质量产品的生产成本为零。每位消费者要么消费一个单位的产品（质量为 $z = 1$ 或 $z = \sigma$），要么不消费。市场上有两类消费者：高偏好消费者的效用为 $\theta^H z - p$，低偏好消费者的效用为 $\theta^L z - p$，两类消费者的人数分别为 N_H 和 N_L。

   a. 在什么条件下，公司将提供两种质量的商品，它将对每种商品收取什么价格？

   b. 假设 a 中的条件得到满足。现在考虑在低质量产品或高质量产品的质量上有一个小的、外生性的提高。企业会选择哪一种改进？也就是说，是高质量产品的质量小幅提高，还是低质量产品的质量同样小幅提高，企业的利润会增加更多？

7. 继续考虑问题 4 中的场景延伸。假设政府通过了相关规定，要求产品最低质量水平 $z = 1$。相对于在问题 4 的原始均衡，该规制是提高还是降低了社会福利？

第六章

价格竞争

【本章学习目标】

通过本章学习，学生能够：
1. 了解伯川德悖论及其解决办法；
2. 掌握生产能力约束下的价格竞争模型；
3. 理解三种动态价格竞争模型：超级博弈、价格刚性、友好行为的声誉。

ofo 单车的败局

自 2015 年无桩式共享单车诞生之后，各家共享单车公司相继成立并积极进行融资。其中 ofo 单车无疑是共享单车行业的佼佼者，在 2016 年和 2017 年间 ofo 经过多轮融资募集到大量投资，但为了在最短时间内达到预期的市场份额，挤兑竞争对手的生存空间，抢占市场，ofo 开始疯狂烧钱补贴用户和投放新车。为了和摩拜单车尽快地分出高下，ofo 推出 1 元月卡等优惠，率先掀起了"价格战"，还先后推出红包车、免费骑、免押金等升级措施。激烈的价格战让共享单车行业几乎不能盈利，一大批中小型共享单车企业纷纷倒闭，如悟空、小蓝、小鸣等，ofo 也成功战胜摩拜单车，占有最多的市场份额，但也导致 ofo 元气大伤。收费模式被破坏，无法通过骑行收费、车体广告等方式获得收入，使得原本就很少的营收遭受重创，只能靠接收外来投资维持日常运营资金流。这一系列价格战策略，虽然拖死了不少竞争者，但也扰乱了市场，更拖累了自己，年轻的 ofo 就这样输给了自己挑起的价格战，用生命诠释了"价格战没有赢家"的道理。

第一节 伯川德悖论及其解决办法

一、伯川德模型

本节从价格竞争最基础的模型——伯川德模型（Bertrand Model）开始研究，在该模型中，市场上存在两个厂商进行价格博弈。假定：①厂商生产同质商品，即消费者只关注产品的价格，且售价相同时厂商平分市场份额；②厂商总是能够供应市场需求的产品数量，即没有生产能力约束；③该博弈仅持续一期，即厂商同时报价后消费者选择商品，博弈结束。

假定市场的需求函数是 $q = D(p)$。各个厂商的生产成本固定为 c。因此厂商 i 的利润函数为

$$\pi_i = (p_i - c)D_i(p_i, p_j) \tag{6-1}$$

同时厂商 i 面临的需求函数 D_i 由下列公式给定

$$D_i(p_i, p) = \begin{cases} D(p_i) & \text{如果} p_i < p_j \\ \dfrac{1}{2}D(p_i) & \text{如果} p_i = p_j \\ 0 & \text{如果} p_i > p_j \end{cases} \tag{6-2}$$

接下来，基于以上假设证明伯川德悖论：在该模型中两个厂商的均衡价格为 $p_1^* = p_2^* = c$。其证明如下。

首先厂商定价 p_i^* 不会低于边际成本 c，这是由厂商的非负利润条件决定的。因此我们只需要考察价格大于边际成本的情形。由对称性可知均衡时厂商制定价格必然相同，那么对于厂商 1 来说，如果它将价格降低一个很小的 ε，另外一个厂商的价格仍为 p_2^*，那么所有消费者都会选择厂商 1。因此如果厂商 1 坚信厂商 2 索要的价格 $p_1^* \geqslant c$，那么厂商 1 就会将价格降低为 $p_2^* - \varepsilon$。它就得到全部市场需求 $D(p_2^* - \varepsilon)$ 和净利润 $(p_2^* - \varepsilon - c)\ D(p_2^* - \varepsilon)$。但是厂商 2 也会有类似考量，因此均衡价格不可能是任何高于边际成本的水平；唯一的均衡便是竞争均衡。换句话说，如果一个厂商在竞争消费者时报出的价格高于边际成本，那么另外一个厂商总可以报出稍微低一些的价格进行竞争。由此推理可知，只有价格与边际成本相等时，每个厂商才都不会再降价，达成竞争均衡。[①]

综上所述，伯川德模型的结论如下：①厂商按边际成本定价；②厂商没有利润。这意味着哪怕市场中仅有两家厂商，它们之间的竞争也足以得出完全竞争的结果，此时厂商按边际成本定价，厂商没有利润。但实际上，市场上厂商间的价格竞争通常不能使价格降到等于边际成本，而是高于边际成本。对于大多数行业而言，即使只有两个竞争者，它们也能获得超额利润。这与伯川德模型得出的结论是不一致的，这被称为"伯川德悖论"。接下来，我们将通过放宽模型假设的办法，来解开伯川德悖论。

二、伯川德悖论的解法

虽然根据伯川德模型，可以推导出厂商将无法获得超额利润，但这却是违反现实的，如何解释伯川德悖论呢？实质上，伯川德悖论的求解依赖很多较强的假设：产品是同质的，市场仅持续一个时期，且任何厂商都能以不变的边际成本生产任意数量的产品。伯川德模型的前提假定决定了它会得出一些和实际经验不符的结论。一旦这些假定没有满

---

① 但如果厂商的成本不相同时（假设 $c_1 > c_2$），上述结论变得不同。此时低成本的厂商 2 会定价略低于 c_1，以保证其占据整个市场，从而厂商 2 获得略低于 $(c_1 - c_2)D(c_1)$ 的利润，而厂商 1 无利润。前提是 c_1 仍小于厂商 2 的垄断价格，否则厂商 2 将进行完全垄断定价。

足,伯川德的价格就不等于边际成本。因此,本节为了探讨对于伯川德悖论的可能解释,将依次放宽伯川德模型的假定条件,使得价格竞争模型更符合实际。更加准确地模型解释将在后续内容中详细展开。

1. 生产能力约束

埃奇沃思(Francis Ysidro Edgeworth)在其论文《关于垄断的纯粹理论》中,通过限制厂商无法随意生产任意数量的产品来解开伯川德悖论,即加入生产能力约束。在这一约束下,厂商不能销售超出其生产能力的产品,当厂商 1 不能满足全部市场需求时,厂商 2 将会满足剩余的市场需求,对这部分需求来说,厂商 2 以高于边际成本的价格销售,从而获取利润。具体来说,假定厂商 1 的生产能力小于市场总需求 $D(c)$,那么,$(p_1^*, p_2^*) = (c, c)$ 是否还是一个均衡价格体系?如果厂商 2 稍微提高价格,厂商 1 就将面临需求 $D(c)$,这是它无法满足的。那么一些消费者会流向厂商 2,厂商 2 就有了价格高于边际成本时的非零需求。因此厂商 2 获得了正向利润,相较于原本的边际成本定价下的零利润,厂商有激励更改策略,即伯川德均衡不再成立。

那么,就需进一步考虑,这种生产能力约束是否成立?即厂商有没有意愿选择在一开始就积累资本,直到它完全可以以边际成本生产出满足整个市场需求的产品数量,即其生产能力大于市场总需求 $D(c)$?答案是否定的,过度积累资本只会导致厂商之间的过度竞争,从而陷入伯川德悖论的困境。由于积累资本需要资金,如果后续经营不能收回资本支出,那么这样做便不符合厂商自身利益。厂商如果能预见到后续价格竞争的情形,那么其最佳策略必然是适度积累资本从而供应部分市场需求,获取净利润。具体的模型研究将在本章第二节详细讨论。

以下例子将说明现实中存在生产能力约束的情况下,厂商之间竞争均衡结果如何实现正向利润,即避免伯川德悖论。假设一个小镇上只有两家酒店,在短期内,这两家酒店不能增加或减少床位数目(即生产能力)。如果它们不能独自满足市场需求,参与激烈的竞争是无利可图的。从长期来看,它们不会大幅提高自己的生产能力,因为它们预计在产能过剩的情况下会有激烈的竞争,并且,还要考虑生产滞后性的情况,即生产某种产品需要一定的时间,在很短时期内得到可供销售数量的产品是无法做到的。因此,在价格竞争中,这些因素也起到了约束生产能力的作用。

值得一提的是,上述的生产能力约束其实是规模收益递减的一种极端情况,即在到达生产能力约束之前,边际成本等于 c,之后,边际成本为无穷大。而更一般化的情况则是边际成本随产出的增加而上升。除极端情况之外,一般厂商在达到生产能力约束的产量后,仍有一些增加产量的余地,包括租用额外的机器、现有机器可以更频繁地加以利用、增加投入品的供应、工人可以超时工作等。但是生产这些额外产品的成本,超过了约束内平均生产成本,而且这种超负荷生产必然无法长期化。

2. 动态竞争

在伯川德模型的假设中,两家厂商是在同一时间进行价格决策的,参与者只进行一次决策即当厂商制定价格时,其他厂商的价格不会受到该厂商决策的影响。也就是说,在短时间内，若厂商 1 稍微降低价格（如使 $p_1 = p_2 - \varepsilon$），它就会占领整个市场，从中获益，而厂商 2 将会失去全部顾客。但如果从长期来分析两家厂商价格竞争的动态博弈，情况就完全不同了，面对厂商 1 的降价，为了重新获得市场份额，厂商 2 也会对应地进行降价，同时厂商 1 面对厂商 2 的新价格，还会再次降价，从而保证其价格维持在略低于厂商 2 的水平，如此循环往复。当两家厂商之间进行无限次定价的重复博弈时，就会导致长期的价格战，这时候厂商必须考虑短期收益和长期价格战的损失。为了防止造成价格战，两家厂商有很大概率产生合谋行为，从而以一个高于边际成本的价格达成共识，不再进行降价。本章第三节将通过三种动态博弈模型说明在动态博弈中厂商会有更强的激励实施合谋。

3. 产品差异化

伯川德分析的一个重要的假定是各厂商的产品是同质的，存在完全的替代性。因此消费者只关心产品价格，哪个厂商的价格最低，他们就从哪个厂商那里购买。而现实中，同类的产品可能在质量、服务、地域、品牌等多个方面存在差异，差异的存在会缓和价格竞争的激烈程度。此时厂商有权力制定超过边际成本的价格，并且凭借产品差异化继续占据一定的市场份额，获取正向利润。例如，考虑销售同一商品而不在同一地点的两家厂商。假如厂商 1 索取的价格是 $p_1 = c$，而厂商 2 索取的价格 p_2 略大于 p_1，那么对于居住在厂商 2 附近的顾客来说，其最优选择仍是厂商 2。因为对于这些消费者来说，选择价格更低的厂商 1 所产生的运输成本足够抵消价格差异。因此，伯川德悖论在存在产品差异化的市场上将不再成立。具体的差异化产品市场上的价格竞争问题将在第七章详细讨论。

案例：永康保温杯企业集群下的伯川德竞争

第二节　生产能力约束下的价格竞争

一、生产能力约束模型

假设在某一市场中存在能提供同样产品的两家厂商，市场的总需求函数为 $D(p) = 1 - p$，市场价格为 $p = P(q_1 + q_2) = 1 - q_1 - q_2$。这两家厂商都受到生产能力约束，设厂商 i 的最大生产能力为 $\overline{q_i}$，应有 $q_i \leq \overline{q_i}$。厂商的生产能力是在双方进行价格博弈前以单位成本 $c_0 \in [3/4, 1]$ 进行投资博弈取得的。厂商的生产能力被确定下来后，在产量低于 $\overline{q_i}$ 时边际生产成本 c 为 0，在 $\overline{q_i}$ 后达到 ∞。

首先通过计算垄断利润来给出厂商的生产能力约束条件：由于厂商在价格博弈中所能获得的最大利润不应超过垄断情况下的利润，而垄断时厂商的最大化利润函数条件如下

$$\underset{p}{\text{MAX}}\; p(1-p) \tag{6-3}$$

根据一阶条件可以得出垄断利润为 $1/4$，因此厂商 i 的净利润（减去投资成本）不

可能超过完全垄断时的利润，即 $1/4-c_0\overline{q_i}$，由于 $c_0 \in [3/4,1]$，若 $\overline{q_i} \geq 1/3$ 净利润将是负数，出于净利润非负的考虑，企业的投资不会多于 $1/3$，即 $\overline{q_i} \in [0,1/3]$。

接下来将证明，如果 $\overline{q_i} \in [0,1/3], i=1,2$，则两家厂商都索取 $p^* = 1-(\overline{q_1}+\overline{q_2})$ 构成了一个唯一均衡。首先索取低于 p^* 的价格是没有意义的：p^* 价格下厂商完全倾销其最大生产能力，企业不能供应更多的商品，降价只会导致其以更低的价格供应原有数量商品，不符合利益最大化原则。其次若厂商把价格提高到 $p \geq p^*$ 以上，假设另一家厂商供应 $\overline{q_j}$，则该厂商的利润函数为

$$\pi = p(1-p-\overline{q_j}) = (1-q-\overline{q_j})q \tag{6-4}$$

由 $\overline{q_i},\overline{q_j} < 1/3$ 可知，利润函数在 $q=\overline{q_i}$ 处的导数为 $1-2\overline{q_i}-\overline{q_j} > 0$。因此把产出降到 $\overline{q_i}$ 以下（相应地把价格升高到 p^* 以上）不是最优的。因此可以得出生产能力约束下厂商的均衡价格 $p^* = 1-(\overline{q_1}+\overline{q_2})$。

值得一提的是，厂商的利润函数 $\pi = (1-\overline{q_i}-\overline{q_j})\overline{q_i}$ 表明在生产能力约束的条件下等价于以下的情况：两家厂商都将自己最大生产能力条件下的产出拿到市场上，在市场中同时存在一个拍卖商，拍卖商选择市场清算的价格 $p^* = 1-(\overline{q_1}+\overline{q_2})$，从而使市场的供给等于需求，这种利润被称为古诺利润。由于生产能力 $\overline{q_i}$ 和 $\overline{q_j}$ 是在 $[0,1/3]$ 之间，因此可得到在价格竞争后各企业的简约型利润函数为

$$\Pi^{ig}(\overline{q_i},\overline{q_j}) = [1-(\overline{q_i}+\overline{q_j})]\overline{q_i} \quad（包括投资成本）\tag{6-5}$$

$$\Pi^{in}(\overline{q_i},\overline{q_j}) = \{[1-(\overline{q_i}+\overline{q_j})]-c_0\}\overline{q_i} \quad（不包括投资成本）\tag{6-6}$$

该利润函数具有精确的古诺简约型。

二、两阶段博弈讨论

在上述例子中，用了一种比较简单的模型来探究厂商间的价格竞争。在该模型中，两家厂商都正确地选择了使它们生产能力达到最大的价格，在该过程中存在着一种两阶段博弈：在第一阶段，两家厂商首先同时选择生产能力 $\overline{q_i}$；了解了对方的生产能力后，在第二阶段同时选定了价格 p_i。该两阶段博弈的过程与下述的古诺数量竞争博弈相同：在一次博弈过程中，各企业选定数量 $\overline{q_i}$，而市场清算价格由一个拍卖商决定。

厂商先选定投资决策再进行价格竞争的两阶段博弈的概念，并不限于生产能力的选择。例如在投资设厂时，厂商的投资决策往往涉及对产品空间的选择。厂商在选择地址时将试图与别的厂商有所区别，以避免高强度竞争。这种两阶段博弈过程是有价值的，因为它形式化了下述概念：投资决策的做出一般要在价格决策之前，而价格则是可以灵活决定的。

以古诺竞争为基础存在着两个潜在后果：确切的古诺简约型（生产能力约束的价格

博弈将产生与古诺利润函数一样的简约型利润函数,其中生产能力由生产数量指代)和两阶段博弈中的古诺后果(博弈的均衡与古诺均衡是重合的,生产能力由生产数量指代)。对于这两个后果有三个值得注意的地方:首先,第一个结果隐含了第二个结果,而且它允许对古诺竞争的变量进行分析,需要注意的是,要认清这些结果需依赖于特强假设;其次,即使这样的结果能够出现,在使用简约型观点来证实古诺竞争适用于更一般的结构时,也要保持谨慎;最后,需要注意大多数厂商并不存在刚性的生产能力约束,一般不存在对古诺利润函数中的产出变量有任何意义的"生产能力水平"。

通过上述分析,可以得到以下三点结论:第一,在某些特定情况下,传统的古诺模型(Cournot Duopoly Model)的预测和福利结果可以存在坚实的理论基础;第二,两阶段博弈表明在价格竞争中,厂商可能会选择其他的非价格行动以达到缓和价格竞争的目的;第三,在很多关于古诺竞争模型的应用中,以确切的简约形式写出的利润函数并不完全是决定性的。所谓的数量竞争的具体含义为:企业成本函数是由规模的选择决定的,从而规模的选择也决定价格竞争的条件。但这个对规模的选择,可以是生产能力的选择,但也可以是更一般的投资决策。

三、古诺分析

本节将详细讨论产量约束下的一阶段博弈:通过预测对方的产量决策,两家厂商同时选择它们的数量(反映厂商的生产能力),即传统的古诺模型。该模型中厂商的利润为

$$\pi_i(q_i, q_j) = q_i P(q_i + q_j) - C_i(q_i) \tag{6-7}$$

在已知另一企业选定数量的情况下,每个企业都要选择自己的生产数量以使利润最大。将厂商 j 的预期产量与厂商 i 的最优产量选择之间的关系,用反应曲线 $q_i = R_i(q_j)$ 表示。这个式子表示,给定厂商 i 对厂商 j 产量 q_j 的预测,厂商 i 选择的最优产量。假设利润函数 $\pi_i(q_i, q_j)$ 对 q_i 是严格凹性且两次可微分的,通过将利润函数对产量求偏导可以得到古诺形式利润最大化的一阶条件,因此反应函数 $q_i = R_i(q_j)$ 应满足下式

$$\frac{\partial \pi_i(q_i, q_j)}{\partial q_i} = 0 \tag{6-8}$$

接下来,继续考察式(6-8)的经济学含义。更具体地,式(6-8)可表述为

$$\frac{\partial \pi_i(q_i, q_j)}{\partial q_i} = (q_i + q_j) - C_i'(q_i) + q_i P'(q_i + q_j) = 0 \tag{6-9}$$

式(6-9)前两项表示产出增加一个单位带来的利润量,它等于价格与边际成本的差值。第三项表示增加的这一单位对边际内单位利润量的影响:增加的这一单位产量导致价格下降 P',这又影响到已经生产出的 q_i 单位。这一项体现了各企业之间的负外部性,即厂商 i 仅考虑了市场价格变化对自身产出的不利影响,而不是对总产出的影响。因此,古诺模型中的行业总产出超过了垄断产量,导致市场价格低于垄断价格,总利润也低于垄断利润。对于竞争性厂商来说,不存在第三项,因为它的规模太小,很难对市

场价格产生影响；对于垄断厂商来说，q_i 等于全行业的产出。

除此之外，古诺形式利润最大化的一阶条件还可以表示为

$$L_i = \frac{\alpha_i}{\varepsilon} \tag{6-10}$$

其中：$L_i = \frac{P - C_i'}{P}$ 是厂商 i 的勒纳指数；$\alpha_i = \frac{q_i}{Q}$ 是厂商 i 的市场份额（$Q = q_i + q_j$）；$\varepsilon = -\frac{P'}{P}Q$ 是需求弹性。由该式可知勒纳指数与厂商的市场份额呈正比例关系，而与需求弹性呈反比例关系，即厂商以超过边际成本的价格出售商品，因此古诺均衡并非社会有效的。

接下来，在线性需求和成本的情况下推导古诺均衡的具体形式。假设 $D(p) = 1 - p$、$C_i(q_i) = c_i q_i$，根据一阶条件可以得出反应函数为 $q_i = R_i(q_j) = \frac{1 - q_j - c_i}{2}$，因此古诺均衡下产量 $q_i = \frac{1 - 2c_i + c_j}{3}$，利润为 $\pi_i = \frac{(1 - 2c_i + c_j)^2}{9}$。可以发现厂商的产出随边际成本的下降而下降，随竞争对手边际成本的上升而上升。这是因为竞争对手的成本上升会使其减少生产，这使得企业自身面对的剩余需求上升，从而鼓励其多生产，并且可以证明这一结论在满足下列两个条件时仍然成立：①反应曲线向下倾斜（产量是战略替代物）；②反应曲线只相交一次（存在唯一的古诺均衡），并且 R_2 的斜率（绝对值）小于 R_1 的斜率（绝对值）。

上述结论可以直接推广到 n 个企业的情况。令 $Q \equiv \sum_{i=1}^{n} q_i$，利润最大化的一阶条件可以写成

$$P(Q) - C_i'(q_i) + q_i P'(Q) = 0 \tag{6-11}$$

案例：算法合谋

在线性成本和对称需求情况下，$P(Q) = 1 - Q$、$C_i(q_i) = cq_i$，在 $c < 1$ 的情况下，对所有的厂商 i 而言一阶条件变为 $1 - Q - c - q_i = 0$。由对称性可知，$q_i = q_j = q$，总产出 $Q = nq$（q 为每个厂商的产出且完全相同），可以得到 $q = \frac{1-c}{n+1}$，此时市场价格为

$$p = 1 - nq = c + \frac{1-c}{n+1} \tag{6-12}$$

每个厂商的利润均为

$$\pi = \frac{(1-c)^2}{(n+1)^2} \tag{6-13}$$

上述结论表明，首先每家厂商的利润和行业总利润 $n\pi = n\frac{(1-c)^2}{(n+1)^2}$ 都随着厂商数目 n 的增加而减少，其次市场价格会随着厂商数目的增加而降低，且当厂商数目很大时

（$n \to \infty$），市场价格趋近竞争市场的价格c。因此当厂商数量很多时，每个厂商对于价格的影响是很小的，厂商此时更接近价格接受者，古诺均衡就会趋近竞争性均衡。

第三节 动态价格竞争

伯川德模型假定竞争是一次性的，即各厂商在单个时期内同时设定价格进行竞争。但现实中厂商之间的竞争往往持续多期。由于固定产品投入、技术知识以及进入壁垒等原因，厂商之间往往形成相对稳定的长期竞争关系，厂商之间的相互作用变得更为复杂和更具有现实性。例如，一家厂商可以采取在几期内降低产出的方法向另一家厂商发出寻求合作（而不是殊死竞争）的信号。如果另一家厂商也通过降低产出作出反应，则两家厂商达成合谋，避免了竞争，伯川德悖论也将不再成立。进一步地，如果任一厂商违背约定增加产出，另一家将采取在一段时间内增产并降价的措施作出报复，以惩罚犯规者。这种长期动态博弈会导致厂商在进行定价时不但要考虑当前利润的变化，还要考虑可能导致的价格战以及对长期利益等的影响，从而有利于厂商之间形成稳定的合谋关系。本节首先阐述了传统的合谋理论以及影响合谋稳定性的各种因素，后续部分则从动态博弈角度分析重复价格竞争如何导致默契合谋。

一、传统合谋理论

寡头合谋理论基于卡特尔（Cartel）理论。卡特尔理论认为，相互独立的寡头间非合作的竞争通常无法达到联合利润最大化，即联合收益低于单一垄断定价时的利润。但多个寡头可以通过卡特尔形式联合行动，像一个单一的垄断者或者像主导性厂商那样定价（或定产），从而增加联合利润。为保证联合利润最大化，寡头们就必须对卡特尔联盟保持忠诚：因为稳定的卡特尔联盟会刺激单个成员违背约定，如果一个厂商单独进行欺骗（削价或增加产量等），它就可以为自己谋取更大的利润，但是如果所有的卡特尔成员都想欺骗，那么卡特尔就会崩溃，并丧失对市场的控制。因此协议和忠诚是寡头合作策略中两个最根本的问题。传统的合谋理论认为，影响默契合谋稳定性的因素主要有以下几个方面。

（1）市场集中度。默契合谋在厂商数目较少（市场集中度更高）时更容易维持，一方面如果几家大型厂商占据了行业的大部分市场份额且协调行动，它们就可以在不涉及行业其他（较小）厂商的情况下提高价格；另一方面假设一个生产同类产品的市场上有n个企业，边际成本相同。如果所有企业达成合谋并且都索取垄断价格，则每个企业的利润为π_m/n，其中π_m为垄断利润。因此随着市场上厂商数目的增加，相较于完全竞争，合谋所产生的超额利润就越低，厂商就越有激励去违背协议独占市场。因此从价格战的威胁力度层面来看，高集中度的市场也更有利于默契合谋。

（2）产品差异化。厂商们对具有不同的质量或性能的产品很难达成一致的相对价格。这是因为，一旦产品质量或性能有所改进，就需要达成一个新的相对价格。对于相对价格的协议制定会导致默契合谋更缺乏稳定性：一家厂商如想增加销售又不违背定价协议，它可以提高产品质量但保持价格不变。此外，因为利润最大化的相对价格取决于市场需求，如果市场的多样化需求发生时期性变化，合谋就需要调整相对价格，在调整的过程中，默契合谋需要不断地重新建立。

（3）成本差异。成本差异使默契合谋的稳定运行变得更加困难。对联合利润最大化的追求需要在卡特尔成员之间适当分配产出，以使边际成本对所有厂商来说都是相同的。具有不同边际成本的厂商组成的卡特尔，可以通过把产出从高边际成本生产者向低边际成本生产者转移增加其联合利润。也就是说，卡特尔为实现联合利润最大化，高成本厂商需要接受一个比低成本厂商较低的产出和市场份额。差异化的市场份额安排意味着稳定默契合谋的复杂性，高成本厂商需要减少产量维持与低成本厂商之间的合作关系，相当于以自己的损失换取合谋利润最大化。

（4）折现率。折现率是对时间偏好率的一种度量。一个具有高折现率的厂商对近期所获得的利润会给予较高的权重，而对较长时期所获得的利润则会给予较低的权重，这类厂商往往倾向于确立较高的短期价格，在短期内获取更高利润。相反，一个具有低折现率的厂商，对长期所获得的利润几乎会与短期同样看待，这类厂商更可能倾向于限价策略，维护市场势力，在长期中取得经济利润。所以当合谋厂商对于当前和未来的利润大致取同样的权重时（折现率近似时），合谋的价格水平更容易达成一致。

综上所述，成本差异使默契合谋协议难以维持。尽管在一般集中程度的市场上，厂商有可能认识到它们之间的相互依赖关系，但是它们不可能心照不宣地实现联合利润最大化目标，除非它们生产标准化产品，具有相同的成本结构，以及拥有相同的折现率。如果这些条件满足，市场越集中，它们达成协议的可能性越大。

二、超级博弈

假设市场中两家厂商生产可以完全相互替代的产品，边际成本为 c。若两家厂商价格相同，则双方平分市场份额；若价格不同，低价厂商将得到整个市场，高价厂商则难以售出任何产品。与第 6.1 节中模型的唯一区别是，我们把基本的伯川德模型复制了 $T+1$ 次（这里 T 可能是有限数，也可能是无限数），所以这个博弈也被叫作超级博弈（或重复博弈）。

设厂商 i 在 t 时 $(t=0,\cdots,T)$ 的利润为 $\pi_i(p_{it},p_{jt})$，p_{it}、p_{jt} 分别表示厂商和它的对手索取的价格。假设每个厂商都追求自身利益最大化，则可得利润的现行贴现值为 $\sum_{t=0}^{T}\delta\pi_i(p_{it},p_{jt})$，其中 δ 为贴现因子（$\delta=e^{-rt}$，r 为瞬时利率，t 为各期间的实际时间）。δ 越接近 1，表示厂商的耐心越低或价格变化越快。

在每个时点 t，两家个厂商的价格 (p_{1t},p_{2t}) 都被同时选择。假设厂商在各时期之间不存在联系；并且当其中一个厂商选择当期价格时，另一厂商之前选定的价格已经失效。但是我们认为在 t 时的价格选择取决于之前价格。因此价格战略 p_{it} 依赖于历史：$H_t=(p_{10},p_{10},\cdots,p_{1,t-1},p_{2,t-1})$。对于任何给定日期 t 时的历史 H_t，厂商 i 从 t 开始的战略

在从厂商 j 那时开始的战略给定的条件下将使利润的现行贴现值最大。

当时期为有限,即 $T<+\infty$ 时,在探究动态价格博弈的均衡时要用逆向归纳法去寻找均衡状态。在 T 时期厂商的利润与之前的定价无关,因此各厂商在 T 期的定价只需确保他在这一时期的利润 $\pi_i(p_{iT},p_{jT})$ 最大化。这意味着对于任何历史定价来说,在 T 时期的均衡都是伯川德均衡,即 $p_{1T}=p_{2T}=c$;而 $T-1$ 时期的均衡价格仍可将 $T-1$ 视为最后一期,采用类似的推理可得到:$p_{1,T-1}=p_{2,T-1}=c$;按照逆向归纳如此进行下去可知:$T+1$ 期价格博弈的结果与伯川德均衡重复 $T+1$ 次相同,因此考虑动态博弈后该模型仍与伯川德模型结论一致。

但当时期无限,即 $T=+\infty$ 时,结论便发生了显著变化。首先伯川德均衡的无限次重复仍然会是这一博弈的均衡;另外,与有限时期不同,此时重复的伯川德均衡不再是该博弈的唯一均衡。假设厂商的垄断价格为 p^m[它使$(p-c)D(p)$最大化],每个厂商在 0 时期都索取 p^m。如果两个厂商在 t 之前的各时期都曾索取 p^m,它们在 t 时期继续索取 p^m,但如果有一个厂商在前一期背离垄断价格,另一厂商将选择从 t 时期之后一直把价格设定为边际成本 c。因为一次的背离将使合作停止,所以这种战略叫作触发战略。

假设贴现因子 δ 足够高,那么就会构成一个均衡:当两个厂商都索取相同的价格 p^m 时,每个厂商在每一时期都将挣得一半垄断利润;而如果背离这个价格,虽然厂商在背离期间能够获得最大利润 π_m(设定稍低于 p^m 的价格获取全部消费者),但随后由于另一厂商的报复行为它将永远只能得到零利润。因此如果 $\dfrac{\pi_m}{2}(1+\delta+\delta^2+\cdots)\geqslant \pi_m$(当 $\delta\geqslant 1/2$ 时不等式成立),两个厂商就都会遵守合谋的约定,此时触发战略就是均衡战略。

进一步可知,上述推导表明在贴现因子 δ 大于 $1/2$ 时,任意一个在垄断价格和竞争价格之间的价格都可以稳定地成为均衡价格,即 $p\in[c,p^m]$。如果其中一个厂商曾背离这个价格,那么双方都会永久性地索取竞争性价格,这将再次成为均衡战略。在一致遵守价格 p 的情况下,每个厂商得到 $\dfrac{\pi(p)}{2}(1+\delta+\delta^2+\cdots)$ 的贴现利润。如果某一厂商发生背离,在背离时段内它最多得到 $\pi(p)$ 的利润,由此可知,它在那一时段最多将多得到 $\dfrac{\pi(p)}{2}$ 的利润,而在这之后会永远失去 p 时的一半利润,即 $\dfrac{\pi(p)}{2}(\delta+\delta^2+\cdots)=\pi(p)\dfrac{\delta}{2(1-\delta)}$ 的利润,由此可得:若 $\delta\geqslant 1-\delta$,即 $\delta\geqslant 1/2$,厂商都没有激励背离均衡价格 p。

以上分析可以引出无名氏定理的一般结论:对于无限次重复价格博弈来说,任何一对利润(π_1,π_2)满足 π_1、π_2 及 $\pi_1+\pi_2\leqslant\pi_m$ 都是 δ 无限趋近 1 时的阶段均衡支付。

接下来继续基于超级博弈的框架探讨需求波动下厂商的合谋条件,以此来说明市场繁荣时对于合谋稳定性会产生冲击作用。此时市场需求在每一期以 $1/2$ 的概率在高位 $[Q=D_1(p)]$ 和低位 $[Q=D_2(p)]$ 之间随机波动,且对于任意价格都有 $D_1(p)>D_2(p)$,定

义贴现率 $\delta \in [0,1]$。在每个时期内，厂商定价前都已了解到本期的市场需求情况。

以 p_1^m、p_2^m、π_1^m、π_2^m 分别代表高需求和低需求状态下垄断价格与垄断利润，所以必然有 $\pi_1^m > \pi_2^m$。如果厂商之间达成完全合谋的协议，则每个厂商的期望利润贴现值如下

$$V = \sum_{t=0}^{\infty} \delta^t \left[\frac{1}{2} \times \left(\frac{1}{2}\pi_1^m + \frac{1}{2}\pi_2^m \right) \right] = \frac{(\pi_1^m + \pi_2^m)}{4(1-\delta)} \tag{6-14}$$

接下来研究浮动需求下维持串谋的条件。假定如果任一厂商背离以后，另一厂商将从下期开始永远索取竞争性价格 c，从而无法再获得利润。因此厂商的违约损失为下一期开始直至无限期的所有利润之和，违约额外所得为当期对方的利润（当期垄断利润的一半）

$$\text{LOSS}^{dev} = \sum_{t=1}^{\infty} \delta^t \left[\frac{1}{2} \times \left(\frac{1}{2}\pi_1^m + \frac{1}{2}\pi_2^m \right) \right] = \frac{\delta(\pi_1^m + \pi_2^m)}{4(1-\delta)} \tag{6-15}$$

$$\text{GAIN}^{dev} = \frac{1}{2}\pi_i^m, \quad i=1,2 \tag{6-16}$$

为使合谋可以维持，要求 $\text{GAIN}^{dev} \leqslant \text{LOSS}^{dev}$，由于高需求时期厂商的背离激励更强（$\pi_1^m > \pi_2^m$），因此令 $i=1$ 求得激励相容条件为

$$\delta \geqslant \delta_0 = \frac{2\pi_1^m}{3\pi_1^m + \pi_2^m} \tag{6-17}$$

可以看到此时 $\delta_0 \in \left(\frac{1}{2}, \frac{2}{3} \right)$，相较于确定需求情况下的 $1/2$，浮动需求状态下维持串谋要求更高的贴现率。因此当贴现因子 $\delta < \delta_0$ 时，完全合谋在高需求时期会被违背，但厂商仍可以维持较低利润的串谋（通过索取低于垄断价格的价格来降低合谋程度）。厂商需要通过选择 p_1、p_2 使得期望利润贴现值满足以下约束条件

$$IC(1): \quad \frac{\delta[\pi_1(p_1)+\pi_2(p_2)]}{4(1-\delta)} \geqslant \frac{1}{2}\pi_1 \tag{6-18}$$

$$IC(2): \quad \frac{\delta[\pi_1(p_1)+\pi_2(p_2)]}{4(1-\delta)} \geqslant \frac{1}{2}\pi_2 \tag{6-19}$$

由于市场处于高位时厂商更有激励违背合谋，因此只有 $IC(1)$ 具有约束性，解得 $\pi_1(p_1) \leqslant \frac{\delta}{2-3\delta}\pi_2(p_2)$。因此当市场处于低需求时厂商设定价格为垄断价格，$p_2 = p_2^m$，$\pi_2(p_2) = \pi_2^m$；当市场处于高需求时厂商设定价格使得 $\pi_1(p_1) = \frac{\delta}{2-3\delta}\pi_2^m$。由于 $\delta < \delta_0$，可以得出 $\pi_1(p_1) < \pi_1^m$，所以厂商在高需求时期的合谋价格低于垄断价格（但仍有可能高于需求较弱的时期，即 $p_1 > p_2^m$）。

浮动需求情况下，一方面厂商维持完全合谋所要求的贴现率较确定需求情况下更高；另一方面即使贴现率不能满足完全合谋的条件时，较低水平的合谋仍是可以维持的，此时厂商不得不在高需求情况下定价在低于垄断价格的水平，这不是一般意义上的价格

战，因为价格在市场繁荣期间实际上仍然可能会比萧条时期更高。在产业水平上，当大量订货到来时，卡特尔便有趋向于崩溃的可能。比如谢勒尔（Scherer，1969）就观察到在抗菌素的四环素市场上，在1956年10月军队医药采购当局大量订货下达后，这种默契合谋就倾向于崩溃了。

三、价格刚性

在上一节关于超级博弈的模型中，我们认为价格是可以连续调整的，厂商在每一期都可以重新定价进行竞争，但在现实中很难达成。由于价格变动时存在着"菜单成本"，因此很难在短时间内频繁作出调整，价格很可能呈现出短期刚性的特点。除此之外，在需求方面，过去的价格可以通过消费者对商品成本和转换成本的了解影响厂商声誉；在供给方面，过去的价格也可以影响厂商当前库存。这些都会导致过去的价格选择对当期利润产生影响。

那么如何将上述提到的价格刚性模型化呢？在本节中，假定各厂商非同步地选定价格。即考虑两个生产完全可替代产品的厂商，当时期为奇数时，厂商1进行定价，相应地在偶数期厂商2可以重新定价。这意味着每个厂商的价格将持续两期。其他假定与超级博弈模型一致，厂商 i 的无限期利益最大化目标如下

$$\sum_{t=0}^{\infty}\pi_i(p_{it},p_{jt}) \tag{6-20}$$

接下来以一个简单的例子研究该模型的内涵：假设需求函数 $D(p)=1-p$，两个厂商的边际成本 $c=0$。厂商的定价是离散的：$p_h=h/6$，其中 $h=0,1,\cdots,6$。因此竞争价格为 $p_0=0$，$p_3=1/2$ 是垄断价格。定义反应函数 $R_i(p_j)$ 为厂商 i 在当期的定价，这取决于厂商 j 的上期定价 p_j（由于厂商的定价持续两期）。由于反应函数是对称的，可以推导出厂商对于任意 p_h 的反应函数 $R(p_h)$：首先可以得到厂商都实施垄断定价 p_3 是一个稳定状态。此时如果一个厂商率先涨价，那么另一厂商的最优选择是继续进行垄断定价获取全部的垄断收益，因此 $p_h \geq p_3$ 时 $R(p_h)=p_3$；但是如果厂商1削价到 p_2，价格战就会开展，首先厂商2会在下期降价为 p_1，第二期轮到厂商1定价时，其采取混同战略行为：或者继续选择 p_1 进行价格战（进一步降为 p_0 是无意义的），或者率先涨价为原始的均衡定价 p_3，尽管这在短期内会损失市场份额，但长期会回到均衡状态，市场继续恢复垄断定价。

接下来，考察厂商1有无激励进行降价行为。设贴现因子为 δ，则均衡时厂商1得到的跨期贴现利润为

$$\sum_{t=0}^{\infty}\pi_1(p_3,p_3)=(1+\delta+\delta^2+\delta^3+\cdots)\times\frac{1}{8}=\frac{1}{8(1-\delta)} \tag{6-21}$$

如果它削价到 p_2，则该期它获得利润为 $2/9$；下一期对手削价为 p_1，无利润。第二期轮到厂商1重新定价，根据均衡战略，最优策略是定价为 p_3 引导市场重新回归均衡

状态。因此削价到 p_2 带来的跨期贴现利润为 $\frac{2}{9}+\delta\times 0+\delta^2\times 0+\delta^3+\delta^4+\cdots\times\frac{1}{8}$。

可以得出如果贴现因子满足 $\delta+\delta^2\geqslant\frac{7}{9}$,厂商 1 无激励进行削价,双方会在垄断价格下保持均衡。这表明厂商在削价的短期所得与由价格战招致的较长期损失之间的权衡结果。上述模型假定厂商总是可以满足市场需求,无生产能力约束,否则价格战的威胁将不复存在(企业无法完全满足降价带来的超额需求)。

四、友好行为的声誉

超级博弈模型证明了如果博弈是有限期的,其等价于伯川德均衡重复 $T+1$ 次,本节将通过引入厂商的合作信誉因素,证明即使是有限期博弈,参与者仍会选择合谋。

在一次性相互作用中,厂商之间的价格存在正相关关系(如果知道对手很可能收取高价,它也更可能收取高价)。因此由于一个厂商喜欢它的对手收取高价,它会愿意说服其对手,它自己也很可能收取高价。在一次性博弈中,如果厂商很难说服其对手,仅仅通过交流传递信息则很难被对手信任。然而,在重复博弈时,厂商可能通过提高价格来发送高成本的信号,从而缓和对方的行为,在未来时期获得更高利润率。比如,在一个两期价格对策中,一个厂商可以在第一期中索取超过它第一期期望利润最大化的价格,以传达一个信号:它很可能在第二期索取高价。这个信号之所以可信在于它是有代价的,厂商在第一期中牺牲了部分利润。为什么第一期的高价能够传达该厂商会在第二期索取高价的信息呢?这是由于其中包含了厂商的一些私人信息(该厂商成本更高)。因此如果不存在策略性利用,第一期的高价表明该厂商具有高成本,如果成本在各个时期之间为正相关关系,厂商在第二期内也会收取高价。因此,竞争对手应当使用该厂商第一期高价传达的信息,来推测其第二期的行为。在具有对边际成本不对称信息的重复价格竞争中,每个厂商可以通过提高价格牺牲短期利润的办法,来建立索取高价的声誉。

这一模型可以在重复招标中体现,假设政府采取一级招标方式采购它的供应品(在一级招标中,要求所有招标者宣布它愿意供应的商品价格,要价最低的厂商被选中,买主接受其供应。因此,一级招投标近似同质商品的伯川德竞争)。即使在一次性招标中,厂商的报价一般会高于边际成本,在其他厂商报价更高的情况下,该厂商获得正利润(由于厂商间的成本差异)。而在重复招标中,每个厂商要价甚至会更高,以图向竞争对手传递自己是高成本厂商的信号(在将来也可能索取高价),从而提高未来获利的概率。

为了具体化说明,考虑一个"囚徒困境"博弈的简单例子。如表 6-1 所示,该博弈有两个参与人,它们都在合作(C)和背叛(F)之间进行选择。如果都选择合作,每人得到 3 的收益;如果都选择背叛,每人得到 0 的收益;如果一个人选择合作,另一个人选择背叛,双方分别得到 –1 和 4。在这个博弈过程中,背叛对双方来说都是占优战略,博弈的唯一纳什均衡是 (F,F)。与伯川德模型类似,尽管博弈双方都选取合作 (C,C)

时的收益比都选择背叛（F, F）时的收益要更大，但博弈双方各自都会通过背叛获得更多收益。而且即使该博弈重复有限的 T 次，均衡仍为双方背叛（F, F）。除非博弈重复无限次，一方就可以通过威胁来维持合作均衡（C, C）以获取更多利益。

表 6-1 "囚徒困境"博弈

参与人 1	参与人 2	
	C	F
C	3, 3	−1, 4
F	4, −1	0, 0

在上述模型的基础上，假设有 $1-\alpha$ 的概率参与人是"理性的"，也就是他的策略选择完全基于表 6-1 所示的支付结果；有 α 的概率参与人是"非理性的"，其代表对于合作有强烈偏好或者讨厌背叛的人，他会选择在 $t=0$ 期合作，并且只要他的对手没有率先背叛，他都会继续合作，否则就选择背叛。

假定博弈从 $t=0$ 时开始，重复直到 $t=T$ 时结束，设贴现因子 $\delta=1$，每个厂商了解自己的偏好（"理性的"或"非理性的"），但不知道对手的类型。因为"非理性的"厂商的行为是确定的，因此只考虑当厂商 1 是"理性的"时他的最优策略。

首先，假设在 $t=0$ 时参与人 1 选择背叛，如果参与人 2 是"非理性的"，他将在 $t=1$ 期对背叛行为进行反击，此时参与人 1 得到的支付为 4；而如果参与人 2 也是"理性的"，那么无论参与人 1 如何，参与人 2 都会选择背叛，此时参与人 1 得到的支付为 0。因此参与人 1 在 $t=0$ 时选择背叛最多得到 4。

其次，考虑这样的策略：参与人 1 选择合作直到 $t=T_0$，除非参与人 2 在时期 t 选择背叛，此时参与人 1 下一期开始都选择背叛。该策略下若参与人 2 是"非理性的"，参与人 1 将从博弈中获得 $3(T_0+1)$；若参与人 2 是"理性的"，参与人 1 最坏得到 -1 的支付结果（即参与者 2 选择在第一期背叛）。因此该策略下参与者 1 得到的期望支付结果最少为 $\alpha[3(T_0+1)]+(1-\alpha)(-1)$。如果 T_0 足够大，即使 α 再小，也存在着一个 T_0，使得上述不等式成立，此时该战略优于从 $t=0$ 时开始选择背叛的战略。更准确地说，在 $t \leq T - T_0$ 之前的时期，参与人 1 都会选择合作。

上述结论表明只要时期足够长，每个参与者的占优策略都是选择合作。对于该结果的解释如下：对每个参与人来说，背叛是当期最优策略，但考虑到对方有可能是合作型时，即使概率 α 非常低，只要时期足够久，未来合作收益仍将弥补对方在该期选择背叛，自己得到一阶段的负盈利，总的期望收益仍超过当期背叛获得的利益。换句话说，在他们建立关系之初，每个参与人都愿意保持可能合作的信誉。但需注意的是，在接近末期时由于继续合作的可能损失开始超过继续合作的期望收益，因而合谋便无法维持。综上所述，选择在一段较长时间内合作并在接近结束时舍弃信誉选择背叛是最优战略。

案例：典型的合谋联盟——
石油输出国组织

1. 试证明两厂商同时索取相同价格（该价格等于二者中较高的成本）为博弈的伯川德均衡，并推导此时两厂商的利润表达函数。

2. 假设行业中有三个完全相同的厂商，市场的总需求为 $1-Q$（$Q=q_1+q_2+q_3$），边际成本为 0。

（1）计算古诺均衡。

（2）试证明如果三个厂商中有两个合并（此时该行业成为双寡头行业），合并后厂商的利润减少。

（3）如果三个厂商都合并，将发生什么样的情况？

（4）如果厂商之间进行价格竞争并出售多样化的产品，试探究此时厂商是否有利可图。

3. 假设在一个生产同质商品的双寡头空段的市场中，厂商 1 以一个单位劳动力和一个单位原料生产一个单位的产品，厂商 2 以两个单位劳动力和一个单位原料生产一个单位的产品。劳动力和原料的成本分别为 ω 和 r，需求为 $p=1-q_1-q_2$，各厂商之间进行数量竞争。

（1）计算古诺均衡。

（2）说明厂商 1 的利润（在某些范围内）不受劳动力价格的影响。试采用包络定理精确地证明这一点，并予以解释。

4. 假设市场上有两个厂商，他们以成本 $C(q)=q^2/2$ 生产完全可替代的产品，需求为 $p=1-q_1-q_2$。

（1）计算古诺均衡。

（2）假设厂商 1 有机会去别的市场上销售同样的产品。在该市场上卖出的数量为 x_1，此时厂商 1 的成本为 $(q_1+x_1)^2/2$。第二个市场的需求为 $p=a-x_1$。考虑以下的古诺博弈：厂商 1 和厂商 2 分别选择产量 q_1 和 q_2，试（运用包络定理）证明在 a 的适当区间内，$q_1=(2-a)/7$，$q_2=(5+a)/21$；且在 $a=1/4$ 的情况下，a 的微小上升将损害厂商 1 的利益。

5. 以重复价格博弈的无名氏定理为基础，证明：任何满足 $\pi_1>0$、$\pi_2>0$ 及 $\pi_1+\pi_2\leq\pi_m$ 的支付向量（π_1,π_2）是 δ 接近 1 时的均衡支付。

6. 以重复价格博弈的无名氏定理为基础，证明：对于 $\delta<1/2$，唯一的均衡利润是竞争性（零）利润。

第七章

产品差异化

【本章学习目标】

通过本章学习,学生能够:
1. 掌握产品差异化的概念和基本性质;
2. 掌握产品定位的霍特林模型和圆形城市模型;
3. 理解质量差异化下的寡头竞争模型;
4. 了解数字经济化时代,产品差异化的变革和影响。

海尔的产品创新

进入 20 世纪 90 年代,中国的家电行业开始重视产品质量和技术创新,海尔作为国产家电品牌的先驱者,打破多年欧美品牌的垄断局面,成功推出第一个中国冰箱名牌,一路跟随时代发展的节拍,持续产品创新,已经成为中国家电品牌走向全球的代表。

以洗衣机这一家电产品为例,虽然已经进入产品成熟期,但为了解决耗能大、耗时长、无法彻底清除顽固污渍等问题,海尔专门设立了科学洗衣实验室。经过长时间的深入研究,海尔研发团队发现问题的根源在于洗衣机和洗衣剂并没有达到有机的相辅相成,从而下决心重新构建了洗衣机的工作流程。通过算法让洗衣机自动称重,科学配比水和洗衣剂,独创了洗衣精华液焕活喷灌系统。这一技术创新不仅实现了省时、省水、省电,简洁利落的产品外观设计还满足了新生代消费人群的需求。

海尔在重视产品技术创新的同时,以消费者需求为出发点,充分发挥了工匠精神,有力地确保了自身在全球智能制造领域的领先地位。

资料来源:https://www.haier.com.

第一节 产品差异化的基础性质

一、产品差异化的类型

产品差异化可以分为横向产品差异和纵向产品差异两大类。

横向产品差异:又称水平或空间差异,是指在定价相同的情况下,消费者的最优选择与特定的消费群体有关。横向差异来源于消费者的偏好差异,比如不同的消费者喜欢不同的颜色,或者消费者更喜欢去距离较近的商店或超级市场购物,即不存在产品"好"与"坏"的评判。横向差异的另一种表述是:若以相同的价格出售不同品牌的差异化产品,不同消费者偏好不同的品牌,那么这些产品就具有横向差异。横向差异也表示不同消费者对于相同的产品评价不同。

纵向产品差异:是指消费者对某一产品具有较为一致的偏好排序,最典型的例子是质量差异。消费者关于质量的偏好次序是基本一致的,都认为较高的质量是更好的。纵向差异的另一种表述是:若以相同价格出售不同品牌的差异化产品,所有的消费者都会选择同一种品牌,那么,这些品牌具有纵向差异。

除了横向产品差异和纵向产品差异之外,产品差异化还可以根据不同性质分为以下三类。

信息差异:是指由于消费者和厂商之间存在着信息不对称,从而导致不同消费者对产品认知有所不同。解决这种信息不对称的最常见方法是广告。

策略性差异:主要是指厂商通过空间先占或选址来遏制潜在进入者进入相关市场,从而享有相应的市场权力。如投资兴建最有效的工厂;在有限的产品集合中选择产品;在受到约束的地理位置集合中选择厂址。

服务差异:是指厂商在售前、售中和售后提供的服务内容与服务质量方面的差异。

二、产品差异化的来源

从消费需求角度来看,产品差异包括消费者对类似产品的不同态度。因而,产品差异的来源就包括引起购买者决定购买某种产品而非另一种产品的各种原因。具体地,产品差异化的来源可以概括如下。

(1)质量或设计方面的原因。

(2)信息闭塞或不完整的原因,即消费者对所要购买的产品的基本性能和质量不了解(如不是经常被购买的或设计复杂的耐用品)引起的差异。

(3)由销售者推销行为,特别是广告、促销和服务引起的牌号、商标或企业名称的差异。

(4)同类企业地理位置的差异。

虽然产品差异的来源各种各样,但在不同行业中造成差异化的原因却有所不同。

例如,由于消费者信息闭塞,易受广告宣传的诱导,广告在产生产品差异方面扮演重要的角色,比如表现在美妆品、烟酒等产品的差异上;而电气装置和汽车则主要是产品设计上的差异。同时,研究者还发现,消费品行业比生产品行业的产品差异程度要大,因为在后一行业,消费者对所购产品的质量及技术情况了解甚多,许多产品又是标准化的,因而,生产品的有形差异并不多。显然,在农业、林业、水产业及矿业等行业中,产品差异显得微不足道,而在批发、零售、服务业、建筑业、运输业中,产品差异却显得很大。

三、产品差异化的特征方法

综上可知,产品差异的类型和来源不尽相同,每个产品间的差异表现在各个方面,如样式、价格、舒适度及品牌知名度等。若将一种产品看作不同特征的集合，消费者对产品的总体评价取决于其对不同特征给予的权重。为了系统性地比较两个产品之间的差异，可以利用产品差异化的特征方法来量化消费者对产品的偏好程度。通俗地来说，消费者可以为产品打分，赋予产品的每个特征一个分数，再将所有特征分数加总得出一个总分，以此代表消费者对于这一产品的偏好程度，通过比较总分的高低来对产品进行有效的排序选择。值得注意的一点是，不同的消费者偏好也各不相同，年龄、性别、职业以及收入等客观因素都会影响消费者对一个产品的主观偏好程度，对同一产品打出的分数也就有高有低。

例如，一位年轻大学生和一位退休老人都需购入一部新手机，两人对手机需求的侧重点不同，那么对于不同型号手机的偏好程度一定也会有所不同。比如，年轻大学生可能会偏好拍摄像素高且屏幕大的智能手机，而退休老人可能会偏好功能简单且拨号方便的老人机。这里，可以将手机的像素、功能、价格、购买路径以及售后服务这五个产品特征作为决策指标，建立一个消费者偏好量化模型，在此基础上构建出消费者购买产品的偏好序列曲线，以此反映消费者对待不同产品的态度以及消费者的决策行为模式。

两位消费者为华为最新款智能手机打分，每个产品特征满分为 10 分，共五个产品特征如表 7-1 所示。

表 7-1 华为最新款智能手机打分情况

	拍摄像素	功能	价格	购买路径	售后服务	总分
大学生	10	9	7	8	7	41
退休老人	5	4	2	4	4	19

两位消费者为一款市面畅销老人机打分，每个产品特征满分为 10 分，共五个产品特征如表 7-2 所示。

表 7-2 市面畅销老人机打分情况

	拍摄像素	功能	价格	购买路径	售后服务	总分
大学生	1	2	10	5	3	21
退休老人	5	9	10	7	7	38

根据以上两个表格的总分对比可以看出，大学生更倾向于购买华为的最新款智能手机，而退休老人则更倾向于购买市面畅销的老人机。上例表明企业可以通过产品差异化的特征了解消费者的决策心理，从而优化产品设计并制定有效的营销策略。

第二节 产品定位模型

产品定位模型是基于定位（空间）的差异化模型，消费者偏好的不同形成了差异化的产品空间。例如，消费者对辣有不同的偏好程度，有的消费者无辣不欢，而有的消费者一丝辣味都不能接受；由于固定成本的存在，企业并不能覆盖具有不同辣度偏好的每个消费者。本节首先将每个企业在产品空间中的定位（此例中即为生产产品的辣度选择）

都视作既定的,并通过计算纳什均衡来求解产品价格,继而探讨企业在产品空间中的定位问题。

一般情况下,根据产品差异化原则,各个企业都不愿意在产品空间中定位于同一位置。其原因就在于伯川德悖论:生产同质性产品的两家企业,面对的是无拘束的价格竞争。相比之下,产品的差异化会产生固定的顾客群体,从而企业就能享受这些固定客户所带来的一定市场势力。正因如此,企业通常会想方设法将自己与其他企业区分开来。然而,产品的特征对差异化程度具有一定的限制,好比加油站不能随意选址在任何地方,还有一些日常生活用品本质上差异甚小,如食用盐和白砂糖。

企业的固定成本涵盖资本、人力、研究与开发等,巨大的固定成本开支并不允许所有技术上可行的产品都被生产出来。现实情况往往是企业从众多产品中进行筛选,择优选出适合被投入量产的少数几款产品。考虑到实际的市场需求,生产多款差异不大的产品的企业是不可能有利可图的。因此,固定成本导致产品系列的不完整,也就是说,产品空间中的产品类型往往不能全部被覆盖。

本节接下来将针对两个空间差异化的标准模型分别展开讨论:霍特林模型("在线上的")和圆形城市模型("在圆上的")。通过这两个模型可解释伯川德悖论产生的原因,并阐明产品差异化对企业价格竞争的影响。

一、霍特林模型

在垄断竞争中,企业生产的是存在差异但又能相互替代的产品,产品差异化导致了消费者对不同企业生产的同类产品有着不同的偏好,价格不是他们唯一关注的因素。然而,现实中很难客观地量化消费者的主观偏好。为了解决针对产品差异化的价格竞争问题,霍特林(Hotelling)提出了一个空间选址模型来解释厂商的定价行为,也被认为是横向产品差异化模型的先驱。霍特林模型假定一座长度为1的"线性城市"坐落在一条横坐标线上,而消费者均匀地分布于[0,1]这一区间内(分布密度为1)。首先,假定有两家企业或商店,它们销售同样的产品,而且这两个商店位于城市的两个端点:商店1位于$x=0$,商店2位于$x=1$。每个商店产品的边际成本为c。消费者购买产品的出行成本与其距离商店的路程成比例,单位长度的运输费用为t。如此可得,位于x的消费者如果去商店1消费,运输费用为xt;如果去商店2消费,运输费用为$t(1-x)$。假定消费者具有单位需求,购买1个或0个单位产品。消费者消费一单位产品的剩余是$\bar{s}$,总成本相当于价格和运输费用的总和。

本节探讨霍特林模型的一种变式,运输成本不再是一次的(线性的),而是二次的。在这种情况下,位于x的消费者去商店1的出行成本就变为tx^2,去商店2的出行成本为$t(1-x)^2$。在这个变式模型中,边际运输成本随着距离商店的路程的增长而增长。

1. 产品差异化与价格竞争

假设商店的选址是既定的,也假设两个企业同时选择自己的销售价格p_1和p_2,可以推导出与二次运输成本相对应的市场需求函数。为了保证市场被完全覆盖,也就是说,所有消费者都会来购买此产品，还需假设两点：这两个企业的价格差距并不大，从而两个企业都有市场需求；产品价格相对于 $\bar{s}$ 来说不算太高。显然，一个企业如果面临零需求，也就意味着零利润，企业就会降低产品价格来吸引消费者，从而抢占市场份额，所以第一个假设在均衡条件下一定会被满足。如果产品的消费者剩余 $\bar{s}$ 足够大，第二个条件也会在均衡条件下被满足。考虑一个居住在 $x = D_1(p_1, p_2)$ 的消费者，对于从商店 1 或者商店 2 购买产品并无差异，x 需满足

$$p_1 + tx^2 = p_2 + t(1-x)^2 \tag{7-1}$$

解上式得到两个企业的市场需求分别为

$$D_1(p, p_2) = x = \frac{p_2 - p_1 + t}{2t} \tag{7-2}$$

$$D_2(p_1, p_2) = 1 - x = \frac{p_1 - p_2 + t}{2t} \tag{7-3}$$

当两个企业定位于城市的两个端点时，线性运输成本和二次运输成本的需求函数是一样的。在这两种情况下，企业 i 的利润都是：

$$\Pi^i(p_i, p_j) = (p_i - c)(p_j - p_i + 1)/2t \tag{7-4}$$

给定竞争对手的价格为 p_j，企业 i 选择自己的价格为 p_i，目标是追求自身利润 Π^i 最大化，即

$$\Pi^i = \underset{p_i}{\text{MAX}}[\Pi^i(p_i, p_j)] \tag{7-5}$$

企业 i 利润最大化的一阶条件是

$$p_j + c + t - 2p_i = 0 \tag{7-6}$$

可以得出在产品差异化的情况下的价格最优解和企业均衡利润，即

$$p_1^c = p_2^c = c + t \tag{7-7}$$

$$\Pi^1 = \Pi^2 = t/2 \tag{7-8}$$

由上述两个式子可知，运输成本越高，对消费者来说产品的差异就越大、产品之间的替代性就越小，这就给予企业借机提高市场价格的机会，企业获得了更大的市场势力，从而获取更高的垄断利润。如果消费者具备识别不同企业所售产品之间的微小差异的能力，并且在意这些差异，消费者就不得不花费更多金钱来购买自己中意的产品。另外，当 $t = 0$ 时，也就是运输成本为零时，不同企业所售产品之间可以互相完全替代，所有消费者都可以随意选择去哪个商店消费，这一点与伯川德模型所得出的结论是一致的。产品之间差异的不足导致了伯川德结果。

在上述分析中，前提假定是两个企业位于线性城市的两个端点，也就是一种相距尽可能远、产品差异化程度最大的极端情况。为了研究企业在产品空间中的定位，即产品差异化程度的选择，需要考虑均衡价格是如何根据企业定位的不同而有所变化的。这里假定另一种极端情况，两个企业生产同质性产品，也就是说它们的产品之间是可以完全相互替代的，并且意味着它们定位于同一地点，比如 x_0。这样，住在任何一点 x 的消费者的总成本为 $p_i + t|x - x_0|$，在二次运输成本模型中则为 $p_i + t(x - x_0)^2$，比较消费者的总

成本就相当于只比较价格 p_1 和 p_2。因此，伯川德结果也适用于这种相同定位的极端情况

$$p_1^c = p_2^c = 0 \quad (7\text{-}9)$$

$$\Pi^1 = \Pi^2 = 0 \quad (7\text{-}10)$$

一般地，在二次运输成本变式中，假定商店 1 坐落于 $a \geq 0$ 点上，商店 2 坐落于 $1-b$ 点上（$b \geq 0$）。假定 $1-a-b \geq 0$（即商店 1 位于商店 2 的左边），当 $a=b=0$ 时，两家商店位于线的两个端点；当 $a+b=1$ 时，两家商店定位相同。如果住在 x 的消费者对于从商店 1 或者商店 2 购买产品并无差异，即 $p_1 + t(x-a)^2 = p_2 + t(1-b-x)^2$，则所有住在 x 左边的消费者都会选择去商店 1 购买产品，而所有住在 x 右边的消费者都会选择去商店 2 购买产品。可以得出两家商店的需求函数分别为

$$D_1(p_1,p_2) = x = a + \frac{1-a-b}{2} + \frac{p_2-p_1}{2t(1-a-b)} \quad (7\text{-}11)$$

$$D_2(p_1,p_2) = 1-x = b + \frac{1-a-b}{2} + \frac{p_1-p_2}{2t(1-a-b)} \quad (7\text{-}12)$$

以式（7-11）为例，注意到在价格既定的情况下，等式右侧的第一项 a 代表商店 1 覆盖了位于自己左边的所有消费者，第二项 $\frac{1-a-b}{2}$ 代表其吸引了住在两个商店中间但靠近商店 1 的半数消费者，第三项 $\frac{p_2-p_1}{2t(1-a-b)}$ 代表需求对于价格的敏感性。

可以通过利润函数求解纳什均衡，利润最大化的定价分别为

$$p_1^c(a,b) = c + t(1-a-b)\left(1+\frac{a-b}{3}\right) \quad (7\text{-}13)$$

$$p_2^c(a,b) = c + t(1-a-b)\left(1+\frac{b-a}{3}\right) \quad (7\text{-}14)$$

当 $a=b=0$ 时，两家商店分别位于线的两个端点，代入式（7-13）、式（7-14）可得

$$p_1^c(0,0) = p_2^c(0,0) = c + t \quad (7\text{-}15)$$

当 $a+b=1$ 时，两家商店定位相同，代入式（7-13）、式（7-14）可得

$$p_1^c(a,1-a) = p_2^c(a,1-a) = c \quad (7\text{-}16)$$

由上述结果可知，若两个企业在线性城市的定位相同，出售的产品为同质性产品，消费者只在意价格的高低，这样的竞争导致的直接结果就是两个企业都按照边际成本定价，无法获得超额利润，即伯川德结果。通过以上结论，可以从侧面证明产品之间的差异不足以激化价格竞争，而产品差异化则会弱化价格竞争。

2. 产品差异化与选址

现在，假设每个企业只能选择一个地址。由此定义了一个两阶段博弈：①两企业同时选择地址；②给定地址后，两企业同时选择价格。已知，每个企业不仅需要考虑其自身选址会对它的需求函数产生怎样的影响，还要考虑选址所面对的价格竞争的激烈程度。为了研究地址的选择，由企业 1 的需求函数可以得出利润函数

$$\Pi^1(a,b) = [p_1^c(a,b) - c]D_1[a,b,p_1^c(a,b),p_2^c(a,b)] \quad (7\text{-}17)$$

对于企业 1 来说，给定其竞争对手的地址 b，相对于 a 求 $\Pi^1(a,b)$ 的最大化，可以获得均衡时企业 1 的地址选择，企业 2 同理。

达斯普里蒙（d'Aspremont，1979）等人的研究表明，在考虑二次运输成本的情况下，当两个企业分别位于城市的两个极端，也就是产品差异最大化时，两家企业的地址选择均达到均衡状态。每个企业选址都想远离竞争对手，避免对方通过降低价格来抢占市场份额，从而达到弱化价格竞争的目的。

为了证明这一结论，假定 $0 \leq a \leq 1-b \leq 1$，由包络定理可知：企业 1 在第二阶段必定会选择利润最大化的价格，所以 $\partial \Pi^1 / \partial p_1^c = 0$。如此一来，衡量企业1利润 Π^1 对地址选择 a 的敏感程度只需要考虑两点：一是 a 对 Π^1 的直接效应（需求效应）；二是企业 2 的价格变动而引起的间接效应（策略效应）。可得

$$\frac{d\Pi^1}{da} = (p_1^c - c)\left(\frac{\partial D_1}{\partial a} + \frac{\partial D_1}{\partial p_2}\frac{dp_2^c}{da}\right) \quad (7\text{-}18)$$

由企业 1 的需求函数和两家企业利润最大化的定价，可得

$$\frac{\partial D_1}{\partial a} = \frac{1}{2} + \frac{p_2^c - p_1^c}{2t(1-a-b)^2} = \frac{3-5a-b}{6(1-a-b)} \quad (7\text{-}19)$$

由企业 1 的需求函数和企业 2 利润最大化的定价,可得

$$\frac{\partial D_1}{\partial p_2}\frac{dp_2^c}{da} = \frac{1}{2t(1-a-b)}\left[t\left(-\frac{4}{3} + \frac{2a}{3}\right)\right] = \frac{-2+a}{3(1-a-b)} \quad (7\text{-}20)$$

将上述两式相加，可以得到

$$\frac{d\Pi^1}{da} = (p_1^c - c)\frac{-3a-b-1}{6(1-a-b)} \quad (7\text{-}21)$$

加之 $(p_1^c - c) > 0$，可得 $d\Pi^1 / da < 0$。由此可知，如果企业 1 在企业 2 的左边，则企业 1 总是会向左移动，同理 $d\Pi^2 / db < 0$，企业 2 总是会向右移动。因此，地址选择的均衡是最大化产品差异。

关于需求效应和策略效应，包络定理体现了两者之间的矛盾。根据企业 1 的需求函数可知，如果 a 不算太大，比如当 $a < \frac{1}{2}$ 时，企业 1 将会愿意向线段中心移动，从而增加其市场份额。总的来说，两个企业都想将地址定位于线段的中心或尽可能地接近中心位置（可见本章第二节第三部分）。然而，两个企业同时也清楚地知道，产品差异化的减小会引得竞争对手降低产品价格。计算表明，二次运输成本的设定下策略效应起到支配作用。所以，企业的选址问题值得深思。

现在，从社会最优化的角度出发，假定一位社会规划者要为两个企业选址，在总需求不变的情况下，其目标是追求社会总运输成本的最小化。根据对称性，社会规划者会把两家企业设置在线段中心左右两侧的中点位置，即分别位于线段的 1/4 处和 3/4 处。这样一来，在消费者均匀分布在线段上的情况下，两个企业就能均分市场，以相同的价格分别供应线段中心左右两侧的消费者。以图 7-1 为例，企业 1 覆盖[0,1/2]区间内的消

费者，企业 2 覆盖[1/2,1]区间内的消费者。显而易见，根据社会福利最大化所得出的企业选址与企业利润最大化目标的企业选址（两家企业分别位于线段的两端）有所不同，也就是说市场提供了过多的产品差异。

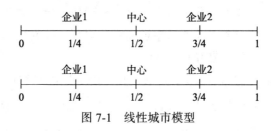

图 7-1　线性城市模型

包 络 定 理

包络定理即分析参数对函数极值的影响，按情况可分为无约束极值和条件极值，在最大值函数与目标函数的关系中，可以看到，当给定参数 a 之后，目标函数中的选择变量 x 可以任意取值。如果 x 恰好取到此时的最优值，则目标函数即与最大值函数相等。

包络定理的主要应用：

1. 无约束极值

考虑含参量 a 的函数 $f(x,a)$ 的无条件极值问题（x 是内生变量，a 是外生变量）。

显然，一般地其最优解 V 是参量 a 的函数，即 $V(a)$。

包络定理指出：V 对 a 的导数等于 f 对 a 的偏导数（注意是 f 对 "a 所在位" 变量的偏导数）。

而且，我们还可以注意到，当目标函数与最大值函数恰好相等时，相应的目标函数曲线与最大值函数曲线恰好相切，即它们对参数的一阶导数相等。对这一特点的数学描述就是所谓的 "包络定理"。

数理表示：

$$d\Phi / da = \partial f / \partial a (x = x^*) \qquad (7\text{-}22)$$

2. 条件极值

包络定理指出，某参数对目标函数极值的影响，等于拉格朗日函数直接对该参数求偏导数，并在最优解处取值的情况。在微观经济学中有广泛应用。

数理表示：

$$d\Phi / da = \partial L(x,a,\lambda) / \partial a (x = x^*) = \partial f / \partial a - \lambda \partial g / \partial a \qquad (7\text{-}23)$$

社会福利最大化的企业选址

从社会最优化的角度出发，假定一位社会规划者要为两个企业选址，在总需求不变的情况下,其目标是追求社会总运输成本的最小化。根据对称性,社会规划者会把两家企业设置在线段中心左右两侧的中点位置,即分别位于线段的 1/4 处和 3/4 处。

此结论的证明方法如下:

在消费需求不变的条件下,可得消费者的总运输成本为

$$2\int_0^{1/2} tx^2 dx = t/12 \qquad (7\text{-}24)$$

为了使消费者的平均运输成本最小化,且根据对称性原则,可以得出

$$\text{MIN}_a\, 2\int_0^{1/2} t(a-x)^2 dx \qquad (7\text{-}25)$$

继续求解

$$\text{MIN}_a\, \frac{-at}{4} + \frac{a^2 t}{2} \qquad (7\text{-}26)$$

可得

$$a = \frac{1}{4} \qquad (7\text{-}27)$$

由此可知,当消费者以 1 的密度均匀地分布在线段上时,两个企业会分别定位于线段中心两侧等距离处,也就是说,企业选址的最佳定位分别位于线段的 1/4 处和 3/4 处,这样两个企业就能均分市场,以相同的价格分别供应线段中心左右两侧的消费者。

二、圆形城市模型

1. 模型

在上一小节中,霍特林模型主要研究了双寡头企业的价格竞争和选址问题,而从现实角度出发,垄断竞争中往往存在不止两家企业,尤其霍特林模型假定企业的定价和选址是一次性决定的,而实际上企业可能会频繁地改变产品设计以及自己的定价和选址策略,如果这些变动并不需要成本,均衡就不复存在,这也凸显了霍特林模型的局限性,以至于难以应用于现实情况。为此,萨洛普(Salop)在霍特林模型的基础上进行了一些修正,并提出了一个新的模型:圆形城市模型,以便更好地满足现实条件。

在圆形城市模型中,萨洛普假定消费者并不是均匀地分布在直线上,而是均匀地分布在周长为 1 的圆周上(分布密度为 1),企业同样分布在圆周上,消费者沿着圆周出行购买产品。在这里,可以将这个圆周设想成一座环湖的城市,便于理解。之所以提出用圆形取代线性城市,原因就在于圆形没有终点,这样企业在选址定位上就更加地自由。与霍特林模型相似,假定消费者仍然购买一单位的产品,单位距离的运输成本为 t,消费 1 单位产品的净剩余为 $\bar{s}$。企业进入市场的固定成本为 f,边际成本为 c。除固定成本之外,市场没有其他进入壁垒。这样,假定市场中存在 n 家企业,其中一家企业 i 的产品价格为 p_i,需求为 D_i,可得利润为 $(p_i - c)D_i - f$。

圆形城市模型定义了一个两阶段博弈:第一阶段,潜在的企业同时决定是否进入市场。每个企业都想尽可能远离其他竞争对手,以实现其对周边市场更强的操纵力量,所以竞争结果就是各企业自动等距离地坐落在圆周上。已知圆的周长为 1,市场上存在 n

家企业，可以得出任意两家企业之间的距离为 $1/n$。这样的选址构成了最大限度的产品差异化。第二阶段，在地址给定的情况下，各个企业进行价格竞争。假定市场是自由进入的，即市场上存在着足够多的企业，但实际上，对于任何一家企业 i 来说，其面临的竞争对手只有两家，就是分别定位在其左右两侧的两家企业。假定邻近的两家企业定价为 $p_{i-1} = p_{i+1} = p$，住在相距企业 i 的距离为 $x \in (0, 1/n)$ 的消费者在满足以下条件时

$$p_i + tx = p + t(1/n - x) \tag{7-28}$$

对从企业 i 购买还是从其邻近的另一家企业购买产品是无差异的（图 7-2）。

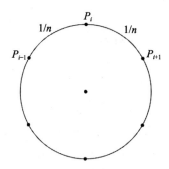

图 7-2 圆形城市模型

这样，企业 i 面对的需求为

$$D_i(p_i, p) = 2x = \frac{p + t/n - p_i}{t} \tag{7-29}$$

企业 i 追求利润最大化，即

$$\underset{p_i}{\text{MAX}} \left[(p_i - c)\left(\frac{p + t/n - p_i}{t}\right) - f \right] \tag{7-30}$$

求解一阶条件，可以得到

$$p_i = p = c + \frac{t}{n} \tag{7-31}$$

可见，式（7-31）的结果和在霍特林模型中所得出的结果是相似的，边际利润 $(p-c)$ 随着企业数目 n 的增加而减少。在垄断竞争中，市场是自由进出的，从而所有现存企业的均衡利润都为 0，即

$$(p - c)\frac{1}{n} - f = \frac{t}{n^2} - f = 0 \tag{7-32}$$

由此可知，在自由进入的市场条件下，达到均衡的企业数目和市场价格相应地为

$$n^c = \sqrt{t/f} \tag{7-33}$$

$$p^c = c + \sqrt{tf} \tag{7-34}$$

由式（7-33）、式（7-34）可知，固定成本的增加会导致企业数目的减少和边际利润 $(p^c - c)$ 的增高。而运输成本的增加会导致边际利润的增高，进一步引起企业数目的增加。

从圆形城市模型可以看出，各企业在垄断竞争中可以通过开发和出售具有差异化的产品来实现高于边际成本的定价，从而获得一定程度的市场势力，但考虑到潜在进入者所带来的压力，现存企业实际上是无法获得超额利润的。不过在固定成本投入较高的领域，潜在进入者可能为了规避投资风险，进入市场的动机会有所下降，消费者在购买产品时则不会面临更多选择。而当固定生产成本 f 向零收敛时，进入市场的企业数目趋向无限，市场价格也趋向边际成本。大量企业的涌入代表着它们会竞相推出更多具有差异化的产品，从而消费者也更容易购买到贴近个人喜好的产品。在垄断市场中，如果现存企业数目并不多，就不会针对同一消费者群体而展开相互竞争。每个企业都会对自己的定位所在进行区域性垄断，并向其垄断区域内的所有消费者出售产品，使得消费者剩余（$\bar{s}$）为正。

同时，圆形城市模型也阐述了企业的品牌扩散效应，如果一家企业旗下拥有足够多的外围品牌，且市场份额几乎已经被瓜分完毕，那么在消费者总量和需求不变的情况下，潜在进入者难以在初期阶段就吸引到足够多的消费者（也可以称为种子用户），导致其难以在市场中抢占一席之地，也就无法达到盈利的目的。比如，欧莱雅集团作为美妆品行业中的领导者，在护肤、彩妆、香水以及美发等领域都推出了数个品牌以吸引不同层次、不同需求的消费者，并且通过不断收购其他中小品牌来实现其全球性的扩张，进一步加强集团的品牌组合。从另一个角度出发，被并购的品牌在欧莱雅集团旗下也得到了快速的增长，从而实现了共赢。

此外，从社会规划的角度来看，圆形城市模型还有助于避免社会资源的过度浪费。由于自由市场除固定成本之外没有进入壁垒，各企业都从自身利益出发，为了回收初期投入的固定成本而蓄意压低价格，引起激烈的价格竞争，甚至负盈利运营，打乱市场秩序。不仅损害了企业的自身利益，社会也承担了过高的固定成本支出，偏离了社会规划的最优方案，导致了社会福利的损失。在推导社会最优化方面，假定一个社会计划者的目标是追求固定成本和运输成本最小化，即

$$\operatorname*{MIN}_{n}\left[nf + t\left(2n\int_0^{1/2n} x\,dx\right)\right] \tag{7-35}$$

或者，等价地

$$\operatorname*{MIN}_{n}(nf + t/4n) \tag{7-36}$$

由此，可以得到

$$n^* = \frac{1}{2}\sqrt{t/f} = \frac{1}{2}n^c \tag{7-37}$$

由式（7-37）可见，在自由进入的条件下，市场竞争导致现存企业的数目过多，甚至超过社会最优化所需企业数目的一倍，社会承担着过高的固定成本投入，造成了资源的浪费。同时，这一结论也从侧面证明了政府在一定程度上对市场的调节管控是十分必要的，比如增加税收来提高潜在企业的进入门槛，适度的政府干预可以有效节约固定成本投入，降低产品价格，优化社会资源。

2. 讨论

与线性城市模型不同，圆形城市模型并没有将企业的选址问题纳入考虑，而是直接

假定各企业之间的距离是相等的。艾可奥麦兹（Economides, 1984）在圆形城市模型的基础上加入了企业选址的考量，探讨了一个三阶段博弈：企业首先选择是否进入市场；其次选择在圆周上的定位；最后再进行价格竞争。艾可奥麦兹通过求解在自由进入条件下针对二次运输成本的均衡定位和均衡价格，以此证明了萨洛普模型假定等距离选址的合理性。

圆形城市模型还假定所有企业是同时进入市场的，虽然并不符合现实情况，但这一假定消除了产品定位的策略效应，因为产品定位不但可以抑制市场进入，而且能够对竞争对手后续的产品选择策略造成一定程度的影响。一般情况下，诸企业可能会按顺序进入市场，每个企业的选址都会影响到未来潜在企业进入市场的选址。这里有两个问题值得思考：一是如何确定均衡状态下企业的定位模式；二是如何确定最佳的进入时机。

除此之外，圆形城市模型还有一个关键性假定，就是每个企业只会推出一个品牌，但实际上，一个企业旗下可以存在多个品牌来挤占产品空间，即上文提到的品牌扩散效应。已知竞争会导致利润的减少，相比于多寡头企业来说，单寡头企业能够赚取更多的利润，所以现存的企业会积极地开发新的产品，抢夺市场份额，阻止潜在企业进入市场。

三、最大差异化和最小差异化的选择

综上所述，线性城市模型和圆形城市模型的假定条件虽然并不贴合实际，但它们揭示了价格竞争的本质，并且有助于经营战略作出相应预测。其中一个重要观点就是差异化原则：企业寻求产品差异化，从而缓和价格竞争。在现实生活中，可以理解为何众多企业追求产品的最大差异化，然而并不是所有企业都以此为目标。

以线性城市模型为例，直接效应使企业倾向于定位在线段的中心，也就是需求的所在之处。在达斯普里蒙等人的研究中，需求和差异化都是吸引企业的因素，这两股力量相互拉扯，研究结论得出，相比于直接效应，策略效应起到支配作用。由此可见，企业会追求一定程度的产品差异化，但从市场需求的角度出发，可能并不会考虑最大差异化。在一些需求相对集中的地点往往可以观察到类似的例子，比如，大学城附近总会形成颇具规模的小吃街或者夜市。除了选址之外，企业还可以在其他方面寻求更大的差异化。例如，在小吃街消费的大学生们口味偏好各有不同，这样商家就可以通过贩卖多种多样的食品以满足不同的消费需求。

还需要考虑到的是，企业之间可能存在正外部效应，导致它们并不追求最大差异化的选址定位。就节省成本而言，企业可能因为公用设施或贸易中心而集中定位在某一处，还可能集聚在原料生产地周围。比如，商贩们会定期集聚于早市来销售农副产品，尽管同类产品的竞争异常激烈，但在短期内可以达成较大的交易量并节省摊位费。与之相对的是，消费者的需求也会促使企业集聚起来。因为消费者也需要考虑出行成本，如果在一家商店里没有找到他们中意的产品，他们随即可以到隔壁商店继续寻找，如大型连锁家居商城的存在。

从之前的模型分析中，已经得出产品差异化会缓和价格竞争的结论。考虑到技术或者政府管控这类客观因素的存在，价格竞争会受到一定程度的限制，企业追求产品差异化的积极性自然就会有所下降。针对以上这种情况，霍特林阐述了最小差异化原则。仍然考虑线性城市模型，两个企业分布在长度为 1 的线段上，消费者也均匀地分布在线段上。假定价格是给定的，而且如果两个企业定位于同一地点的话，它们各覆盖一半的市场需求。由于价格和边际利润是固定的，所以企业以需求最大化为目标来选择地址。假定企业 1 定位在 a 点，而企业 2 定位在 $1-b$ 点（$0 \leq a \leq 1-b \leq 1$）。假定两家企业的选址并不相同，即 $a < 1-b$。如果说企业 1 愿意向 b 移动，那么它的需求为

$$a + \frac{1-b-a}{2} \tag{7-38}$$

由此可知，企业 1 的需求随着 a 的增长而增长，显然这是由于两个企业都在争夺居住在它们之间的消费者。如此一来，可以得出均衡状态下两家企业的选址就是相同的定位，即 $a = 1-b$。现在假定 $a = 1-b < 1/2$，每个企业的需求为 $1/2$。如果说企业 2 向右移动 $\varepsilon > 0$ 的距离，则它的需求为

$$(b-\varepsilon) + \frac{1-b+\varepsilon-a}{2} \approx b > \frac{1}{2} \tag{7-39}$$

这样，两个企业都会趋向中心移动。同理，假定 $a = 1-b = 1/2$，那么两个企业都不会愿意移动。由此可知，唯一的均衡点就是两个企业都定位于线段的中心。霍特林所提出的这个选址模型并不涉及价格竞争，可以有效地解释一些社会现象，如各个电视频道黄金八点档的存在。

第三节 纵向差异化

与横向（空间）差异化相对，纵向（质量）差异化是指在价格等其他条件相同的情况下，不同消费者对产品的同一特征拥有一致的偏好，比如在相同价格下，几乎所有消费者都会倾向于购买质量更好的产品。本节考察的是在质量差异化下的寡头竞争，并根据盖兹维奇和泽西（Gabszwicz and Thisse，1979，1980）以及萨科德和萨顿（Shaked and Sutton，1982，1983）的模型展开讨论。

假定消费者以价格 p 购买一个单位质量为 s 的产品，消费者剩余为 $u = \theta s - p$；如果消费者不购买此产品，那么消费者剩余为 0。参数 θ 代表对质量的偏好，均匀地分布（密度为 1）在 $\underline{\theta} \geq 0$ 和 $\overline{\theta} = \underline{\theta} + 1$ 之间的消费群体中。

模型中存在两个企业（$i = 1,2$），企业 i 定价为 p_i，其生产的产品质量为 s_i，且 $s_2 > s_1$，则 $\Delta s = s_2 - s_1$ 为质量差异。两种质量单位生产成本相等，记为 c。$\overline{\Delta} = \overline{\theta}\Delta s$ 和 $\underline{\Delta} = \underline{\theta}\Delta s$ 分别代表消费者对质量的最高需求和最低需求的货币值。现在假设：

A1：$\overline{\theta} \geq 2\underline{\theta}$（确保两种质量的足够需求）。

A2：$c + \frac{\overline{\theta} - 2\underline{\theta}}{3}\Delta s \leq \underline{\theta} s_1$（确保市场被完全覆盖）。

首先考虑价格竞争。参数 θ 高的消费者购买高质量产品，相对地，参数 θ 低的消费者购买低质量产品。当且仅当 $\theta s_1 - p_1 = \theta s_2 - p_2$ 时，参数为 θ 的消费者对于购买其中任一企业的产品是无差异的。可得需求函数

$$D_1(p_1,p_2) = \frac{p_2-p_1}{\Delta s} - \underline{\theta} \tag{7-40}$$

$$D_2(p_1,p_2) = \bar{\theta} - \frac{p_2-p_1}{\Delta s} \tag{7-41}$$

企业 i 追求利润最大化，即

$$\underset{p_i}{\text{MAX}}(p_i-c)D_i(p_i,p_j) \tag{7-42}$$

在企业 1 获悉企业 2 的价格的情况下，如果企业 1 的定价高于企业 2，则所有消费者都会选择购买企业 2 的产品；如果企业 1 的定价低于企业 2，则企业 2 也会相应地降低自身的价格来吸引消费者。假定竞争对手的价格 p_j 是给定的，则企业 i 寻求最佳对策的反应函数为

$$R_1(p_2) = p_1 = \frac{p_2+c-\underline{\theta}\Delta s}{2} \tag{7-43}$$

$$R_2(p_1) = p_2 = \frac{p_1+c-\bar{\theta}\Delta s}{2} \tag{7-44}$$

纳什均衡为

$$p_1^c = c + \frac{\bar{\theta}-2\underline{\theta}}{3}\Delta s \text{ (A2)} \tag{7-45}$$

$$p_2^c = c + \frac{2\bar{\theta}-\underline{\theta}}{3}\Delta s > p_1^c \tag{7-46}$$

需求为

$$D_1^c = \frac{\bar{\theta}-2\underline{\theta}}{3}\text{(A1)} \tag{7-47}$$

$$D_2^c = \frac{2\bar{\theta}-\underline{\theta}}{3} \tag{7-48}$$

利润为

$$\Pi^1(s_1,s_2) = \frac{(\bar{\theta}-2\underline{\theta})^2}{9}\Delta s \tag{7-49}$$

$$\Pi^2(s_1,s_2) = \frac{(2\bar{\theta}-\underline{\theta})^2}{9}\Delta s \tag{7-50}$$

由此可知，高质量企业的价格高于低质量企业，同时也能获得更高的利润。

其次探讨质量选择问题，各企业先进行质量竞争，再进行价格竞争。假定选择质量是无须付出成本的，进一步假定 $s_i \in (\underline{s},\bar{s})$ 且 $\underline{s}$ 和 $\bar{s}$ 都满足假设 A2。企业 1 为追求利润最大化而选择 s_1，企业 2 同理。由于无差异化的企业并不盈利，所以在均衡状态下 s_1 与 s_2 必不相等。当差异化更大时，企业获利更多，假设 $s_1 < s_2$，企业 1 将降低质量向 $\underline{s}$ 移动，而企业 2 将提升质量向 $\bar{s}$ 移动。由此得出质量的两个纳什均衡：$\{s_1^c = \underline{s}, s_2^c = \bar{s}\}$ 和 $\{s_2^c = \underline{s}, s_1^c = \bar{s}\}$，且这两个均衡都显示最大差异化。上述得出的这个结论与空间模型是一样的：企业都想通过产品差异化来缓和价格竞争。如果企业按照顺序进入市场，先入场的企业将会选择高质量 $\bar{s}$，而另一个企业就会选择低质量 $\underline{s}$。在此情况下，得出的纳

什均衡是唯一的，也就代表着两个企业必然都想抢先进入市场，这就形成了一个抢先博弈，就需要将引进每种质量的成本或需求的增长率纳入考虑。即使质量并不需要付出成本，选择低质量的企业会通过降低质量至最低标准来赚取利润，原因就在于产品差异化会弱化价格竞争。然而，这一结果并不太经得住检验。若假设A2并不成立，低质量的企业就可能面临零需求的局面，这就与最大差异化相悖。

显然，纵向差异化模型与空间定位模型之间是存在差异的。当假设A1不成立时，在价格均衡中，企业1就会面临零需求的局面，也就无法盈利，所以市场中只有一家企业能够获取利润。这就与空间定位模型形成了对比，在空间定位模型中，在没有进入成本的条件下，企业总是能够进入市场并争得一定的市场份额，从住在企业附近的消费者那里获取利润。在纵向差异化模型中，如果低质量企业的质量足够低，它就无法与高质量企业竞争；相反，如果它的质量并不算太低，就会引发激烈的价格竞争。

综上所述，萨克德与萨顿（Shaked and Sutton，1983）得出了一个"有限性结果"（Finiteness result）：假定质量s每单位的成本为$c(s)$，进一步假定如果所有质量都会被生产，且以边际成本$p(s)=c(s)$为销售价格，消费者会选择购买最高质量的产品。那么，市场中至多只能存在有限数量的企业。高质量企业之间的竞争会把价格拉低至一个水平，在此条件下低质量产品是没有存活空间的。这一结果与空间定位选址模型所得结果不同：当进入成本趋向零或消费者的密度趋向无限大时，均衡状态下的企业数目也趋向无限大。也就是说，"有限性结果"表明质量的边际成本不会随着质量的增长而增长得太快。如果研发成本或固定成本可以承担质量改进的主要重担，而不是由劳动力或原材料这类可变成本承担，那么"有限性结果"就更可能经得住检验。

一直以来，纵向差异化的研究都主要围绕产品质量展开，而随着近代高新科技的飞速发展和市场竞争的日益激烈，企业难以只通过有形的产品来获得竞争优势，这就促进了企业服务意识的提升，即服务差异化。企业通过优化客户服务来无形地增加产品的附加价值，提供高水准的质量管理，以此达到吸引消费者并获取更高利润的目的。

第四节　数字经济对产品差异化的影响

2022年，国务院印发《"十四五"数字经济发展规划》，明确了"十四五"时期推动数字经济健康发展的指导思想、基本原则、发展目标、重点任务和保障措施，确保将"打造数字经济新优势"和"营造良好数字生态"的工作目标落到实处。现阶段，数字经济已经成为中国继农业经济、工业经济之后的主要经济形态，对实现经济社会高质量发展和中华民族的伟大复兴具有重要的战略意义。同时，数字经济也为全球经济增长提供了强大动能。在数字经济迅猛发展的背景下，经济版图正在被重塑，企业通过运用数据和数字技术等手段优化资源配置，调整产品结构，改善管理模式，也会对产品实现全方位的转型升级。

本章所介绍的线性城市模型和圆形城市模型对产品差异化的描述都是由运输成本量化的，而数字技术和互联网的飞速发展有效降低了数据存储、传输和运算分析的成本，进而很大程度上降低了经济成本，改变了企业的运输行为，降本增效的经济效益十分可观。企业从上游采购至下游倾销都涉及运输行为，而数字化与物流的深度融合大大降低了运输成本，同时也优化了库存，实现了市场点对点的高效对接，助力企业解决信息不对称的问题，既提高了内部运营效率，又提升了对外服务能力和客户体验。运输成本的下降有利于企业将更多精力倾注于产品的研发，为产品的优化升级提供更多的可能性与上升空间。由此可见，数字经济给予了企业以低成本实现产品差异化的机会。例如，京东作为中国自营式电商的龙头企业之一，旗下自有的京东物流可以提供仓配、快递快运、冷链、跨境运输等多样化的服务，以智能化的优质服务满足了各行各业中小客户以及末端消费者的不同需求。

数字经济在有效降低企业运输成本的同时，消费者的搜索成本也得到了大幅度的降低。搜索成本这一概念由斯蒂格勒首先提出，简单来说，就是指寻找信息的成本。不管是在传统经济时代还是在数字经济时代，不管是线上还是线下，消费者为了找到令自己满意的产品，都会搜索产品信息来帮助自己作出购买决策，正所谓"货比三家"。假设一位消费者有出行计划需要购买一张机票，他可以直接掏出手机打开 App 搜索，比如飞猪或者携程，航班信息和票价都一目了然，通过移动支付就轻松实现机票预订。与传统经济时代不同，消费者能够足不出户就收集到产品信息，甚至完成产品的购买。显然，数字经济有效降低了搜索成本。

正因为数字经济时代消费者获取信息的门槛和难度大幅降低，消费者在有效对比同质产品价格的同时，要求也变高了，甚至出现"搭便车"的行为，这在某种程度上会降低企业提供产品信息的动机，也缩小了企业的利润空间，从而诱使一些企业制造信息噪声，恶意提高搜索成本。信息误导是一种不完全信息的操纵方式，属于企业惯用的一种欺诈策略。例如，淘宝店主可能通过 Photoshop 将一个产品在图片展示中进行缩放和美化，真实的产品尺寸需要下滑至详情页的最后才能看到。因此，在数字经济时代，消费者有必要学会排除信息噪声。搜索成本的存在也限制了消费者能接触到的产品范围，这就导致了竞争的不完全性，对市场价格的传递成本和消费偏好造成影响。数字经济还会带来产品信息超载的问题，这会影响消费者选择的有效性，从而降低市场效率。同时，值得注意的是，网络促使信息传播的形式更加多样化，较低的搜索成本也意味着消费者更容易找到冷门或者利基产品，这就导致相对不那么热门的产品的销售比例增加，即长尾效应。市场份额占有较大的企业会积极生产并推销长尾产品来谋求利润，进一步扩大市场规模，从而使市场效率得到提高，消费者福利得到改善，也促进了产品类型的多元化。但是，当大量的企业、消费者和长尾产品涌入市场中，势必会制造出较大的信息噪声，导致信息的不对称更为严重，造成市场匹配能力下降，搜索成本继而上升。

综上可知，数字经济大大降低了企业的运输成本和消费者的搜索成本，从而对产品差异化产生了深远影响。除此之外，近年来现代科技的进步大大加快了产品的研发进程和生产周期，但同时频繁地更新换代也缩短了产品的生命周期。在工业化时代，企业基于各种限制往往只出售满足基础需求的大众化产品，选择性忽略了消费者群体之间的差异。而在数字经济化时代，企业在洞察到市场空缺后，需快速抓住机会进入市场先推出一个具有关键功能且足以维持运行的产品,从而抢占市场份额,后续及时关注并研究用户反馈的信息和数据,基于动态化的用户需求不断改进产品设计,从而实现产品的迭代与升级。借助于现代数字技术,产品信息得到了全方位的展示,同时也降低了企业的生产成本。生产第一代产品可能对固定成本的要求较高,但随后的迭代升级成本却相对较低,产品如果不能及时更新,就会面临被新产品取代的风险。因此,企业需要不断推出新版本或者超出市场预期的新产品来适应市场变化,强化自身竞争力,这也是企业围绕产品迭代竞争如此激烈的原因。比如,国产汽车品牌比亚迪转型主攻新能源汽车领域,大力研发不同类型的锂电池,汽车款式不断推陈出新,进一步满足市场对续航能力的需求,现已成为中国甚至世界新能源汽车领域的佼佼者。

在产品生产日渐趋于迭代化的同时,用户在市场中地位的不断提高,企业需以用户价值为主导,更加关注消费者的不同偏好,满足其多样化、个性化的需求。同时,企业应针对不同的消费群体提供差异化的产品,提高企业的价值供给。比如,允许普通用户免费体验或者低价使用产品的基础性功能,以网罗基本的用户群体;针对付费的高级用户,除基础性功能外,还会附加一些更为高级的性能与服务,进一步改善用户体验。以腾讯视频会员为例,没有付费入会的普通用户在点播视频前需要观看长时间的广告,并且忍受视频播放途中的广告插播;付费入会的 VIP 用户就可以跳过广告播放并享受超清画质,还可以解锁弹幕等多种个性化功能;而最高等级的超级 VIP 会员,除上述所有功能外还可以享受超前点映的特权。由此可见,为了更好地适应不同消费群体的偏好,产品分化变得更加精细,更加个性化。

一、简答题

1. 如何区分横向差异与纵向差异?若考虑购入一部手机,哪些考虑因素属于横向差异,哪些考虑因素属于纵向差异?

2. 如何系统性地比较两个产品之间的差异?

3. 试分析产品差异化对市场结构产生的直接影响。

二、计算题

1. 基于线性城市模型,有两家商店分别位于线段的两个端点,消费者均匀地分布在线段上。商店 1 的边际成本为常数 c_1,商店 2 的边际成本为常数 c_2。

(1) 列出两家商店的反应函数 $R_i(p_j) = p_i$,并求出纳什均衡价格 $p_i(c_i, c_j)$ 和利润 $\prod^i(c_i, c_j)$。

(2) 假设在进行价格竞争之前,两家商店进行第一阶段博弈:同时选择边际成本。此时,边际成本的投资成本为 $\varphi(c)$,并且 $\varphi' < 0$ 以及 $\varphi'' > 0$。参照本章选址博弈的内容,证明上述投资博弈也会引起直接效应和策略效应。

2. 基于圆形城市模型,假设企业的固定成本为 4 元,边际成本为 2 元,单位距离的运输成本为 8 元，在自由进入的市场条件下，求达到均衡的企业数目和市场价格。

3. 基于圆形城市模型，消费者距其所选择的商店的距离为 d，假设运输成本为 td^2，证明：

（1）$p = c + \dfrac{t}{n^2}$。

（2）在自由进入的情况下，$n^c = \left(\dfrac{t}{f}\right)^{\frac{1}{3}} > n^* = \left(\dfrac{t}{6f}\right)^{\frac{1}{3}}$。

自学自测　扫描此码

第八章

广　告

【本章学习目标】

通过本章学习，学生能够：
1. 掌握广告的内涵与类型；
2. 掌握广告影响消费者的机制；
3. 掌握广告强度与多夫曼—斯坦纳条件；
4. 熟悉互联网广告的竞价机制。

饮用水品牌大战

1998 年，饮用水市场竞争激烈，农夫山泉面对娃哈哈和乐百氏时势单力薄，因从千岛湖取水，运输成本高。首次涉足市场，农夫山泉成功对抗多品牌竞争，稳居行业前三。关键因素之一是差异化营销策略，"农夫山泉有点甜"口号传达高品质概念，呼应泉水特性。农夫山泉水源自千岛湖，集结多山泉，千岛湖自净和净化，水质清甜。需简明传播概念，让消费者了解"甘泉"印象。"农夫山泉有点甜"要求水有甜味，传递高品质信息，联想清甜泉水，令人感觉"有点甜"。

经过一轮又一轮的"水战"，饮用水市场形成了三大寡头：娃哈哈、乐百氏和农夫山泉。其中，乐百氏纯净水成功的秘诀离不开其"27 层纯净"的概念。乐百氏纯净水意识到理性诉求建立品牌认同的重要性，推出"27 层纯净"广告。纯净水广告宣称最纯净，乐百氏强调 27 层净化过程，脱颖而出，"乐百氏纯净水经过 27 层净化"家喻户晓。

案例来源：https://finance.huanqiu.com/article/9CaKrnKcL1X.

第一节　广告理论概述

一、广告的内涵

广告，即广而告之之意。《中华人民共和国广告法》对广告的定义是：商品经营者或者服务提供者承担费用,通过一定媒介和形式直接或者间接地介绍自己所推销的商品或者所提供的服务的商业广告。在当代社会,广告被视为一种有意传递信息的方法,通常通过媒体传播,主要目的是激发人们对特定商品的需求,同时促使人们了解制造或销售这些商品的企业并产生好感。此外,广告还可用于提供非盈利性服务传达具体的含义和观点等。

具体而言,广告是一种宣传手段,通过各种媒体形式广泛向公众传播信息,以满足特定需求。广告可划分为广义和狭义两种类型。广义广告分为非经济和经济两类。非经济广告不以营利为目标,如政府部门、社会组织或个人发布的通告、声明等,其主要宣传目的凸显。狭义广告指经济广告,即商业广告,旨在获取利润。商业广告作为商品生产者、经销商和消费者之间的重要信息传递方式,致力于推广市场份额、促销产品及提供服务,核心目标在于增进经济效益。商品广告属于经济广告范畴,通过付费广告媒体向消费者传递商品或服务信息,旨在推广其产品或服务。

二、广告的类型

经济学家通常将商品分为三类:搜寻品、经验品和信任品。搜寻品是指在购买前消费者已了解其特征的产品,经验品是指只能在使用后确认其特征的产品,信任品则是指即使消费后仍难以确定质量的商品。手机是一种典型的搜寻品,它的关键特征如屏幕大小、操作系统以及处理器速度等都可以被消费者在购买前确定。小说则是一种典型的经验品,不论别人告诉你多少相关的信息,在你真正阅读完之前是无法确定其质量的。医疗服务是一种典型的信任品,由于人体有自愈能力,而医疗服务本身的效果又存在不确定性,因此人们无法判断医疗服务的质量。商品的种类多样化导致广告可分为两类:信息性广告(Informative Advertising)和劝说性广告(Persuasive Advertising)。信息性广告呈现了产品的存在、特征(如材质、重量)和销售条件(如数量、价格),而劝说性广告则是为了改变消费者的偏好。通常情况下,搜

案例:脑白金——吆喝起中国礼品市场

寻品的制造者更倾向于采用信息性广告,而生产经验品和信任品的厂商则更倾向于采用劝说性广告。信息性广告与劝说性广告的区别对于准确评估广告的社会价值,以及分析广告对市场竞争和社会福利的影响具有重要意义。

由于搜寻成本的存在,消费者一般很难获得关于每一种商品的完整信息,如商品的价格、数量及质量等。消费者与厂商之间的信息不对称会导致市场的低效率,即消费者会为具有相同质量的同质化商品支付不同的价格,甚至会为低质量的商品支付更高的价格,这些问题都会极大地损害整体的社会福利。信息性广告的存在提供了一种解决信息不对称的内生机制。一方面,厂商能以较低的成本向消费者传递相关商品的价格与质量等重要信息,因此广告会使单个厂商所面临的需求曲线变得更加富有弹性,而消费者对于商品价格敏感性地提高有助于促进市场竞争。另一方面,信息性广告可以使刚刚进入市场的新企业在较短的时间内有效地宣传自己的产

品，让消费者知道自身产品的存在以及价格等重要信息，降低由于信息不对称所导致的进入壁垒，帮助新企业在市场中尽快立足。总体而言，信息性广告可以降低厂商与消费者之间的信息不对称，从而有助于促进市场竞争、提升市场效率并最终增加社会福利。

劝说性广告一般很少会包含相关商品的信息，它通常只是通过各种手段在消费者心理上营造虚拟的产品差异，并以此来改变消费者的偏好，最终提升消费者对某一产品或品牌的忠诚度。从这个意义来说，劝说性广告会使厂商面临的需求曲线变得更加缺乏弹性，让消费者对商品价格的变动不敏感，从而厂商可以对相同的商品收取更高的价格。当劝说性广告使得消费者在虚拟产品差异的基础上形成品牌忠诚时，会提升市场的进入壁垒，从而使新进入者很难通过价格等竞争手段来获得其市场份额，现有厂商可以在维持高价格和高利润的同时保持较高的市场份额。因此劝说性广告会降低市场的竞争强度，最终损害消费者的利益。如果广告主要具有信息性，我们基本上会将其与搜寻品联系。然而，证据表明：经验品的广告费用与销售额之比是搜寻品的3倍。这一观察结果为人们普遍认为"广告对人类的积极意义几乎为零"的观点提供了基础。

三、广告影响消费者的机制

1. 通过广告向消费者传递信息

1984年，福特汽车公司筹措资金进行了一个广告活动，其中包括将一系列福特巡逻兵卡车从飞机上扔下或是从悬崖上推下。与此同时，健怡可乐也进行了一项广告活动，在一个人头攒动的音乐大厅里，集聚了公司高价聘请的社会名流，宣称此次聚会仅是因为健怡可乐。这些都是带有很少直接信息（不是为了说明产品的存在）的广告案例。事实上，最重要的信息似乎只是要说明"我们在这项广告活动中花费了巨资"。

随着互联网的普及，关于商品价格的信息往往很容易被消费者获知，消费者可以轻易通过搜索引擎找到某一商品的最低价格。但是与之相对的却是商品的质量往往很难被消费者了解，绝大多数厂商由于各种原因并不太愿意公布关于自己产品质量的相关信息。前面我们提到过广告本质上就是厂商向消费者传递产品信息的一种方式，那么厂商是否可以通过广告来向消费者传递产品的质量信息呢？许多经济学家通过研究发现，广告可以作为一种有效的信号传递机制，帮助厂商向潜在的消费者传递自身产品的质量信息，从而缓解市场中普遍存在的信息不对称问题。

假设消费者持有这样一种朴素的信念：具有实力的大厂商生产的产品往往都会有较高的质量，并且质量较高的厂商会有更多的利润。如果厂商知道消费者抱有这样的信念，就可以通过大量的广告来向消费者传递这样一种信号："我们产品的质量是非常好的，不然我们不可能花费这么多钱来做广告。敢在广告上花费巨额费用至少可以说明：第一，我们是有实力的大厂商，我们有能力做大规模的推广；第二，我们的产品质量很好，所以高额利润也可以支撑巨额的广告费用。"上述的分析也部分解释了为什么很多大公司都愿意在世界各地花费重金来做广告。

关于产品质量较高的厂商通过广告向消费者传递自身产品的质量信息，存在一个自然的疑问：如果低质量的厂商也花费大量的资金做广告，那么消费者如何区分呢？这样一来，广告的质量传递效果就大打折扣了。事实上，要想使广告可以有效地向消费者传递产品的质量信息，必须满足一些条件，否则消费者并不能通过广告来区分高质量的厂商和低质量的

案例：春晚——吸金盛会？

厂商。具体来说，要想使质量较高的厂商愿意做广告并且能够有效地传递质量信息，就必须满足两个条件：第一，对于高质量厂商而言，做广告是有利可图的，不然此类厂商就不会做广告；第二，对于低质量的厂商而言，做广告来欺骗消费者是无利可图的，因此此类厂商情愿不做广告。在实际生活中，厂商大量的广告开支其实也是上述两个条件的具体反映。作为高质量产品的厂商，为了让自己可以更有效地和低质量的厂商区分开来，一种可行的方法就是增加广告的预算，使广告的覆盖面与播放频率不断上升，而低质量的厂商难以在相同的广告费用下盈利，只能选择不做广告或者少做广告。从这个意义上来说当广告作为一种信号时，社会其实存在着某种资源的浪费：大量广告费用的存在只是为了打击竞争对手。但是我们也必须清醒地意识到，只要厂商和消费者之间存在信息不对称，即消费者很难轻易地获得商品的质量信息，那么这种广告的"浪费"总会让市场变得有效率。

2. 通过广告改变消费者的偏好

还是从央视招标的案例出发，在 2006 年央视第 12 届广告招标会上，宝洁以 3.94 亿元的中标成功保持央视"标王"地位，比前一年中标价增加了 900 万元。当年央视的招标总额达 58.69 亿元，比 2003 年的 33 亿元、2004 年的 44 亿元和 2005 年的 52 亿元都有显著增长。这显示企业充分利用媒体平台的巨大影响力，通过引导消费者的喜好来指引消费选择，获得了可观的盈利。

商业广告塑造消费者偏好的方式如下：第一，商业广告传递商品信息，唤起或强化积极的消费者偏好。它不仅提供商品详细信息，还营造引人入胜的视听体验，激发消费者联想和期望，有效地改变购买习惯、满足潜在需求。商业广告若满足消费者偏好，将深刻影响受众的消费者倾向。第二，商业广告改变消费者的即时购买决策，影响其偏好。对已养成购买习惯的消费者，广告能动摇其过去的购物行为，激发其对宣传商品的兴趣。尝试新产品的消费者可能形成新偏好，作出新购物决策。第三，商业广告激发潜在消费需求，引发消费者偏好。消费者的购买计划基于现有商品范围，但商业广告可探索消费者潜在购物需求，并将其转化为实际产品需求，扩展产业链，最大限度实现盈利。第四，商业广告创造愉悦购物体验，吸引消费者偏好。广告不仅是传播经济信息的工具，还有艺术魅力和净化社会环境的功能。高质量、高艺术水准的广告可以丰富人们的文化生活，传播正确消费观念，培养正确生活方式和美好情感，引发新购物行为。

第二节 广告强度与决策

一、广告强度与产品类型

由于产品性质、市场结构以及厂商的竞争策略的差异,不同行业的广告使用频率以及广告费用也存在着显著差别,经济学家一般用广告强度来衡量这一差别,而衡量广告强度的一个重要指标就是广告费用与销售收入的比例(广告费用 A 除以销售总额 R),即 A/R。

企业做广告的根本目的是增加产品或服务的销售,但是购买者的类型、数量、购买频率、单价、产品的性质和性能等因素都会影响广告的效果,从而使每个产业的广告强度存在差异。

第一,生产资料的购买者与消费资料的购买者相比,对广告的依赖程度更低,因此前者产业的广告强度要比后者小。作为生产资料的购买者绝大部分都是生产企业而非普通消费者,他们有更多的渠道获得相关产品的准确信息,同花哨的广告相比他们更加倾向于通过销售代理来购买产品。此外,生产资料产品的购买者拥有足够多的手段和技术来检测购买产品的质量,购买数量巨大同时购买频率高的特点都使得买卖双方信息不对称问题减缓。但是对于消费资料的购买者而言,他们大多是不具备专业知识的普通消费者,信息不对称问题在这个市场普遍存在,潜在消费者的购买决策很容易受到广告的影响,这也就不难理解为何消费资料产业中生产者有更高的意愿做广告。

第二,搜寻品和经验品相比,前者所属产业的广告强度要低于后者。搜寻品广告的主要作用就是向消费者传递产品的有关信息,而经验品广告主要是为了使消费者相信商品的质量高于同类,从而对消费者购买决策造成直接影响,因此经验品的生产者更愿意进行广告投入来提升产品和服务的销量,从而拥有更高的广告强度。

第三,方便性商品和选购性商品相比,前者所属产业的广告强度更高。方便性商品的特征是单价低、购买频率高,易于为零售企业和超市等商业企业接受,卫生纸和早餐食品都属于这类商品。而选购性商品则具有较高的单价,购买频率低并且消费者的购买决策时间长等特征,家用电器和汽车都属于此类商品。由于消费者在方便性商品上的开支相对较低,在这类商品上花费的时间和精力有限,因此更容易受到广告的影响。而消费者在购买选购性商品时,广告并不是影响购买决策的主要因素,消费者可能会更多地根据自身经验以及专家咨询或者是售后服务等因素来决定是否购买。

二、多夫曼—斯坦纳条件

既然广告强度会受到很多因素的影响,那么对于企业而言如何设定最优的广告强度来最大化自己的利润呢?多夫曼和斯坦纳在 1954 年发表的一篇经典论文中对这一问题进行了研究。

假设市场中存在一个垄断者销售单一产品,而消费者的需求函数为

$$Q(A,p) = \beta A^\eta p^\varepsilon \quad (8\text{-}1)$$

其中：$\beta>0$，$0<\eta<1$ 且 $\varepsilon<-1$。这里 A 表示厂商的广告费用，Q 和 p 分别表示消费者对该商品的需求量及商品价格。显然，消费者对该商品的需求会随着厂商广告费用的上升而上升，同时也会随着商品价格的上升而下降。同时根据弹性的定义，通过计算可以知道

$$\frac{Q(A,p)}{A}\frac{A}{Q}=\eta, \quad \frac{Q(A,p)}{p}\frac{p}{Q}=\varepsilon \quad (8\text{-}2)$$

这里 η 和 ε 分别表示产品的需求广告弹性和需求价格弹性，它们分别衡量了消费者对于该商品的需求如何受到广告费用以及产品价格的影响，即当广告费用上涨 1% 或者产品价格下降 1% 时，商品的需求量将上升的百分比。

假设该产品的单位成本为 c，此时厂商需要选择产品价格 p 以及广告费用 A 来最大化自己的利润，那么厂商的最优化问题为

$$\underset{A,p}{\text{MZX}}\,\pi(A,p)=pQ-cQ-A=\beta A^\eta p^{\varepsilon+1}-c\beta A^\eta p^\varepsilon - A \quad (8\text{-}3)$$

厂商利润最大化的一阶条件为

$$0=\frac{\partial \pi(A,p)}{\partial p}=\beta A^\eta(\varepsilon+1)p^\varepsilon - c\beta A^\eta \varepsilon p^{\varepsilon-1} \quad (8\text{-}4)$$

$$0=\frac{\partial \pi(A,p)}{\partial p}=\beta \eta A^{\eta-1} p^\varepsilon(p-c)-1 \quad (8\text{-}5)$$

假设均衡时的广告开支、产品价格以及产品销量分别为 A^*、p^*、Q^*，对式（8-5）进行整理后可以得到

$$\frac{A^*}{p^* Q^*}=\frac{p-c}{p}\eta=\frac{\eta}{-\varepsilon} \quad (8\text{-}6)$$

式（8-6）即多夫曼—斯坦纳条件，这意味着为了最大化利润，企业应将广告投入与产品需求广告弹性与需求价格弹性之比保持相等。也就是说，若产品需求广告弹性较高或需求价格弹性较低，企业对广告支出与销售额的比例将增加，进而激发企业更强烈的广告投入意愿。

三、广告强度与市场结构

在前面的分析中，发现广告强度同时受到需求的广告弹性以及价格弹性的影响，下面将在此基础上进一步讨论广告强度与市场结构的关系。换句话说，我们想知道到底哪些行业中的企业更愿意做广告，是那些有着众多小企业的行业还是只有数家大企业的行业呢？

根据多夫曼—斯坦纳条件，首先考察需求价格弹性与市场结构的关系。很明显，当一个行业中企业数量不断上升时，竞争的加剧会使该行业的需求曲线较为平缓，从而需求价格弹性的绝对值也随之增加。若利用集中度来衡量市场中厂商的数量和竞争程度，那么市场集中度与需求价格弹性应存在反比关系。如果用集中度衡量市场中厂商的数量和竞争程

度，那么市场集中度与需求价格弹性应存在反比关系。由于消费者对于价格变动非常敏感，因此行业中的某一个企业的降价行为不仅可以增加总需求，同时还能提升自己的市场份额。当该企业的市场份额越小，或者消费者对价格越敏感时，那么降价带来的效果就越明显。根据多夫曼—斯坦纳条件，广告强度和需求价格弹性的绝对值成反比，因此产业中厂商数量越多时，广告强度就越小。当市场中需求价格弹性很高时，消费者对于商品价格异常敏感，对于厂商而言降价似乎是比做广告更加有效的方法。广告尽管可以增加消费者的购买意愿，但是销量的提升必须伴随着销售价格的大幅度下降，这就会使原本价格与成本之间很小的盈余变得愈发有限，广告难以真正提高厂商的利润，厂商自然不愿意做广告。如果市场中只有少数的厂商存在，那么行业的需求曲线可能会相对比较陡峭，此时较低的需求价格弹性会使厂商的广告收益更加显著。因此，我们可以得到以下结论：市场集中度与广告强度表现出正向关系，即市场集中度越高的行业广告强度也越高。

再来分析需求广告弹性与市场结构之间的关系。为了简化分析，考虑两种极端的情况。首先假设某个企业的广告会等量地增加行业中每一个企业的需求。某一厂商的广告行为需要自己来承担成本，但是广告的收益却会被所有厂商共享，那么其他厂商就会有搭便车的倾向：等待其他厂商做广告，自己则坐享其成。随着市场中厂商的不断增多，每个厂商从广告中获取的收益相对于成本会不断降低，因此在市场集中度较低的行业中广告强度也会比较低。再来考虑另一种极端的情形，即市场需求是固定不变的，厂商的广告并不能改变总需求，但是可以改变自己在市场总需求中的份额。从这个意义来说，广告是在帮助厂商从其他竞争对手那里"偷"消费者。因此广告的存在从本质上说就是一个零和博弈，一个厂商产品的销量提升必然会导致其他某些厂商产品销量的下降。那么在这种情况下，广告强度如何受到市场结构的影响呢？首先假设市场中只有一个垄断者，那么由于总需求固定不变，需求的广告弹性为零，因此厂商不会做任何广告。当市场中不断有新进入者时，每一个厂商只能拥有部分的市场份额，那么此时广告对于厂商来说就可以作为竞争工具，广告可以增加消费者对自有品牌商品的需求，尽管这样的行为会导致其他品牌商品的销量下降。因此，当市场集中度从高位下降时，该行业中需求的广告弹性会增加。

综上所述，市场集中度与广告强度之间的关系主要受到三个因素影响。首先，从需求的价格弹性角度考虑，如果行业中企业数量增多，会使厂商做广告的边际收益下降，从而降低广告强度；其次，从需求的广告弹性角度考虑，如果广告存在一定的"公共产品"特性，广告会同时增加每个厂商的需求，那么随着行业中企业数量的增多，搭便车行为的存在会使每个企业做广告的意愿下降；最后，同样从需求的广告弹性角度考虑，如果广告不会增加市场的总需求，但是会提升做广告的厂商的市场份额，那么随着市场中企业数量的增多，竞争的加剧会提升每个厂商做广告的意愿。在这三个因素中，前两个因素意味着广告强度与市场集中度成正比，而最后一个因素则相反，因此，广告强度与市场结构之间的关系存在着不确定性。

广告强度与市场集中度的关系，随着集中度的提高而会发生以下三种变化，如图 8-1 所示。

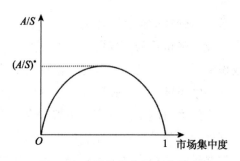

图 8-1　市场集中度与广告强度

首先，市场逐渐从分散发展到高度集中，每个制造商都会认识到它们之间的相互关联，以及它们在某种程度上是基于个体需求曲线来运营的。在这种情况下，需求对广告的敏感性也会增加，因此，随着市场集中度的增加，每一元销售额中包含的广告投入也会增加。

其次，在中度集中的市场（如寡头市场）中，广告可能会超过联合利润最大化或垄断的水平。在没有合谋的情况下，每个寡头决定广告投入的程度主要取决于广告对其自身产品需求的影响，而不会考虑广告对竞争对手产品需求的负面效果。如果存在广告的干扰效应，每个寡头为了抵消竞争对手广告的影响，将不得不增加广告支出。因此，在其他条件相同的情况下，寡头市场中的广告量将超过垄断市场。尽管在寡头市场中，寡头可能在销售过程中存在各种默契或公开的合作，就像在价格方面可能存在默契或公开的合作一样，但这里所有与合作相关的问题都会变得更加复杂。实践证明，协调销售要比协调价格更加困难。

最后，在高度集中的市场中，企业将认识到它们的广告对竞争对手的销售额产生了影响。换句话说，广告会导致销售额在企业之间相互转移，随着市场集中度的增加，企业的广告努力将在内部相互抵消。当市场集中度达到极限，即行业达到垄断水平时，广告对需求的影响将被完全内部化。因此，随着市场集中度从中等水平向高水平变化，每一元销售额中包含的广告支出将减少。

综上所述，市场集中度与广告强度之间存在一种倒 U 形的关系。当市场集中度较低时，市场中有着大量的厂商并且竞争强度很高。激烈的竞争导致厂商对于市场份额的争夺主要还是依靠价格，广告对于此时的厂商来说边际收益非常有限。随着市场集中度的不断上升，每一个厂商开始有了一定的市场势力，广告的边际收益开始上升，并逐步取代价格成为厂商的主要竞争手段。但是随着市场集中度的不断上升并超过某一水平后，厂商对于市场的控制能力也在大幅提升，这就意味着厂商对于广告的依赖开始减弱，尤其是当厂商的品牌认可度较高时，厂商会试图在不影响广告促销效果的同时削减广告的投入，从而使广告强度降低。但是我们要强调，这里的倒 U 形关系仅仅表达了广告强度与市场集中度的一个大致关系，在真实的市场中由于广告强度还会受到其他多种因素的影响，我们很难在数量上精确地找出广告强度与市场集中度之间的关系。事实上，我们经常可以同时在垄断程度很高以及竞争激烈的市场中观察到大规模的广告投入。

四、广告强度与产品差异化

产品差异性影响着需求价格弹性和需求广告弹性，进而对广告力度产生作用。一方面，产品差异大意味着替代品少，价格变动时难有替代选择，因此需求价格弹性低。相反，产品差异小意味着消费者容易找到替代品，更倾向于选择价格较低的商品，需求价格弹性高。因此，产品差异与需求价格弹性负相关，即产品差异大需求价格弹性低。根据多夫曼—斯坦纳条件，广告强度随着需求价格弹性降低而上升，产品差异提升可通过降低需求价格弹性增加广告强度。另一方面，产品差异小难以在广告中凸显自身与类似产品的差异，消费者也难以通过广告锁定购买某品牌产品。这使得厂商的广告像公共产品一样，只增加同类需求，对厂商利益贡献有限。这种广告的外部效应会降低行业内所有厂商的广告愿望，导致广告力度下降。然而，若产品差异性高，厂商广告针对性更强，对潜在消费者的转化率更高，需求广告弹性也更大，同等广告支出将带来更多需求，厂商愿意增加广告投入。根据多夫曼—斯坦纳条件，广告强度随需求广告弹性增加而增大，产品差异提高将通过增加需求广告弹性来增强广告强度。

由此分析得出：产品差异化程度与广告强度呈正相关。产品差异提升，广告强度增加；产品差异降低，广告强度减少。产品差异对广告影响甚大，同时广告也对产品差异性有反作用。广告作为信息传播工具，有助于厂商凸显产品特色，提升产品差异化。信息性广告有助于消费者了解产品特征，避免因信息缺失而忽视产品差异，降低信息搜索成本。然而，市场上可能存在过度的信息性广告，导致资源浪费，厂商需在不同场合多方位广告以最大限度展示产品特性，这也可能带来资源浪费问题。

但是劝说性广告对于产品差异化的影响则完全不同，它会加剧原有的产品差别甚至是创造出虚假性的产品差异。由于劝说性广告主要针对的是经验品，消费者只能在消费之后才能比较清楚地知道此类产品的性能与质量。消费者在进行经验品的消费决策时一个重要依据是他现有的消费经验，这就意味着使用过的产品与未使用过的产品之间会存在信息差异。如果消费者在过去的消费中获得了不错的消费体验，那么他极有可能会继续购买原有的品牌。这就意味着初次消费对于不同品牌的产品来说具有非常重要的意义，而劝说性广告的意义就在于它可以在消费者缺少相关信息的前提下鼓励消费者购买某种产品。当消费者的消费行为存在典型的学习特征时，劝说性广告的意义就更加明显了。

总体而言，广告在促进产品客观差异化方面具有两个主要效应：首先，广告对产品差异化存在放大效应。在激烈的市场竞争中，企业为了在各个方面追求与竞争对手的差异，积极致力于创造产品的独特性。虽然广告通常无法在直接塑造产品差异的过程中发挥作用，但它在巩固和传达这些差异方面扮演着至关重要的间接角色。广告通过有偿媒体传播，以富有艺术性的方式向消费者呈现企业所选择的信息，最终在他们的思维中确立和强化这些差异，实现品牌定位，并提高消费者对产品的品牌忠诚度。其次，广告对产品差异化有创造效应。技术进步推动产品的不断演进，然而技术进步通常是一个渐进的过程，常常伴随着相对稳定的时期，许多企业都到达了这一技术平台，导致所谓的产品同质化。具体来说，产品同质化是由技术水平和技术传播规律决定的，这会导致在特定时期内，不同竞争者生产的产品在外观和性能上高度相似。这是大规模生产、全球经济和信息自由流通等因素的结果。为了在激烈的市场竞争中获得优势，尤其是在产品客观差异较小甚至不存在的情况下，企业需要利用广告等营销手段，通过消费者心理分析和艺术手法来创造产品的主观差异。这包括赋予产品不同的品牌形象，形塑消费者对产品特性和品质的不同认知。在这一过程中，创造被消费者认可的心理差异对于主观差异化的成功至关重要。

第三节　广告与产品质量

一、搜寻品与经验品

如果广告包含信息，那么将其视为滑动需求曲线的一个参数也是合乎逻辑的。客观而简要地描述商品（如电脑或珠宝）特性的广告往往包含有关商品的详细信息。因此，当消费者在购买商品之前就能找到并了解其特性时，这类商品就被称为"搜寻品"。消费者可以在消费前获得这些信息，而广告的目的就是向消费者传递这些信息。就搜寻品来说，生产者（假定生产者直接将商品卖给消费者，因此也是卖方）无法隐瞒商品的质量信息。因此，生产者和消费者在产品质量方面不存在差异，质量信息在生产者和消费者之间完全对称。

但还有其他种类的商品，这些商品的质量只有在消费者购买并使用商品后才能够鉴别。例如，饮料必须先购买后品尝，如果人们感兴趣的只是味道是否好，那么在购买之前被告知每杯软饮料的卡路里数量和甜化剂种类就没什么用。又如，牛仔裤必须先购买后拥有穿着体验，如果人们感兴趣的是蓝色牛仔裤穿着是否舒适，那么有关牛仔裤面料的详细信息对于购买选择就没什么用。总之，当消费者首次尝试这种"经验品"时，他就是在冒险。因为最终商品可能不令人满意，而这在购买前又是无法知道的，所以与这一特点相对应的是，经验品的广告很少包含翔实的信息。

就经验品而言，广告的作用仅仅是告知消费者该产品正在做广告。生产者知道产品的质量，但消费者只有在首次购买时才知道。因此，在产品质量方面，生产者和消费者之间存在信息不对称。如果信息不能在生产者和消费者之间有效流通，市场就会面临障碍。经验市场中质量信息的不对称对优质产品的生产者和消费者都不利。对于优质产品的生产者来说，如果按照消费者愿意支付的市场平均价格出售产品，显然是亏本的；如果提高价格，则可能因为产品卖不出去而被迫退出市场。因此，优质产品的生产者希望消费者了解其产品质量，不了解产品质量的消费者即使以市场平均价格购买，也很可能买到劣质产品，蒙受损失。消费者也希望获得有关产品质量的真实信息。这表明，减少信息不对称对于经验型产品来说是必要的。高质量产品的生产者应积极传播有关产品质量的信息，然而，这会导致高质量产品生产者的广告成本较高。事实上，保证机制、信号机制、声誉机制、回购机制和政府对产品市场的干预都可以缓解信息不对称问题。

二、效率信号效应

在广告和产品的品质之间,纳尔逊(Nelson)根据搜寻品与经验品的区别,提出了广告对经验品质量的三种效应:效率信号效应、重复购买效应和匹配效应,研究结果表明:商品广告的多少与商品的品质之间存在着显著的正相关关系,并且商品的数量能够反映出商品的品质。

效率信号效应认为,高效率的销售者可以提高他们的商品的需求量。为了达到这一目的,他们可以加大广告投放,降低产品价格,提高产品质量。所以,通过广告的数量,消费者就能判断出该公司的产品品质。按照以上的逻辑,现在的问题是,在何种范围内,通过广告投放与商品定价,来度量一个企业的生产效率与质量。

米尔格罗姆(Milgrom)和罗伯茨(Roberts)根据经验分析了高质量企业与低质量企业在广告和价格方面的差异。该模型假设有两类产品质量 $t \in \{L, H\}$,H 类产品更容易被消费者接受。垄断者知道产品的质量,而消费者只能通过购买产品来确定质量。如果产品价格为 p,当消费者将 i 型产品 $i(i=L,H)$ 识别为 j 型产品 $j(j=L,H)$ 时,生产商的利润为 $\pi(p,i,j)$,那么存在一个产品价格 $P_j^i \in \arg. \text{MAXP}\{\pi(p,i,j)\}$,当消费者将 i 型产品识别为 j 型产品时,该价格能使生产商的利润最大化。

顾客之所以愿意花高价购买他们以为是 H 型产品的东西,是因为这样更容易让他们满意。这使 L 型厂商产生了模仿 H 型厂商的动机。因此,H 型厂商选择一个使 L 型厂商的模仿无利可图的价格—广告组合会对自身有利。消费者了解这一组合后便可知道产品为 H 型。厂商选择价格—广告组合 (p,A),H 型产品厂商做广告并使消费者认为其产品为 H 型的利润为 $\pi(p,H,H)-A$,其中 A 为厂商的广告支出。如果 H 型厂商不做广告而被消费者认为其产品为 L 型,其最大限度获利为 $\pi(p_L^H,H,L)$。

如果存在 (p,A) 使得下式成立

$$\pi(p,H,H)-\pi(P_L^H,H,L) \geq A \geq \pi(P,H,L)-\pi(P_L^L,L,L) \tag{8-7}$$

则实现了分离均衡:H 型产品做广告,相反 L 型产品不做广告,消费者观察到做广告的产品等价于 H 型产品。式(8-7)左侧为 H 型产品的广告收益大于广告成本,右侧为 L 型产品的广告收益小于广告成本。在任意一个分离均衡中,H 型厂商选择满足式(8-7)式的 (p,A),而 L 型厂商选择 $(p_L^L,0)$。而不满足式(8-7)中的 (p,A),消费者都认为是 L 型产品,因此也不会有厂商作出这样的选择。

在 (p,A) 空间中作出的 H 型产品的等利润线 $\pi(P,H,H)-A=\pi(P_L^H,H,H)$,表明 (p,A) 组合使得 H 型产品通过广告让消费者认为其为 H 型产品的利润等价于不做广告而被消费者误认为是 L 型产品的利润。同时作出 L 型产品的等利润线 $\pi(p,L,H)-A=\pi(p_L^L,L,L)$,表明 (p,A) 组合使得 L 型产品通过广告使消费者认为其为 H 型产品的利润等价于不做广告且消费者正确认识到其为 L 型产品的利润。位于等利润线下方的点意味着更高的利润值。一旦 H 型产品的等利润线在 L 型产品的下方,则意味着 L 型产品做广告比不做广告好,同时不存在分离均衡。而如果 H 型产品的等利润线在 L 型产品上方,那么分离均衡存在于 H 型等利润线以下、L 型等利润线以上的区域。考虑这一区域,如果固定 p,则 A 越小,H 型等利润线代表的利润水平越高,故 H 型产品的最优 (p,A) 选择位于 L 型等利润线上:

$$\text{MAX}\{\pi(p,H,H)-A\},\text{满足:}\pi(p,L,H)-A \leqslant \pi(p_L^L,L,L) \tag{8-8}$$

由约束条件:$A=\pi(p,L,H)-\pi(p_L^L,L,L)$,可以将目标函数改写为

$$\text{MAX}\{[\pi(p,H,H)-A]-[\pi(p,L,H)-A]\} \tag{8-9}$$

最大化的一阶条件为 $\dfrac{\alpha\pi(P,H,H)}{\alpha P}=\dfrac{\alpha\pi(P,L,H)}{\alpha P}$。在 (p,A) 空间做曲线 $L_H:\pi(p,H,H)-A$;$L_L:\pi(p,L,H)-A$ 则与 L_L 曲线相切的 L_H 曲线所代表的利润水平是 H 型厂商的最大化利润,对应的 (p,A) 为最优决策。

米尔格罗姆-罗伯茨(Milgrom-Roberts)模型虽然包含将广告行为解释为传递质量的信号并产生分离均衡这一思想,但未将厂商的边际成本纳入模型之中。而奥弗加德(Overgaard)在米尔格罗姆-罗伯茨模型基础上,弥补了上述缺陷:考察了在低质量厂商有动机模仿高质量厂商的情况下,高质量厂商的利润最大化分离均衡选择。假设生产高质量产品的边际成本为 $c(H)$ 大于生产低质量产品的边际成本 $c(L)$,可以得到定论:使需求减少的 (p,A) 变化对高质量的厂商更有吸引力,另外,高质量的厂商会设计高价格和低广告量组合当作与其他厂商分离开来的信号。

三、重复购买效应

在纳尔逊描述的重复购买效应中,一个厂商如果对劣质经验品做虚假广告,其企业形象及财务状况将受到灾难性影响。如果消费者受该厂商的诱导而购买了其提供的经验品,在消费过程中发现自己上当受骗了,那么,该厂商一如既往地做广告实际上就是一遍又一遍地加深消费者对这一不幸遭遇的记忆。所以,提供经验品的厂商做虚假广告无异于在一次又一次地释放该厂商的劣迹信号,强化消费者印象。因此,大量做广告的经验品,必须是高质量的产品。否则,广告将起到相反的作用。同时,卡布罗进一步认为,与销售劣质产品的企业相比,销售优质产品的企业将从消费者消费其产品中获益更多,这是因为销售优质产品的企业将获得重复购买,而销售劣质产品的企业则不会。

米尔格罗姆和罗伯茨建立了一个两阶段的模型,继续讨论在使用价格和广告作为产品质量信号的情况下,重复购买效应的影响。这一模型与效率信号效应模型相似,认为消费者由广告和价格得知产品质量信息。当产品是非耐用品时,消费者在购买产品后会得知自己是否对产品满意。产品质量可以代表随机选取的消费者对产品满意的概率。如果消费者在第一期对产品满意,那么在第二期他仍会对产品满意。而在第一期对产品不满意的消费则不会在第二期购买产品。在模型的分离均衡中,如果高质量厂商生产的边际成本更高 $c(H)>c(L)$,花费性广告可能会被使用作为高质量的信号。

冈萨雷斯(Gonzalez)进一步考虑消费者对产品的价格信息能够有确切的了解,但可能无法准确观察到广告中隐含的质量信息。因此垄断者即使有一定量的广告投入,也不能保证所有的广告都被消费者接收到。在这种情况下,如果价格信息能够代表产

品质量，垄断者就不会把广告作为质量信号。因为垄断者总可以投入更少的广告而不被消费者发现。

前述学者们均认为重复购买效应是既定的，但并未进一步考虑重复购买强度产生的影响。基于此，杨蕙馨提出了一个模型，探讨了一个存在 n 家生产相同经验性产品的厂商的市场，它们的产品存在高质量和低质量，且价格相同。生产高质量产品的厂商需要承担额外的边际成本（c）。这些厂商可以选择使用广告来推广产品，产生额外的费用（A）以及销售量的扩张（k，且 $k \geq 1$）。

购买产品的消费者将根据产品质量作出重复购买决策。低质量产品的生产商则面临着是否使用广告的决策。如果他们选择使用广告，他们的净收益为 $kpq - A$，否则净收益为 pq。该决策取决于是否满足以下条件：$kpq - A < pq$。若满足，生产低质量产品的厂商不使用广告，则 $1 + \dfrac{A}{pq} > k$。此外，如果生产高质量产品的厂商选择使用广告来推广产品，它们的第一期收益为 $k(p-c)q - A$。随后的销售额每期都按照 δ 倍增长，其中 $\delta \geq 1$，从第二期开始，这些厂商将不再使用广告，也不再承担广告费用，这会影响它们的净收益。厂商收益为

$$[k(p-c)q - A] + k(p-c)q(1 + \sigma + \sigma^2 + \cdots) \quad (8\text{-}10)$$

用现值表示为

$$\dfrac{k(p-c)q - A}{1+r} + \dfrac{k(p-c)q}{r} \quad (8\text{-}11)$$

如果厂商不做广告，收益现值为

$$\dfrac{(p-c)q}{1+r}$$

提供高质量产品的厂商做广告的条件为

$$\dfrac{k(p-c)q - A}{1+r} + \dfrac{k(p-c)q}{r} > \dfrac{(p-c)q}{1+r} \quad (8\text{-}12)$$

化简式（8-12），有 $k > \dfrac{r(p-c)q + A}{(1+2r)(p-c)q}$。

综合以上所述，当 k 满足下面条件时，做广告的产品一定是高质量的，广告可以作为传递产品质量的信号：

$$1 + \dfrac{A}{pq} > k > \dfrac{(p-c)q + A}{r(1+2r)(p-c)q} \quad (8\text{-}13)$$

重复购买效应的强弱直接影响着消费者的行为。巴布西泽（Babutsidze）通过建立模型模拟消费者的行为，以比较不同厂商在激励广告投入方面的差异。这一模型中，消费者通过购买产品或与他人交流来更深入地了解产品。当考虑重复购买效应时，双寡头垄断市场上，生产相似质量产品的厂商有更强的激励进行广告投入。然而，如果竞争者的产品质量低于一定水平，那么高质量厂商做广告的激励就会下降。

四、广告效应的持久性

为了得出有关广告效应持久性的结论，克拉克考察了 69 个关于广告对需求的效应

研究的公开成果，他在考察中发现，有关广告对需求效应的持久性的估计值随前后两次观察值之间的时间间隔增加而上升。例如，使用年度数据的研究所得到的广告对需求效应持续时间的估计值比使用月度数据的研究结果要长。有鉴于此，他认为自己对这些研究的考察表明：广告对频繁购买的低价成熟产品销售的累积效应有90%在广告的3～9个月内出现。利昂（Leone）分析了克拉克和其他人所进行的考察研究，他把时间间隔效应考虑进去后，发现90%的持久间隔一般介于6～9个月。卡夫（Caves）等人指出了药品生产者针对处方者（即医生）的销售努力的持久性，发现享有专利的药品生产者预期到大量的市场进入者会降低广告的收益，因此在专利失效前两年就会减少销售努力。这一结论也表明了广告的作用是从整体上扩大市场，而不仅仅是原先受专利保护的产品。

斯莱德（Slade）讨论了零售市场内咸饼干的定价和广告策略。她通过检验滞后广告对需求的统计显著性考察了广告效应的持久性，从而发现广告效应存在，但仅维持在一个短时期内：广告战的主要影响在广告战前后3周内被感受到。产品认知度具有高衰退率的一个原因是，当竞争对手做品牌广告时消费者就转向了竞争对手的品牌，这种情况下消费者对本品牌的忠实很快被侵蚀，因而必须对此加以强化。其余的经验性证据表明，尽管产品之间差异明显，但广告对需求的影响却是短期的。

第四节　互联网时代的广告与拍卖

一、互联网时代的广告

1997年我国出现了第一条网络广告，经过20余年的迅猛发展，互联网已成为广告业的重要载体，中国的互联网广告体量与影响力日益增长。根据中国社会科学院新闻与传播研究所发布的《中国新媒体发展报告（2020）》显示，2019年我国互联网广告市场规模达4367亿元，占该年广告市场规模的51%，远超电视、报纸、杂志等传统媒体广告的市场规模。随着Web2.0、移动互联网、物联网、电子商务、云计算等信息技术的普及与应用，互联网广告作为一种日趋成熟的广告形式，表现出了相对于传统媒体广告的独有特点。

（1）互联网广告表现形式更丰富。除了最早出现的、较为常见的横幅式广告（Banner）和插播式广告（Product Placement）外，还涌现出关键词广告（AdWords）、信息流广告（Feeds）和富媒体广告（Rich Media）等不同类型的新形式广告。丰富的互联网广告表现形式突破了传统广告刻板有限的模式，赋予消费者更丰富的视听体验进而吸引更多的消费者，同时也拓展了互联网广告创新的空间，不断提高广告传递信息的效率。新型互联网广告形式的一个显著优点就是可以实现厂商与消费者之间的双向信息交互，消费者可以将自己的偏好与消费习惯实时反馈给广告商，而厂商可以根据反馈信息进一步调整广告策略，为消费者提供更加精准的广告，提高用户触达率。

（2）互联网广告覆盖范围更广泛。互联网没有传统广告的诸多强制性和时段性，理论上，只要消费者能够接入互联网便可以在任何地点与时间成为互联网广告的受众。在空间上，不同于传统广告只能将广告投放到一定范围内，互联网技术下广告可以迅速传播到世界各地，打破了空间上的限制；在时间上，互联网广告不需要考虑其他因素的影响，可以实现全天候的网络覆盖。

（3）互联网广告用户定位更精准。用户定位本质上体现了广告主传递给消费者的信息是否匹配，用户定位是否精准是衡量广告投放效果的重要标准。传统广告通过把消费者分成不同的群体，定制广告进行差异投放以实现广告用户定位。互联网广告在用户反馈信息的基础上建立数据库，使用各种算法进行用户画像、细化用户定位，实现更为精准的广告投放效果。

（4）互联网广告效果更直观。传统广告衡量广告投放效果的手段较为单一，常见的方式包括问卷调查、统计受众人数和市场占有率变化，通常只能通过间接的方式衡量。但互联网广告媒介却可以直接将用户对特定广告的浏览量、点击量与时间、地域分布等信息传递给广告主，能够帮助广告主更直观、准确地衡量广告投放效果并及时作出广告策略调整。

（5）互联网广告成本更经济。报纸头版广告、电视台黄金时间段的广告成本动辄上百万元，如2011年美的集团以5720万元的价格获得央视春晚零点倒计时广告资格。互联网广告的成本远低于传统广告，一方面互联网广告报价相对于传统广告模式较低；另一方面互联网广告一般由数字化信息组成，所以调整成本远低于传统广告。因此，互联网广告的性价比更高，适合迫切想拓展市场却困于传统广告高价广告费的企业。

二、互联网广告的竞价机制

互联网广告有许多优于传统广告的特点，越来越多的广告主倾向于使用互联网广告来推广自己的产品，但互联网广告的资源依然是有限的。搜索引擎为广告主提供广告位置的拍卖，所有广告主均认为网页最上方的位置最佳，第二位次佳，其余的依此类推。因此，为了合理配置互联网广告资源并促进广告主之间的公平竞争，广告公司设计出了适合于互联网广告的竞价拍卖机制。随着竞价拍卖机制逐渐发展成熟，常见的适用于互联网广告的竞价拍卖机制有广义第一价格拍卖（Generalized First Price Auction，GFP）、广义第二价格拍卖（Generalized Second Price Auction，GSP）与维克里—克拉克—格罗夫斯（Vickrey-Clarke-Groves，VCG）拍卖，三种模式定价机制不同，各有特点。

广义第一价格拍卖出现于1997年，由搜索引擎公司Overturn发明的付费广告关键词拍卖机制就是广义第一价格拍卖的典型。在关键词广告拍卖中，竞价参与者的广告在网络上将会按照竞价结果从高到低依次排列，当用户搜索关键词并点击广告后广告主才会按其价格向搜索引擎付费。GFP拍卖机制计费过程简单直接，广告主出价即为真实出价，这一模式的运用给雅虎和MSN等互联网公司带来巨大成功。但GFP拍卖机制竞价过程中不存在纯策略均衡，广告主之间进行策略博弈很容易引发价格战，使得广告价格剧烈波动，这种出价的不稳定性会导致广告公司的收入不稳定，同时也会引起广告拍卖资源配置的效率损失。

为了吸引更多的广告主，并且降低广告主投放的成本，在广义第一价格拍卖的基础上，2002年谷歌在其关键词广告计划（AdWords）中开发出了广义第二价格拍卖机制。GSP拍卖机制与GFP拍卖机制类似，广告竞价参与者的广告依旧按照出价由高到低地排列在网络搜索引擎上，但与GFP拍卖机制不同之处体现在广告主对每次点击支付的价格不再是自己开出的竞价，而是排在其后的广告主开出的价格。GSP拍卖机制的设计完美地弥补了GFP拍卖机制广告价格剧烈波动的缺点，形成了比较稳定的竞争均衡结果。GSP拍卖机制取得了巨大的商业成功，谷歌2005年广告总收入中超过98%的收入来自GSP拍卖机制，在谷歌将这一竞价拍卖机制运用在搜索引擎中后，百度与必应都跟进采用。但这种竞价方式所形成的策略均衡并不是占优策略均衡，第二价格为最高可承受价格，可被竞争对手利用。

还有一种竞价机制叫作维克里—克拉克—格罗夫斯拍卖机制，简称VCG拍卖机制，这一拍卖机制由维克里、克拉克和格罗夫斯三位经济学家分别提出。该机制的设计目的是希望最大化社会效用，VCG最大的特点是一种激励相容的拍卖机制，对每个广告主来说真实报价都是其占优策略，所以该拍卖机制形成的均衡为占优策略均衡。VCG拍卖机制的基本原理是计算竞价者赢得广告位后，给整个竞价收入带来的收益损失，理论上这种损失就是竞价获胜者应该支付的费用。在VCG拍卖机制下，广告主的报价即为其对广告位的真实预期价值，而GFP拍卖机制与拍卖GSP机制下广告主报价可能会偏离真实预期的价格。尽管理论上VCG拍卖机制是较为公平的收费方式，并且能同时实现效率与稳定的目标，但由于较复杂的计算方式与较高的实现成本，目前较少有采取拍卖该拍卖机制的公司。

下面将用广告拍卖的例子说明三种竞价机制的差异，假设市场上存在一个搜索引擎公司，现在该广告平台可以提供2个广告位，共有3个广告主进行竞标。第一个广告位可以获得200次的点击量，第二个广告位可以获得100次的点击量，广告主A、B、C对广告位的每次点击出价分别为10元、6元、3元。如果广告平台使用广义第一价格拍卖的竞价机制，那么竞价结果如表8-1所示。

表8-1　GFP拍卖机制竞价结果

广告位置	广告主	竞拍出价（元）	广告点击数（次）	广义第一价格（元）
1	A	10	200	$10 \times 200 = 2000$
2	B	6	100	$6 \times 100 = 600$
竞拍失败	C	3		

广告主A获得了广告位1的投放权，并为其支付2000元；广告主B得了广告位2的投放权，并为其支付600元。该机制在一次性的竞价拍卖中实现了收入最大，但如果还有下一次竞拍广告主将会根据上一轮报价的情形决定下一轮的报价决策，对广告主A与广告主B而言只要出价高于3元便可以得到广告位，这会导致二者间发生价格战，使得广告平台收入出现剧烈波动。

如果广告平台使用广义第二价格拍卖竞价机制，那么竞价结果如表8-2所示。

表 8-2　GSP 拍卖机制竞价结果

广告位置	广告主	竞拍出价（元）	广告点击数（次）	广义第一价格（元）
1	A	10	200	6×200=1200
2	B	6	100	3×100=300
竞拍失败	C	3		

广告主 A 获得了广告位 1 的投放权，但在 GSP 拍卖机制下其按照报价第二高的价格为每次点击支付，所以广告主 A 应支付给广告平台 1200 元；同理，广告主 B 得了广告位 2 的投放权，按照报价第三高的价格为每次点击支付，应支付给广告平台 300 元。将 GSP 拍卖机制竞拍的结果与 GFP 拍卖机制竞拍的结果进行对比，可以发现对广告主 A 而言，同样获得了 200 次的点击量，但其为广告支付的成本减少了 800 元；对广告主 B 而言，他为了 100 次的点击量支付的广告成本减少了 300 元。因此，相比 GFP 拍卖机制，使用 GSP 拍卖机制使得总福利增加了 1100 元。

如果广告平台使用 VCG 拍卖机制进行计费，那么竞价结果如表 8-3 所示。

表 8-3　VCG 拍卖机制竞价结果

广告位置	广告主	竞拍出价（元）	广告点击数（次）	VCG 拍卖价格（元）
1	A	10	200	6×100+3×100=900
2	B	6	100	3×100=300
竞拍失败	C	3		

当广告主 A 不参与拍卖时，广告主 B 将以 6 元的价格多获得 100 次点击，而广告主 C 将以 3 元的价格获得 100 次点击，广告主 B 与广告主 C 的总收益增加 6×100+3×100=900 元。因此，广告主 A 参与竞拍需要支付的价格即为其不参与拍卖剩余参与者的总收益变化——900 元。同理，当广告主 B 不参与拍卖时，对广告主 A 无影响，但广告主 C 获得广告位 2，即广告主 C 以 3 元的价格获得 100 次点击，广告主 A 与广告主 C 的总收益增加 3×100=300 元。因此，广告主 B 参与竞拍需要支付的价格即其不参与拍卖剩余参与者的总收益变化——300 元。将 VCG 拍卖机制竞拍的结果与 GFP 拍卖机制竞拍的结果进行对比，可以发现对广告主 A 而言，其为广告支付的成本减少了 1100 元；对广告主 B 而言，他为了 100 次的点击量支付的广告成本减少了 300 元，VCG 拍卖机制下总福利增加了 1400 元。

GFP 拍卖机制难以实现稳定的广告收入；而 GSP 拍卖机制并不总是能得到真实报价，容易出现竞拍人合谋的情况；VCG 拍卖机制可以得到真实且稳定的报价，但实际实施难度较大，在实践中难以采用。总的来说，网络广告领域的市场设计需要依赖博弈论、拍卖理论和机制设计的基础知识，如何为广告排序是一个值得深入探讨的信息检索与经济学综合的问题。

三、广告拍卖与福利最大化

虽然广告平台无法控制广告主在竞价排名拍卖中的报价，但平台仍可以通过竞价排名拍卖机制的规则设计来实现平台利润的最大化。例如，广告平台可以为广告位设置最低价格,当所有广告主的报价均低于底价时便宣布流拍,通过调整价格以实现利润最大化。假设现在市场中有一个由广告主、消费者和广告平台构成的双边市场模型,参与竞拍的广告主其产品同质无差别,广告平台可以同时向广告主与消费者收费,并且有对竞价模式与规则的控制权。

就消费者而言,平台用户数量越多越好。平台使用费用较低可以使消费者更加积极地进入平台,而平台用户数量越多会促使广告主做更多的广告。因此,平台如果降低消费者的进入费用、增加平台用户数量,就可以通过广告收入的增加来抵消平台使用费的损失,帮助平台赚取更多利润。就广告主而言,平台广告主数量较少最佳。如果广告平台底价较低,使得平台上广告主数量过多,那么就会导致广告价格处在较低的竞争性价格水平,一方面价格较低使广告平台难以获得更多的消费者剩余,另一方面也会使平台用户以外的消费者更容易"搭便车"。所以平台最优的选择应该是制定较高的底价,使得平台上只存在少数广告主。综上分析,可以得出广告平台利润最大化的定价策略:对平台用户收取较低的门槛费使尽可能多的消费者进入平台,对广告主收取较高的广告费使较少的广告主进驻平台。

虽然竞价排名拍卖机制的存在解决了互联网广告的定价问题,帮助广告平台实现利润最大化,但是使用该机制会存在"逆向选择"的问题。具体地,在竞价排名拍卖机制中广告主遵循竞价机制向广告平台支付其认可的价格后,即可将广告产品信息推至消费者终端。在这一过程中,广告平台作为唯一能进行"信息过滤"的环节,有义务对广告主推广的信息进行审查,这必然会失去一部分参与竞价的广告主。但广告平台为实现利润最大化,通常更愿意看到尽可能多的广告主参与到竞价中来,通过竞争抬高广告位价格。此外,对广告主来说自然会偏向选择流量更大的广告平台,但这会进一步加剧广告竞价的买方竞争,使得广告费用水涨船高。对于低质量与虚假广告厂商而言,其生产成本较低,可以出高价竞争到较前的广告位,并以此获得巨大利润。对于正规厂商而言,由于不愿意支付高昂的广告费,则会被挤出排位。因此,若市场势力较大的广告平台利用竞价排名拍卖机制,但没有切实履行其对广告的审查义务,就会导致出价高但低质量的广告充斥平台,出现"劣币驱逐良币"的现象。以搜索引擎平台广告为例,当顾客使用关键词搜索以后,虽然某些广告信息可能更贴近顾客需求,但由于竞价较低排位较后,或未参与竞价导致被搜索引擎恶意屏蔽,以致正规广告难以被顾客看到。

四、消费者搜寻与拍卖

当互联网用户对某一关键词进行检索时,搜索引擎将会提供与关键词相关的成千上万个网页,其中包括与广告相关的赞助链接。在这种情形下,搜索引擎面临着应该显示哪些广告链接、按照怎样的顺序显示等问题,目前,搜索引擎将拍卖机制用于解决这些问题,这就是所谓的赞助搜索拍卖,该方式已成为互联网广告领域极其成功的商业模式。

搜索引擎广告市场的参与者主要包含三方,除了广告平台与广告主外,消费者作为互联网广告的受众也是重要参与者。搜寻理论的基本假设是消费者需要搜寻商品信息,从而在"货比三家"后作出消费决策，但是消费者搜寻成本过高会导致市场效率的损失。阿瑟伊（Athey）和埃里森（Ellison）在 2011 年提出了一个将标准拍卖理论与双边市场理论结合在一起的广告拍卖模型，该模型中互联网广告平台作为信息中介，通过为互联网消费者提供相关信息，使他们更有效地搜索，从而提升社会总福利。这一广告拍卖模型中包含广告平台、广告主与消费者三个主体，假设如下：首先，搜索引擎使用者即消费者都是同质的，他们每次点击广告产生的成本为 s，消费者会持续搜索，直到需求得到满足或点击的预期收益小于成本，其中 s 为公开信息且服从 $G(0,1)$ 分布。其次，广告市场上共有 N 个广告主，其产品存在差异，所以广告被消费者点击后满足消费者的概率为 $q_j(j=1,2,\cdots,N)$，而且不同广告主提供的广告满足消费者的概率是可排序的，即 $q_1 > q_2 > \cdots > q_N$，其中 q_j 服从 $F(0,1)$ 分布。最后，广告平台即搜索引擎可以提供的广告位有 M 个，而且广告位数量严格小于广告主数量（$N > M$）。搜索引擎使用的竞价机制为广义第二价格拍卖，广告点击率是内生决定的。接下来开始推导该模型的局部占优均衡解。

证明在线广告拍卖制度可以促进社会总福利提高，政府不应对其加以禁止。比如，在阿瑟伊和埃里森所设定的互联网位置拍卖模型中，存在一个单调均衡，即厂商竞价越高，他们所匹配需求的概率则越大。这一模型中消费者对该均衡的预期，使得广告位置拍卖过程成为一个信息传递机制，因此该模型比随机推荐搜寻效率更高。然而，若广告平台过多介入搜索过程，也会出现效率的损失，比如平台可能会故意增加消费者搜寻的次数来诱导他们购买更多的商品。

对广告主而言，在 GSP 拍卖机制下广告主出价为 $b_j(j=1,2,\cdots,N)$，广告位按广告主出价排序分配，每一位广告主按下一位的出价为每次点击付费，π 表示广告主获得的位置，外生变量 θ_π 表示该位置可以获得的点击量，则广告商从广告位 π 获得的回报为 $\theta_\pi \times (q_{j\pi} - b_{j\pi+1})$。当不存在广告主 j 可以通过提升广告位置提高其回报，即当 $\theta_\pi \times (q_{j\pi} - b_{j\pi+1}) \geq \theta_{\pi-1} \times (q_{j\pi} - b_{j\pi})$ 时，就实现了广告主成本最小化的局部占优均衡。在这个局部占优均衡中，搜索引擎的广告位置排序将按广告主可以满足消费者的概率排序，即 q_j 最大的广告主排在顶部。

对消费者而言，消费者进行搜索是为了满足其需求，由于搜索引擎按照广告满足消费者需求的可能性从高到低排序，消费者搜寻遵循自上而下的搜索策略。假设前 $k-1$ 个广告没有满足消费者需求，则消费者对下一个广告（第 k 个广告）的期望为 $\overline{q_k}$。消费者将持续点击广告，直到其需求得到满足或对下一个广告的期望小于其点击成本，即 $\overline{q_k} < s$。那么在这种情况下，第 k 个广告位收获的点击数量为 $(1-q_1)(1-q_2)\cdots(1-q_{k-1})\cdot G(\overline{q_k})$，广告位的点击量得以内生决定。

接下来，将消费者决策考虑进广告主竞价的过程，将广告位的点击量内生化。第 π 个广告位可以获得 θ_π 的点击量，其中 $\theta_\pi = (1-q_1)(1-q_2)\cdots(1-q_{\pi-1})\cdot G(\overline{q_\pi})$；第 $\pi-1$ 个广告位可以获得 $\theta_{\pi-1}$ 的点击量，其中 $\theta_{\pi-1} = (1-q_1)(1-q_2)\cdots(1-q_{\pi-2})\cdot G(\overline{q_{\pi-1}})$。前面已

经说明广告主的占优策略为 $\theta_\pi \times (q_{j\pi} - b_{j\pi+1}) \geqslant \theta_{\pi-1} \times (q_{j\pi} - b_{j\pi})$,将 θ_π 与 $\theta_{\pi-1}$ 带入,就可以得到

$$b_{j\pi} = \begin{cases} q_\pi - \dfrac{G(\overline{q_k})}{G(\overline{q_{k-1}})}(1-q_{\pi-1})(q_\pi - b_{j\pi+1}) & 1 < \pi \leqslant M \\ q_\pi & M < \pi \leqslant N \end{cases} \quad (8-14)$$

因此,当消费者决定了广告点击量时,广告主应遵循上述公式进行竞拍,即可得到其成本最小化的出价结果。而消费者可以通过点击广告,对他们认为最有用的广告投票。

1. 简述多夫曼—斯坦纳条件。
2. 简述广告强度与市场集中度的关系。
3. 简述竞价排名拍卖机制中的"逆向选择"问题。

自学自测　扫描此码

第九章

技术创新与专利

【本章学习目标】

通过本章学习,学生能够:
1. 熟悉技术创新的含义、分类与基本特征;
2. 掌握随市场结构变化的技术创新内在激励的分析范式;
3. 掌握专利竞赛下创新激励和最优专利宽度;
4. 了解专利许可、专利买断及技术扩散的基本内涵和理论框架。

浙江大华的科技创新发展之路

浙江大华技术股份有限公司,是全球领先的以视频为核心的智慧物联解决方案提供商和运营服务商。作为国家高新技术企业,大华股份聚焦城市和企业两大核心业务,坚定 Artificial Intelligence & Internet of Things(AIoT)、物联数智平台两大技术战略,推动城市与企业的数智化升级,目前大华股份的产品和解决方案已经走出国门,覆盖全球180个国家和地区,成长为极具影响力的出海企业。

大华股份的发展始终与大力度的研发活动紧密相关。在发展初期,大华股份采取模仿式创新的方式发展嵌入式 DVR 相关的核心技术,通过授权引进、逆向工程等方式学习先进技术,在学习与模仿的基础上进行创新,顺应了数字化变革的时代发展机遇。随着国家政策的倾斜和市场需求扩大,大华股份走上了快速发展的道路。大华股份始终坚持技术革新:一方面购买引进核心技术,其中包括引进 ISP 等核心技术,完成专业制造能力上的革新;引入 CMOS 技术,推出高清一体化机芯等举措,努力攻克前端产品技术,完善产品线,积极布局高清数字前端市场。另一方面,在完成技术追赶后,大华股份还成立了四大研究院,分别着力于芯片、大数据、人工智能和先进应用等四个层次的创新,同时与复旦大学、浙江大学等高校、产业链上下游优秀企业合作,携手研发新技术。除此之外,近年来,大华还与中科曙光签署战略合作,打造人工智能联合实验室,并与河姆渡及 AI 计算公司共同开展多领域深度合作与交流,共同研发先进技术,技术广度多元化水平得到极大发展。近年来,大华不断增加研发投入和强化研发人员配比,提高核心技术创新,在技术深度、广度上都取得了出色的进展。

目前,大华每年有近10%的销售收入投入研发,研发人员占比近四成,已形成了"以技术创新为核心，以市场需求为导向"的完整技术创新体系。大华在技术和市场上都处于国内领先，获得了一系列技术奖项。2016 年，大华获得了由国际软件领域最严格的认证机构——CMMI 研究院颁发的 CMMIML5 证书，标志着大华在国际软件开发领域已处于领先水平。同年，大华创造了国际权威人脸识别公开测试集（LFW）的新纪录，标志着大华在人脸识别领域也处于领先地位。2020 年大华股份 AI 视频跟踪算法荣获 VOT2020 国际竞赛冠军。截至 2021 年 4 月，大华申请专利超 4800 项，在核心技术领域及相关技术领域都取得不俗的发展。

资料来源：https://www.esmchina.com/news/8389.html。

第一节　技术创新概述

党的二十大报告强调，"必须坚持科技是第一生产力、人才是第一资源、创新是第一动力"。科技创新在我国现代化建设过程中的重要性日益凸显。究其原因，技术进步是实现中国经济高质量发展的主推力，在实现经济社会发展全面绿色转型的过程中发挥着不可替代的作用。技术进步是一个动态过程，由知识的变革、发现替代老产品的新方法，开发替代产品，引进营销、组织和管理技术所组成。从狭义或微观的角度，技术进步可以被理解为技术创新（或创新）。熊彼特在其著作《经济发展理论——对于利润、资本、信贷、利息和经济周期的考察》中首次提出了创新（innovation）的理论观点。熊彼特认为，所谓创新就是"建立一种新的生产函数"，也就是说把一种从来没有过的关于生产要素和生产条件的"新组合"引入生产系统。这种新组合包括：①引入新产品；②引进新工艺；③开辟新市场；④控制原材料的新供应来源；⑤实现企业的新组织。因此，尽管与技术相关的创新是熊彼特创新理论的主要内容，但是其关于创新的概念仍然是十分宽泛的。本节主要以技术相关的创新为研究对象，主要指与新产品的制造、新工艺过程或者设备的首次商业应用有关的技术、设计、制造及营销的活动。

技术创新需要在以知识创造和知识运用为特征的研究开发活动（Research & Development，R&D）中实现，以企业为主体、以技术的商业化运用为目标的研发活动是技术创新的重要基础和源泉。OECD 对 R&D 的定义是："R&D 是为了增加知识存量（人力资本、文化和社会资本等）而进行的创造性工作，以及利用现有知识开发新的用途。"

R&D 一般包括三种活动：基础研究、应用研究和试验发展。它是创新的前期阶段，是创新的投入、创新成功的物质和科学基础。也可以说是创新的实体化机构。常见的一种误解认为，R&D 和创新被看作同一回事，R&D 活动越多，创新便越多，因此以 R&D 经费来衡量创新活动。后来人们发现，这两者之间并无这样的线性关系。尽管 R&D 活动并非创新的充分必要条件，但是 R&D 活动对创新的重要作用仍然是不言而喻的。故现在人们常用 R&D 经费多少来测定一国或一企业对技术创新的重视程度，并把 R&D 活动看作创新的关键部分。

一般说来，基础研究是指增进知识的活动，这一活动并不以直接的新产品或新工艺的应用为目的。有人认为，基础研究可以分为两类：一类是科学研究，如关于宇宙的研究、生物的研究等；另一类是通用技术的研究。两者的共同点是它们的产出是新的知识，区别是科学研究并不以直接的应用为目的，研究者常为大学或国家研究机构服务，从事通用技术研究的则常常是企业。虽然不是直接产出新产品，但企业期望通过此类基础研究获得新产品的思想和原理。

应用研究是指直接以发现新技术为目的的研究活动。它基于基础研究的成果，致力于发明的商业化开发。试验发展是指直接进行发明和研究成果商业化的活动。如果说应用研究可以产生新产品的原型的话，则试验发展是将原型进行物质实现并进行检测和完善。以飞机样机研发过程为例，图9-1说明了3种R&D活动之间的关系。

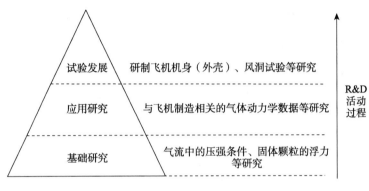

图9-1 飞机样机研发过程示意图

一、技术创新分类

产业组织理论中比较普遍的做法是根据创新对象和创新内容把技术创新分成两类：工艺创新（过程创新）和产品创新。产品创新是指创造新的产品和服务，并将其投入商业运作，而该产品在设计或功能特征上的改进给消费者带来了新的或更好的服务。例如，玻璃厂首次推出彩色玻璃、超薄玻璃，就是产品创新。单纯从美观角度出发的改变不在此概念范围内。工艺创新是指采用新的或显著改进的生产方法，这些方法可能涉及设备或生产组织的变更，或两者兼备。其目的可能是生产原有设备或生产方法下无法得到的新产品或更先进的产品，以及提高现有产品的生产效率。产品创新与工艺创新通常是交替出现的。新产品的推出会使新工艺的开发得以实现。如先进的计算机工作站的开发使得企业能够实现计算机辅助设计工艺和计算机辅助制造工艺，从而提高了生产效率。同时，新工艺的开发又会使得新产品的生产得以实现。例如，新的冶金技术的开发使得自行车链条的生产得以实现，紧接着这又使得多齿轮传动的变速自行车的开发能够实现。

按照创新的激进程度，技术创新可分为渐进性创新和突破性创新两种类型。突破性创新多伴有产品创新、过程创新和组织创新的连锁反应，可以在一段时间内引致产业结构变化的创新，其表现形式是颠覆。渐进性创新是渐进的、连续的小创新，其表现形式是改进。尽管渐进式的创新是小创新，但是其重要性不可低估。一方面，因为许多突破式创新需要许多小创新的辅助才能发挥作用，这些大小创新是一体的。另一方面，一些渐进式创新虽然在规模、基础科学上并不突出，但是其商业价值却不容小觑。

二、技术创新特征

创新的本质是将科学技术应用于产品、工艺以及其他商业用途上，以改变人们的生活方式，提高人们的生活质量。创新的经济效益只是创新的一个表现。正是在这一点上，熊彼特把发明和创新区分开来：发明只是一个新观念、新设想、新知识，只有将发明引进工业生产体系之中，发明才能转化为创新。只有那些敢于将科学发现、发明首次引进生产体系的人才是真正的企业家。熊彼特的这一思想内涵是几十年之后才为后人所理解，并产生巨大的影响。创新具有下列特点。

1. 创新收益的非独占性

所谓非独占性，是指创新者难以获取创新活动中产生的全部收益。原因是，技术创新活动主要产生一种无形知识，它通过产品实物体现出来，如一支可给消费者带来效用的新牙膏，其配方便是一种知识。由于知识复制要比知识创造容易得多，所以，其他厂家可通过非正常或正常的手段掌握这种新配方，也生产这种牙膏或其变种。这就造成了创新收益的非独占性。知识产权法的出台正是社会对技术创新的一种激励措施，使技术创新者对其创造的知识拥有垄断性的产权，以保护创新者的权益。但知识产权的实施要比有形产权的实施难得多，可以这样说，正是实施知识产权的难易程度，决定了创新收益的独占程度。

由于创新成果具有非竞争性与非排他性等公共物品特征，经典的经济学理论认为，如果创新由市场供给，会存在供应不足，因而需要政府干预。政府可以通过专利保护来增加创新成果的排他性，但基于技术特征的非竞争性，政府也无能为力，因而会导致研发不足。此外，一旦政府为创新成果提供专利，创新企业就可以通过先行优势等方式来获得企业的垄断地位，因而也会出现基于创新垄断的研发竞争，造成（相对于社会最优的）过度投资。我们将这种效应称为技术创新的公地悲剧。因而，是否存在研发不足取决于创新成果的非竞争性与专利竞赛的相对影响。

除此之外，研发还会带来正的外部性（而不仅仅是由非竞争性引起的），即它带来的社会收益要大于研发的私人收益，如曼斯菲尔德（Mansfield）等人1977年在对4个创新过程和13个产品创新案例的研究过程中，发现私人收益率分布于负值到214%的区间，社会收益率的分布是从负值到307%，社会收益率大于私人收益率。琼斯和威廉姆斯（Jones & Williams）1998年的研究表明，一项R&D的收益率大约为30%，如果考虑到相关产业的收益率，所得到的收益率可达100%。考虑到研发所带来的社会收益远高于私人收益，在研发市场上可能存在普遍的市场失灵，因而，需要政策进行一定的干预。

2. 创新的不确定性

与成熟产品的生产相比，技术创新的不确定性要大得多。一种新的生产方案往往要经过成百上千次的试验、探索才能成功。失败是常见的事，但也是成功之母。爱迪生在寻找灯泡用材料时，共试验了超过1600种不同的材料，最后才找到合适的材料。具体来说，创新的高度不确定性可以体现为以下三个方面。

（1）研发的不确定性。研发活动主要体现在其面对的三重风险：首先是技术风险，即研发成功的概率；其次是市场风险，即技术产品研发成功后能否投入市场以及能否为市场所接受；最后是技术外溢风险，即产品技术被竞争者模仿导致的创新收益下降。同时，研发需要投入大量的研发劳动与资本，且具有较长的回收周期。

（2）生产开发的不确定性。研究开发成果是在实验室特定环境里完成的，需要小试、中试以发现问题，为规模生产找到合适的工艺、材料、环境等。有些实验室成功的成果往往不能通过小试、中试。浮法玻璃的创新自实验成功后，历经数次规模逐渐放大的实验，最后才进入规模生产。

（3）市场开发的不确定性。一般而言，一个新产品从立项到最终研制成功需历时数年。如一个新药的开发常需 10 年以上的时间。在这样一个时期里，市场会有很大变化，这包括竞争者先于自己而将新产品投向市场，或者是人们的消费观念发生变化。这既可能使新产品一开发成功就被市场淘汰，也可能会有意想不到的市场成功。英国电气和音乐工业公司（Electric and Musical Industries，EMI）的新产品断层扫描仪一开始在美国很成功，但后来由于美国政府态度的改变，EMI 在美国市场受阻，造成最终的失败。

3. 创新的市场性

技术创新与纯科学技术活动的区别是它对市场的强调。技术创新活动必然围绕市场目标进行，纯粹技术突破而没有市场价值的技术并不属于创新。如美国的航天飞机，迄今为止可能仍属于科学技术的范畴而不是技术创新。我们经常可以听到这样的例子，许多企业在引进技术或开发新产品时，并不关注市场而仅关注技术，造成创新失败。欧洲协和飞机的开发失败主要是市场原因而非技术原因。我国的科技成果很多，但有产业化价值的成果很少，就是因为科研中不注重市场性。

美国经济学家罗斯顿（W. W. Roston）曾在比较英法两国在工业革命时期的异同时指出："18 世纪的法国科学水平被判断为至少相当，而且很可能超过英国，在发明的质量（不是数量），法国也相当于或超过英国。但是英国的创新却超过法国。英国相对于法国的优势就是将发明商业化。英国在克服各种障碍时的勤奋和顽强毅力是人们想不到的。他们没有多少发明值得夸耀，但是他们引以为豪的是完善了别人的发明。由此产生了这样的格言：要是有一件完善完美的东西，那一定是法国人发明，而在英国制造的。" 20 世纪七八十年代，这种历史似乎在美国与日本重演。美国人发明的东西，日本人将之产业化，赢得市场优势。但是美国 20 世纪 90 年代将发明与商业化统一起来后雄风再起。

4. 创新的系统性

系统性有两层含义：一是指创新要求企业内各个部门的密切配合，如研究开发部门与生产、销售部门的配合。二是指创新的实现依赖外部环境的密切配合，这包括经济、政治、与创新相关的其他产业的技术水平等。以铁路为例，1804 年，当特雷维西克（Trevithick）在南威尔士的佩尼达伦矿车路轨上使用蒸汽机车的首次实验中，已证明蒸汽机车的可行性，但蒸汽机车的推广使用却受到铁轨技术的限制，当时生铁制的铁轨易脆、断裂。1821 年，熟铁制铁轨的方法产生了，这种新铁轨使蒸汽机车最高时速达 29 英里，从而实现了蒸汽机车的实用价值。

第二节　创 新 激 励

一、技术创新的内在推动因素

在技术创新的相关研究中，一般认为存在两种创新动力：利润激励和市场竞争优势激励。

1. 利润激励

成功的技术创新将通过压缩成本、提高价格或增加市场份额等方式来提高企业的利润，因此存在创新的"利润激励"。我们可以将其看作一个独立决策企业所面临的激励。这就是卡茨和夏皮罗（Katz & Shapiro）将其称为"独立"激励的原因。阿罗（Arrow）在不同类型市场结构下对专利价值的分析也很关注利润激励问题。

对于企业而言，把资源用在研发用途上要比用在别的用途上获得更高的收益率时，才会投资研发行为。尽管缺乏足够的证据支持研发支出和实际盈利情况之间的相关关系，但曼斯菲尔德（Mansfield）等学者所做的研究具有一定的参考价值，其研究发现，石油企业 R&D 支出的边际收益率在 40%~60%，而化工企业 R&D 支出的边际收益率则在 7%~30%。同时，R&D 支出的边际收益率受到企业规模的影响。在石油行业中，R&D 支出的盈利率与企业规模之间存在负相关关系，而在化学工业中则存在正相关关系。在调查制造业市场时，他发现在服装、家具和食品制造业市场中，R&D 支出的收益率超过 15%，曼斯菲尔德认为这个收益率看来是很高的，相对而言，许多制造业企业用于 R&D 的投资不足。

2. 市场竞争优势激励

促使企业从事 R&D 活动的第二种动机也可称为"策略性动机"，即企业将研发作为一种策略性行为，旨在使企业在市场竞争中取得或保持优势地位。一个更好的工艺过程和产品能扩大企业的市场份额。如果一个企业发现对手正在进行研发，那么它自身的竞争地位就会受到威胁，输给对手的恐惧将有助于解释企业本身分配给研发的资源数量。由于这个原因，也可将企业从事研发的这一动机称为"竞争威胁"或"替代效应"。这一激励的程度是由企业取胜所获得的收益和企业失败所要付出的代价之间的差异决定的，即由不能保持当前的市场地位和被对手"替代"所遭受的损失决定的。这种动机在确定性研发博弈模型时尤其重要。

二、市场结构与创新激励

下面主要以过程创新为例来说明，在没有专利竞赛的情况下，同一发明专利对竞争性厂商的价值更大，因此，竞争性厂商有更强的研发、创新动机。

1. 创新对社会的价值

假设存在一个社会计划者(social planner),它可以按照帕累托最优的方式对社会资源进行分配。该社会计划者通过一项流程创新使得产品的边际成本从 MC_1 下降到 MC_2,如图 9-2 所示。从价格等于边际成本的社会福利最大化原则看,创新使社会福利增加,净增量为面积 $BCEF$,记为 π^s,这也是这一创新的全部社会价值。

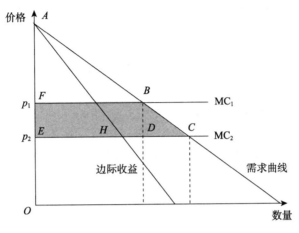

图 9-2 创新对社会的价值

2. 创新对竞争性厂商的价值

对于竞争性厂商来说,它通过创新获得了成本优势。如图 9-3 所示,成功实现过程创新后,创新者可把价格 p_1,定在 MC_1 的水平上(实际上比 MC_1 略低),而使其他厂商退出市场,创新厂商满足价格 p_1 下的全部需求,其利润为面积 $BDEF$。在实现创新前,厂商在一个完全竞争市场上,其利润为零,因此,创新使竞争性企业利润的净增量为面积 $BDEF$,记为 π^c,即图 9-3 中的阴影部分,这也是创新对竞争性厂商的价值。

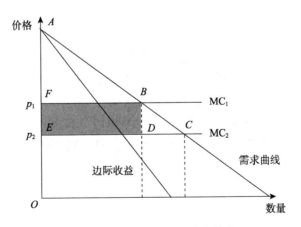

图 9-3 创新对竞争性厂商的价值

3. 创新对垄断者的价值

对于一个垄断者来说,创新前其垄断市场并获取垄断利润 π_1,创新后其仍然是垄断者并获取垄断利润 π_2。因此，创新对垄断者来说只不过意味着用新工艺的垄断利润 π_2 去替代起初的垄断利润 π_1，这就是所谓的替代效应。由于存在替代效应，创新对垄断者的价值降低了。如图 9-4 所示，创新前的边际成本为 MC_1，市场垄断价格为 p_1^m，垄断者的利润 π_1 为面积 $MLFN$；成功创新后，边际成本为 MC_2，市场垄断价格为 p_2^m，垄断厂商的利润 π_2 为面积 $GHEK$。因此，创新使垄断厂商的利润净增加的大小为图 9-4 中阴影部分的面积，记这一面积为 π^m，这是创新对垄断者的价值。

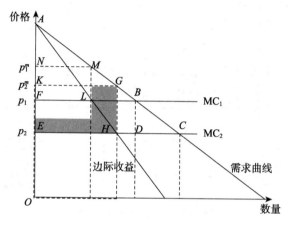

图 9-4　创新对垄断者的价值

通过比较可以看出，$\pi^s > \pi^c > \pi^m$，也就是说，在无专利竞赛的情况下，由于替代效应，创新对竞争性企业的价值比对完全垄断企业的价值高，因此，竞争性的市场对企业的创新激励更强。同时也说明，由于专利允许市场势力存在，因此，即使在一个竞争性市场上，当企业成功实现创新后就拥有了一定的市场势力，它制定的价格高于自己的边际成本，从而会造成社会福利的损失。

4. 受进入威胁的垄断

假定市场上存在两个企业：企业 1 是一个垄断者，其单位生产成本为 $\bar{c}$，垄断利润为 $\Pi^m(\bar{c})$，企业 2 为潜在的"进入者"。两个企业以更早发明新技术为目的进行竞争，但两者都不能取得对创新的垄断。现有企业需要同时考虑创新可能带来的收益与不采用创新将导致进入者威胁。相比而言，企业 2 由于原先在这一市场上没有取得任何利润，因此在不考虑采用创新的情况下，就不必考虑垄断者是否采用。

如果进入者采用使得成本下降到 $\underline{c}$ 的新技术，且垄断者的边际成本仍为 $\bar{c}$，那么，令 $\underline{\Pi}^d(\bar{c},\underline{c})$，$\underline{\Pi}^d(\underline{c},\bar{c})$ 分别为垄断者和进入者的单位时间利润。因此，可以将对于垄断者和进入者而言的创新价值 V_m 和 V_c 表述如下：

$$V_m = \frac{\Pi^m(\underline{c}) - \Pi^d(\bar{c},\underline{c})}{r} \tag{9-1}$$

$$V_c = \frac{\Pi^d(\underline{c},\bar{c})}{r} \tag{9-2}$$

式中：r 为利率。在同类产品中，一个垄断者获得的利润不会少于两个未合谋的寡头企业：

$$\prod^m(\underline{c}) \geq \prod^d(\overline{c},\underline{c}) + \prod^d(\overline{c},\underline{c}) \tag{9-3}$$

这一特质被称为效率效应，可以结合厂商竞争模型进行验证，但是该结论是相当直观的，因为只要垄断者愿意，它总是可以重复两家未合谋寡头企业的决策。这一效应表明 $V_m \geq V_c$。由于竞争减少利润，因此垄断者倾向于保持垄断的激励更大，进而将在该创新中投入更多。但是这并不意味着垄断者总是比进入者的创新要快，我们还必须考虑到以上提出的替代效应。

第三节 专 利

一、专利制度背景

2021年9月，中共中央、国务院印发了《知识产权强国建设纲要（2021—2035年）》，提出实施知识产权强国战略，回应新技术、新经济、新形势对知识产权制度变革提出的挑战，加快推进知识产权改革发展，全面提升我国知识产权综合实力，以提升国家核心竞争力、提高对外开放水平。知识产权领域这一个重要纲领性文件的出台，标志着在创新驱动发展战略的引领下，我国主动寻求通过知识产权来促进经济社会的发展。而对于技术创新而言，专利是其重要成果体现，与其相关的专利制度在保护和激励社会技术创新方面有着巨大影响。

1. 专利制度的基本背景

对创新的保护通常是以专利的形式表现出来的。专利是一种以防止创新快速扩散为目标的制度安排；同时专利也是创新绩效的指示器。在开始对专利制度相关的经济学分析之前，先对专利制度进行必要的介绍和分析。

对于创新者而言，在知识产权保护缺位的情况下，推出新产品意味着将其生产技术暴露在他人面前。其他的生产厂商出于新产品带来的高额利润驱动，对产品进行逆向工程，以掌握产品的生产技术，然后生产类似产品进入市场，从而减少了创新者的市场份额。模仿行为的存在导致了以往很长时间内，人们只能借助师徒传承、代代相传等方法来保护自己的创新收益，从而导致了许多高价值技术的失传，对社会福利是很大的损失。

为了提高人们创新发明的积极性，从制度上明确发明者对创新的所有权成为一种良好的制度安排，这就是专利制度。一般而言，专利制度规定发明者对其发明产品有一定年限垄断权，从而排除模仿者对创新者权益的侵蚀。可见，专利制度实际上是一种对发明创新从产权角度出发进行激励的制度。

专利制度的确立极大地推动了技术创新活动。可以这样说，英国18世纪60年代的产业革命，没有专利制度是难以发生的。在当时的领先产业——棉纺织业，许多发明，如水力纺纱机，都是在专利权的保护下诞生的。法国在产业革命时期的1851年，一年内就颁发了大约2000件发明和专利特许证。但专利制度在后来也出现了一些问题，有些大企业利用专利权控制科研成果和新技术的推广、应用。

总的来说,产权的确定是最经济有效、最持久的创新激励手段,因为确立产权关系的费用并不高,它使资产所有者与资产发生最直接的经济关系,资产所有者因此成为资产能否增值的最直接当事人。产权的法律性、持久性又使人们拥有一种安全感。技术创新活动在这样一种制度氛围中会获得强大的激励。资本主义的发展历史证明了这一点。如果说有形资产产权的确定是间接的创新激励手段,是创新行为赖以发生的前提的话,知识产权的确立则是一种直接的创新激励手段。但无形资产的产权界定有许多意想不到的困难,其他形式的激励也因此成为必要。

在给定成本下,创新或者创造是给人以更高效用的产品,或者是创造满足人们需要的产品。从长远看,创新的社会收益要远远大于给创新者本人带来的私人收益。现代生活水平的提高、人类迄今所取得的成就,从根源上讲都归功于许多伟大的科学家、发明家的发明和创新。由于给予发明者、创新者劳动成果的产权方式决定了发明创新的私人收益与社会收益的比例,从而,一个有效的产权安排方式在于合理地决定发明创新的私人收益在社会收益中的比例,使它能最大限度地增进社会福利。在专利这一例子中,上述比例便取决于专利的权利年限。如果没有专利权,则一旦有新的发明创新,大量的模仿企业便会接踵而至,使新发明在短时间内扩散到任何人们所需要的地方。这是一种社会收益最大化的情况。但在这种情况下,由于创新者不能得到应有的收益补偿,这将抑制人们的创新行为。中国在没有专利制度时,明文规定产权归国家所有,本国企业均可无偿使用,导致了中国初期的创新水平低下。

但是,过强的专利保护也会带来对社会福利的危害。例如,创新者对发明创新拥有永久的所有权,将形成垄断企业,使得创新难以扩散,侵蚀社会整体福利。正是基于上述考虑,专利制度规定了专利权的期限,一般是 20 年,同时规定申请专利时要附上专利说明书,以便人们在了解这一专利的基础上开发新的、更好的产品,使得全社会尽快从新发明中获益。

就当前专利制度而言,一项发明走向专利而后失效,需要经过以下阶段:

发明→申请专利(费用)→专利局批准→专利(专利维持费)→失效

2. 专利制度的利弊

综上所述,一个有限期的专利制度的好处在于:①它保证了创新收益中相当大的部分是归创新企业或者个人所得,从而提供了 R&D 投入的动力。②由于专利的保护公开并不会导致发明人的损失,并且专利所有者希望通过增加获取特许权并加以使用的厂商数量而使发明人受益。因此,专利制度对专利相关信息的公开使得创新形成的新知识得以扩散,为其他人进一步创新提供了基础。③依靠专利失效后的竞争,使一个公司从某个特定创新中建立持久的产业垄断的危险性得到了有效的控制。专利的负面影响在于,它使得其他创新者难以将发明专利和自己的新观点结合。同时,专利有可能形成"短期垄断",在网络产业中,由于标准是重要的,这可能形成"长期垄断"。

因此,薄弱的或过强的专利保护均不利于激发社会创新水平的提升,有损于公正、平等等社会主义核心价值观。专利制度作为知识产权制度的重要组成部分,是一国公共政策的产物，需要从我国当前的具体国情、国际形势、国家利益等综合方面出发，选择最佳策略。

二、专利竞赛

专利竞赛是指由研发竞争演变而来的以获取专利权及其占有量为主要目的的专利竞争和比赛。从宏观和微观的角度，专利竞赛主要可以区分为国家层面的专利竞赛和企业层面的专利竞赛。前者是指各国在全球专利占有量上的竞争，后者是指企业之间，尤其是竞争对手之间在专利占有量上的竞争。当一个企业宣布已经完成某个项目并申请到专利权时，其他企业就不得不放弃正在进行的同一项目的研究工作。在专利制度下的专利竞赛是一种名副其实的"胜者通吃"（winner-take-all）。

1. 专利竞赛下的创新激励

吉尔伯特和纽伯里（Gilbert & Newbury）以及瑞因加努姆（Reinganum）认为，一个垄断者在产品市场上是否比一个进入者更有可能创新，主要取决于他们的资源分配和市场策略。为了这一情形下的垄断持久性，我们将考察的事例是，假定市场上垄断者以边际成本 $\bar{c}$ 进行生产，且一个工艺创新将会产生成本 $\underline{c}$。此时，市场上存在两个企业：垄断者（企业1）和进入者（企业2）在研发活动中开展竞争。第一个创新的企业取得并开发一项专利。为了简化，假设专利具有无限长的生命。我们以 $\prod^m(\bar{c})$ 表示垄断者创新前所取得的单位时间利润。潜在的进入者起初在此产业中没有任何利润。在创新之后，如果垄断者获得了专利，垄断者和潜在进入者的利润分别是 $\prod^m(\underline{c})$ 和 0；如果进入者获得专利，则利润分别为 $\prod^d(\bar{c},\underline{c})$ 和 $\prod^d(\underline{c},\bar{c})$。同前，假定：①在同类产品中，一个垄断者获得的利润不会少于两个未合谋的寡头企业，即式（9-3）。②如果企业 i 在时间 t 与时间 $t+dt$ 之间花费 $\{x_i dt\}$，那么，在该区间它取得发明的概率是 $h(x_i)dt$，这里 h 为一凹的增函数，$h'(0)$ 是"非常的大"。如上面所提到的，一个企业在时间 t 取得发明的概率，仅取决于在这个时间它的支出流量，而不是过去的费用（经验、记忆）。这里，一项发明的概率不决定于时间长短，或竞争者过去的研究项目。

一般而言，可以这样来刻画两个企业之间的研究开发竞争：把两者研究支出的强度看作时间的函数，$x_1(t)$ 和 $x_2(t)$，直到其中一个企业获得专利。在每一个时期，如果没有一个取得一项发明，此时开始的博弈就等同于初始博弈。换言之，缺乏经验的含义是，该博弈没有记忆。所以，均衡的研究开发策略 x_1 和 x_2 将是与时间无关的。这种性质使我们可以简单地解析这个模型。

现在来导出每个企业 i 预期利润的贴现值，以 V_i 来表示。由于研究开发过程属于泊松分布类型，如果专利竞赛于 0 处开始，那么，在 t 时没有企业取得发明的概率为

$$e^{-[h(x_1)+h(x_2)]t} \tag{9-4}$$

在 t 之前没有创新的条件下，垄断者认识到在 t 与 $t+dt$ 间的利润是

$$[\prod^m(\bar{c})-x_1]dt \tag{9-5}$$

而且，以概率$h(x_1)dt$，垄断者首先创新，并从此刻开始随时间不断获得利润，贴现值是

$$\frac{\Pi^m(\underline{c})}{r} \tag{9-6}$$

以概率$h(x_2)dt$，进入者首先创新，而从此刻开始，垄断者随时间的利润贴现值是

$$\frac{\Pi^d(\overline{c},\underline{c})}{r} \tag{9-7}$$

令r表示利润，可以把V_1写成等式

$$V_1(x_1,x_2) = \int_0^\infty e^{-rt} e^{-[h(x_1)+h(x_2)]t} \times \left(\Pi^m(\overline{c}) - x_1 + h(x_1)\frac{\Pi^m(\underline{c})}{r} + h(x_2)\frac{\Pi^d(\overline{c},\underline{c})}{r}\right)dt$$

$$= \frac{\Pi^m(\overline{c}) - x_1 + h(x_1)\left[\Pi^m(\underline{c})/r\right] + h(x_2)\left[\Pi^d(\overline{c},\underline{c})/r\right]}{r + h(x_1) + h(x_2)} \tag{9-8}$$

同样地，V_2可以写为

$$V_1(x_1,x_2) = \int_0^\infty e^{-rt} e^{-[h(x_1)+h(x_2)]t} \times \left(h(x_2)\frac{\Pi^d(\overline{c},\underline{c})}{r} - x_2\right)dt$$

$$= \frac{h(x_2)\left[\dfrac{\Pi^d(\overline{c},\underline{c})}{r}\right] - x_2}{r + h(x_1) + h(x_2)} \tag{9-9}$$

纳什均衡是一组研究强度(x_1^*, x_2^*)，满足给定x_j^*，x_i^*使V_i最大化（对所有的i）。

两个企业中哪一个在研究上花费更多（或者说，哪一个更有可能成为第一个创新者），取决于上一节中所识别出的两个效应。效率效应就是

$$\Pi^m(\underline{c}) - \Pi^d(\overline{c},\underline{c}) \geqslant \Pi^d(\overline{c},\underline{c}) \tag{9-10}$$

在V_1和V_2的分子中得到反映，它表明垄断者具有更大的创新激励，因而在研究开发上花费更多。垄断者通过先于进入者的占有，而获得一个净利润流

$$\Pi^m(\underline{c}) - \Pi^d(\overline{c},\underline{c}) \tag{9-11}$$

另外，进入者成为第一，仅可以获得$\Pi^d(\underline{c},\overline{c})$。替代效应使人注意到，垄断者研究开发费用的边际生产率与其初始利润一起下降，即

$$\frac{\partial}{\partial[\Pi^m(\overline{c})]}\frac{\partial V_1}{\partial x_1} < 0 \tag{9-12}$$

通过增加研发投入（x_1），垄断者可以把发明日期向前推进（平均来说），因而加速其自身的替代。与此相对照，进入者不会因发明而损失一个利润流。

两个效应中任何一个都可能会起主导作用，为理解这一点，考察两个极端的情形。

（1）一种剧烈创新的情形。剧烈创新，是指创新使企业的生产成本发生了大幅度的降低，创新者在新的成本水平下的利润最大化价格为市场垄断价格，也即创新者成为一个完全垄断者，它所制定的垄断价格低于竞争对手的边际或平均成本。由于进入者在创新情形中变为事实上的垄断者，所以不存在任何垄断租金的耗散，即没有效率效应。这

样，替代效应必须占主导，即 $x_1^* \leq x_2^*$。可以从与纳什均衡相关联的如下一阶条件（the First-order Conditions）中得出结论

$$\frac{\partial V_1}{\partial x_1} = \frac{\partial V_2}{\partial x_2} = 0 \tag{9-13}$$

因此，结论是，在剧烈创新的情形中，存在着一种向产出市场"进入"的趋势（在概率意义上）。

（2）消除替代效应的充分条件是选择一种研究开发技术，其单位时间投入的量很大，因而单位时间的发明概率较高。在此情形中，创新较早地实现，垄断者更关心的是进入者创新的可能性，而不是他自身"替代"的日期。所以，有 $x_1^* > x_2^*$（例如，考察一下技术家族 $\{\lambda h[x/\lambda]\}$，这里 λ 趋于无穷大）。所以，对于非剧烈创新，存在着持久性垄断的趋势，这是因为已建立的企业获得专利的概率更高。

以上分析简单地说明，垄断厂商害怕其潜在竞争对手会发明一种相似的新工艺或新产品从而进入市场。两家厂商都具有创新动机：如果垄断厂商首先实现创新，就维持了它的垄断地位；如果潜在竞争对手首先实现创新，它就必须与现有厂商竞争（因为是非剧烈创新），双寡头的市场结构就产生了。在这种情况下报酬是非对称的，垄断厂商若不能首先创新的话，其损失比潜在竞争对手的损失要大。若在专利竞赛中失利，竞争对手仅损失它的研究和开发成本，而垄断厂商则损失它的研究和开发成本及一部分垄断利润。在这样一种专利竞赛中，不输是垄断厂商的主要目标，它并不特别在意自己是否能成功实现创新，它只关注自己的竞争对手是否实现创新。如果垄断厂商首先成功创新并获得了专利，它可能会让它的专利"沉睡"。

沉睡专利是指专利权人已经依法取得专利权属证书，并在专利权的保护期限之内的发明专利权和实用新型专利权，但是由于客观因素或专利权人主观意愿因素无法转化或不能充分转化的专利。在一个确定性的世界中，垄断者阻止进入的有效手段就是从不投入资源生产与"沉睡专利"相关的产品，尽管一个沉睡专利是由垄断者抢先行动获得的。让专利沉睡的可能性强化了垄断者会抢先出手的论点。给定垄断者的产量决策，让专利沉睡总是有效率的。如果对手使用专利，那么无效率的产量或者价格竞争使进入导致产业的总利润降低，这会刺激垄断者抢先出手。垄断者抢先出手以阻止竞争者进入，这决定了创新的时间。而垄断者使用专利的时间则取决于新技术的特性和资本市场的性质。在这样的解释下，垄断者永远不会使用专利，在更一般的讨论中，垄断者使用专利的最佳时间晚于竞争决定的时间。也就是说，垄断者为自己的创新成果先申请专利，但并不使用这一专利成果，其目的仅仅是防止其他厂商通过创新申请类似的专利。

垄断厂商如何才能保证在这一竞争中不输并维持它的垄断地位呢？方法之一就是在专利竞赛一开始就遥遥领先，使得所有潜在竞争对手不得不退出竞赛。在这种情况下，垄断厂商可继续维持它的垄断地位，但它可能被迫进行快于它意愿的发明，这也可能是许多垄断厂商拥有大量专利的原因之一。

以上分析表明，竞争性市场或潜在竞争给厂商的研发和创新以更大的激励，从而刺激厂商从事更多的研发和创新。因此，创造一个提供平等机会的竞争性（现实竞争或潜

在竞争）市场环境将使社会从更多的创新中获益。

2. 专利竞赛下的最优专利宽度

专利宽度定义了该专利所能获得的垄断范围以及模仿企业进行周围创新（Invention Around）的空间大小。由于专利宽度越大意味着对模仿的惩罚越高，这样竞争者越少，专利权人获得的超额垄断利润越大。因此，从理论上存在一个社会整体上最优的专利保护宽度（Breadth），但对于专利宽度的定义十分模糊，如新颖性、非显而易见性以及有用性其内涵都十分模糊。一些模型探讨了专利的最优宽度，但对专利宽度进行较为直接的刻画的模型不多见。克伦佩勒（Klemperer）用异质性产品刻画了专利宽度，即专利覆盖的产品区域，在模型中表现为专利持有者与竞争对手之间的最短距离。吉布特和夏皮罗（Gibt & Shapiro）将专利宽度模糊地内嵌在专利的利润流 π 中，假定利润流会对社会福利产生负的影响，增加专利宽度的成本是高昂的，因而最优的专利设计是无限长的保护期限和很窄的保护宽度。德尼科洛（Denicolo, 1996）的研究表明，专利长度与宽度的组合取决于市场结构，长且窄的专利保护适用于竞争性的市场结构，而短且宽的专利保护适用于垄断型的市场结构。

以下简单介绍吉布特和夏皮罗于 1990 年构建的模型。他们将专利的宽度建模为每期的创新利润流。政府可以控制专利保护期长度 T，以及创新保护宽度，用创新企业的利润流 π 表示。单期的社会福利为 $W(\pi)$，假设 $W'(\bar{\pi})<0$，即垄断会导致社会净福利损失。该利润流长度由 T 决定，当专利过期，企业的利润流变为竞争水平 $\bar{\pi}(\bar{\pi}<\pi)$，社会福利流上升到 $W(\bar{\pi})$。因而，社会福利流的现值为

$$\Omega(T,\pi) = \int_0^T W(\pi)e^{-rt}dt + \int_T^\infty W(\bar{\pi})e^{-rt}dt \tag{9-14}$$

其中，r 为贴现因子。企业进行研发的预期收益现值为

$$V = \int_0^T \pi e^{-rt}dt + \int_T^\infty \bar{\pi}e^{-rt}dt \tag{9-15}$$

给定专利长度，如果创新企业存在一个进行研发的保留价值 $\bar{V}$（或 $\bar{\pi}$，由于给定 T 及 π），由于垄断低效会带来福利净损失，政府会选择专利宽度 $\varnothing(T) = \bar{\pi}$，正好满足创新企业的参与约束。则有

$$\bar{V} = \int_0^T \varnothing(T)e^{-rt}dt + \int_T^\infty \bar{\pi}e^{-rt}dt = \varnothing\frac{(T)(1-e^{-rT})}{r} + \frac{\bar{\pi}e^{-rT}}{r} \tag{9-16}$$

上式两边对 T 求导，可得 $\varnothing'(T)(1-e^{-rT}) + [\varnothing(T)-\bar{\pi}]e^{-rT} = 0$。对社会福利流现值表达式依 T 求微分，并利用 $\varnothing'(T)$ 的表达式，可得

$$\begin{aligned}\frac{d\Omega}{dT} &= \{W[\varnothing(T)]-W(\bar{\pi})\}e^{-rT} + \frac{W'[\varnothing(T)](1-e^{-rT})\varnothing'(T)}{r}\\ &= e^{-rT}\{[W(\varnothing(T))-W(\bar{\pi})] - W'(\varnothing(T))[\varnothing(T)-\bar{\pi}]\}\end{aligned} \tag{9-17}$$

如果在区间 $[\bar{\pi}, \varnothing(T)]$ 上，$W''<0$，即社会福利随着保护宽度的增加而加速减少时，$d\Omega/dT>0$，即最优的专利保护可以通过设定无限长的专利保护期，而专利保护宽度仅满足企业研发的参与约束来实现。

三、专利许可的创新激励效应

一般来说,专利许可方是否具备生产能力,会影响许可的激励与方式。如果许可方专门从事研发,但不具备将创新进行商业化的能力,就只能把专利许可让给制造商。如果许可方具有将专利运用于生产的能力,它是否有激励将技术许可给竞争对手?如果有的话,它将通过怎样的合约设计来获得研发租金?这里,主要讨论后一种情形,即许可方拥有将研发成果商业化的能力及其进行技术许可的动力与合约安排。

企业将专利技术许可给竞争对手,可以有三种激励:首先,将技术许可给竞争对手,可以克服垄断所带来的惰性。其次,当技术许可所带来的成本节省大于因为市场竞争而形成的利润损失时,专利持有者有动力进行技术许可。一个极端的例子是将技术许可给不在同一市场竞争的其他企业。最后,企业可以利用事前的许可,来削弱竞争对手进行相关研发的动力,这可以称为策略性许可。同时,各种许可均是通过合约设计来实现的。许可合约大致分为三类:只包括固定使用费、只包括单位使用费,以及同时包括固定使用费与单位使用费。在实践中,各种合约形式都存在。

有了这些背景知识,就可以讨论增量创新技术许可的内在动力。假定两家企业进行产量竞争。企业 2 的单位成本为 c_2,企业 1 成功地进行了流程创新,单位成本为 $c_1 = c_2 - x$。如果企业 1 不进行技术许可,在均衡时,$\pi_1^c(c_1, c_2) > \pi_2^c(c_1, c_2)$,且 $q_1^c(c_1, c_2) > q_2^c(c_1, c_2)$。如果企业1进行技术许可,即企业 2 在支付一定的专利费后,可以使用更低成本的技术。为简单起见,考虑单位使用费的合约安排。可以证明,最优的单位使用费为 x,即技术带来的成本节约。因此,博弈可以分为两个阶段:首先,许可方提供一份合约,即每单位产量收取专利使用费 x,被许可方选择接受或拒绝,如果接受,双方在第二阶段进行产量竞争。可以证明,产量竞争均衡与没有许可时相同(因为两个企业的实际生产成本没有发生变化),不同的是许可企业的利润增加到 $\pi_1^c(c_1, c_2) + x q_2^c(c_1, c_2)$。因此,许可可以增加许可企业的利润。由于在这个例子中,均衡时产品价格不变,消费者福利不变,许可企业利润增加意味着社会福利的增进。两家企业进行价格竞争,如果企业 1 不进行许可,其会将价格定为 $\lim_{\varepsilon \to 0} c_2 - \varepsilon$,占据整个市场,得到每单位收益 $c_1 - c_2$。如果企业 1 进行技术许可,可以证明,单位使用费 $\lim_{\varepsilon' \to 0} x - \varepsilon'$ 为合约双方都能接受的支付额,最终企业 2 进行生产,企业 1 得到的使用费收益与没有许可时的收益差不多。因此,企业 1 进行技术许可的激励很小。

模型设定不同,所带来的结论也不同。学者们试图找到在增量创新中专利许可存在的充分条件,一般而言,私人需要的许可也是社会需要的,因为许可的前提条件是产出的增长,以及许可接受方的成本下降,这两个条件会使产业利润与消费者剩余一起增长。反之则不成立,社会所需的许可有可能不符合企业的利益,因而,社会合意的许可是不足的。如果专利为剧烈的创新,则无论是产量竞争还是价格竞争,创新企业均没有动力进行技术许可。以产量竞争为例,假设有两个企业,企业 1 获得了剧烈的创新技术,如果不进行许可,它可以垄断整个市场。如果进行许可,它至多可以获得总的寡占市场收益，由于市场不允许合谋，其得到的只是两家企业收益之和的一部分。在价格竞争条件下，进行许可也不能给创新企业带来收益的增进。

再来简单地看一下许可者不具备生产能力的情形。专利所有者只有将技术许可给生产企业，假设专利所有者向被许可企业收取单位使用费，加上生产企业的垄断定价，会形成双重加价（Double Marginalization），使消费者受损。但现实中，由于许可方不进行生产，很难观察或推测生产企业的产量，因而，它通常收取固定使用费。

从理论上来说，合约的设计可以使研发企业获得下游市场的所有利润，如通过合约 $A-\pi^m(\check{c})-\pi^m(\acute{c}), R=0$，即通过固定使用费将生产利润全部转移过来。其中 A 为固定使用费，$\acute{c}$、$\check{c}$ 分别为创新前后的单位生产成本，R 为单位使用费。但在现实中，它取决于许可双方的谈判实力，且最常见的合约为 $(A,R): A \in (0, \pi^m(\check{c})-\pi^m(\acute{c})); R \in (0,[\pi^m(\check{c})-\pi^m(\acute{c})-A]/q^e)$，其中 q^e 为制造企业的预期产量。因此，专利许可证制度对社会总体的创新来说是一种帕累托改进，它能维持企业研发激励，同时减少重复研发。

四、专利买断的创新激励

专利买断有可能消除专利造成的垄断价格扭曲和对旨在窃取原创研究收益的模仿研究的激励，同时增加对原创研究的激励。政府可以提出以拍卖会上确定的估计私人价值购买专利，再加上相当于发明的社会价值和私人价值的典型比率的加价。大部分购买的专利将被置于公共领域，但为了促使竞标者透露其价值，少数专利将被出售给出价最高的人。

1839 年，法国政府通过购买达盖尔（Louis Daguerre）照相术的专利并将该技术置于公共领域，将专利制度和政府对研究的直接支持相结合。专利被买断后，达盖尔照相术在全世界范围内迅速被采用，并得到了无数次的技术改进。这种专利买断有可能消除垄断价格的扭曲和对浪费的逆向工程的激励，同时鼓励原创研究。

任何专利买断制度的一个主要挑战是确定价格。克莱默尔（Kremer，1998）探讨了一种机制，通过这种机制，专利的私人价值将通过拍卖来确定。政府将以这个私人价值乘以一个固定的加价来买断专利，这个加价将大致涵盖发明的社会价值和私人价值之间的差异。

政府购买的专利通常会被置于公共领域。然而，为了激励拍卖参与者如实披露他们的价值，政府将随机选择一些专利出售给出价最高的人。通过这样的机制来鼓励创新，需要政府官员比目前的专利制度有更多的自由裁量权。但是允许广泛的自由裁量权也可能导致寻租的浪费性支出，如果社会中的某些群体比其他群体更有能力在政治上组织起来，这种寻租可能会扭曲研究的模式。因此，作为防止发明被没收的保障措施，专利持有人可以选择是否出售其专利。因此，专利买断将补充而不是取代现有的专利制度。发明者将获得比专利的私人价值更高的价格，从而使发明的激励更接近社会价值。

最后一个值得警惕的教训是，买断专利并将其置于公共领域会减少对仍处于专利期的替代创新的采用。达盖尔照相术被广泛采用似乎是因为它是免费的，而塔尔博特照相术是昂贵的。目前还不清楚哪种工艺更胜一筹，但有选择地将专利放入公有领域有可能导致劣质技术的采用。

理想情况下，专利买断的价格应该是发明的社会价值，因为只有当预期的社会利益超过成本时，才能激励人们投资于研究。

第四节　新技术扩散速度的决定机制

拥有先进技术的厂商和落后厂商之间往往会发生技术扩散。技术扩散就是技术从领先者向落后者转移的过程。正如霍尔（Hall）所言，"如果没有扩散，创新将几乎没有社会或经济影响"。她进一步认为，扩散并不仅仅是创新的传播，"它是创新过程的本质，体现在新技术传播过程中产生的学习、模仿和反馈效果，这使得原有创新得以提升。"

经济学家较早采用的扩散模型是 1961 年由曼斯菲尔德建立的。在此模型中，$x(t)$ 代表在时间 t 采用新技术的企业的比例。技术扩散率用 $dx(t)/d(t)$ 表示。它的值与早期采用者比率 $x(t)$ 以及剩余潜在采用者比率 $[1-x(t)]$ 成比例，b 为常数。因此：

$$\frac{dx(t)}{d(t)} = bx(t)[1-x(t)] \tag{9-18}$$

当 $x(t)$ 上升时，$[1-x(t)]$ 下降。一方面，随着时间推移，会有越来越多的采用者，因而未采用者会有更大的概率与采用者接触，并成为新的采用者。另一方面，未采用者将会越来越少，因此当采用率超过一定程度以后，进一步的采用将会减少。这种关系在图 9-5 中以 S 形逻辑曲线表示。

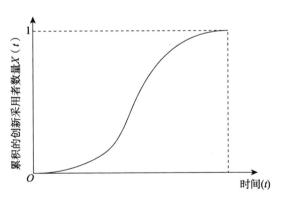

图 9-5　S 形创新扩散模型

曲线显示了采用新加工方法或产品创新的厂商比例随时间变化的趋势。创新生命周期可描述为引进、成长、成熟（图中并没有表述）和下降四个阶段。在特定环境下创新确实存在 S 形扩散行为，但不一定通过上图中的"传播"过程。比如，小于特定规模的企业将不能引进创新，除非引进成本降低。因此大企业最先采用，（成长期）小企业将跟随采用。这里是成本而不是接触成为关键因素。

除此以外，其他影响创新扩散的因素包括创新的特性、信息的传播渠道、企业外部环境、企业自身条件。

技术创新的特性对技术创新扩散速度有着极大的影响，一般包括技术的相对优越性、复杂性、与采用方原先系统的兼容程度、可实验性（是否可以在局部进行实验）、可观察性（是否易于观察和识别）。

强有力的信息系统是技术创新扩散成功的必要条件。在日益激烈的市场竞争中，企业之间的竞争集中表现为技术创新竞争，而技术创新竞争又在很大程度上取决于企业对先进技术与市场需求信息的获取和利用。重要信息的获得与否、获得的早与晚，往往直接决定了企业采用技术创新的决策以及采用成功与否。在信息的传递过程中，信息传递障碍是技术创新扩散的首要障碍。技术创新的供给者与采用者对技术创新信息的了解并不一致，创新信息的传播就需要一定的中介渠道，常见的渠道有大众传播媒介、人际交流网络、中介扩散机构等。

技术创新扩散是一个多层次、多环节的技术经济活动，是在国家的宏观大环境和区域小环境下进行的，企业外部环境对技术创新的扩散起着不容忽视的作用。技术创新扩散的宏观环境由企业所处的区域经济环境、政策环境和人文社会环境等因素组成，它们构成了影响技术创新扩散的重要外部环境。

影响事物发展变化的因素分为外因和内因两种，外因是条件，内因是决定因素。对于技术创新扩散来讲，环境属于外因，企业自身条件是技术创新扩散的内因。影响企业采用技术创新的企业内部因素是多方面的，其影响程度、方式和表现特点各不相同，并且常交织在一起相互作用。这类内因主要包括企业的学习能力、组织结构、企业文化、企业资源状况和企业经营状况等方面。

进一步地，我们着重论述创新扩散过程中的成本—利润因素的影响。考虑非专利创新在垄断市场中的扩散过程，假定在 0 期进行的创新可由任何企业在未来 t 期以成本 $C(t)$ 采用（以非专有的形式）。创新的采用是一个一劳永逸的事件：$C(t)$ 为沉没成本。设 $C'(t)<0$，$C''(t)>0$（采用成本随时间而递减的速率下降），并设 $C(0)$ 为巨大的，导致没有企业在 0 期采用该创新。我们形式化一个由双头垄断的采用策略，每一个企业必须选择一个采用时间（可能是无限的）。假设信息滞后可以忽略不计，这样，企业能够没有迟延地观察（和回应）其竞争对手的行为。如同我们看到的，这暗含着企业会被诱使较早地采用该技术，以便推迟或阻止其竞争对手采用。

考虑两个极端的事例，它们与新技术采用提供的租金的两种形式相联系，第一个事例涉及两个企业和一项工艺创新，第一个采用者从其采用中获益巨大，第二个采用者是无利可图的，人们期待企业会早些采用这项创新，从而先占于其竞争者。结果是，两家企业间扩散长期滞后。在该例子中，第一个采用者采用的早而其竞争对手从不采用。再者，与采用相关的垄断租金全部被早期采用的成本所耗散。在第二个事例中，产品创新的采用引发立即的模仿，这样，人们很少期待采用的激励。采用被耽搁且两个企业会同时采用。所以，在集中化产业中确定采用时间的关键是采用被模仿的速度。

示例一：模仿组织型的创新：先占权和扩散

考察一个同类产品的伯川德双头垄断的情形。假设两个企业起初有不变的单位成本 $\bar{c}$，没有一个企业取得利润，采用创新使单位成本下降为 $\underline{c}<\bar{c}$。令 $V=(\underline{c}-\bar{c})/r$，当仅有一个企业采用时，若 $\bar{c}$ 不超过在成本 $\underline{c}$ 上的垄断价格（非剧烈的创新），则该企业

获得单位时间的伯川德利润 $\underline{c} - \bar{c}$。由于具有相同成本的伯川德竞争产生了 0 利润流量，因而，在该案例中绝不会出现模仿。描述了第一个采用者的收益和被先占企业的收益。均衡地采用时间 t^c 由 $V = t^c$ 给出，若企业 1 计划在 t^c 之后采用，那么企业 2 只需略早一点采用就会做得更好。这样，任何建议的 $\tilde{t} > t^c$ 的均衡采用时间 $\tilde{t}$ 都很容易被先占采用击败见图 9-6。

这种零利润均衡满足波斯纳（Posner）的两个假说：第一，垄断租金被全部耗散，第一个采用者的采用成本等于随后的垄断利润。第二，从社会观点看，此耗散完全是浪费，消费者价格等于 $\bar{c}$，并不受创新影响，因此，创新不会引起社会福利的增长（如果创新是剧烈的，则不满足第二个假说）。

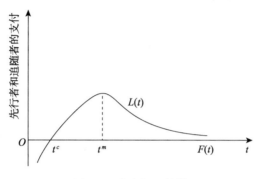

图 9-6　先占权和扩散

假如仅有一家企业能够采用该技术（例如由于它掌握了该技术的专利），那么，该企业要选择采用期 t^m，以使 $[V - C(t)]e^{-rt}$ 最大化。其一阶条件是

$$r(V - C(t^m)) = |C'(t^m)| \tag{9-19}$$

即延迟的净利润 $[V - C(t^m)]$ 利息等于与等待相关的成本节约。特别要注意 $V > C(t^m)$，它意味着 $t^m > t^c$。如果创新是专有的，被采用就会迟一些。

当然，在非专有事例中，缺少追随者的模仿是我们极端模型的产物。例如，由于产品的差异，若成本 $C(t)$ 下降幅度大，被先占企业最终也会采用。两个企业间长期扩散的滞后，常常会是采用过程中更现实的描述。

示例二：快速模仿和延迟的联合采用

作为延迟采用的一个例子，可以考虑以下离散时间模型：每一个双头垄断者起初每一时期取得利润 $\prod > 1$。采用一项新技术的当时成本 C，不随时间改变而改变，每一期利率为 r，而同时有

$$1 < C < \frac{1+r}{r} \tag{9-20}$$

如果仅有一个企业已采用该技术，其租金流为 $\prod + 1$，其对手的租金流为 $\prod - 1$。如果两个企业都已采用，它们的租金流仍为 $\prod$，这样，创新的作用只是将利润从一个企业转移到另一个企业。创新能耗散租金，而不能增加总利润。在每一个时期，每一企业是基于历史来选择是否采用（如果它尚未采用）。

在此博弈中，存在几种精练均衡。我们将重点放在帕累托劣和帕累托优均衡上。首先注意，反应总是立即的：如果一个企业在 t 时采用，那么别的企业则在 $t+1$ 时采用，因为与采用相关的利润流等于 1，超过采用成本的利息，即 $C \cdot r/(1+r)$。帕累托劣（Pareto-inferior，先占权）均衡是每一企业在每一时期采用（假设它以前没有采用），而与其对手是否已采用无关。在此均衡中，每一企业在 0 期采用，且有收益

$$\left(\frac{1+r}{r}\right) - C < \left(\frac{1+r}{r}\right) \tag{9-21}$$

引入创新使企业处境变坏（这可以被称为"超"租金耗散）。帕累托优（延迟采用）均衡使每一企业仅仅在其对手已采用时才采用。这样，采用从不会发生，每一企业的收益为

$$\left(\frac{1+r}{r}\right) \tag{9-22}$$

此时形成均衡，因为 $C > 1$，不存在任何超租金耗散。

虽然可能存在协调失误（企业也许会怀疑其竞争对手，并在别的企业行动之前取得先占权），但人们可以期望两个企业会协调于帕累托最优的延迟行动均衡（两个时期的间隔越短，支持这一均衡的论点越强。如果时差很小，每一企业通过取得先占权的所得也很少，而且，假如其竞争对手决定等待的话，损失会很大）。由于双头垄断从不采用新技术，所以，它自然要比技术有专利条件下的采用速度更慢。在本例中，若创新是有专利的，就会被立刻采用。因而，关于发明的产权关系和它的采用速度高度依赖于该发明所带来的租金性质。

1. 简述创新与研发之间的异同。
2. 试述技术创新的公地悲剧的含义。
3. 简述替代效应，并分析为什么替代效应的存在使得竞争市场中的厂商的创新激励大于垄断厂商。
4. 考虑一种有 n 个企业线性需求 $q=a-bp$ 和对称的成本 c_1 的产业。如果是古诺竞争，计算一项剧烈创新使成本从 c_1 降到 c_2 的私人价值，该价值怎样随着 n 而改变？
5. 简述专利竞赛的含义。
6. 考虑一种涉及几个企业的对称专利竞赛。企业起初均为零利润，而有一项私人价值为 V 的专利。研发技术属于无记忆型，支出流量 x_i 产生单位时间的发明概率 $h(x_i)$。假定 $h' > 0, h'' > 0$，$h(0) = 0$，$h'(0) = +\infty$，$h''(+\infty) = 0$。时间是连续的，利率为 r。

设 $n–1$ 个竞争对手每一个花在单位时间研发上的费用是 x，而该企业单位时间的费用是 y，证明该企业的跨期预期利润为

$$\frac{h(y)V - y}{h(y) + (n-1)h(x) + r}$$

7. 试分析为什么技术扩散曲线为 S 形。

8. 一项法律规定,在专利授予日期的 n 年内,如果专利没有被使用或者没有被充分使用且又不具有正当理由,那么将强制性发放专利许可证,你能为它找到理论基础吗?讨论执行这样一项法律可能引发的问题。

第十章

进入与退出

【本章学习目标】

通过本章学习，学生能够：
1. 掌握什么是市场进入壁垒，对固定成本和沉没成本有一个全面、清晰的认知；
2. 理解斯坦克尔伯格模型与进入遏制、进入容纳和退出引诱；
3. 了解不对称信息重复价格竞争模型。

新能源汽车产业的发展

新能源汽车在人们的生活中越来越受欢迎，目前，我国新能源汽车产业能够完成从原材料、动力电池、整车控制器等关键零部件的生产，到整车设计制造以及充电基础设施配套建设等完整的产业链，形成了一定的产业化基础。2010 年国务院发布《关于加快培育发展战略性新兴产业的决定》，将新能源汽车产业作为战略性新兴产业之一重点培育。当年我国新能源汽车销量仅 8159 辆。此后，在一系列政策利好的情况下，大量新能源汽车企业进入，新能源汽车产销量快速增长，随后，政府的支持性政策逐渐退出，市场导向逐步发挥作用，行业进入良性发展阶段。2018 年，政府开始逐步减少政策补贴的力度，但是我国新能源汽车经过了几年的沉淀之后，已经有了大的市场，当年新能源销量为 127 万辆。近年来，虽然受疫情和缺乏芯片等原材料的冲击，我国汽车产业受到了一些影响，但是随着各大车企的主力新能源车型不断出新，加之消费者对新能源汽车接受程度快速提高，新能源汽车产业仍快速发展，2021 年，我国新能源汽车销量达 352.1 万辆。

在新能源汽车最初的"萌芽期"，政府给予了一定的政策支持，鼓励企业进入，随着市场的逐渐成熟和消费者的接受度不断提高，支持性政策逐步退出，依靠市场的力量进行发展，转入以市场驱动发展，市场逐步趋于稳定。新能源汽车产业是典型的资本密集型产业，企业的进入和退出都要承担巨大的沉没成本或存在很高的进入和退出壁垒。

第一节 进入壁垒、固定成本和沉没成本

微观经济学的初级教科书往往将企业垄断势力视为一种短暂存在的现象。其观点是，每当一个企业获得市场势力并赚取超额利润时，就会有新企业进入，新企业的进入

将使市场恢复完全竞争的格局。然而,该种描述与许多行业市场的实际情况并不相符。例如,尽管中国和其他新兴经济体的拍卖行在近期实现了一定程度的市场扩张,但苏富比和佳士得在 20 年里共同控制了世界上 55%的普通艺术品拍卖市场,在这段时间的某些时期里,这一市场的份额甚至高达 70%;20 年来,微软的视窗系统在个人电脑操作系统市场上一直保持着 90%以上的份额(尽管如果把平板电脑计算在内,这一份额会下降到接近 80%);金宝公司(Campbell's)一百多年来一直占据着美国罐头汤销量的 60%或更高的市场份额。鲍德温(1995)和格罗斯基和托克(1996)等人发现,平均而言,一个行业中的第一大公司会在 17 年至 28 年之间保持这一排名。与初级微观教科书上的分析不同,大量证据表明,市场势力是相对持久的。这就带来了一个问题,这些企业是如何建立起进入壁垒以维持其市场势力的?为什么没有出现新的竞争对手来争夺市场份额和利润?这其中牵涉怎样的企业间策略性互动?要回答这些问题,首先需要理解进入壁垒这一概念。

一、进入壁垒

在一些经济体,政府会通过引入许可证、执照、专利和出租车牌照等机制来限制部分企业与经济活动主体进入某些市场。这些限制可能会使在位者产生超额利润。某些政府采购政策或进口配额的发放也可能形成实质性的市场进入壁垒。在本章中,考虑非政府创造的市场进入壁垒。非行政规制进入壁垒的形成大致与下述四个关键因素有密切联系,它们对在位者防止超额利润(租金)被进入者侵蚀的能力有重要影响。

1. 规模经济(如固定成本)

如果一种产品的生产具有较大的规模经济特性,而现有企业已经在很大程度上利用了这种特性供给产品,那么新进入者就会望而却步。最小有效规模是某些行业需求的一个重要方面,这些市场往往只能容纳少量的企业,并使得在位企业在不招致竞争者进入的前提下获得超额的利润。

2. 绝对成本优势

某些在位老牌企业可能拥有相对更先进的生产技术,这些技术是通过积累经验(边干边学)或从事研究和开发活动学到的。它们可能已经积累了相当的人力或实物资本,从而降低了他们的生产成本,也可能通过与供应链上游经济主体签订合同,控制其他公司本可以使用的稀缺资源,阻止潜在进入者获得关键的投入要素。

3. 产品的差异化优势

在位者可能拥有一些产品的创新专利(这可以视为是相对于其他产品的成本优势),或者它们可能在产品的差异化空间中占据合适的位置,甚至进而使得多个用户购买产品或服务时对其他用户的价值产生正向影响,强化企业产品的差异化优势(如果一个强大的网络已经存在,它可能会限制新进入者获得足够数量用户的机会并使在位者享有大批消费者的产品忠诚)。此外,某些产品差异会提高客户在尝试更换供应企业时产生的成本。这种转换成本涉及购买或安装新设备的成本、变更期间的服务损失、寻找新供应商或学习新系统所涉及的努力等。故部分企业会通过提高转换成本来阻止潜在竞争者的进入。

4. 资本要求

这一因素对市场进入壁垒的影响机制尚有争议。由于债权人面临较高风险，潜在进入者可能会难以为其进入相应的投资项目活动融入足够的资金。一种观点是，银行不太愿意贷款给进入者，因为它们的知名度不如在位者；另一种观点则认为，在位者会设法降低进入者的项目融资能力以在产品市场上给它们造成损失，进而阻碍进入者的发展壮大。

此外，贝恩（1958）还提出了在位企业在面对进入威胁时的三种竞争行为类型。一是进入封锁：在位企业之间的竞争互动就像没有面临市场进入威胁一样（此时市场对潜在进入者没有足够的吸引力）；二是进入遏制：潜在进入者的市场进入行为无法被封锁，在位企业通过调整其行为策略以成功阻止新的市场进入者；三是进入容纳：在位者发现，相较于建立高成本的行业市场进入壁垒，让进入者进入更有利可图。经验文献表明，进入和退出的情况多种多样，而进入者往往都是小规模的。在竞争格局稳定的行业中，企业的进入率和退出率是大致相等的（Caves, 1998）。Dunne、Roberts 和 Samuelson（1988）发现，对于制造业而言，进入者数量要比行业平均企业数量少得多。在许多新的行业中，小型公司在较早阶段大量进入，随后生产和管理能力最弱的一批公司在市场震荡中被淘汰。生存下来的企业在规模和业务能力上都有所增长，直到该产业最终走向整体衰败。

二、固定成本和沉没成本

上一节初步介绍了影响进入壁垒的一些因素，而沉没成本因其承诺价值在企业做进入（或退出）市场决策时扮演了重要的角色。今天购买固定设备的企业实际上发出一种信号（如果它不能转售设备）：它明天还会在产品市场中从事生产和销售活动。决定是否购入设备不是一个纯粹的内部成本最小化问题。被自己的对手观察到的购买设备行为可能会产生某种改变市场竞争对手行为的策略性效应。市场竞争对手可能会把该企业购买设备的消息解释为关于其在市场盈利能力下降的不利信号，并可能减少其进入规模或根本不进入市场。本节的目的是验证这一猜想。为方便后面理解用于解释企业进入（或退出）市场行为的博弈模型，本节介绍沉没成本（与固定成本）的含义。

在单期的经营场景设定下，固定成本往往被定义为企业为启动生产活动而必须产生的一项成本，且该项成本与产量无关。例如，当产量 $q > 0$ 时，企业会产生成本 $C(q) = f + cq$，当 $q = 0$ 时，成本 $C(q) = 0$。当然，这种单期的生产场景或许并非对经济现实较好的一种抽象，不过一旦纳入时间维度，就需要在概念定义上更为小心。为了看到这一点，假设一个企业在两个连续的时期内进行生产获得。该企业计划以成本 $2(f + cq)$ 生产数量为 $2q$ 的产品（$q > 0$），其中 f 是每期固定成本。然而，在没有进入和退出成本的情况下，企业在第一个时期生产出 $2q$，而在第二个时期不生产成本会更低。此时的成本为 $f + 2q$，较前两期都生产 q 的生产安排节省了 f（假设各期之间的滞后期很短，忽略了利息、储存成本和未来需求的不确定性）。一般地，将生产期缩短为原生产期的

1/2，即将生产活动强度提高一倍，可以节省固定成本。据此逻辑，所有的生产应该在很短的时间间隔内进行，相对于可变成本，固定成本应该是可以忽略的。为了避免得出这种极端的结论，我们必须认识到，市场的不完备性会阻碍企业瞬时租赁资本或即时大量雇用劳动力。再者，企业需要预先采购对其他公司没有内在价值的特定投资，这些投资通常难以在企业其他领域的业务上发挥作用。因此，固定成本在某种程度上总是"沉没"的。

我们将把固定成本定义为独立于生产规模并在某个短时期内被锁定的生产成本。例如，决定生产一个正产量的公司，在一个月内需要固定机器、资本、土地、法律、公共关系和广告服务，以及一般工作人员。该公司不可能在一个月的前15天内承担一半的相关固定成本并将其生产率提高一倍，而在后15天时停止生产，从而节省对应的那一半成本（并在其后继续恢复生产）。因此，思考固定成本的问题时，可以设想一个离散时间的现实场景设定，在该设定下，只要企业在某一时期进行生产，它在该时期的成本为 $f + cq$；如不进行生产，则成本为0。每个时期的实际时间长度表示成本发生的时间长度。沉没成本则是指那些在很长一段时间内产生利益流，但永远无法收回的投资成本。一台机器将被贴上固定成本的标签，如果公司租用它一个月（或在购买后一个月可以无资本损失地出售它），如果公司坚持使用它，则是沉没成本。固定成本和沉没成本之间的区别是程度问题，而非属性问题。固定成本只有在短期内是"沉没"的（当然，如何定义短期的时长跨度也是一个问题，它取决于对投资的资金期限承诺长度与产品竞争活动的发生时间相对大小）。

值得注意的是，固定成本和沉没成本的含义是高度抽象与理想化的。首先，在短期承诺和永久承诺这两个极端情况之间，显然存在着一个承诺程度（期限）的连续统一。其次，这两个概念都假设投资成本在承诺期（无论它是什么）内完全不能被收回。在现实经济中，企业可以把一台机器在二手市场上以一个低于其原始价值的价格出售，或以一定的违约成本租赁提前结束劳动合同。因此，承诺不完全是一个全有或全无的概念。我们所指的承诺期的真正含义是一段时期，在这段时期内，企业摆脱承诺约束进行经济活动的成本较高。为了简单起见，通常假设投资成本在整个时期内完全沉没。最后，这里的承诺在很大程度上是一个纯粹的技术概念。在实践中，企业转售其资产或修改其租赁、劳动合同的日期也可能取决于产品市场上的业绩以及长期的战略考虑。

第二节　斯坦克尔伯格模型及扩展与企业策略分类

在动态的产业竞争中，并非所有企业都具有同等的实力，市场中的两个寡头往往一强一弱。其中，率先采取行动并决定产量水平的企业成为产业的领导者，而随后行动的企业则被称为跟随者。由于市场规模在短期内是既定的，跟随者进入市场将会改变整个产业的供应，从而影响领导者的收益。为了避免两败俱伤的局面出现，领导者在制定自身最优化策略时，也会将跟随者可能采取的行动纳入考虑中。德国经济学家斯坦克尔伯格（Stackelberg，1934）为研究这类市场行为率先提出了一种领导—跟随的寡占模型，被称为斯坦克尔伯格模型。

一、斯坦克尔伯格模型

与古诺模型相似，斯坦克尔伯格模型中的企业也选择产量进行竞争。假定产业中只存在两家企业，且它们的成本相同，边际成本都为 c，企业 1（领导者）首先选择产量 q_1，企业 2（跟随者）在观察到 q_1 后选择其产量 q_2。换句话说，企业 1 在选择 q_1 时，将会估算企业 2 针对每个 q_1 所作出的最优反应，从而最大化自身利润，因此这是一个典型的完全信息博弈。

产业的总产量为两家企业的产量之和，即 $Q = q_1 + q_2$，并用线性的反需求函数来表示市场需求：$P = A - BQ$。在企业 1 选择 q_1 后，企业 2 所面临的市场需求和边际收益函数分别为

$$P = A - Bq_1 - Bq_2 \tag{10-1}$$

$$MR_2 = A - Bq_1 - 2Bq_2 \tag{10-2}$$

假设边际收益等于边际成本

$$MR_2 = A - Bq_1 - 2Bq_2 = c \tag{10-3}$$

可以得出企业 2 的最优反应为

$$q_2^* = \frac{A-c}{2B} - \frac{q_1}{2} \tag{10-4}$$

当企业 1 估算出企业 2 的最优反应 q_2^* 后，可以得出企业 1 所面临的市场需求为

$$P = A - Bq_2^* - Bq_1 = \frac{A+c}{2} - \frac{B}{2}q_1 \tag{10-5}$$

还可以得出企业 1 的利润函数为

$$\Pi^1(q_1, q_2^*) = \left(\frac{A+c}{2} - \frac{B}{2}q_1 - c\right)q_1 = \left(\frac{A-c}{2} - \frac{B}{2}q_1\right)q_1 \tag{10-6}$$

由上述式子可知，利润只取决于企业 1 的产量选择 q_1。也就是说，企业 1 作为领导者，具备了操纵其竞争对手产量的能力。

根据企业 1 的市场需求函数，可以得出其边际收益函数，并再次假设边际收益等于边际成本，可得

$$MR_1 = \frac{A+c}{2} - Bq_1 = c \tag{10-7}$$

从而解出企业 1 在利润最大化时的产量为

$$q_1^* = \frac{A-c}{2B} \tag{10-8}$$

将上述所得 q_1^* 代入企业 2 的最优反应，可以得出企业 2 的产量为

$$q_2^* = \frac{A-c}{4B} \tag{10-9}$$

在得出两家企业的产量后，可以得出产业的总产量为

$$Q = q_1^* + q_2^* = \frac{3(A-c)}{4B} \tag{10-10}$$

对比可知，斯坦克尔伯格模型中产业均衡产量要大于古诺模型的均衡产量，相应地，其均衡市场价格也就小于古诺模型的均衡价格。总的来说，斯坦克尔伯格模型得出两个企业存在产量差异，产量的增加是由领导者主导的。在完全信息博弈中，由于领导者率先行动，并把握了跟随者的最优反应，从而选择了更大的产量，也就获得了所谓的"先发优势"。相对地，跟随者在观察到领导者的产量之后，被迫缩减自身产量，也就意味着拥有信息优势的企业在动态竞争中可能反而处于劣势。

斯坦克尔伯格模型对古诺模型作出的修正意义重大，假设领导者率先行动但并没有有效地使跟随者获悉其产量，两家企业只能理性推测对方的产量选择，那么领导者的"先发优势"也就不复存在，斯坦克尔伯格模型相当于退回了古诺模型。所以，领导者如何发布让人相信的产量信息同样至关重要。

二、讨论和扩展

斯坦克尔伯格—斯宾塞—迪克西特模型

在斯坦克尔伯格模型中，已知企业选择产量进行竞争，而斯宾塞（Spence，1979）和迪克西特（Dixit，1980）在斯坦克尔伯格模型的基础上，将产量解释为生产能力，且他们设定企业在市场竞争过程中可以积累生产能力。

斯宾塞—迪克西特模型假设在时期1，企业1的成本为c_0，且选择生产能力K_1（K_1随后可能会增加，但不会减少），此时企业2观察到K_1。在时期2，两家企业同时选择产量（q_1, q_2）和生产能力（$\tilde{K}_1, K_2$），且$\tilde{K}_1 \geq K_1$。每一单位的生产成本为c，而且产量不能高于生产能力（$q_i \leq K_i$）。在产量既定的情况下，价格等于市场出清价格。

企业2所面临的短期和长期边际成本为$c_0 + c$，毫无疑问其会选择$K_2 = q_2$。当$q_1 \leq K_1$时，企业1的短期边际成本为c，超出K_1的每一单位产量成本为长期边际成本$c_0 + c$。这也解释了为什么生产能力具有约定价值：当产量q_1还未达到K_1时，生产的边际成本仅为c，从而促使企业1愿意在时期2选择生产K_1单位产量（图10-1）。

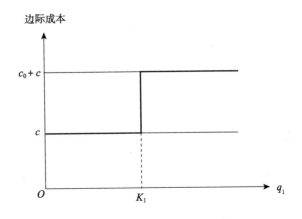

图10-1 企业1短期边际成本

为了进一步解释这一点，可以考虑两个反应函数。如果"先发优势"并不存在，两家企业同时选择生产能力和产量,它们在做决策时所面临的单位生产成本为 c_0+c。这里,同样用线性的反需求函数 $P=A-BQ$ 来表示市场需求,企业 1 为了最大化 $q_i[A-B(q_i+q_j)-c_0-c]$,可以得出反应函数为

$$R_i(q_j)=\frac{A-Bq_j-c_0-c}{2B} \quad (10\text{-}11)$$

企业 1 在时期 1 选择生产能力并在时期 2 选择产量,相应地,企业 2 在时期 2 既选择生产能力又选择产量。企业 2 在时期 2 的反应函数为

$$R_2(q_1)=\frac{A-Bq_1-c_0-c}{2B} \quad (10\text{-}12)$$

因为当企业 1 的产量 q_1 还未达到 K_1 时,生产的边际成本仅为 c,所以企业 1 在时期 2 的反应函数为短期反应函数,可以得出

$$\tilde{R}_1(q_2)=\frac{A-Bq_2-c}{2B}>R_1(q_2) \quad (10\text{-}13)$$

当企业 1 的产量超出 K_1 时,短期反应函数与长期反应函数一致,都为

$$\tilde{R}_1(q_2)=R_1(q_2) \quad (10\text{-}14)$$

由此可知,时期 2 的纳什均衡点 K_1^N 就是 $\tilde{R}_1$ 与 R_2 的交点。进一步可知,企业 1 通过投资超出 K_1^N 的生产能力而获利。

更现实地分析斯宾塞—迪克西特模型就涉及一个概念,叫作"双重生产能力约束博弈",第一重是针对生产能力的约束:只要产量 $q_1 \leqslant K_1$,生产的边际成本即为 c,产量被限制。第二重是针对销售能力的约束:企业的销量不能超出其产量,销量也被限制。这样一来,就产生了第三阶段博弈,企业在被产量约束的情况下选择价格。

还有一个问题,就是企业 1 会利用闲置生产能力来阻止企业 2 进入市场吗?斯宾塞对此的回答是肯定的,而迪克西特则表明其结果并非精炼均衡。的确,如果需求函数是凹的,垄断者会利用它手中的生产能力来阻止后续企业进入市场。布洛等人(Bulow et al.,1985)证明当需求函数凸到一定程度以至于反应曲线向上倾斜时,斯宾塞所说的过度生产能力可能会重新出现。

施马兰西(Schmalensee,1981)在斯宾塞—迪克西特模型的基础上,不考虑进入市场的固定成本,并假设企业的产量不能低于一个最低水平 K_0,他将 K_0 解释为最低有效规模。经验证据表明最低有效规模通常比行业需求低(大概低 10%),施马兰西以此论证这种进入壁垒并不能解释在位企业能获得高额利润。

三、企业策略分类

在上一节中,我们对斯坦克尔伯格模型进行了详细的介绍,该模型的关键点是认为企业行动的价值在于能够影响竞争对手行动。在企业进行生产能力博弈时,在位者过度投资,会限制进入者的生产能力。本节对"过度投资"和"投资不足"进行定义,介绍一个用来考察企业经营战略的两期分析结构,并对企业可能采取的战略进行分类。利用该两期模型中的分析方法,可以对产业组织中很多策略性相互作用的结果进行预测。

考虑一个两期两企业模型，在时期 1，假设市场上只有在位者企业 1，其投资为 K_1，这里的投资是一个广泛的概念，如可以指生产能力等。进入者企业 2 在观察到企业 1 的投资 K_1 后决定是否在第二期进入市场。如果它不进入市场，则企业 2 的利润为 0，企业 1 在第二期拥有垄断地位，其利润为

$$\Pi^{1m} = [K_1, x_1^m(K_1)] \tag{10-15}$$

其中：$x_1^m(K_1)$ 表示企业 1 在时期 2 的选择（如 x_1 为企业 1 的产量），它是 K_1 的函数。如果企业 2 在时期 2 选择进入市场，那么两家企业都将在时期 2 作出选择，分别为 x_1 和 x_2。则两家企业的利润为

$$\Pi^1 = (K_1, x_1, x_2) \tag{10-16}$$

$$\Pi^2 = (K_1, x_1, x_2) \tag{10-17}$$

其中，企业 2 的进入成本也计算在 Π^2 内。假设 Π^1、Π^2 都是可微的。

假设企业 1 在时期 1 选择某个 K_1，企业 2 在时期 2 进入市场，则进入后两家企业的选择 x_1 和 x_2 可以达到一个纳什均衡

$$\{x_1^*(K_1), x_2^*(K_1)\} \tag{10-18}$$

并且，对于不同的初始值 K_1，该纳什均衡是唯一的和稳定的。该唯一性和稳定性可以通过图 10-2 加以说明。

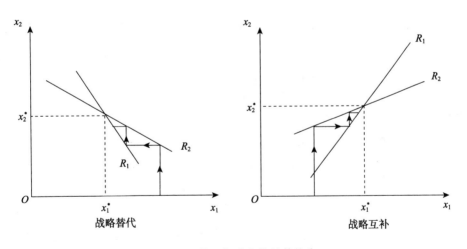

图 10-2 第二期稳定的纳什均衡

设企业 1 选择了一个任意的 x_1，则企业 2 会选择一项行动 $R_2(x_1)$ 作出反应，这项行动是根据最大化企业 2 的利润 $\Pi^2 = (K_1, x_1, x_2)$ 得到，接着企业 1 又会作出行动 $R_1[R_2(x_1)]$ 对 $R_2(x_1)$ 作出回应，$R_1[R_2(x_1)]$ 是通过企业 1 的利润 $\Pi^1 = [K_1, \tilde{x}_1, R_2(x_1)]$ 对 $\tilde{x}_1$ 求最大值得到的。然后，企业 2 又会对企业 1 的行为作出反应，如此不断进行调整，最终达到图中两条反应线相交的均衡点，即纳什均衡 $\{x_1^*(K_1), x_2^*(K_1)\}$。因为对于不同的初值，最后总能收敛到均衡位置，因此说纳什均衡是唯一的，稳定的。

接下来，分析企业 1 在时期 1 选择的 K_1 对企业 2 进入的影响。

如果企业 1 选择的 K_1 使得

$$\Pi^2[K_1,x_1^*(K_1),x_2^*(K_1)]\leq 0 \qquad (10\text{-}19)$$

则称企业 1 制止了企业 2 的进入（这里包括进入封锁的情况，即企业 1 对 K_1 的垄断选择制止了企业 2 的进入）。

如果企业 1 选择的 K_1 使得

$$\Pi^2(K_1,x_1^*(K_1),x_2^*(K_1))>0 \qquad (10\text{-}20)$$

则称企业 1 容纳了企业 2 的进入。在位者企业选择制止或者容纳企业 2 的进入取决于哪种情况对其更加有利。另外，为了简化问题，假设 $\Pi^2(K_1,x_1^*(K_1),x_2^*(K_1))$ 和 $\Pi^{1m}=(K_1,x_1^m(K_1))$ 对 K_1 是严格凹的，且函数 $x_1^*(\cdot)$ 可微。

（1）进入遏制

进入遏制指的是企业 1 制止了企业 2 的进入，但在本节中，我们忽略进入封锁的情况，因为这种情况并未涉及两个企业之间的策略性相互作用。在位者企业 1 选择的 K_1 满足以下条件使得其恰好制止了企业 2 的进入。

$$\Pi^2[K_1,x_1^*(K_1),x_2^*(K_1)]=0 \qquad (10\text{-}21)$$

接下来，分析企业 1 的战略使企业 2 的进入没有任何利益。Π^2 对 K_1 的全导数为

$$\frac{d\Pi^2}{dK_1}=\frac{\partial \Pi^2}{\partial K_1}+\frac{\partial \Pi^2}{\partial x_1}\frac{dx_1^*}{dK_1}+\frac{\partial \Pi^2}{\partial x_2}\frac{dx_2^*}{dK_1} \qquad (10\text{-}22)$$

因为企业 2 在选择 x_2 时会使自己的利润最大化，因此得到（由包络定理同样可以得到）

$$\frac{\partial \Pi^2[K_1,x_1^*(K_1),x_2^*(K_1)]}{\partial x_2}=0 \qquad (10\text{-}23)$$

因此，式（10-22）可化为

$$\frac{d\Pi^2}{dK_1}=\frac{\partial \Pi^2}{\partial K_1}+\frac{\partial \Pi^2}{\partial x_1}\frac{dx_1^*}{dK_1} \qquad (10\text{-}24)$$

其中：$\frac{d\Pi^2}{dK_1}$ 表示 K_1 对 Π^2 的总效应；$\frac{\partial \Pi^2}{\partial K_1}$ 表示 K_1 对 Π^2 的直接效应；$\frac{\partial \Pi^2}{\partial x_1}\frac{dx_1^*}{dK_1}$ 表示 K_1 对 Π^2 的策略效应。直接效应指的是企业 1 的选择对企业 2 有直接影响，比如，K_1 表示在时期 1 即企业 2 进入之前企业 1 拥有的客户规模，则 K_1 越大，企业 2 进入后所能获得的市场份额越小，从而企业 2 获得的利润越低，而这种影响不需要借助企业 1 的任何策略。但在大多数的时候直接效应等于 0，这表示 K_1 只对企业 1 的技术产生影响，而不会对企业 2 的利润产生影响。企业 1 对企业 2 的策略效应影响路径：首先 K_1 改变了企业 1 的事后行为 $\left(\dfrac{dx_1^*}{dK_1}\right)$，接着企业 1 的选择影响了企业 2 的利润 $\left(\dfrac{\partial \Pi^2}{\partial x_1}\right)$。

如果 $\dfrac{d\Pi^2}{dK_1}<0$，则投资使企业 1 变得强硬；如果 $\dfrac{d\Pi^2}{dK_1}>0$，则投资使企业 1 变得软弱。

企业 1 可采取的战略有

①恶狗战略：增加投资，使企业大或强，从而看上去强硬或具有攻击性。
②小狗战略：减少投资，使企业小或弱，从而看上去软弱或没有恶意。
③饿狼战略：减少投资，使企业小或弱，从而看上去强硬或具有攻击性。
④肥猫战略：增加投资，使企业大或强，从而看上去软弱或没有恶意。

为了制止企业 2 的进入，企业 1 应当让自己看上去是强硬的。当 $\frac{د\Pi^2}{dK_1}<0$，即投资使企业 1 变得强硬时，企业 1 应当"过度投资"，采取恶狗策略；当 $\frac{d\Pi^2}{dK_1}>0$，即投资使企业 1 变得软弱时，企业 1 应当"投资不足"，采取饿狼策略。

【例 10-1】 为了简化起见，在一个稍作修改的斯宾塞—迪克西特模型中，企业 1 选择投资 K_1，且企业 1 在时期 2 的边际成本 $c_1(K_1)$ 递减。在第二期，两个企业进行数量竞争，设 $x_1=q_1$，$x_2=q_2$，为了方便解释，忽略企业 2 的投资选择。在第二期中，企业 1 最大化式（10-25）：

$$q_1[P(q_1+q_2^*)-c_1] \tag{10-25}$$

其中：$P(\cdot)$ 表示需求函数的反函数；c_1 表示企业 1 的边际成本。

假设，产量的竞争是战略替代的，如图 10-3 所示，当 K_1 增加时，企业 1 的边际成本下降，从而企业 1 会增加产量，企业 1 的反应曲线 R_1 向右移动，达到一个新的均衡点，发现此时企业 1 的产量增加，而企业 2 的产量减少。因此，得出结论，在此例子中，投资使企业 1 变得强硬，这是因为投资增加了均衡的 q_1^*，从而损害了企业 2 的利益。因此，为了阻止企业 2 进入，企业 1 应当"过度投资"，采取恶狗策略。

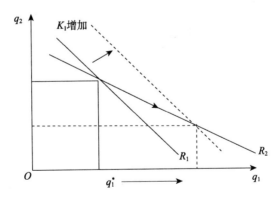

图 10-3 两企业的数量竞争

【例 10-2】 如果在例 10-1 中第二期两家企业之间进行价格竞争，价格是战略互补的，同样是企业 1 的投资使其边际成本下降，两家企业的产品有差别，且是替代的。则用图示分析，可以得到为了制止企业 2 进入，企业 1 应当"过度投资"，采取恶狗策略。

如图 10-4 所示，当 K_1 增加，企业 1 的边际成本下降时，会导致企业 1 的反应曲线向左移动，在新的均衡点企业 1 的 p_1^* 减小，这会损害企业 2 的利益，因此为了制止企业 2 进入，企业 1 应当"过度投资"，采取恶狗战略。

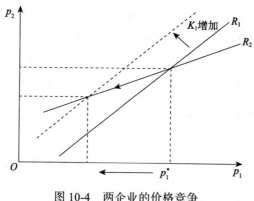

图 10-4 两企业的价格竞争

（2）进入容纳

企业在进行进入遏制时可能会付出较大的成本，因此本节考虑进入容纳的情况，在这种情况下，企业 1 的投资行为是由自己的利润 $\Pi^1[K_1, x_1^*(K_1), x_2^*(K_1)]$ 决定的。$\Pi^1[K_1, x_1^*(K_1), x_2^*(K_1)]$ 对 K_1 的全导数为

$$\frac{d\Pi^1}{dK_1} = \frac{\partial \Pi^1}{\partial K_1} + \frac{\partial \Pi^1}{\partial x_2}\frac{dx_2^*}{dK_1} + \frac{\partial \Pi^1}{\partial x_1}\frac{dx_1^*}{dK_1} \tag{10-26}$$

同样地，企业 1 在选择 x_1 时会使自己的利润最大化，因此得到（由包络定理同样可以得到）

$$\frac{\partial \Pi^1[K_1, x_1^*(K_1), x_2^*(K_1)]}{\partial x_1} = 0 \tag{10-27}$$

因此，式（10-26）可化为

$$\frac{d\Pi^1}{dK_1} = \frac{\partial \Pi^1}{\partial K_1} + \frac{\partial \Pi^1}{\partial x_2}\frac{dx_2^*}{dK_1} \tag{10-28}$$

其中：$\frac{d\Pi^1}{dK_1}$ 表示的是 K_1 对 Π^1 的总效应；$\frac{\partial \Pi^1}{\partial K_1}$ 表示 K_1 对 Π^1 的直接效应，表示企业 1 的选择对自身的直接影响，在大多数的时候直接效应等于 0；$\frac{\partial \Pi^1}{\partial x_2}\frac{dx_2^*}{dK_1}$ 表示 K_1 对 Π^1 的策略效应，影响路径为，首先 K_1 影响了企业 2 的第二期行为 $\left(\frac{dx_2^*}{dK_1}\right)$，接着企业 2 的选择影响了企业 1 的利润 $\left(\frac{\partial \Pi^1}{\partial x_2}\right)$。如果策略效应大于 0，那么企业 1 应当"过度投资"；如果策略效应小于 0，那么企业 1 应当"投资不足"。

接下来，对策略效应的符号进行说明，由链式法则得到

$$\frac{dx_2^*}{dK_1} = \left(\frac{dx_2^*}{dx_1}\right)\left(\frac{dx_1^*}{dK_1}\right) = [R_2'(x_1^*)]\left(\frac{dx_1^*}{dK_1}\right) \tag{10-29}$$

引入符号函数 sign 定义如下：

$$\text{sign}(x) = \begin{cases} 1, x > 0 \\ 0, x = 0 \\ -1, x < 0 \end{cases} \quad (10\text{-}30)$$

易知 $\text{sign}(xy) = \text{sign}(x)\text{sign}(y)$。

代入式（10-29）得

$$\text{sign}\left(\frac{dx_2^*}{dK_1}\right) = \text{sign}\left(\frac{dx_1^*}{dK_1}\right) \times \text{sign}(R_2') \quad (10\text{-}31)$$

假设 $\frac{\partial \Pi^1}{\partial x_2}$ 和 $\frac{\partial \Pi^2}{\partial x_1}$ 的正负号是相同的，则 $\text{sign}\left(\frac{\partial \Pi^1}{\partial x_2}\right) = \text{sign}\left(\frac{\partial \Pi^2}{\partial x_1}\right)$。

所以

$$\text{sign}\left(\frac{\partial \Pi^1}{\partial x_2}\right) \times \text{sign}\left(\frac{dx_2^*}{dK_1}\right) = \text{sign}\left(\frac{\partial \Pi^2}{\partial x_1}\right) \times \text{sign}\left(\frac{dx_1^*}{dK_1}\right) \times \text{sign}(R_2') \quad (10\text{-}32)$$

得到

$$\text{sign}\left(\frac{\partial \Pi^1}{\partial x_2}\frac{dx_2^*}{dK_1}\right) = \text{sign}\left(\frac{\partial \Pi^2}{\partial x_1}\frac{dx_1^*}{dK_1}\right) \times \text{sign}(R_2') \quad (10\text{-}33)$$

由式（10-33）可得，进入容纳情况下策略效应的符号取决于进入遏制情况下策略效应的符号和企业2反应曲线斜率的正负，或者说取决于投资使企业1变得强硬或软弱和反应曲线向上倾斜（战略互补）或向下倾斜（战略替代）。

企业1可采取的战略有以下四种，即企业1应当使企业2作出软弱的行动：

①恶狗战略：如果投资使企业1变得强硬，而且反应曲线向下倾斜，企业1的投资会使企业2作出软弱的行动，企业1应当"过度投资"。

②小狗战略：如果投资使企业1变得强硬，而且反应曲线向上倾斜，企业1应当"投资不足"，从而不刺激企业2作出攻击性的反应。

③饿狼战略：如果投资使企业1变得软弱，而且反应曲线向下倾斜，企业1应当"投资不足"。

④肥猫战略：如果投资使企业1变得软弱，而且反应曲线向上倾斜，企业1应当"过度投资"。

（3）退出引诱

除了进入遏制外，进入容纳还有一种情况为退出诱惑，假设企业2在第一时期存在于市场之中，并在第二个时期决定是否退出市场，如果企业1想要企业2退出市场，则企业1的投资行为应当使企业2在时期2不能获得利益。即

$$\Pi^2[K_1, x_1^*(K_1), x_2^*(K_1)] \leq 0 \quad (10\text{-}34)$$

其中包括了退出成本，这与进入遏制是相似的，且两者的战略分类相同。

将进入遏制、进入容纳、退出引诱三种情况与企业1的战略分类画在同一表格中，如表10-1所示。

表 10-1 企业 1 的经营战略

	投资使企业 1 变得强硬	投资使企业 1 变得软弱
反应曲线向上倾斜（策略互补）	A 小狗策略 / D、E 恶狗策略	A 肥猫策略 / D、E 饿狼策略
反应曲线向下倾斜（策略替代）	A、D、E 恶狗策略	A、D、E 饿狼策略

注：A 表示进入容纳，D 表示进入遏制，E 表示退出引诱。

第三节 不对称信息重复价格竞争模型

一、不对称信息下的静态价格竞争模型

假定市场上存在一个两期的竞争，由于第二期为最后一期，因此企业在第二期中的行为可以认为是一个静态博弈。企业间博弈的信息结构来自其在第一期行为中所传递出的信息，每个企业都会根据其竞争对手对于私人信息的判断而采取对应的行动。我们假定：（1）二者产品存在差异，为双头垄断价格博弈；（2）二者对于竞争对手的成本拥有不完全信息；（3）在一定的定义域内需求函数对称且线性。

$$D_i(p_i, p_j) = a - bp_i + dp_j \quad (10\text{-}35)$$

其中，$0 < d < b$，两类商品为替代品，对方售价同时提升会使得双方销量下降。假定双方规模报酬保持不变，其中企业 2 的边际成本 c_2 是共同知识，但企业 1 的边际成本 c_1 为非共同知识。因此对于企业 2，c_1 有 x 的概率取值为 c_1^L，$1-x$ 的概率取值为 c_1^H，其中 $c_1^L < c_1^H$，因此可以得到对于企业 2 而言企业 1 的预期边际成本

$$c_1^e = xc_1^L + (1-x)c_1^H \quad (10\text{-}36)$$

二者的利润函数关系如下

$$\pi^i(p_i, p_j) = (p_i - c_j)(a - bp_i + dp_j) \quad (10\text{-}37)$$

两个企业需要同时选择其销售的商品价格，因此需要寻找伯川德均衡，企业 2 所选择的定价为 $p_2 = p_2^*$。假定 p_1^L 为企业 1 成本为 c_1^L 时所选择的价格，p_1^H 为企业 1 成本为 c_1^H 时所选择的价格。

因此，在 c_1 和 p_2^* 给定的时候，当企业 1 利润最大化时

$$a - 2bp_1 + dp_2^* + bc_1 = 0 \quad (10\text{-}38)$$

推导可得

$$p_1 = \frac{a + dp_2^* + bc_1}{2b} \quad (10\text{-}39)$$

此时 p_1 为增函数。对于企业 2 而言，c_1 未知，因此企业 1 的预期价格为

$$p_1^e = xp_1^L + (1-x)p_1^H = x\frac{a + dp_2^* + bc_1^L}{2b} + (1-x)\frac{a + dp_2^* + bc_1^H}{2b} = \frac{a + dp_2^* + bc_1^e}{2b} \quad (10\text{-}40)$$

在企业 2 风险中性的假定下，企业 2 会选择通过 p_2 最大化预期利润

$$E(\pi) = x(p_2 - c_2)(a - bp_2 + dp_1^L) + (1-x)(p_2 - c_2)(a - bp_2 + dp_1^H) \\ = (p_2 - c_2)(a - bp_2 + dp_1^e) \tag{10-41}$$

此时，推导可得

$$p_2 = \frac{a + dp_1^e + bc_2}{2b} \tag{10-42}$$

在纳什均衡中

$$p_2 = p_2^* = \frac{2ab + 2b^2 c_2 + ad + bdc_1^e}{4b^2 - d^2} \tag{10-43}$$

图 10-5 中描述了均衡状态下，企业 1 的反应函数主要由其成本决定，成本增加时，曲线向右移动。在双方信息对称时，伯川德均衡将根据企业 1 的成本 c_1 的高低分别在 C 点或者 B 点达到。在双方非对称信息的情况下，企业 1 的平均反应曲线 R_1^e 与企业 2 的平均反应曲线 R_2 决定了企业 2 的价格。而对于动态情形，企业 2 的价格 p_2 是企业 1 预期成本的增函数，其随着企业 1 预期成本的升高而价格上涨，因此，当企业 2 预期企业 1 大概率是高成本时，企业 2 就会采取提价的行为。

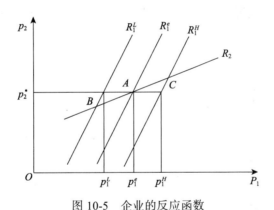

图 10-5　企业的反应函数

假定企业 1 可以将其成本完全告知企业 2，那么当其 c_1 属于低成本时，可以对企业 2 进行成本告知，从而导致企业 2 的价格 p_2 降低。而当 c_1 处于高成本时，信息显示将导致企业 2 的定价等同于均衡条件时的定价。因此，高成本企业有强烈的激励对其成本信息进行公开，以缓和潜在竞争对手的定价。对于低成本企业没有强烈的激励促使其信息公开，但不公开信息的行为也会让潜在竞争对手推测其本身是低成本企业。因此，为了阻止潜在竞争对手的进入，企业 1 将努力向市场传递其是高成本企业的信号。

二、米尔格罗姆—罗伯茨限制性定价模型（限制性定价模型）

假定两期的博弈竞争，在第一期中，企业 1 为在位者，对市场处于垄断状态，在第一期选择的价格为 p_1。在第二期，企业 2 为潜在的进入者，通过观察市场和企业 1 来决定是否进入，如果其进入市场，在第二期二者将存在双头垄断竞争；反之，企业 1 仍旧维持对市场的垄断状态。

与静态价格竞争模型一样，c_1 有 x 的概率取值为 c_1^L，$1-x$ 的概率取值为 c_1^H。p_m^L 和 p_m^H 分别代表 c_1 取值为 c_1^L、c_1^H 时的垄断价格。此时令 $M_1^{L,H}$ 分别代表企业 1 将价格定为 p_1 时的垄断利润。根据本章第三节内容可知，$p_m^L < p_m^H$。假定 $M_1^{L,H}(p_1)$ 在 p_1 上是严格凹的。

企业 1 在第一期时就知道自己的成本，而企业 2 不知道。根据米尔格罗姆和罗伯茨的假定，当企业 2 进入市场时，它就可以掌握企业 1 的成本。因此企业 2 进入市场后的双头价格竞争独立于第一期的定价。假定 D_1^i 和 D_2^i 分别代表企业 1 成本为 c_1^L、c_1^H 时两个企业的双头垄断利润，企业 2 是否进入市场会基于其对于企业 1 成本的推测。

$$D_2^H > 0 > D_2^L \tag{10-44}$$

在信息对称的情况下，当且仅当企业 1 成本为 c_1^H 时企业 2 才会进入市场。

由于企业 1 希望自己对市场处于垄断状态，因此它会通过将产品定价为 p_1^L 向企业 2 来传递自己是低成本诱导企业 2 不进入市场。但双方都是理性的，因此企业 2 不会仅根据价格来判断企业 1 是低成本。根据米尔格罗姆和罗伯茨的做法，通过精炼贝叶斯均衡来分析，精炼贝叶斯均衡存在两种可能，在分离均衡中，在位者会根据成本对第一期进行独立定价，因此进入者可以根据第一期的定价来倒推成本。而在混同均衡中，企业 1 的定价独立于成本，因此进入者无法根据第一期的定价来倒推成本，事后推断与事前推断保持一样。

对于分离均衡，假定两个企业的贴现因子都为 δ。当其维持高成本定价将导致潜在竞争对手的进入，因此定价为 p_m^H 时，将得到 $M_1^H + \delta D_1^H$。而当其选择低成本定价来阻止潜在进入者，定价为 p_m^L 时，将得到 $M_1^H(p_1^L) + \delta M_1^H$。因此，分离均衡的必要条件为

$$M_1^H - M_1^H(p_1^L) \geq \delta(M_1^H - D_1^H) \tag{10-45}$$

同样，对于低成本企业，需要选择定价为 p_1^L 来最大化利润。在企业 2 进入时，可以得到 $M_1^L + \delta D_1^L$，而在均衡状态下，将得到 $M_1^L(p_1^L) + \delta M_1^L$，因此可以得到

$$M_1^L - M_1^L(p_1^L) \leq \delta(M_1^L - D_1^L) \tag{10-46}$$

假定不存在每种类型的企业都像在充分信息情况下一样行动的分离均衡，如果 $p_1^L = p_m^L$，高成本企业与低成本企业将混同

$$M_1^L - M_1^L(p_m^L) < \delta(M_1^L - D_1^L) \tag{10-47}$$

为满足 p_1^L 集合的特征，需求和成本结构需要维持具体的假定，区间为 $[\tilde{p}_1, \bar{p}_1]$，其中 $\bar{p}_1 < p_m^L$。因此，要达到分离均衡，低成本企业的定价必须低于垄断价格，从而促使高成本企业与其混同的成本变得高昂。

1. 分离价格区间

根据分离条件或单一交叉条件：

$$\frac{\partial[M_1^H(p_1) - M_1^L(p_1)]}{\partial p_1} > 0 \tag{10-48}$$

因为

$$\frac{\partial^2\left[(p_1-c_1)D_1^m(p_1)\right]}{\partial p_1 \partial c_1} = -\frac{\mathrm{d}D_1^m}{\mathrm{d}p_1} > 0 \quad （10\text{-}49）$$

所以曲线 $y = M_1^L - M_1^L p_1^L$ 与曲线 $y = M_1^H - M_1^H p_1^L$ 在区间 $[p^L, y]$ 内最多仅有一个点相交。令 $D_1(p_1, p_2)$ 代表企业 1 的双头垄断需求，其中 $D_1(p_1, +\infty) = D_1^m(p_1)$。$M_1(c_1)$ 代表成本为 c_1 时的垄断利润、$D_1(c_1)$ 代表成本为 c_1 时的双头垄断利润，p_1^d 和 p_2^d 代表均衡状态时的双头垄断价格，根据包终定理

$$\frac{\mathrm{d}[M_1(c_1) - D_1(c_1)]}{\mathrm{d}c_1} = \frac{\mathrm{d}\{\underset{p_1}{\mathrm{MAX}}[(p_1-c_1)D_1^m(p_1)] - \underset{p_L}{\mathrm{MAX}}[(p_1-c_1)D_1(p_1, p_2^d)]\}}{\mathrm{d}c_1} \quad （10\text{-}50）$$

$$= -D_1^m(p_1^m) + D_1(p_1^d, p_2^d) - (p_1^d - c_1)\frac{\partial D_1}{\partial p_2}\frac{\partial p_2^d}{\partial c_1}$$

由于 $p_1^d - c_1 > 0$，$\frac{\partial D_1}{\partial p_2} > 0$，在一定条件下 $\frac{\partial p_2^d}{\partial c_1} > 0$，因此 $(p_1^d - c_1)\frac{\partial D_1}{\partial p_2}\frac{\partial p_2^d}{\partial c_1}$ 可能为负。如果企业 1 的垄断需求大于其双头垄断需求，$M_1 - D_1$ 就随着 c_1 下降，因此 $M_1^L - D_1^L > M_1^H - D_1^H$。

根据上述推导，可以得出区间为 $[\tilde{p}_1, \bar{p}_1]$，$\bar{p}_1$ 是使得等号成立的价格，又叫作最低成本分离价格，因为所有潜在的分离价格中，它与 p_m^L 最接近，更易受到低成本企业的偏爱。

2. 分离均衡分析

图 10-6 中分离价格区间显示，高成本企业选择 p_m^H，低成本企业选择 $[\tilde{p}_1, \bar{p}_1]$ 内的 p_1^L。当观察到的价格不同于分离价格时，贝叶斯法无法对企业 2 的后验概率进行解释。此时，我们假定当 p_1 不属于 $[\tilde{p}_1, \bar{p}_1]$ 时，企业 2 相信企业 1 是高成本的，即后验信念 $x' = 0$。

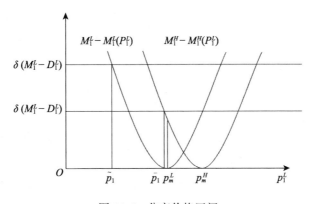

图 10-6　分离价格区间

高成本企业在第一期得到垄断利润，因而其不愿意价格转为 p_1^L，低成本企业类似，继而可以得到一个分离均衡的连续统。假定企业 1 将价格定位为 $[\tilde{p}_1, \bar{p}_1]$ 中的 p_1，对于

高成本企业此时的价格不合理,通过将价格修改为 p_M^H 会改善高成本企业的盈利。选择定价为 p_M^H 可能会引起企业 2 的进入,而选择定价为 p_1 则可能会使得企业 2 放弃进入,根据前文分析以及利润函数的凹性,高成本企业将价格选为 p_M^H 也可以得到更多的利润

$$M_1^H + \delta D_1^H > M_1^H(p_1) + \delta M_1^H \tag{10-51}$$

因此当定价为 p_1 时,可以阻止企业 2 进入,这意味着低沉本企业不需要将价格定位低于 $\tilde{p}_1$,也可以达到阻止企业 2 进入的目的。

综上表明,存在唯一合理的分离均衡。高成本制定垄断价格将导致其他企业的进入,低成本将价格定为 $\tilde{p}_1$ 上,$\tilde{p}_1$ 为使得高成本企业在第一期的损失大于阻止其他企业进入而带来的收益的最大价格。由于信息的不对称性质,企业 1 将价格由 p_M^L 降为 $\tilde{p}_1$。相关结论如下。

(1)在位者可以操作垄断价格,但潜在的进入者了解在位者的成本,在对称信息下会发生的进入此时同样也会发生。

(2)在位者基于自身考虑需要进行限制性定价,牺牲其短期利润从而传递其低成本信号。

(3)由于进行了限制性定价,社会福利比对称信息时更高,其中第二期的福利不受影响。

3. 混同均衡分析

假定 $xD_2^L + (1-x)D_2^H < 0$,在混同价格情况下,由于事后推断和事前推断相同,企业 2 的进入所带来的预期利润大于 0,意味着企业 2 将会进入市场。因而两类企业都将选择其静态垄断价格,由于二者的垄断价格不同,因而没有混同均衡存在。

此时,由于存在混同价格 p_1 阻止了企业 2 的进入,p_1 为混同均衡价格的必要条件是两类企业都没有制定垄断价格。因此 p_1 需要满足:

$$M_1^H - M_1^H(p_1) \leqslant \delta(M_1^H - D_1^H) \tag{10-52}$$

满足 p_1 的集合取决于成本和需求函数,在 p_M^L 附近存在价格区间,满足两个不等式。假定当企业 1 制定不同于 p_1 的价格时,企业 2 认为其是高成本的,因为企业 2 会选择进入市场。因此对于企业 1 而言,更倾向于制定垄断价格。所以,两类企业都会选择 p_1 来制定价格。结论如下。

(1)在位者操纵价格从而使得潜在的进入者放弃进入市场,潜在者进入市场的概率低于对称信息情况下的进入概率。

(2)低成本企业选择制定垄断价格,而高成本企业选择进行限制性定价,防止潜在竞争对手进入市场。

(3)不对称信息对于社会福利的影响难以判断,因为高成本企业选择限制性定价,因此第一期福利通常增加,而限制性定价又使得进入者变少,进而降低第二期的福利。

1. 简述进入壁垒。
2. 简述存在进入壁垒的关键因素。
3. 简述最小有效规模的内涵。
4. 论述固定成本和沉没成本的区别。
5. 参考斯坦克尔伯格模型，两家企业的固定成本为 0，边际成本为 20 元，市场需求为 $P = 80 - q_1 - q_2$。

（1）求出跟随者的最优反应函数。
（2）计算两家企业的均衡产量和市场价格。

6. 简述静态价格竞争模型和限制性定价模型的区别。

自学自测　扫描此码

第十一章

网络与标准竞争

【本章学习目标】

通过本章学习,学生能够:
1. 掌握网络外部性的内涵与平台经济的定义;
2. 掌握网络外部性下的标准选择模型推导;
3. 熟悉标准竞争模型与标准兼容性的基本内涵;
4. 了解如何制定标准竞争的公共政策以及如何评价公共政策。

"5G"标准之争

2019年7月,中国代表团向国际电信联盟"WP 5D"提交了5G无线空口技术方案。国际电信联盟将根据后续会议的评估与协调结果,计划在2020年6月举行的"WP 5D"第35次会议上正式宣布5G技术方案,届时5G第二阶段标准将完成。伴随全球新一轮科技革命和产业变革的兴起,移动通信标准已超越了其原有内涵,不再仅仅是技术活动中需要统一协调的事项准则,而是成为决定技术演进趋势、影响前沿产业生态乃至国家核心竞争力和创新能力的关键性因素。因此,通信标准领域的竞争,不仅是ICT(信息通信技术)产业的发展主动权和主导权之争,还是国家间竞争的一种高级形式。

从参与竞争的国家或地区来看,争夺1G标准主导权的主要有美国、日本、英国、法国、加拿大;争夺2G标准主导权的主要有美国、欧洲、日本;争夺3G标准主导权的主要有美国、欧洲、中国;争夺4G标准主导权的主要有中国、欧洲;争夺5G标准主导权的目前主要是中国和欧洲。不难发现,伴随通信技术的升级,制定标准的难度和复杂性不断上升,有实力或条件参与竞争的国家和地区数量整体呈下降趋势。从参与竞争的主要通信设备企业来看,在1G到4G的发展过程中,涌现出摩托罗拉、诺基亚、阿尔卡特、爱立信、LG、朗讯、富士通、日本电器、西门子、三星、华为、中兴等一批科技企业,而到5G时代有能力参与标准制定竞争的,只剩下华为、爱立信、诺基亚和中兴4家企业。移动通信标准的最直接目的是让不同的基站设备与手机之间能互联互通,充分发挥移动网络的规模效应,而掌握标准制定的企业则能通过规则和协议的方式控制产业发展导向,牢牢占据通信市场"蛋糕"最大的份额。但是伴随标准制定难度的增加,有能力参与竞争的企业数量也在减少。

中国电信运营商的实力已经处于全球领先水平。中国移动是全世界用户量最多的电信运营商，中国电信、中国联通也位居世界电信运营商前列，在世界电信业有着巨大的影响力。中国 4G 基站数占全世界 4G 基站数的 60%，拥有世界大国中品质最好的 4G 网络。在 5G 的标准化组织中，中国电信运营商也扮演了重要角色，很多标准由中国电信运营商牵头制定。同时，中国通信设备制造也达到世界领先水平。华为是世界第一大通信设备制造商，中兴是世界第四大通信设备制造商，这两家公司的专利数多年来位居世界前列，建设了全球数百个电信网络，积累了大量的网络建设经验。每年，华为、中兴在技术研发上的投入达数百亿元，不少技术达到世界领先的位置。

虽然通信标准具有巨大的网络外部性，但是该技术升级带来的效用提升更显著。每一次标准迭代升级，都会带来市场规模的指数级扩张，带来更强的技术溢出效应，推动移动通信产业进一步与各行各业融合。1G 使用的是模拟通信技术，主要功能是实现语音通信，带动了通信产业的快速发展，但通信技术应用成本高、商业模式单一、整体市场规模小是这一代通信产业的主要特征。2G 进入数字通信时代，移动通信的功能显著提升，如手机实现了低速上网功能，市场规模急剧扩大，产业链复杂程度直线上升。3G 时代智能手机的出现，按下了移动通信产业发展的加速键，奠定了今天移动通信产业生态的基本架构，移动网络开始真正融入各个领域，各种平台、商业模式、新物种纷纷涌现。4G 时代开启了真正意义的数字经济，移动互联网开始从消费领域进入生产领域，每个人的生产生活都与通信网络密切相关。5G 时代，在高速、泛在、低时延等网络特点的基础上，移动互联网与物联网进一步融合，推动万物互联时代的到来。全球性的通信标准不仅是一项技术标准，更是关系到产业发展和国家战略。基于 PC 和互联网的标准，从架构到核心协议此前均由美国来定义，进而导致美国在整个互联网产业占据绝对优势地位，英特尔、IBM、微软、谷歌等企业成为全球 PC 和互联网的主导，在影响世界互联网产业发展的同时，也给美国带来了巨大的经济利益。

我国在通信技术标准领域经历了 1G 空白、2G 跟随、3G 参与、4G 同步、5G 主导的艰难奋斗历程，在移动通信标准领域逐步实现了话语权从无到有的全过程。在 5G 标准之争中，中国阵营已经成为全世界 5G 标准的重要力量，这将对中国通信业发展和整个国民经济发展起到巨大推动作用。

资料来源：http://scitech.people.com.cn/n1/2019/0814/c1007-31293771.html。

第一节　网络外部性

一、消费者预期与需求

对产品的需求在受到网络外部性影响后，存在一些"普通"需求曲线没有表征出来的特点。每个消费者从产品中获得的效用取决于其他购买相同产品的消费者数量，也就是网络使用者的规模。更准确地说，需求是根据每个消费者对网络规模的预期而定的。前一句话指的是网络效应下决定需求的一个重要因素——消费者预期（Consumer Expectations）。

为了解释这一点，假定一项受网络效应影响的新技术拥有 100 万名消费者。每个消费者对产品的评价值为 n，n 是其他使用该技术的消费者的数量（如果 n 的数量很大，那么就近似网络规模）。换句话说，n 的值越高，每个潜在购买者对产品的评价值就越高。具体而言，每个消费者愿意为产品支付 n^e，n^e 就是网络的预期规模。

假定每个消费者预期不会有其他的消费者加入该网络，那么 $n^e = 0$。此时将没有消费者愿意为加入该网络付费，因为净收益为负。进而可以得到：对于任何正的价格，没有消费者愿意加入该技术的用户网络将是一个纳什均衡，我们将其称为预期实现均衡（Fulfilled-expectations Equilibrium）。

现在假定每个消费者预期其他消费者都将加入该网络，这意味着每个消费者都愿意为新技术付出 999 999 元。假设价格低于 999 999 元，则得到第二个纳什均衡，即每个消费者都愿意加入新技术的用户网络。因此，在价格 0 到 999 999 元之间，存在两个纳什均衡：一个是所有消费者都购买新技术，另一个是所有消费者都不购买新技术。换句话说，网络效应表明在特定价格下存在多种需求水平。在这种情况下，需求水平取决于消费者对网络规模的预期。

我们对这个"先有鸡还是先有蛋"的问题有何评论呢？举例来说，如果价格是 900 000 元，预期会出现哪种均衡——0 名使用者还是 100 万名使用者？价格是 900 元时情况又是怎样？严格地说，在这两种情况下，两种均衡都有可能出现。但是从直觉来看，价格高时似乎少量使用者的均衡更有可能出现；价格低时似乎大量使用者的均衡更有可能出现。假定价格是 900 000 元，在这种情况下，消费者只有在肯定至少有 900 000 名（100 万名中的）其他消费者也愿意购买时才会前去购买该项新技术。但是，如果价格是 900 元，消费者只要肯定至少有 900 名（100 万名中的）其他消费者愿意购买同样的技术就足够了。

在实践中，技术博弈是随时间的推进而展开的，并不只局限在一个时期内。假定价格是 900 元。即使大多数消费者对于出现大量使用者均衡的机会持悲观态度，还是可能有 900 名（少于 100 万名的 0.1%）消费者会去购买。一旦这种情况发生，对于其他消费者而言，购买同样的技术就成为优势战略（因为已经有 900 名消费者购买了该技术，将来网络的规模至少是 900 名），所以我们预期市场将迅速趋于大量使用者均衡。换句话说，趋于大量使用者均衡取决于使用者的数量高于给定的最低值（本例中当价格为 900 元时，使用者为 900 名），一旦高于该最低值，需求将通过自我加强机制继续增长，直至达到大规模网络的均衡，该最低值经常被称为导致网络建立的购买者关键数量（Critical Mass）。最后，从前面的分析中还可以推出：价格越低，超过最低值——达到关键数量的可能性就越大。

上述结果包含许多含义。在竞争市场中，定价策略主要考虑成本因素，而技术进步不断降低成本。我们预期初始均衡为高价格和小规模网络或根本不存在网络（零使用者均衡）。随着时间的推移，成本和价格逐渐下降，当达到一定的关键数量时，需求趋向将形成大规模网络均衡。作为例证，图 11-1 描述了 20 世纪 90 年代，即美国对传真机的需求刚刚起步的 10 年中，传真机用户基数的演进。数据表明，1986 年前后传真机用户基数达到关键数量，从而导致了迅速趋于大规模网络均衡的情况。

在垄断市场或某一企业具有巨大力量的市场中，前面的分析暗示我们成功的战略是制定较低的价格以获得"滚雪球"效应，也就是说，取得超过关键数量的需求并将其推向大量使用者均衡。当19世纪90年代电话最初被引入美国时，贝尔公司是第一家使用该战略的企业。

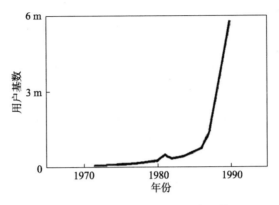

图11-1　传真机在美国：用户基数

在网络效应非常强的市场中，拥有较大的用户基数是一项需要精心维护的重要资产。以eBay为例，eBay于1995年成立，是一家个人对个人的在线拍卖网站，并且在短短几年内以惊人的速度增长，截至1999年底已经拥有超过900万注册用户。eBay的在线拍卖平台是网络效应的杰出例证：随着越来越多的用户在eBay上销售产品，可以找到的商品种类也随之增多，购买者在eBay上的体验变得更加丰富。同样地，随着买家数量的增加，拍卖的数量和质量也增加，从而提升了在eBay上出售产品的价值。eBay的收入主要来自向在其网站上列出可以拍卖的商品清单的卖家收取费用。这一商业模式充分体现了网络效应的力量，因为用户的增加直接影响了平台上的活动水平和市场价值。1999年由于消费者强烈反对，eBay停止了原计划的涨价。看起来eBay明白存在消费者"叛变"的风险，并且这些用户很有可能通过对手的拍卖网站Amazon.com，Yahoo!等进行交易。这样的行动将会创造"滚雪球"效应，破坏eBay现有的以大用户基数为基础的竞争优势。

二、平台经济

1. 平台经济的定义与内涵

平台经济是数字经济背景下出现的一种产业，也是数据元素在数字经济中发挥作用的最重要的组织形式。在数字经济中，平台逐渐成为一种强大的经济组织形式。平台的概念并非全新，但在最基本的层面上，它为具有不同需求和相互依赖关系的用户群体提供了一种连接、协调和互动的机制，促进了分布式用户群体之间的互动和协调，满足了他们的个性化需求，并为他们提供了一个平台。传统市场和现代商场可以被视为一种平台。随着新一代信息技术的广泛应用，数字平台在地域、时间、经营规模和信息交流方式等方面已经超越了传统平台的界限，获得了全新的规模、意义、效率和影响。数字平台的发展可以概括为三个阶段：传统电子商务平台的快速演变、平台产业的进一步发展以及平台经济的发展。随着互联网平台覆盖领域的扩大,其对产业经济发展和产业组织改革的影响也越来越大。互联网平台不再仅仅是一种商业现象,更是逐渐转变为一种新的经济体系形态。如果平台与网络深度融合,平台经济这一新兴产业将取得长足发展。平台经济是数字经济时代比较特殊的现象,是平台高度发展而产生的一种经济形态。作为一种新型的社会市场经济模式,平台经济利用数字信息技术协调管理和配置市场资源,克服传统的物流和金融交易壁垒,创造网络效应,加速生产、流通和消费的高效互联。

平台经济高效运行有四大特征:(1)用户参与:平台依靠众多用户的参与,通过用户数据创造价值。例如,淘宝、小红书等平台可以将用户的搜索活动转化为有价值的广告。一些平台,如抖音,还鼓励用户参与生产过程,允许个人创作者利用网络平台,同时享受灵活的工作时间。(2)精准的资源匹配:成功匹配潜在买家和卖家是在线平台的一个重要特点。平台可以链接上下游、买卖双方、供需双方,实现时空限制,确保资源的精准匹配和配置。(3)跨界资源整合:随着资源共享范围的扩大,跨行业整合现象逐渐显现。平台企业在资源汇集和整合中发挥重要作用,汇集多方利益相关者的资源,满足多方利益相关者的需求,与包括同行企业在内的多方群体合作,创造更大的经济附加值。(4)双边和多边网络外部性:平台经济具有双边和多边网络外部性的特点,即使用平台的消费者越多,卖家在平台上的预期收益就越高,反之亦然。此外,流量在平台经济中发挥着重要作用,为双方提供正反馈。

这些特点使平台经济成为一种有效的经济管理形式,具有广泛的应用前景,能够有效促进资源采购和生产价值。

2. 双边市场理论

双边市场是指建立一个平台,为边界两侧公司之间的谈判和交易提供便利。与单边市场相比,双边市场的形成必须满足三个条件:首先,双边市场在市场主体层面涉及两个或两个以上的群体;其次,通过联络方式促进不同社会群体和资源的相互协调;最后,有一个共同的平台促进双方市场主体之间的交易。

在平台经济中,典型的双边市场是流媒体平台和网络购物平台。例如,拼多多就是一个促进买卖双方交易的电子商务平台。在双边市场中,平台起着核心作用,由于双方都依赖平台进行交易,平台的利润通常会随着用户数量的增加而增加。但是,如果平台滥用其支配地位来增加利润或减弱市场竞争力,就会导致双方都处于不利地位,扰乱市场的竞争组织,从而可能需要反垄断监管。表 11-1 总结了平台生产者与消费者之间关系的一些例子。

表 11-1 部分平台生产者和消费者示例

平台经济	生产者	消费者
购物平台:淘宝、京东、拼多多	入驻商家	注册买家
外卖平台:美团、饿了么	餐厅、骑手	买家
直播平台:抖音、快手	视频内容创作者	软件用户
招聘平台:BOSS 直聘、智联招聘	候选人	用人单位

平台外部性也称间接网络外部性，是指某类产品的用户数量会影响该产品对其他类型用户的价值。例如，就持卡人而言，一张卡的价值取决于接受该卡的网点数量，而不是其他持卡人的数量。同样，跳蚤市场（或购物中心）对消费者的价值取决于商家的数量，而不是其他消费者的数量。

事实上，这种价值被称为"间接"网络外部性，因为一个类别的用户数量（或其活动）会对另一个类别产生间接影响。间接网络外部性较高的市场就是平台，而促进不同群体成员之间互动的中介机构就是平台。如图 11-2 所示，平台可能在开始时收取与交易无关的固定费用，并在后期收取一定费用，以促进买卖双方的直接交易。例如，就电子游戏平台而言，除许可版权费外，平台还向游戏开发商收取每份游戏的开发套件费，向玩家收取购买游戏机的费用。这种商业模式使平台能够从游戏生态系统的多个参与者（包括游戏开发商、平台本身和玩家）中获益。

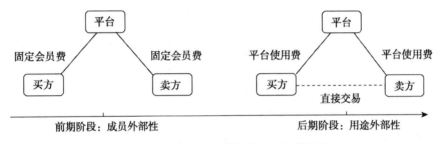

图 11-2　平台的成员外部性与用途外部性

一般来说，与会员制相关的外部效应对最终用户成本的敏感度特别高。这些成本不仅包括平台施加的固定成本，还包括消费者方面的固定技术成本。成员外部性会对用户的经济决策产生重大影响。例如，软件开发者既要支付软件开发包的费用，也要支付软件开发的固定成本。在某些情况下，这两种交易成本之间的界限并不清晰。例如，软件平台可以通过降低开发包成本、提供技术支持和开发方便用户的应用程序接口（API）来吸引软件开发者。同时，对最终用户而言，重要的是总交易成本，因此没有必要人为地将固定成本和技术成本分开。这种综合方法有助于平台吸引更多参与者，促进平台生态系统的发展。

3. 平台的用途外部性

平台的用途外部性又被称为直接网络外部性，表明某个产品的价值与使用同样产品或可兼容产品的消费者数量相关。例如，对于一个文字处理软件的用户而言，随着使用相同软件的用户人数增加，该用户对软件的使用价值便逐步增加，因为与他人交换文件会变得更加方便。直接外部性的另一种情况是，产品带来的整体价值与使用该产品的用户数量呈相关关系。例如，共享文件软件、网络通信软件、电子邮件和电话服务的价值几乎完全取决于产品的用户数量，因为这些产品用来在用户之间保持通信。在这些情况下，用户数量的增加可以提高产品的实用性和效益，因为更多的用户意味着更广泛的连接和更多的通信机会，最终会增加产品的整体价值。这种现象被称为"网络效应"，通常在许多互联网和通信领域中观察到。如图 11-2 所示，当步入后期阶段后，平台一方面保持提供服务以促成交易的完成,另一方面将进一步对买方和卖方之间的交易行为进行定价或收取费用,这其中不排除在第一阶段买卖双方通过平台相互认识,然后在第二阶段绕过平台直接进行交易。但需要注意的是,这种绕过平台的方式可能会导致更高的交易成本,因为平台通常会提供价值附加服务和便利,而这些服务可能比使用费更经济实惠。因此,许多用户仍然愿意通过平台来完成他们的交易。例如,在美国,银行卡的发卡方对商户收取一定的费率(如标的物价格的 2%),而使用银行卡的买方不需要支付任何费用。可见,用途外部性从产品的使用中产生:如果一个人能够从使用银行卡中获得比使用现金更多的好处,那么商户就会通过接受银行卡赚取(正的)用途外部性。

第二节 标准竞争与兼容性

一、标准选择与网络外部性

从秦始皇统一度量衡到如今的插座标准与电压标准,标准在我们的生活中随处可见。标准的制定主要有两种渠道:一是正式渠道,比如说一国度量衡的标准通常都由政府或者权威机构来确定并保证实现;二是市场渠道,比如说电脑和手机中使用的 26 键与 9 键键盘的布局就是由市场通过自由竞争确立的。正式渠道确定的标准在大部分时候是仅有的唯一标准,比如食品安全国家标准——《食品中真菌毒素限量》(GB 2761—2017)的标准,以及靠左行驶或靠右行驶的道路通行方向标准。而市场自由竞争可能会形成多个标准,比如说生活中常见的电子产品充电接口的标准一般有苹果产品使用的 Lightning 接口,安卓产品过去使用的 Micro USB 接口,以及随着快充技术发展而出现的 Type-C 接口。那么是什么因素决定了某一种标准可以被市场认可,而另一些标准却被市场否定呢?事实上,被广泛认可与接受的标准并不一定是最优秀或最有效率的标准,甚至可能会出现被淘汰的标准其技术或质量层面优于那些市场接受度很高的标准,所以标准的确定具有一定的随机性,不能轻易地认为某种标准更有效率。

我们以一个简单的模型说明网络外部性对标准选择的影响。假设:①消费者之间的决策是独立的,而消费者数量总和为 1。②市场中存在标准 A 与标准 B,偏好标准 A 的消费者占比为 α,偏好标准 B 的消费者占比为 $1-\alpha$,其中 $0<\alpha<1$。③在这个市场中标准存在网络外部性,对消费者来说其效用会随着标准使用者的增加而提升,选择标准 A 与标准 B 的人数 x_A、x_B 即消费者效用。④如果标准不是消费者所偏好的,那么其效用会有 δ 的损失($\delta>0$);如果标准符合消费者的偏好,则消费者获得的效用不变。在这样的假设下,两类消费者的效用函数可以表示为式(11-1):

$$U_A = \begin{cases} x_A & \text{选择A标准} \\ x_B - \delta & \text{选择B标准} \end{cases} \qquad U_B = \begin{cases} x_A - \delta & \text{选择A标准} \\ x_B & \text{选择B标准} \end{cases} \qquad (11\text{-}1)$$

根据上述模型设定可以推断出市场均衡可能会有两种情况:一是所有的消费者选择一种标准,即当 $x_A=1$ 时 $x_B=0$;或 $x_B=1$ 时 $x_A=0$,这时标准 A 或标准 B 成为市场中的唯一标准。二是偏好 A 的消费者会选择标准 A,而偏好 B 的消费者会选择标准 B,

即 $x_A = \alpha$ 时 $x_B = 1 - \alpha$，那么这时市场中就会存在两种标准。

根据均衡的定义，当实现均衡时任何一个消费者都不会有改变当下情况的动机。分析上述第一种均衡状态，若市场均衡是唯一的标准 A，对偏好 A 的消费者来说缺乏改变这一现状的动机，对偏好 B 的消费者来说原本的效用为 $1-\delta$，如果他选择标准 B 获得的效用将变成 0，这时只要 $\delta < 1$，偏好 B 的消费者也不会选择标准 B。因此，当网络外部性强于消费者对标准的偏好差异时，标准竞争的均衡结果必然是唯一的。再来分析上述第二种均衡状态，此时市场中存在标准 A 与标准 B，只要 $\alpha > 1 - \alpha - \delta$ 偏好 A 的消费者就没有改变选择的意愿；同样，只要 $1 - \alpha > \alpha - \delta$ 偏好 B 的消费者就没有改变选择的意愿，最终只要 $\frac{1-\delta}{2} < \alpha < \frac{1+\delta}{2}$，就可以实现均衡。因此，当市场中偏好不同标准的消费者数量相近时，市场中就可能存在不同标准共存的状态。

综上所述，当标准之间的差异不明显而且网络外部性效用显著时，接受程度较高的标准就可以占据整个市场。当标准之间的差异较大，或者偏好不同标准的消费者数量相近时，一种标准很难将竞争对手挤出市场，这时市场中不同标准各自有其消费群体。但有趣的是，可以发现单一标准的选择具有很强的随机性。接下来，进行一个拓展分析，假设 $0 < \delta < \alpha < \frac{1}{2}$。偏好标准 A 的消费者最先出现在市场中，此时消费者选择的标准为 A；随后偏好标准 B 的消费者进入市场，但对偏好标准 B 的消费者而言 $1 - \delta > 1 - \alpha$，他们同样会选择标准 A。事实上，偏好标准 B 的消费者群体更大（$1 - \alpha > \alpha$），如果选择标准 B 则可以使总体福利最大化。由此可见，若标准之间差异不大，那么先进入市场的标准可能就是最终市场选择的标准。虽然先进入市场的标准并不一定是最优的，但其较大的用户规模成为新标准推广的阻碍，这一现象在经济学上被称为路径依赖（Path Dependent）。

案例：生活中常见的"路径依赖"现象

二、技术进步与标准竞争

上一小节讨论了标准的选择与网络外部性之间的关系，这一节将在网络外部性与标准选择的基础上继续探讨技术进步与标准化之间的关系。

我们应该对当今生活中的技术进步非常熟悉，在各个方面出现技术的迭代与更替已成为我们生活中的新常态。比如，移动支付的规模已经超过了现金支付的规模、电子车票已经逐渐取代了纸质车票。随着信息技术革命的不断深化，技术迭代与进步的频率也发生了改变。在研究经济增长时，技术进步被视为推动经济增长的重要动力，而研发投入无疑是推动技术进步的根本要素，研发投入数量的差异可以很好地解释不同国家间科学技术方面的差异。一般而言，全社会的技术进步有两个阶段：第一阶段是新技术的产生，而第二阶段则是新技术被市场接受。第一阶段主要取决于研发投入的力度，增加研发投入既可以提高新技术出现的概率也能提升新技术的质量。但第二阶段对新技术来说挑战更大,即新技术能否顺利取代市场中原有的技术。因此,全社会的技术进步同时受到研发投入与市场的影响。

首先,通过一个简单的模型从市场需求角度分析网络外部性对技术进步的影响(Katz and Shapiro,1986;Church and Gandal,1993)。假设:①市场中同样存在新技术 N 与旧技术 O,而且两个技术之间差异较大,不能完全兼容。②市场中存在两个用户分别为 A 与 B,他们会分别选择其偏好的技术。③技术对消费者的效用同样存在网络外部性的效应,即两位消费者选择同一种技术,其收益会更高。两位消费者的决策可能会出现两种情况:第一,所有消费者均选择新技术(旧技术),那么每位消费者的收益均为 α(β)。第二,两位消费者做了不同的选择,选择旧技术的消费者将会获得 η 的收益,而选择新技术的消费者会获得 γ 的收益。无论消费者如何选择,统一技术对消费者来说总比选择不同技术的收益大,即 $\alpha > \eta$ 且 $\beta > \gamma$。我们可以将上述情况总结为图 11-3。

	消费者 B	
消费者 A	新技术 N	旧技术 O
新技术 N	α,α	γ,η
旧技术 O	η,γ	β,β

图 11-3 新旧技术的博弈选择

上述博弈存在两个纳什均衡,即所有消费者选择新技术或所有消费者选择旧技术,这意味着技术标准的竞争存在较大的不确定性。综上所述,由于技术标准具有较强的网络外部性使得消费者更偏好市场中仅存一种技术的情况。假设新技术优于旧技术,而消费者均选择了旧技术,这种情况就被称为过度惰性(Excess Inertia);相反,若消费者都选择了新技术,但事实上大部分消费者更偏好旧技术,这种情况就被称为过度积极(Excess Momentum)。

其次,通过另一个简单的模型从研发投入角度分析网络外部性对技术进步的影响。研发部门的假设:①社会中不仅有消费者与厂商,还存在一个由政府资助的研发部门,这一研发部门专门针对一项技术进行升级。②该研发部门的技术进步函数为 $R_t = \lambda t$,其中 R_t 是技术水平,取决于投入时间 t 与该部门技术进步的速度 λ。③假设市场中的技术水平为 M_t,若消费者同步接受新技术,则研发部门与市场中的技术水平相当($M_t = R_t$);若消费者接受新技术存在滞后,则市场中的技术水平落后于研发部门,即 $M_{t+1} = R_t < R_{t+1}$,直到消费者决定技术升级,市场中的技术水平才会与研发部门同步,直接升级到最新技术。这意味着消费者可以选择技术升级的时间,技术升级后市场中的技术水平就会与研发部门一致。

消费者的假设:①消费者可以分为年轻消费者与年长消费者两类,两类消费者的人数分别为 η_t 与 η_{t-1}。②消费者仅在年轻时才能选择技术标准,并且消费者只会在选择时获得效用,消费者的选择具有网络外部性。③新技术与旧技术之间是不兼容的。那么在这种假设之下,年长消费者已经选择了旧技术,因此如果年轻消费者选择了新技术,也不会改变年长消费者的效用；但如果年轻消费者选择了旧技术，两类消费者的效用均会因为网络外部性而增加。年轻消费者的效用函数为

$$U_Y = \begin{cases} R_t + \eta_t & \text{选择新技术} \\ M_{t-1} + \eta_t + \eta_{t-1} & \text{选择旧技术} \end{cases}$$

对年轻消费者而言，新技术质量高但是用户规模小，而旧技术虽然质量较低但用户规模更大。这说明消费者在考虑技术标准选择时，不仅要考虑技术的质量，还要考虑技术标准的网络外部性。当且仅当 $R_t + \eta_t > M_{t-1} + \eta_t + \eta_{t-1}$，即技术进步的效用大于用户规模增加的效用 $R_t > M_{t-1}, \eta_t < \eta_t + \eta_{t-1}$ 时，年轻消费者才会选择新技术。

三、标准竞争的兼容性问题

前面章节中在讨论网络外部性如何影响标准选择时，隐含了一个很重要的前提假设：不同标准之间是不兼容的。但是在实际生活中很多技术和产品之间是完全兼容的，例如尽管存在众多的手机品牌，但是华为手机、小米手机的用户完全可以和三星手机的用户进行正常的数据交换，因为这些品牌都使用安卓操作系统，这就意味着绝大多数 App 都可以同时在不同品牌的手机上使用。一个有趣的例子是关于电压，我们都知道中国和大多数欧洲国家的民用电压是 220 V，但是美国和日本却使用 110 V 的电压，这就意味着很多电器无法在不同的国家适用，对于经常出差的商务人士来说不同电压的烦恼就很明显。但是随着全球经济一体化进程的不断深入，这一问题已经得到了完美解决，包括笔记本电脑和小家电在内的很多电器都采用了宽幅电源来解决电压标准不同带来的问题。

在存在网络外部性的前提下，不同技术之间的兼容性问题会对消费者和厂商产生影响（Farrell and Saloner，1986；Church and Gandal，1992）。对消费者而言，在价格不变或者质量不下降的前提下，产品的兼容性高意味着更大的用户规模，消费者自然更偏好具有高兼容性的产品。但是，对厂商而言，除了实现较高的兼容性会带来更高的成本以外，兼容性还会从两个方面对厂商的利润产生影响：一方面，兼容性的提高降低了厂商与竞争对手间的差异化程度，这往往会加剧市场中的价格竞争；另一方面，兼容性提升同样意味着潜在用户规模的提升，消费者的支付意愿也会随兼容性提高而增加，这意味着兼容性提高有利于厂商收益。举个例子，在个人电脑（PC）产业发展的初期各种技术标准层出不穷，不同品牌的电脑之间没有任何兼容性可言，由于消费者无法预测标准竞争的结果，因此消费者的最佳选择就是推迟购买。为了解决个人电脑早期发展中标准混乱的问题，IBM、英特尔和微软等大企业决定联合起来制定开放性的标准，以此来结束标准分散对于产业发展的负面影响。事实证明，标准的统一极大地推动了个人电脑行业的迅速发展与 PC 的普及率，但是高度标准化下兼容性的提升又带来了另一个问题，不同品牌 PC 之间的差异性降低了，所以厂商之间的价格战非常常见，行业利润率持续下滑。

为了更好地理解兼容性作为战略决策对厂商竞争的影响，我们考虑一个简单的两阶段博弈模型。假设市场中存在两个厂商，在第一阶段两个厂商需要作出的决策是——是

否使用可兼容的技术标准。第二阶段有两种情况：一是厂商之间达成技术标准的兼容协议，那么在第二阶段二者均会生产完全兼容的产品，由于产品无差别所以在市场中竞争，各自的利润为 π^D；二是如果厂商在第一阶段未能就技术兼容协议达成一致，那么厂商间就要展开技术标准竞争，竞争的最终结果取决于两个厂商在研发与市场推广上的投入。假设厂商1与厂商2分别投入 x_1、x_2，当 $x_1 > x_2$ 时，厂商1的标准将被市场接受，因此厂商1成为市场中的垄断者，在第二阶段将获得垄断利润 π^M，厂商2被逐出市场利润为0。当 $x_1 = x_2$ 时，由于标准之间完全不兼容，两个厂商的标准会同时存在于市场中，并平分市场份额，而且在第二阶段厂商之间不存在任何竞争，每个厂商在自己占据的市场份额中都是垄断者，它们各自的利润分别为 π^L。然而，在市场份额存在差异的前提下，平分市场份额的垄断利润一定小于某一厂商独占市场的利润，即 $\pi^M > \pi^L$。

首先，我们来分析上述两阶段博弈的均衡结果。第一种情况下，两个厂商决定使用相互兼容的技术标准，那么第二阶段每个厂商的利润都是 π^D。第二种情况下，两个厂商未达成兼容协议，决定进行"标准竞争"，那么厂商为了获胜会尽可能增加研发与推广的投入，但在厂商面临资源限制 $\bar{x}$，即 $x_1, x_2 < \bar{x}$ 且 $\bar{x} < \pi^M$ 时，厂商各自的投入都将等于 $\bar{x}$。因此，标准竞争的结果是两个厂商未达成协议、平分市场份额，并且在第二阶段获得 π^L 的利润，每个厂商的净利润为 $\pi^L - \bar{x}$。综上所述，厂商之间能否达成兼容性协议，最终取决于两种情况下利润的比较，如果 $\pi^L - \bar{x} \leqslant \pi^D$ 则厂商会选择互相兼容的技术标准并进行生产，反之则会选择进行标准竞争，并且最终市场中同时保留两种不兼容的标准。

其次，我们在上述模型的基础上加入网络外部性。假设技术标准存在很强的网络外部性，并且厂商兼容技术标准下生产的产品可以存在较大的差异化空间，那么 π^L 就很有可能小于 π^D，因此厂商会更加偏好兼容标准。但是如果资源限制较低，即当 $\bar{x}$ 足够大时，条件 $\pi^L - \bar{x} \leqslant \pi^D$ 总成立，那么厂商为了在标准竞争中获胜，极有可能会发生过度竞争的现象，即双方大量进行投入但结果依然是平分市场。从这个意义上来说，$\bar{x}$ 衡量了标准竞争的激烈程度，$\bar{x}$ 越大竞争越激烈。那么，就可以得到以下结论，当网络外部性很高、产品竞争的激烈程度很小或者标准竞争强度很大时，厂商更有可能选择兼容的标准，否则厂商会更加偏好不兼容。

最后，我们来分析厂商对标准兼容性的选择是否会对消费者福利产生影响。在存在网络外部性的前提下，消费者显然可以从相互兼容的标准中受益，但是这不一定会提升消费者的福利。事实上，厂商关于是否兼容的决策会直接影响到不同阶段的竞争强度，在兼容的情况下厂商的竞争集中在第二阶段的产品竞争中，而在不兼容的情况下厂商的竞争则是更集中于第一阶段的标准竞争中。消费者福利能否从兼容中得到提升取决于厂商间竞争强度是否会下降，如果厂商在选择相互兼容标准的同时又提高了最终产品的售价，那么消费者并不能从扩大的用户规模中收益，反而会使消费者福利下降。

第三节 公 共 政 策

一、标准竞争与公共政策

在前几节的讨论中我们得知,相关网络中的消费者数量之所以会增加是来源于不同技术标准的兼容性,当然,消费者的获益也由此增加。换句话说,如果有 n 个用户的技术 A 和有 m 个用户的技术 B 互相兼容,那么 A 技术使用者的评价值就会从 $v(n)$ 增加至 $v(n+m)$,其中 $v(\cdot)$ 是网络收益函数。这其中有一层隐含的含义,即标准化是好东西,是公共政策应该积极追求的。

具体来说,技术标准化对社会福利的影响主要在三个方面表现出来:首先,标准化明确了产品或服务的信息,减少了多样性,将隐含的知识规范化,减少了标准化群体内部成员之间的信息不对称,降低了市场准入难度,促进了企业间的分工。这有助于更高程度的专业化、更有效的工作分配、更紧密的企业合作、更快的技术传播速度和规模经济。从某种角度看,标准可以被看作一种组织替代方式。在无标准化市场环境中,交易将被内部化到企业内,通过企业内部的标准化减少交易成本。其次,标准提供了质量和性能评估的基准,统一了人们对产品质量的期望,减少了协调和监督的成本。标准化还提供了第二方供应,降低了消费者转换成本,减少了机会主义行为的风险。最后,标准化消除了小规模网络发起者对用户的锁定效应,提高了消费者的网络效用。

然而,标准化也会在一定程度上抑制产品创新。首先,单一标准可能会限制产品多样性,限制产品创新,因为消费者的差异和对产品需求的多样性限制了标准化程度。如果某些消费者更注重产品属性而不是网络规模,可能会存在两个或更多的标准。其次,网络效应会造成标准化的锁定效应,从而抑制创新。标准的好处在于它能够制定有秩序的框架,有助于实现规模经济和技术进步。然而,技术进步的不确定性表明标准化可能会带来不利影响,标准的刚性也可能阻碍有益的变革。因为人们可能在未来发现所选的系统不如另一个系统,所以一种系统实现标准化可能要支付高昂的代价。如果存在网络效应,那么在中间阶段切换到更好的系统将变得非常困难。

标准化具有利弊,确定适当的标准化程度及决策方式是一个关键问题。大量经济学文献表明,标准竞争可能导致市场失灵。因此,需考虑其他标准化机制的有效性,同时需要找到合理的政府干预方式。公共政策不仅可能提高资源配置效率,还会在利益分配中发挥重要作用。尤其在国际竞争中,标准政策通常用作政府实施市场保护和产业促进的关键手段。然而,根据新古典经济学的观点,政府只有在市场失灵且公共政策可以提高资源配置效率时才应干预标准化机制。关于标准竞争和公共政策早已有来自各方的争鸣。

1. 公共物品论

金德尔伯格(Kindleberger)认为,可以根据实际需要,多次使用类似于新产品设计的标准,并将其应用于诸多生产的过程。这种标准是一种经济物品,属于非竞争性资源的范畴,且符合萨缪尔森对公共物品的定义,即任何人都可以使用,而一个人的使用不会减少其他人可以使用的数量。因此,将标准视为一种公共物品是合理的,它应该被看作社会基础设施的一部分,主要由政府提供,以鼓励私人部门进行应用性技术的研发和投资。举个例子,私人企业一开始并不愿意在数十年内资助国际互联网的发展,但随着互联网壮大,大量私人投资开始涌现。产业标准的推动,如同 Java 一样,促进了大量应用程序的开发和应用。然而,如果没有美国政府对互联网的持续性投资,Java 也不可能诞生。

2. 网络外部性论

在分散化决策过程中,即使个体认识到他们的最佳行为可能会影响其他人的选择,他们仍然会努力追求自身利益的最大化,而忽视对其他个体福利的影响,从而导致外部性的发生。市场可能会陷入低效的标准,也可能存在过多的个体标准。

通常情况下,市场的"锚定"是指一种市场均衡状态,其中所有经济主体都选择一种标准,但这个市场标准对社会福利来说不如另一种可替代标准好。市场选择可替代标准也是多重均衡市场的一个基本特征,在具有强烈网络效应的市场中尤为明显,如通信网络。以传真机市场为例,存在两种均衡状态:如果没有其他用户,传真机对于消费者毫无用处;然而,一旦有足够多的消费者购买传真机,它对所有消费者都具有实际价值。显然,如果市场"锚定"于不采用标准的均衡状态,社会福利将受到严重损害。另外,关系到标准化在社会中的最佳实施时机,即前文提到的过度惰性和过度积极。即使事后来看,市场选择了最优的标准,也不能确保标准化的时机是社会最佳的。只要存在跨期外部性,个体的激励就会受到影响。

3. 网络效应论

利伯维茨(Liebowitz)和马格里斯(Margolis)指出,间接网络效应是货币中性的或者说是市场中性的,只要市场是完全竞争的,即使部件厂商忽视其战略行为对互补部件厂商的影响,市场低效率也不会出现。存在规模经济的不完全竞争市场上,可能出现市场低效率,但是两部制价格或者数量折扣都可以减轻市场无效率,纵向合并、纵向协议也可以降低这种无效率(当然可能造成垄断问题)。严格的产权制度也可以消除网络效应带来的市场失灵。标准的垄断所有者可以从更有效率的标准中获得更大的报酬,从而有更大的动力补贴、鼓励用户采用。例如,所有银行联合起来设立一个公司成为 ATM 标准的发起人,内部化了 ATM 网络效应。利伯维茨和马格里斯认为,网络外部性误导了人们对市场机制的理解,盲目引入政府干预可能是一场灾难,更合适的概念是"网络效应"而不是"网络外部性"。

如果市场存在过度惰性或过度积极,政策制定者想通过技术标准改善市场绩效将成为一个艰巨挑战。这是因为在政策执行中,他们不仅需要决定是否支持标准化,还需选择适用的个体标准,这本身就是一个更为错综复杂的问题。当社会福利在标准化过程中存在不确定性或在选择特定标准时存在模糊性时,政策制定者只有在获得更多信息时才能提高社会福利。此外,政府虽能更迅速地消除网络效应的不确定性,但这也伴随选择错误标准的风险。若政府行动过早，则只能根据有限信息作出决策，仅涉及每个具体标准的相对优势。但若政府等待时间过长，则产业可能已扎根于某个特定标准，而非最佳选择。政府在确定标准时面临三大难题：①政府只能在市场"锁定"标准前的有限时间内有效干预标准化过程；②政府机构通常在影响力最大时也面临最大的决策难题；③为减少系统孤立所带来的损失，政府可能支持联通技术发展，但这或许会减少系统制造商的收益，因为它们减少了对专利系统的投资。

另外，管制过程也可能伴随着潜在损失。首先，在标准化初期，一些特定群体或许能获得更多发言权，即使政府要求平等参与，确定参与经济主体仍然困难。其次，政治过程可能放大损失，特别是未来损益出现时。政府可能更偏向旧标准，因为它可能更倾向于现有利益；政府也常将标准用于实现其他政策目标，但从全球经济视角看，或许并非最佳选择。

二、公共政策的评价

公共政策指的是社会采取的各种措施、计划、法律、制度等，旨在满足公众共同认可的社会需求。换言之，这些政策旨在由政府制定和执行，以保障并提升社会的整体福利水平。在经济学发展史上，衡量社会福利水平变化的主要标准有很多。

旧福利经济学采用了特定的社会福利标准。庇古延续了边际效用理论，基于个体效用的可比性，且每个人被赋予相同的权重。他的观点是政府可以通过实施累进所得税、遗产税等政策来向富人征税，然后通过一系列社会福利措施将这些款项转移给贫困人口，以提高货币效用的边际效应，增进整个社会的总体效益。这种转移资金的方式包括向富人征税，再向贫困人群提供各种形式的补贴，如养老金、免费教育、失业保险、医疗保险和住房供给等服务设施。这些资金转移可以提高贫困人口的实际收入水平。此外，新福利经济学引入了不同的社会福利标准，李特尔提出了三种标准：①卡尔多—希克斯标准（即在损害方有余地的利益补偿）是否得以满足？②西托夫斯基标准（即双重检验标准）是否已被满足？③收入的分配是否处于合适状态？这表明在满足前两个标准后，需要审视是否有必要再次进行收入分配。

伯格森和萨缪尔森（Bergson and Samuelson）提出了一般形式的社会福利函数，即社会福利是所有个体效用水平的函数。这个函数可以采取不同的形式，包括功利主义社会福利函数、罗尔斯社会福利函数、贝尔努利—纳什社会福利函数等。在这些社会福利函数中，"社会"不再仅代表少数特权集团，如王室或统治阶级，而是包含了所有个体的效用水平。在一个简单的双部门经济循环中，整个社会由生产者和消费者组成，社会福利包括了生产者剩余和消费者剩余。

由此可见，公共政策的目标是最大化整体社会的福祉，不能偏袒某一方的利益，却忽略另一方的利益。很多经济学分析假设社会福利可以由总体剩余来评估，即消费者剩余和生产者剩余的总和。从这个视角看，政策只有在一方收益增加而另一

案例：日本——民族标准保护政策

方损失为零，或者一方损失但另一方获益大于损失，以至于社会总体福利增加时，这种政策才算是有效率的。

政府介入市场经济的基础在于市场失灵。市场失灵表现为市场秩序混乱、基础设施不足、收入分配不公、经济波动等，主要根源于垄断、信息不对称、外部性和公共物品等。在自由市场中，部分市场参与者通过结盟、合并或并购等方式形成垄断，扰乱了市场竞争机制，限制了其有效调节功能。因此，政府需承担维护公共利益的责任，引导和限制市场参与者的竞争行为，包括制定反垄断法、价格管制以及监管垄断程度等措施。此外，市场机制难以弥补和纠正外部经济性问题。经济外部性表示一些市场参与者可以无偿享受外部经济利益，而其他人却承担外部成本而无法获得补偿。外部经济性是独立于市场机制之外的客观存在，通常需要借助市场之外的手段来加以校正和弥补。此外，市场机制也无法充分提供公共产品。一旦提供公共产品，就难以排除未付费消费者，最终导致社会无法获得必要的公共产品。因此，政府需要扮演社会管理者的角色，组织和提供公共产品，并监管其使用。

在市场经济中，政府担负着多项经济职责：第一，提供公共物品和服务，填补市场无法提供的空缺；第二，促使外部效应内部化，通过各种手段解决因经济活动对外部环境的影响；第三，监管市场，防止垄断，确保竞争环境公平有效；第四，调节收入分配，确保社会公平与公正；第五，干预宏观经济，维护经济稳定和增长。

1. 简述平台经济运行的四大重要特征。
2. 简述双边市场理论，并举例。
3. 简述经济学上的路径依赖。
4. 简述社会技术进步的两个阶段。
5. 什么是技术迭代中过度惰性与过度积极的情况？

产业结构与产业关联篇

第十二章

产业结构

【本章学习目标】

通过本章学习,学生能够:
1. 了解产业演变规律及其动因并掌握产业生命周期等相关理论;
2. 掌握产业结构优化及产业结构效应分析的相关内容;
3. 掌握产业布局、产业结构变动、产业结构联系相关内容;
4. 掌握产业转移和产业集聚的相关内容。

丹寨县的产业优化与脱贫攻坚

丹寨县地处贵州省黔东南州西部,占地面积940平方千米,下辖4个镇、2个乡、1个省级经济开发区和1个省级农业园区。县内多民族聚居,其中苗族人数占比最多,占总人数的78%以上。自中华人民共和国成立以来,丹寨县在农业、工业基础方面一直比较薄弱,其产业基本以农业为主,整体较为贫困。直到21世纪初,农业仍是丹寨县的支柱产业,农业生产总值在其生产总值中所占的比值达到了50%。尽管丹寨县农业生产总值占比高,但农业并未能支撑整体经济发展。农业科技含量低、农业产业化程度低、农林牧渔业总量低等一系列问题大量存在于丹寨县的农业产业中。丹寨县农业的困境说明丹寨县的产业结构并不合理。

近年来,随着国家大力推进农村产业革命,丹寨县也因此迎来了产业结构的转变,特别是农业产业结构从传统农业逐渐向现代农业发展,形式也从单一形态转变为多样形态,农业生产力因此得到了极大的提升。在农业方面,丹寨县新设立了精品水果、中药材、蔬菜种植、茶(竹)、土猪、生态家禽等6个产业专班,实现了农业产业结构的合理化;在非农业产业上,丹寨县则实施"千企改造"和"千企引进"工程,以大健康医药、特色食品加工、装备制造为主导,大力发展了工业产业;在第三产业上,丹寨县建设了以万达小镇为核心的旅游项目,借此辐射带动全域旅游,大力发展其旅游业,等等。

到"十二五"末期,丹寨县的农业产业已从数量型农业转向质量型、效益型农业,逐渐建成了一大批具有代表性的特色产业基地,形成了"一乡一业""一村一品"的产业发展格局。曾经是国家级贫困地区的丹寨县,依靠对自身产业结构的优化、调整,大力推进了自身的发展，终于在 2019 年初脱贫摘帽，实现了高质量脱贫。

资料来源：曹春梅. 乡村振兴背景下少数民族地区乡村产业发展研究——以黔东南州丹寨县为例[J]. 农家参谋，2023，754（3）：24-27.

陈贵旭，王星. 丹寨县巩固脱贫攻坚成果同乡村振兴有效衔接的实践及思考[J]. 当代农村财经，2022，309（6）：24-29.

第一节 产业结构演变

一、产业结构与产业结构的演变

产业结构是指产业内部各生产要素之间、产业之间、时间、空间、层次的五维空间关系。产业结构是社会经济体系的主要组成部分，是以往经济增长的结果和未来经济增长的基础，是推动经济发展的重要因素。

考察产业结构演变的一般规律是研究产业结构的首要课题。产业结构会随着经济发展而不断进行动态的演变，这种演变主要表现为产业由低级向高级演进的结构高度化和产业结构协调的结构合理化，正是高度化与合理化共同推动了经济的向前发展。然而，产业结构演变并不存在单一的路径，基于部分发达国家和新兴工业化国家的实践，从不同视角观察产业结构的演变会发现不同的规律性。

二、产业结构演变的一般规律

1. 工业发展视角

从国家工业发展视角来看，产业结构的演变通常可分为前工业化时期、工业化初期、工业化中期、工业化后期和后工业化时期五个阶段。

（1）前工业化时期，第一产业占主导地位，第二产业有一定发展，但第三产业的地位微乎其微。

（2）工业化初期，第一产业产值在国民经济中的比重开始逐渐缩小，且其地位不断下降；而第二产业则有较大发展，并占主导地位，工业重心则逐渐从轻工业主导型转向基础工业主导型；第三产业也有一定发展，但在国民经济中的比重还比较小。

（3）工业化中期，第二产业仍居主导地位，但其占比开始下降；工业重心开始由基础工业向高加工度工业转变，第三产业在国民经济中的占比开始逐渐上升。

（4）工业化后期，第二产业比重继续下降，而第三产业快速发展，其中信息产业增长加快，第三产业产值比重在三次产业中占有支配地位，甚至占有绝对支配地位。

（5）后工业化时期，产业知识化逐渐成为这个阶段的主要特征。

2. 主导产业转换视角

在不同的经济发展过程中均有其特定的主导产业支配着经济的运行、发展，决定产业结构的主要类型和产业结构的变化规律。主导产业视角下产业结构演变的一般规律如下。

（1）农业主导阶段，农业产值在国民经济中的比重占有绝对地位，第二、第三产业的发展均很有限，此时产业结构的变化速度慢，产业结构整体保持相对稳定的状态。

（2）轻纺工业主导阶段，轻纺工业的发展速度较快，取代农业成为新的主导产业。第一产业的发展速度有所下降，地位有所削弱；重化工业和第三产业的发展速度较慢。由于该阶段轻纺工业和农业的比重发生变化，产业结构开始出现一定程度的变化。

（3）以原料和燃料动力等基础工业为重心的重化工业阶段，农业产值在国民经济中的比重已经很小，轻纺工业发展速度开始逐渐放缓。由于原料、燃料、动力、基础设施等基础工业是重化工业的先行产业或制约产业，因此这些基础重化工业发展较快，并逐渐取代轻纺工业成为新的主导产业。

（4）低度加工组装型重化工业主导阶段，技术要求不高的传统机械、钢铁、造船等低度加工组装型重化工业发展速度较快，在国民经济中的比重越来越大，逐渐成为主导产业。

（5）高度加工组装型工业主导阶段，由于高新技术的大量应用，传统工业开始升级，技术要求较高的精密机械、精细化工、石油化工、机器人、电子计算机、飞机制造、航天器、汽车及机床等高度加工组装型重化工业发展较快，增幅较大，在国民经济中占有较高份额，成为经济发展的主要推动力。

（6）第三产业主导阶段，包括服务业、运输业、旅游业、商业、房地产业、金融保险业、信息业等第三产业发展速度明显加快，在国民经济中占有较大或主要份额，成为经济发展的主导产业；第二产业已不占有主导地位，发展速度有所放缓，比重有所下降；第二产业内部结构变化较大，特别是传统产业的下降幅度较大，但其内部的新兴产业和高新技术产业仍有较快发展。

（7）信息产业主导阶段，信息产业获得长足发展，特别是信息高速公路的建设和国际互联网的普及，推动了信息产业的快速发展。信息产业在此阶段已成为国民经济的支柱产业和主导产业。

三、产业结构演变的原因

1. 供给因素对产业结构演变的影响

从广义上来说，供给因素包括自然条件、人口、投资、商品供应、进口、技术进步等因素，也包括国内和国际的政治、经济、法律等环境，还包括体制和人的思想、观念等因素。供给因素对产业结构的影响，可从因素本身、总量与结构、静态与动态等视角来考察，以下为供给因素在不同视角下的影响。

（1）自然条件。自然条件不仅是人力因素难以改变的，还是一国经济发展的基础因素，因而对产业结构的演变有决定性影响。通常，自然资源丰富的国家，其产业结构或多或少具有资源开发型的特性；如果该国国土辽阔、资源丰富，那么该国也可能形成资源开发、加工和利用全面发展的产业结构。相反，资源匮乏的国家就不可能形成资源开发型的产业结构，最多只能形成资源加工型的产业结构，需要借助科技发展和贸易等手段来克服资源匮乏的不足。

（2）人口因素。国内外经济发展的历史证明，劳动力资源的多寡和素质会影响一国产业结构的调整与发展方向。若只考虑劳动供给，劳动力丰富且价格低廉、资金缺乏的国家多发展劳动密集型产业，劳动力不足而资金比较充裕的国家多发展资本密集型产业。若考虑人口与资源的关系，如果人口不能维持在适当范围，过多的人口资源形成过度需求，从而影响产业结构。人口的衣食需求会增加对第一产业的发展需求，迫使本就有限的资源向第一产业转移，延缓了工业化的进程，阻碍了产业结构的高度化和合理化。

（3）技术进步。一国的产业结构通常表现为一定的生产技术结构，生产技术的变革会改变生产技术结构，从而推动产业结构发生与之相适应的改变。一方面，技术进步拓宽了劳动对象，不断细化产业部门、产生新部门；技术进步还不断引发新需求，使新需求成为新产业部门成长的动力，推动相关产业部门的高度化。另一方面，技术进步改变了原本技术水平决定的比较劳动生产率，加上不同的部门在创新和技术进步速度方面的差异，造成了不同部门比较劳动生产率的增速差异，导致生产要素从比较生产率低的部门向比较生产率高的部门转移，推动产业结构的转换和升级。

（4）资金供应状况。资金供应对产业结构变动的影响可分为资金的充裕程度和资金在不同产业部门的投向偏好两个方面。资金的充裕程度主要受经济发展水平、社会发展水平、储蓄率、资本积累等诸多因素的影响，其对产业结构变动的影响主要通过改变不同产业部门的资金供应总量。资金在不同部门的投向偏好主要受投资倾斜政策、投资者的投资偏好、利率、资金回报率等方面的影响。投资结构决定了资源在不同产业部门的配置与再配置，进而影响产业结构的形成与变化。

（5）商品供应状况。部分商品的供应如原料品、燃料、中间投入品、零部件、电力、进口品等会对产业结构的演变有非常重要的影响。由于商品的供应在很大程度上受制于基础工业、上游工业，导致此类产业的技术水平和发展水平影响商品的供应，进而影响到产业结构；只有这些产业得到一定程度的发展，下游产业才能得到较大的发展，实现产业结构的高度化。

（6）环境因素。环境因素分为国内环境因素和国际环境因素，这些因素对一国产业结构演变的影响得到了历史的有力印证。例如，俄国在十月革命胜利后，国内政治形势发生了根本的变化，苏俄领导人决定立即退出第一次世界大战，并把国家的资源转到国家工业化建设，特别是重化工业，这促使苏联重化工业得到快速发展，其产业结构也随着政治形势的变化而发生了变化。又如，美国在建国初期受到英国的经济封锁，重要的工业产品不允许输往美国，在1812年与英国发生战争，这一系列事件促使美国重工业快速发展，并较早地摆脱了农业国的落后地位。

（7）文化环境。文化环境通过影响政府政策、市场等因素从而影响产业结构演变。例如，美国崇尚个人主义、经济自由的文化环境，一方面刺激人们的高消费、超前消费和个性消费，促进奢侈品、个性产品的快速发展；另一方面也使政府在制定经济政策的时候更多地奉行自由经济的思想，制定限制垄断、扶持小企业发展、营造自由竞争市场环境等方面的政策，从而影响产业结构的变化。又如，日本文化受典型的东方儒家文化的影响，日本人的消费观念属于节俭型，比较偏向于滞后消费，这一文化取向影响了日本内需市场的发展，也刺激了日本产品向海外市场的快速发展，并形成了严重依赖海外市场的产业结构。

（8）法律环境。良好的法律环境会促进投资的增加，从而加速产业结构的快速演进；良好的法律环境还会对科学技术等其他活动产生积极影响。例如，良好的知识产权保护有利于科技进步，促进产业结构高度化和合理化。

（9）经济环境。良好的经济环境能刺激消费、增加投资、吸引外资，通过增加资金供应影响产业结构的变动。例如，从1997年7月开始的亚洲金融风暴导致了许多国家的经济危机和社会危机，究其原因是国内经济环境和国际经济环境恶化，导致进出口困难、消费降低等问题，造成资金供应短缺，最终迫使许多国家调整产业结构，适应这种形势的变化。

2. 需求变动对产业结构演变的影响

能够对产业结构演变产生影响的需求因素可分为消费需求和投资需求，它们对产业结构的影响各不相同。

（1）消费需求。消费需求变动与人口数量、人均收入水平、经济发展周期、经济发展水平、社会发展水平和技术水平等因素密切相关。消费需求对产业结构的影响是造成相应产业部门的发展或衰退、新旧产业部门的更替，对消费需求的研究可从总量和结构两方面进行。从消费总量方面来考虑，人口数量的增加和人均收入水平的提高会直接影响消费需求；不同经济、社会的发展阶段与发展水平下，消费水平、消费需求也不同。消费需求结构变化会促使生产结构和供给结构发生相应变化，从而导致产业结构的相应变化，具体表现在人口变化、个人消费结构变化等方面。

（2）投资需求。投资是企业扩大再生产和产业扩张的重要条件之一，资金从不同方向投入产业所形成的投资配置量的比例就是投资结构。投资方向的改变是影响已有产业结构的直接原因：对新的需求投资，会形成新的产业而改变原有的产业结构；对部分产业投资，将推动这些产业比未投资的那部分产业以更快的速度扩大，从而影响原有产业结构；对全部产业以不同的比例投资，则会引起各产业发展程度的差异，导致产业结构的相应变化。

3. 国际贸易与国际投资对产业结构演变的影响

国际贸易通过产品进出口改变了本国的供需状况，进而影响本国产业结构。资源、商品、劳务的出口对国内产业结构的变动起推动作用；国内紧缺资源、劳务的进口可以弥补本国生产该类商品产业的不足，同时进口某些新产品、新技术还为开拓本国市场及本国发展同类产业创造有利条件，有利于推动本国产业结构的高度化。但国际贸易也可能存在负面影响，部分商品的进出口会对本国的相关产业起到抑制作用。

4. 其他因素对产业结构变动的影响

产业结构还受到政府政策和市场等因素的影响。政府政策方面，政府可以通过对影响产业结构变动的诸多因素的调控，包括政府投资、管制等措施，通过制定财政、货币等政策，通过立法、协调等手段，实现对供给结构、需求结构、国际贸易结构和国际投资结构的调整，进而影响产业结构。市场是社会资源配置的重要手段，市场给出的信号直接引导人们的投资与消费行为，进而影响产业结构的变动。

四、产业结构演变规律的相关理论

产业结构演变的相关理论通常都是将产业结构变化与对应的经济发展情况相结合而诞生的，以下对部分著名理论进行介绍。

1. 配第–克拉克定律

早在17世纪，配第首次发现世界各国国民收入水平的差异及其形成不同的经济发展阶段的关键，在于产业结构的不同。他通过进一步考察后得出结论：相比农业，工业的收入更多；相比工业，商业的收入又更多，即工业比农业、商业比工业的附加价值高。后来，克拉克研究了产业结构的演变趋势，得出了产业结构演变的规律性结论：随着全社会人均国民收入水平的提高，就业人口首先由第一产业向第二产业转移；当人均国民收入水平有了进一步提高时，就业人口便大量向第三产业转移。这种由人均收入变化引起产业结构变化的规律被称为配第-克拉克定律（Petty-Clark Law）。

2. 库茨涅茨法则

库兹涅茨在配第和克拉克等人研究成果的基础上，扩大了样本范围，从国民收入和劳动力在产业之间的分布两个方面，对产业结构演变规律做了进一步的研究，得到了被称为库兹涅茨法则的结论：农业部门的产值结构和劳动力结构的相对比重，均处于不断下降过程中；工业部门的产值相对比重和劳动力相对比重是趋于上升的，但其上升的速度不一致。与产值的相对比重相比，劳动力的相对比重基本稳定或上升相当缓慢。在工业或制造业内部，一些与现代技术密切相关的新兴产业部门增长最快（无论是产值的结构比重还是劳动力的结构比重都处于上升的阶段），而一些传统的产业部门，无论是产值的结构比重还是劳动力的结构比重方面均有下降的趋向；在服务业方面，无论是产值的相对比重还是劳动力的相对比重，与工业部门一样，都具有上升的趋势，但上升的速度与工业部门不同，劳动力的相对比重要大于产值的相对比重。在服务业内部，各产业部门的发展也是不同的，如教育、科研和政府行政部门在劳动力的占用上比重呈现上升趋势。

3. 霍夫曼工业化经验法则

德国经济学家霍夫曼（W.G. Hoffmann）对工业化问题进行了许多富有开创性的研究，提出了被称为"霍夫曼工业化经验法则"的工业化阶段理论，阐述了工业化过程中重化工业化阶段的结构演变情形。他根据消费品工业净产值与资本品工业净产值的比例（又称"霍夫曼比例"），把工业化划分为四个发展阶段。

第一阶段：消费品工业占主导地位，霍夫曼比例为（5±1）。

第二阶段：资本品工业快于消费品工业的增长，霍夫曼比例为（2.5±0.5）。

第三阶段：资本品工业继续快速增长，并已达到和消费品工业并驾齐驱的程度，霍夫曼比例为（1±0.5）。

第四阶段：资本品工业占主导地位，这一阶段被认为实现了工业化，霍夫曼比例为 1 以下。

在实际应用中，霍夫曼比例往往用轻工业品净产值与重工业品净产值的比例来表示。

4. 雁行形态理论

产业结构演变的一个重要趋势就是与国际市场相适应，一国的经济发展需要有完善的内贸与外贸相结合的全方位产业结构。日本经济学家赤松要（Kaname Akamatsu）对此提出了一个著名的"雁行形态理论"。这一理论要求将本国产业发展与国际市场密切联系起来，使产业结构国际化。他认为，后起的工业化国家可以通过以下四个阶段来加速本国工业化进程。

第一阶段：从研究开发新产品到国内市场形成。

第二阶段：从国内市场饱和到产品出口，开拓国际市场。

第三阶段：从国外市场形成到输出技术设备，就地生产和销售。

第四阶段：国外生产能力形成，产品以更低价格返销，迫使本国减少生产，并促使新一轮的新产品开发。

5. 生命周期理论

1) 生命周期理论概述

生命周期理论主要用于描述单个产业的产生、成长和进化过程。和其他任何事物一样，每一个产业都有产生、发展和衰退的过程，即具有自己的生命周期。对单个产业而言，从本质上看它无非是一些具有某种相同生产技术或产品特性的企业的集合。因此，该产业存在的基础是这些企业及其产品。既然某一产业是以其具有代表性的产品为基础的，那么参考产品生命周期的阶段划分方法，一个产业的生命周期同样也可划分为四个阶段：投入期、成长期、成熟期与衰退期。

但是，由于一个产业的产出往往由多种相似的产品所组成，很难用某一产品的生命周期来代表整个产业的生命周期，这就造成了产业生命周期与产品生命周期两者之间的差异，主要表现在以下几个方面。

（1）产业生命周期曲线的形状更为平缓和漫长。这是因为一个产业往往集中了众多相似的产品，因此从某种意义上说，产业生命周期是所有这些众多相似产品各自生命周期的叠加，故比单个产品的生命周期曲线显得更加平缓，如图 12-1 所示。

（2）产业的生命周期具有明显的"衰而不亡"的特征。一个产业进入衰退期，意味着该产业在整个产业系统中的比重将不断下降。但世界各国产业结构演变的历史都

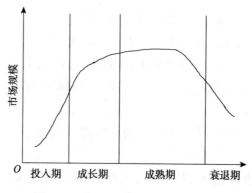

图 12-1　产业生命周期的四个阶段

表明，进入衰退期的产业占整个产业的比重不会下降为零，而是表现出"衰而不亡"的特征。其主要原因是，随着新兴产业的不断形成和发展，原有产业的比重必然会下降，但对该产业产品的市场需求不会完全消失。因此，大多数产业都表现为"衰而不亡"，真正"死亡"或"消失"的产业并不多见。

（3）产业生命周期曲线往往会产生突变，"起死回生"进入下一个发展周期。有些产业虽已进入了衰退期，但由于技术进步或市场需求变化等原因，往往会重新焕发"青春"，再次显示出成长期甚至成熟期的一些特征。因此，有的经济学家认为，只有"夕阳技术"，没有"夕阳产业"。

2）产业生命周期特点

划分产业生命周期的不同阶段，主要是按照该产业在全部产业中所占比重的大小及其增长速度的变化来进行的。

在产业的形成阶段，由于不同产业代表产品的市场需求状况的不同或其他原因，有的产业在形成期发展得较快（斜率变化大，曲线上升很快），有的产业却发展得十分缓慢（斜率变化不大，曲线上升平缓）。因此，该阶段的产业生命周期曲线对不同的产业而言会呈现出不同的形状。但总的来说，这时期该产业在整个产业中所占的比重还很小。

当某产业的产出在整个产业系统中的比重迅速增加，并且该产业在促使产业结构变动中的作用也日益扩大时，就可认为该产业已度过了形成期而进入成长期阶段。处于成长期阶段的产业的一个主要特征是该产业的发展速度大大超过了整个产业系统的平均发展速度，并且其技术进步迅猛而且日趋成熟，市场需求容量也迅速扩张。在生命周期曲线上表现为斜率较大，上升较快。

当某产业经过成长期的迅速增长阶段，一方面由于其产出的市场容量已渐趋饱和与稳定，另一方面该产业对产业结构变动所起的作用也基本上得到了发挥，那么它发展的速度必将会放慢，这就标志着该产业从成长期步入了成熟期，这时的生命周期曲线表现为斜率很小，变化平缓。与其他阶段相比较，该产业这一时期在整个产业中所占的比重最大。

当技术进步向市场上推出了在经济上可替代此产业的新产业时，该产业占整个产业的比重就会下降，发展速度开始变为负数，表明该产业已进入衰退期。这时的生命周期曲线具有不断下降的趋势，并且其斜率一般也为负数。

第二节　产业结构优化

一、产业结构优化的含义与主要内容

产业结构优化是指产业结构的合理化和高度化。产业结构的合理化要依据产业关联、技术、经济的客观比例关系来调整不协调的产业结构，促进国民经济各产业间的协调发展；产业结构的高度化主要遵循产业结构演化规律，通过创新来加速产业结构的高度化演进。产业结构的优化过程就是通过调整影响产业结构变化的供给结构和需求结构，实现资源优化配置与再配置，实现产业结构的合理化与高度化。

从产业结构优化的对象角度来说，产业结构优化主要包括以下四个方面。

（1）供给结构的优化。供给结构包括资本（资金）结构、作为供应因素的投资结构、劳动力供给结构、技术供给结构，自然条件和资源供应结构等。供给结构的优化就是要对这些因素进行结构性调整。

（2）需求结构的优化。需求结构包括政府（公共）需求结构、企业需求结构、家庭需求结构和个人需求结构，以及以上各种需求的比例；它也包括中间（产品）需求结构、最终产品需求结构，以及中间产品需求与最终产品需求的比例；还包括作为需求因素的投资结构、消费结构，以及投资与消费的比例等。需求结构的优化便是对这些因素进行结构性调整。

（3）国际贸易结构的优化。国际贸易结构既包括不同产业间的进口结构和出口结构，也包括同一产业的进出口结构。产业结构优化也要对国际贸易结构进行优化。对国际贸易结构的优化需要优化各产业或服务的进出口结构。

（4）国际投资结构的优化。国际投资分为对外投资与外国投资两方面。对外投资会导致本国产业的对外转移，外国投资则促使国外产业的对内转移，这两方面都会引起国内产业结构的变化。对国际投资结构的优化是指优化对外投资与外国投资的比例结构、对外投资在不同产业之间的比例和外国投资在本国不同产业之间的比例及其各种派生的结构指标。

二、产业结构的合理化

1. 产业结构合理化的含义

产业结构合理化主要是指产业与产业之间协调能力的加强和关联水平的提高。产业结构合理化要求在一定的经济发展阶段，根据消费需求和资源条件，对初始不理想的产业结构进行调整，使资源在产业间配置合理，得到有效利用。衡量产业结构是否合理的关键在于判断产业之间是否具有因其内在的相互作用而产生的一种不同于各产业能力之和的整体能力。如果产业之间相互作用的关系越协调，结构的整体能力就

会越高，则与之相对应的产业结构也就越合理。

2. 产业结构合理化的内容

产业结构合理化的本质是实现产业结构的协调，产业结构协调指产业之间各种关系的协调，如生产技术、利益和分配等，协调的各产业之间有较强的互补关系和相互转换能力。产业之间是否处于协调状态，可从产业素质、产业联系方式、产业相对地位和供给四个角度进行观察与分析。

（1）产业素质之间是否协调。产业素质之间是否协调的关键在于相关产业之间是否存在技术水平的断层和劳动生产率的强烈反差。如果存在断层和强烈反差，产业之间就会产生较大的摩擦，表现为不协调。实践中可以使用比较劳动生产率（产业部门的国民收入份额与该部门的劳动力份额之比）大体衡量产业间的协调程度。一般而言，如果各产业的比较劳动生产率数值分布得比较集中而又有层次性，则说明各产业的素质比较协调；如果各产业的比较劳动生产率数值分布离散而无序，则说明各产业的素质不协调。

（2）产业之间的联系方式是否协调。产业与产业之间存在投入与产出的关系，而相互协调的产业通常是相互服务、相互促进的。相互服务指各产业部门在投入产出联系的基础上互相提供帮助，能够不以削弱另一产业发展为代价，相互促进一个产业的发展。如果产业之间不存在这两个基本特征，则说明产业之间是不协调的。

（3）各产业之间的相对地位是否协调。在一定的经济发展阶段，各产业的经济作用以及相应的增长速度是不同的，因而各产业在产业结构中所处的地位也是不同的。各产业相对地位的协调就是指产业结构内部各产业的排列组合具有比较丰富的层次性，各产业之间的主次与发展的轻重缓急关系比较明确和适宜。如果各个产业主次不分，轻重无序，甚至出现产业的结构逆转，则说明各产业之间的相对地位是不协调的。

（4）供给是否与需求相适应。协调的产业结构对需求的正常变动具有较强的适应性和应变能力，即产业可通过自身结构的调整适应新的需求变动，使供给和需求之间在数量与结构上的差距都逐渐缩小，并且使供需之间的矛盾弱化。相反，如果面对需求的正常变动，供给迟迟不能做出反应，造成长时间的供需不平衡，则说明产业间的结构是不协调的。

3. 产业结构合理化的调整机制

产业结构合理化的调整机制是一种根据现有产业结构状态，通过输入某种信号和能量，引起结构的变动，从而形成新的产业结构状态的作用过程。根据输入信号的性质和调整方式的类型，理论上可以把该调整机制分为市场机制和计划机制。

（1）市场机制。市场机制是指经济主体在市场信号的引导下，通过生产资源的重组和在产业部门间的流动，使产业结构尽可能适应需求结构变动的调节机制。市场机制开始于需求结构的变化破坏了原有的供需结构，使某些产品出现供需失衡，从而引起价格发生相应的波动。当价格波动幅度达到部门间生产资源转移的临界点（转移后收益＝转移成本＋机会成本）时，出现产品价格下降部门的资源就会开始转移到出现产品价格上涨的部门，直到供给结构和需求结构之间形成新的平衡点为止。尽管市场机制比较准确、稳妥，但事后调节的属性可能带来调整成本较大、调整过程时滞较长的问题。

（2）计划机制。计划机制主要是指政府通过自身手段直接对产业结构进行调整的机制。政府部门根据现有产业结构的状况和对产业结构变动的预测，从经济发展的总体目标出发，通过纵向等级层次向经济主体发布指令的方式，向经济系统输入信号，直接调动资源在产业间的配置，以调整产业部门间的供求关系，从而使产业结构发生变动。政府发布的指令通常有两类：一类是直接对企业的生产数量加以要求；另一类是通过变动各部门的投资计划来调整资产增量在产业间的配置，从而改变产业结构。计划机制具有事前主动性，调整成本较小，却欠准确，市场摩擦较大。

4. 产业结构合理化的基准

目前我国学术界在论证产业结构是否合理方面，主要依据的判断基准有三个。

（1）国际基准。国际基准即以钱纳里等人倡导的标准产业结构为依据，根据当前经济发展所处阶段，来判断此阶段的产业结构是否达到了合理化。国际基准是以大量的历史数据进行统计回归得出来的，确实能够反映产业结构变动的一般规律，可以作为认识和判断各国产业结构变动是否合理的参照系。但是，国际基准至多只能作为一种粗略的依据，而不能成为一种绝对的判断标准，原因是国际基准忽视了不同国家在不同阶段所面临的客观问题。在历史中，各国在不同经济时期和经济发展环境下，所处的国际经济环境、国内资源禀赋、技术水平，以及所选择的发展战略是各不相同的，因而其发展模式和产业结构并不存在完全统一的情况。

（2）需求结构基准。需求结构基准即以产业结构和需求结构相适应的程度作为判断产业结构是否合理的标准。两者适应程度越高，则产业结构越合理。该方法存在两个缺点：一是判断以需求结构为基准，这就要求需求结构自身是正常的而不是畸形的；二是单纯以此基准来判断产业结构是否合理具有一定的片面性，因为产业结构与需求结构的相适应是动态的而不是静态的。

（3）产业间比例平衡基准。此基准以产业间的比例是否平衡作为判断产业结构合理与否的标准，其理论依据为产业之间保持比例平衡是经济增长的基本条件。产业间比例平衡基准也不是绝对化的基准，因为始终要求产业结构保持某种比例平衡是不合理的，特别是实践中各产业部门在经济的非均衡增长情况下，其增长速度是不同的。

三、产业结构的高度化

1. 产业结构高度化的含义

产业结构高度化主要是指产业结构从低水平状态向高水平状态的发展，这是一个动态的过程。根据产业结构演进的一般规律，产业结构的高度化具有以下四个特征。

（1）产业结构的发展沿着第一、第二、第三产业优势地位顺向递进的方向演进。

（2）产业结构的发展沿着劳动密集型产业、资本密集型产业、技术（知识）密集型产业分别占优势地位顺向递进的方向演进。

（3）产业结构的发展沿着低附加价值产业向高附加价值产业方向演进。

（4）产业结构的发展沿着低加工度产业占优势地位向高加工度产业占优势地位方向演进。

2. 产业结构高度化的机制

产业结构的高度化是通过产业间优势地位的更迭来实现的，是各个产业变动的综合结果。产业结构高度化的机制整体较为复杂，是以单个产业部门的变动为基础开始的，因为只有单个产业部门的扩张与收缩才会引起整个产业结构的变化。从单个产业部门的变动来看，其产业部门一般都会经历"兴起—扩张—减速—收缩"的运动过程，即产业部门增长速度终究要减缓。产业的兴起往往与新产品的开发相联系。随着新产品得到市场认可，市场对它的需求将日益增大；同时创新又成功地大幅度降低了该产品的成本，使该产业迅速扩张，进入一个高速增长阶段。但是，当这种高速增长达到一定临界点之后，就会出现增长放慢的趋势。在实践中，总生产中大多数部门的增长率过了一段时间后的确下降了，它们在全国总产值中所占的份额也随之下降。在这个过程中，创新与任何一个部门的发展都具有联系，是影响产业部门变动的最主要因素。创新使得产品成本下降，从而推动产业迅速增长；但如果创新已经无法再降低产品成本时，行业的增长速度便会放缓。此外，产出部门增长之所以会出现减速趋势还可能受到以下因素影响：增长较慢的产业对其增长的阻尼效应和增长较快的产业对其竞争的压制；随着产业增长，可利用的产业扩张资金的相对规模下降；受到新兴国家相同产业的竞争影响；等等。

既然创新在产业扩张与收缩的规律性中扮演了重要的角色，那么一个国家的各个产业部门就可以依据其距离创新起源的远近来确定各自不同的相对地位。从较长的时间序列看，产业增长速度随着该产业成长、成熟到衰落而处于高速增长、均速增长和低速增长的变动中。任何一个时点都存在多种处于不同增长速度的产业。一般高增长部门由于距离创新起源更近而处于相对优势地位，在总产值中占有较大的份额，并支撑着整个经济的增长。随着时间的推移，由于新的创新及其扩散，产业结构的变动呈现为高增长优势产业间的更迭。这是一个连续变动的过程，当原有高增长产业因创新减缓而减速，便会被新的高增长产业所取代。因此，产业结构的变动是通过产业间优势地位的更迭实现的。

衡量产业是否具有优势地位，主要有三种标准：一是附加价值高低，附加价值高的产业就是占有优势地位的产业；二是产业产值，产值比重大的产业就是优势产业；三是产业关联效应，受原材料供应影响较大的产业如果后向关联效应大就说明它是具有优势地位的产业，受最终需求影响较大的产业如果前向关联效应大就说明它是具有优势地位的产业。附加价值标准强调利润率的高低，产值标准强调产值规模的大小，关联效应标准强调产业的影响力。创新引起了附加价值的提高、产值规模的扩大、产业影响力的增强，这种变化推动了产业结构的高度化。

3. 产业结构高度化的衡量标志

衡量一国产业高度化程度，目前国际上没有通用方法，以下为两种常用的衡量方法。

（1）"标准结构"方法。库兹涅茨通过多国的横截面数据研究了经济发展阶段与产业结构的关系，提出了经济发展不同阶段的产业"标准结构"。"标准结构"具体做法是将一国的产业结构与世界上其他国家产业结构的平均高度进行比较，以确定本国产业结构的高度化程度。

（2）相似性系数法。这是以某一参照国的产业结构为标准，通过相似性系数的计算，将本国的产业结构与参照国产业结构进行比较，以确定本国产业结构高度化程度的一种方法。假设 A 是被比较的产业结构，B 是参照系，X_{Ai} 和 X_{Bi} 分别是产业 i 在 A 和 B 中的比重，则产业结构 A 和 B 之间的结构相似系数 S_{AB} 为

$$S_{AB} = \frac{\sum_{i=1}^{n} X_{Ai} X_{Bi}}{\sqrt{\sum_{i=1}^{n} X_{Ai} \sum_{i=1}^{n} X_{Bi}}} \quad (12\text{-}1)$$

四、产业结构效应

产业结构效应是指产业结构的变化对经济增长产生的作用效果的统称，这种作用效果包括关联效应、扩散效应等。

1. 产业的关联效应

赫希曼（A.O. Hirschman）在《经济发展战略》一书中阐述了关联效应的定义，并将产业之间的关联效应划分为前向关联效应与后向关联效应。赫希曼认为，一个产业的生产、产值、技术等方面的变化通过它的前向关联关系和后向关联关系对其他产业部门产生直接与间接的影响。前向关联效应是指一个产业在生产、产值、技术等方面的变化引起其下游产业产生相应的变化，或导致新技术的出现、新产业部门的创建等。后向关联效应是指一个产业在生产、产值、技术等方面的变化引起其上游产业发生相应的变化。例如，由于该产业自身对投入品的需求增加或要求提高而引起提供这些投入品的供应部门扩大投资、提高产品质量、完善管理、加快技术进步等变化。

2. 产业的扩散效应

罗斯托在《从起飞进入持续增长的经济学》一书中，阐述了主导产业的扩散效应的概念。根据他的阐述，扩散效应是指某些产业部门在各个历史间歇的增长中，"不合比例增长"的作用对其他关联产业产生的影响。具体表现在三个方面，即回顾效应、旁侧效应和前向效应。

（1）回顾效应。回顾效应是指主导部门的增长对那些向自己供应投入品的供应部门产生的影响。罗斯托认为，根据主导部门或新部门的技术特点，它们在处于高速增长阶段时，会对原材料和机器设备等投入品产生新的投入要求。这些投入反过来又要

求现代设计观念和方法的发展。这些投入可能是物质的，如近代棉纺织业刺激了纺织机械和蒸汽动力机的制造，并在广泛的领域促进和改进了冶炼技术；也可能是人力，例如棉纺织业需要新型的工厂工人、领班和经理；还可能是制度方面的，如铁路的发展刺激了以更大的规模从小额储蓄者那里动员进行长期投资的方式。

（2）旁侧效应。旁侧效应是指主导部门的成长还会引起其周围地区在经济和社会方面的一系列变化。例如，现代工业的发展会带来技术进步并吸引资本投资，而技术进步和资本投资通常会推动城市人口增长、专业服务业的扩张，以及法律和市场监管机制的完善，因此一个地区工业的持续发展会带动相关行业、社会制度等一系列的变化。比如在历史上，棉纺织业的兴起不仅改变了曼彻斯特和波士顿的经济结构，也促进了这些城市的社会结构和城市布局的重大转变。同样，汽车产业的发展重塑了底特律，引发了老城中心的改造和新城市中心的兴起。这些变化不仅是技术进步和资本投资的直接结果，更是城市化加速、现代人口比例增加，以及对现代生产和生活方式认知加深的标志。因此，旁侧效应不仅促进了经济增长，还深刻影响了社会结构和文化观念，显示了主导产业对整个社会产生的广泛而深远的影响。

（3）前向效应。前向效应是指主导部门的成长诱导了新兴工业部门、新技术、新原料、新材料、新能源的出现，改善了自身供应给其他产业产品的质量。罗斯托认为，现代工业活动创造了能够引起新的工业活动的基础，或者通过削减其他工业部门的投入成本，提供吸引企业主管们进一步开发新产品和服务的条件，或者产生一个吸引发明家和企业家的瓶颈问题。这样，主导部门产生了一种刺激力，并为更大范围的经济活动提供了可能性，有时候，甚至为下一个重要的主导部门的出现建立起台阶。英国18世纪棉纺织业的扩张，不仅直接而有力地增加了刺激力，使棉纺制造业摆脱了对水力的依赖，棉纺织业的扩张甚至更直接地增加了寻求新运输途径的刺激力，以更便宜的方式在港口和工厂之间运输棉纺织品材料与最终产品；而且，由此加速了曼彻斯特-利物浦或波士顿-罗威尔的铁路建成，这些铁路的建成又导致了在更广泛的经济前沿中开办新的铁路线。类似地，铁制轨道的迅速过时与钢制轨道的兴起，有力地刺激了廉价钢的生产，而廉价钢的大量使用，又反过来对改进造船、建筑和机器制造技术产生了影响。主导部门不但在技术上，而且在原材料供给上，都具有前向效应。

罗斯托认为，经验已经证实了经济增长中主导部门概念的合理性，即这三种来自迅速增长部门的扩散效应的组合促进了经济的快速增长。

3. 产业结构的其他效应

周振华在《现代经济增长中的结构效应》一书中，把产业结构效应分为结构关联效应、结构弹性效应、结构成长效应和结构开放效应。他在分析这些结构效应的时候设定了一些假定条件，按照"同质性"原则对产业进行定义，即一种产品由一个产业来生产，诸多产品和诸多产业处于一对一的对应关系中。当然，产业结构还存在其他一些结构效应，如供给效应和需求效应等。

第三节　产　业　布　局

一、产业布局的定义

产业布局是指一个国家或地区产业各部门、各环节在地域上的动态组合分布。随着社会的进步和经济的发展，一个国家或地区的产业发展最终都要落实到一定经济区域来进行，最终不同地区会存在不同的产业布局结构，产业布局的概念因此形成。产业布局是国民经济各部门发展运动规律的具体表现，是社会生产活动内容和空间拓展到一定程度的必然产物。结合产业布局在不同国家、不同地区的具体实践，对产业布局的形成、发展、相关影响因素的深入研究，是产业布局理论形成的基础。

二、产业布局的相关理论

1. 产业布局理论的主要内容

产业布局理论主要研究产业的布局条件、布局特点、布局层次、布局机制和区域产业结构等内容。

（1）产业布局条件。产业布局条件是指产业布局时的外部环境，它包括多种因素。笼统而言，外部环境既包括物质化的硬环境，也包括非物质化的软环境。外部环境除受当时生产力发展水平、社会物质财富的生产方式制约外，还受当时的自然条件、经济地理区位以及人口条件的强烈影响。

（2）产业布局特点。产业布局主要有两个特点：第一，各个产业由于自身的技术经济要求不同，而在布局上呈现出不同特征。第二，各地区根据自身条件，扬长避短，发挥优势，形成各具特色的多种产业的地域组合。

（3）产业布局层次。产业布局层次是指不同层次地域的产业布局具有的不同的规模和规律。对产业布局层次的研究，除了对全国性产业布局和地区性产业布局的研究外，还要研究产业布局在全球范围内的特殊表现，即国际分工和国际产业转移。

（4）产业布局机制。影响和决定产业空间分布、组合的因素有很多，产业布局机制便是指此类因素间的相互制约和作用的内在机理，可分为市场机制和计划机制两大类型。

（5）区域产业结构。区域产业结构是指区域内不同发展功能的产业占比关系，区域的产业结构通常会受到区域自身的比较优势及全国经济空间布局等因素的影响。区域中，不同的部门经济结构反映着社会生产力的发展状况与经济发展水平。

2. 产业布局理论的形成和发展

（1）产业布局理论的形成

19世纪初至20世纪中叶是产业布局理论的形成期。该时期资本主义生产力迅速发展，地区间的经济联系空前加强，商品销售与原料地的范围越来越大；同时，频繁爆发的经济危机给资本主义的产业发展带来了巨大的危机，如何合理布局产业已成为迫切需要回答的问题。最早从事产业布局研究的是德国学者杜能（J.H. von Thünen）和韦伯（Alfred Weber）等人，他们运用地租学说、比较成本学说等经济学研究成果，创立了古典区位理论。韦伯是古典区域理论的杰出代表，也是工业布局理论的创始者、区位理论的奠基人，他第一个将工业区位理论系统化，提出了一系列概念、指标与准则等，其后的区位理论发展无不受其影响。韦伯在 1909 年撰写的《工业区位论》一书中系统地论述了工业区位理论，他认为运费、劳动费、集聚力等因素会影响工业布局的最优区位。

韦伯认为，运费对工业布局起决定作用，工业的最优区位通常选择在运费最低点上。他将"区位三角形"概念一般化为区位多边形，若假定工厂有 n 个原料地，则工厂的最优区位必须满足的条件为

$$\min F = f \cdot \min\left(\sum_{i=1}^{n} m_i r_i + r_k\right) \quad (12\text{-}2)$$

式中：F 表示单位产品总运费；f 表示运费率；$m_i (i=1, 2, \cdots, n)$ 表示单位产品消耗的 i 原料重量；r_i 表示 i 原料的运距；r_k 表示产品运距。

但考虑到劳动费，对劳动费在生产成本中占很大比重或与运费相比在成本中所占比重大一些的工业而言，运费最低点不一定是生产成本最低点，即如果一个劳动费最低点存在，它同样会对工业最优区位选择产生影响。

此外，集聚力对工业最优区位的影响也不容忽视。集聚力是指企业规模扩大和工厂在某一地区集中所带来的规模经济效益和企业外部经济效益的增长。集聚经济效益，一方面取决于集聚的产业或企业的种类与结构，另一方面取决于集聚的规模。

（2）产业布局理论的发展

在第三次产业革命与世界经济格局变化的影响下，产业布局理论经历了一个特殊的发展过程，形成了各种不同的理论流派，如成本学派理论、市场学派理论、成本—市场学派理论以及以后起国家为出发点的西方产业布局理论等。成本学派理论的核心是以生产成本最低为准则来确定产业的最优区位，学派主要代表人物是韦伯。市场学派理论产生于垄断资本主义时代，这一学派的主要观点是产业布局必须充分考虑市场因素，尽量将企业布局在利润最大的区位；在瓜分市场的激烈竞争中，还必须充分考虑市场划分与市场网络合理结构安排。成本—市场学派理论是在成本学派与市场学派的基础上形成的，这一学派建立了一般均衡理论，探讨了区域产业布局与总体产业布局问题，主要代表人物有艾萨德（Walter Isard）、俄林（Bertil Ohlin）、弗农（Raymond Vernon）等。

以后起国家为出发点的西方产业布局理论诞生于第二次世界大战后，随着殖民地国家走上独立自主的道路，落后地区产业布局理论开始受到重视，西方一些学者以后起国家为出发点提出了增长极理论、点轴理论、地理性二元经济理论等，大大丰富了产业布局理论的内容。

马克思主义经济学家在研究社会一般分工基础上，汲取了比较成本学说的"合理

内核"，形成了马克思主义产业布局理论：第一，地域分工是在广阔的区域内，按商品分工实行生产的专门化。这一分工把一定的生产部门固定在一定地区。第二，地域分工是生产力发展到一定阶段的产物。第三，地域分工可以节约社会劳动，促进生产力的发展。第四，地域分工的作用取决于社会生产方式及其变革。具有比较优势的产业，也不是一成不变的。中国和苏联以马克思主义的劳动地域分工理论为指导，开创了公有制条件下的产业布局理论。

三、产业布局的影响因素

1. 地理因素

（1）地理位置。地理位置直接决定了地区的交通条件，进而加速或延缓产业的发展，因此是影响国家和地区经济发展的重要因素。即便地区拥有丰富的自然资源，其第一产业（特别是农业）的发展仍然受到当地运输条件以及相应的市场供求制约。除第一产业外，也有大量产业布局在地理位置优越，特别是交通方便的地区，如综合运输枢纽、海港、铁路沿线等地，而非布局在能源、原材料产地。此外，交通方便、距离经济发展中心较近的地区资源，因其优越的地理位置通常会首先得到开发。

（2）自然因素。自然因素包括自然条件和自然资源两个方面。自然条件包括未经人类改造、利用的原始自然环境和经过人类改造利用后的自然环境，是产业布局形成的物质基础和先决条件。在实践中，影响第一产业（主要是农业）布局的自然因素便是自然条件，土地资源、气候资源、水资源与生物资源共同的综合作用，决定了大农业生产的地域分布。自然资源会对第二、第三产业布局产生较大影响。第二产业中以自然资源为主的重工业，如采掘业、重型机械等行业的发展受到自然资源的限制较大，这些产业通常分布在工业自然资源丰富的地区；对第三产业的影响，突出表现在对旅游业的作用，深山老林、高山峡谷、荒漠草原等，呈现了原始自然美，是不可多得的旅游资源。

在实践中，世界大型重工业区都是在当地丰富的煤或铁资源的基础上发展起来的；世界主要谷物产区，都分布在地势平坦、土壤肥沃、气候适宜的地区；制造业、建筑业布局的前提是地区拥有稳固的地质基础；内河航运、海洋航运等需要依托地区丰富的水资源；多数木材行业、造纸行业都分布在温带针叶林带；等等。

2. 人口因素

人口因素的影响较为复杂，包括人口数量、人口质量（素质）、人口消费状况等多方面。

（1）人口数量会影响市场规模和资源开发程度。人口数量会直接决定当地的市场规模以及劳动力数量。人口过少不仅会导致地区无法形成一定规模的市场，还无法提供足够的劳动力，导致许多产业难以发展，因此人口稀少的地区大多布局可以有效利用当地自然条件、自然资源的优势产业，以利于提高劳动生产率，弥补人口数量的不足。相反，充足的人口特别是充足的劳动力，对充分开发自然资源、发展生产有决定性作用，这些地区通常会布局劳动密集型产业，容易形成较大规模的市场，推动地区的经济发展。

（2）人口质量（素质）对产业布局可以形成更深层次的影响。人口质量的高低关系到生产力水平的高低，高质量的人口和劳动力是发展高层次产业、即技术密集型产业的基础。对于部分第二产业，特别是第三产业而言，由于产业的技术水平较高，一般的劳动力已经无法适应产业的发展，因此这些产业通常布局在人口质量较高的地区。

（3）人口的消费状况对产业布局的影响表现在产业布局与人口的相适应方面。由于不同地区人口数量不同，民族构成、消费水平也存在很大差异，因此要求产业布局与人口的消费特点、消费数量相适应。例如，特大城市通常分布着为本市人口消费服务的大城市工业（以针织、制鞋、玻璃、家具等工业为主）和城市农业（以蔬菜、花卉、牛奶等现代农业为主）。此外，人口的性别、年龄等因素的差异丰富了市场需求的多样性，如服装行业、化妆品行业的分布等。

3. 社会经济因素

影响产业布局的社会经济因素主要有历史因素，市场条件，国家的政策、法律和宏观调控，国内、国际政治条件，价格与税收条件，等等。

（1）历史因素。由于产业布局具有历史继承性，已经形成的社会经济基础会对产业布局的再次调整有重大影响。通常，在原先经济基础较好的地区，进一步发展其原有产业能够提升对地区基础设施的利用，促进产业进一步发展，有利于相关产业的布局。但其历史继承性同时意味着地区会继承之前产业发展中结构不合理、布局凌乱、设施落后、污染严重等问题。因此实践中要充分利用积极因素，改变其不利的方面，使产业布局合理化。

（2）市场条件。在实践中，市场需求会影响产业的布局。首先，产业无论是地理位置的布局，还是厂址的选择，都必须以一定范围内市场对产品的需求量为前提。其次，市场的需求量和需求结构影响产业布局的部门规模与结构，是形成主导产业、辅助产业，以及有地方特色的产业地域综合体的指南。最后，市场竞争可以促进生产的专业化协作和产业的合理集聚，使产业布局指向更有利于商品流通的合理区位。因此在实践中，事先对市场调查、分析、预测，有利于产业布局的合理化以及对产业布局的动态调整。

（3）国家的政策、法律和宏观调控。正确的政策可以推动经济的发展和产业的合理布局；反之，则会给经济的发展带来消极后果。例如，19世纪英国的《谷物法》便是典型例子，反映了法律对产业发展的影响。英国于1814年颁布《谷物法》，通过法律手段限制谷物进口，保护自身谷物市场不受欧洲影响，从而使英国谷物生产获得很快发展。然而，19世纪中叶英国又再次允许谷物自由输入，但此时英国的农业非常脆弱，经不起国际竞争，英国反而成了世界上的粮食市场。

（4）国内、国际政治条件。任何一个国家的经济发展都必须有一个良好的国内、国际政治环境，一个政局不稳、动荡不安的国家，其经济很难获得发展，当然也就谈不上合理的产业布局。

（5）价格与税收条件。微观层面价格对产业布局的影响主要体现在产品地区差价及产品可比价格等方面；宏观层面价格对产业布局的影响主要来自国家的价格政策与税收的调整。产品在不同地区的差价是地区产品生产和消费在空间上的差异与矛盾，合理的地区差价有利于企业按价值规律选择最佳区位；而产品的各种比价关系则对调整产业内部结构和生产地布局有重要影响。价格政策与税收体现了国家对市场经济的宏观调控。价格政策是国家对产品价格的宏观干预，合理的干预会对产业布局产生积极影响；而税收对产业布局的影响体现在控制重复建设、以小挤大和地区封锁，调控相同产业在不同地区的发展情况等，合理的税制能促进产业布局的合理化与地区经济的协调发展。

4. 科学技术因素

科学技术对产业布局的影响主要体现在对自然资源的利用和产业结构的改变两个方面。

（1）自然资源的利用。技术进步拓展了自然资源利用的深度和广度，改变、提升了自然资源原本的经济意义，这将改善各种自然资源在地区的平衡状况以及在地区间的分布情况。如选矿、冶炼技术的进步使得品位较低的矿物资源重新获得工业利用价值。同时，技术进步能提高资源的综合利用能力，使单一产品市场变为多产品的综合生产区，从而使生产部门的布局不断扩大。

（2）产业结构的改变。科学技术进步会产生新技术，而新技术的出现往往会催生出一系列新的产业部门，从而改变产业结构。新技术催生的产业部门通常都有不同的产业布局的指向性，因此最终会对产业布局状况产生影响。技术进步带来生产力的提高，加上三次产业结构不断变化，人类生产、生活的地域和方式因此出现了很大变化，出现城市化趋势，从而对产业布局产生影响。

四、产业布局的实践

1. 国际分工与国际产业转移

国际分工与国际产业转移是产业布局在全球范围内的特殊表现。考察各国特别是发展中国家在国际分工与产业转移中的地位，有利于了解国家在这个过程中的经济发展战略变化。国际分工是社会发展到一定阶段的产物，是国民经济内部的分工超越国家界限的结果。国际分工受到各国生产力水平、自然条件等客观因素的影响，通常生产力水平较高的国家才会存在国际分工的需求，即国际分工的一个重要特点是不同国家的生产力水平不同，表现为国家间的产业级差。由于产业生命周期的客观存在，处于衰退期的产业通常会被发达国家通过国际投资、贸易等手段转移到其他国家和地区，而经济发展中不断有新兴产业出现，也不断有行业进入衰退期，这就导致了国际产业转移的永不衰竭。国际产业转移使发达国家与发展中国家之间的国际经济关系建立在一种新的国际分工基础之上，形成新的贸易与投资的利益分配国际格局。因此，国际分工是国际产业转移的前提和基础，而国际产业转移也会对国际分工格局的演进起重大作用，并不断地改变着国际分工格局。

2. 地区性产业布局与全国性产业布局

地区性产业布局是地区产业运行在空间上的实现，它主要研究在不同经济发展阶段地区内部各产业空间组合的最佳形式和一般规律，以求合理地利用本地资源，获得最大的区域效益。

全国性产业布局需要从全国视角考察产业的空间联系、产业结构的适时转换与经济成长。在实践中，全国性产业布局的调整需要基于国家经济成长的各阶段，对产业布局总体框架的调整进行与之相适应的调整，实现产业的合理布局和经济资源在空间上的有效配置。此外，生态平衡目标和国家安全目标也是非常重要的目标。

从根本上讲，全国性产业布局的目标可分为效率目标和公平目标。效率目标追求整个国民经济较高的增长速度和良好的宏观效益，公平目标要求不断缩小区域间的经济水平和收入水平的差距。一般说来，效率和公平是相对消长的。但从长远看，两者的目标又是统一的。

第四节 产业集聚与转移

一、产业集聚

1. 产业集聚与集聚效应

产业集聚是指相同产业和经济活动在空间上的集聚。在经济发展过程中，企业对规模经济的追求、自然资源状况的差异，以及区域经济发展的不平衡性等均会促进产业集聚现象的产生。以中国为例，北京中关村集聚着电子技术，四川西昌集聚着航天产业；以国外为例，美国好莱坞集聚着影视娱乐产业，英国伦敦集聚着金融产业；等等。在实践中，产业集聚促进经济快速发展的效应，又称为集聚效应。集聚效应是经济活动向一定地区靠近的向心力，也是城市形成和不断扩大的基本因素。

2. 产业集聚对经济增长的影响

产业集聚对经济发展的影响主要通过集聚效应产生，集聚效应对经济增长的影响可分为三个方面：产品集聚、产业集聚和区域集聚。

（1）产品集聚

产品集聚形成经济增长点。产品集聚过程中，同类产品会共同存在于某一空间、市场内。同类产品会因其质量、价格、服务等方面的差异导致不同的销售量和市场份额。其中，具有比较优势的产品能优先发展，形成知名品牌；而知名品牌的存在又会使产品的生产和销售迅速扩大，从而带动经济的增长。这种知名品牌的形成，是区域的经济增长点，在经济增长中发挥基础性作用。企业为了使产品形成知名品牌，不断提高企业规模，规模效应的作用不仅降低了产品的生产成本，还能改进产品的质量，从而使企业在竞争中占有优势。首先，在生产领域，形成规模经济效应意味着生产的标准化、专业化、大型化与机械化，产品的产量因此得以大幅增加，原材料、能源等生产成本大幅降低。其次，生产领域的规模经济优势带来了采购、销售方面的规模效益，如大批量原材料的采购大幅降低了采购成本、节省了交易费用、运输成本、库存支出。最后，生产的规模经济效应也降低了管理系统和后勤系统的辅助生产成本，使企业可以进行大规模的广告宣传和产品促销，在各地建立促销网络和售后服务系统，从而使单位产品的销售成本降到最低。

（2）产业集聚

产业集聚形成经济增长极。产业是同一市场上生产同类产品或服务的企业的集合，企业则是构成产业的主体。产业中形成规模经济企业的比例越大，产业竞争越具有优势，竞争力越强，产品越集中。产业集聚实现的前提与基础是产品集聚，此时经济增长点的形成会对各种生产要素如资金、技术、人力资源等产生强烈的吸引力，促使生产规模扩张，销售市场扩大，进一步吸引其他投资者进入这一产业。同时，各种生产要素在这一地区的集聚形成了各种生产要素配置方式，而组合成本最低的生产要素能够优先发展起来，最终形成经济增长极。此外，由于产业发展存在关联效应和扩张效应，因此一个产业的发展可以带动其他关联产业的发展，共同促进这一区域经济的增长。

（3）区域集聚

区域集聚形成经济增长带（区）。区域内产业集聚构成了区域集聚，产业集聚带来了区域经济的竞争优势，从而最终形成经济增长带（区）。区域的竞争优势主要可分为外部经济效应、空间交易成本的节约、学习与创造效应和品牌与广告效应四部分。

产业在区域内的集聚能促进分工和协作，从而提高生产效率；当区域内集聚的企业数量达到一定规模时，集聚区域内的所有企业获取生产要素的成本都会大幅降低，从而实现外部规模经济，这就是外部经济效应。产业在同一区域的集聚意味着企业在地理位置的临近或相对集中，企业可就近从其他企业获得许多中间投入品，直接降低运输、库存成本，还容易使企业建立信誉机制，减少讨价还价等机会主义行为的成本。此外，产业集聚会吸引各领域的人才大量参与，汇聚大量专业信息、个人关系及社会关系，不仅能形成专业化的人才库以降低雇用成本，还可加速专业信息的流动，降低信息成本。这种运输成本、信息成本、市场开发成本、合约签订及执行成本的节约，统称空间交易成本的节约。由于区域内集聚的企业大多从事相近的产业，这种集聚促进了企业间的模仿学习，促进了新技能、新知识在企业间的流动；同时，产业集聚所带来的激烈竞争会迫使企业提升组织、管理能力，加强产品创新，通过创新获得超额利润，提升自身的竞争力，而超额利润的存在又会吸引其他企业学习创新，从而共同促进区域内经济的发展，形成学习与创造效应。随着产业聚集，产业中品牌的影响力会不断扩大，最终在消费者中形成一个良好的品牌形象，从而增强消费者的购买欲望和广告宣传效果，形成品牌和广告效应。此外，品牌和广告效应也会传递到一些相关的互补产品上，促进其发展壮大，进一步扩大产业的集聚规模。

二、产业转移

1. 产业转移的定义

产业转移是指产业在空间分布上从发达地区向发展中地区转移的现象,是发生在不同经济发展水平的区域之间的一种重要的经济现象。本质上,产业转移是指产业生产的转移,即在市场经济条件下,一部分发达地区的企业通过跨区域直接投资,把部分原本在发达地区的生产转移到发展中地区,或是从发达国家转移到发展中国家。对企业而言,生产的转移通常是顺应地区比较优势变化作出的决策。

2. 产业转移的演变

(1) 18 世纪中叶至 19 世纪末

此阶段的产业转移主要是从工业国向农业国的转移。18 世纪中叶开始的工业革命使得资本主义国家出现了以新技术为基础的大机器工业,不仅大大提升了资本主义国家的生产力,还大幅降低了生产成本。此外,交通运输业的发展、电报和海底电缆的铺设,实现了资本主义国家对世界各地进行产品供应。资本主义国家大机器工业的产品凭借其低廉的价格征服了国外的市场,也破坏了东道国原本的手工业生产,迫使东道国在失去自身产业后变成资本主义国家的原料产地。因此世界便分裂成两类国家:一是一些以农业为主或纯粹从事农业的农业国;二是少数几个拥有其他农业国作为自身原料产地和海外市场的工业国。

(2) 19 世纪末至 20 世纪初

19 世纪末至 20 世纪初,主要资本主义国家通过资本输出,把资本主义生产逐步移植到殖民地、半殖民地国家中去,从而使资本主义国际分工的主要形式,即工业国与农业国之间的分工更加深化。

(3) 20 世纪 60 年代至今

这个阶段的国际分工格局可以描述为劳动密集型产业国、资本密集型产业国和技术密集型产业国的分工。20 世纪 60 年代以来,由于第二次技术革命和国际生产关系的变化,传统的分工开始改变。原先以自然资源为基础的分工,先是发展到各个产业部门内部的分工、以产品专业化为基础的分工、再发展到由市场自发力量决定的分工,最终逐渐向由跨国公司和国家所组织的分工方向发展。而且,发达国家中出现了以出口矿产品为主的工业制成品和以农产品为主的初级产品生产国以及以出口高精尖技术产品为主的工业制成品生产国;同时,发展中国家之间也出现了产业分化,新兴工业国和地区主要出口资本密集型产品和技术密集型产品,半工业化国家和地区主要出口劳动密集型产品,非工业化国家则仍然出口初级产品。这样,若以要素结构的视角观察国际分工格局,就会发现各个国家的主体产业多为劳动密集型产业、资本密集型产业或技术密集型产业。因此,当前和今后的国际分工格局可以从该角度描述为劳动密集型产业国、资本密集型产业国、技术密集型产业国之间的分工。

20 世纪 60 年代以来的大规模国际产业转移已经发生了三次:第一次是第二次世

界大战后，20世纪六七十年代科学技术的发展推动了西方发达国家的产业结构升级，从而使西方发达国家开始将劳动密集型产业转移出去；第二次是70年代以石油为主的能源危机，大大提升了能源产业等重化工业的成本，从而迫使发达国家将重化工业向国外转移；第三次是80年代以来，新技术革命导致的技术密集型产业转移。这三次大规模的国际产业转移的本质其实就是国际分工的变化。

进入20世纪90年代以来，发达国家开始由工业社会向知识社会转化，国际产业转移开始呈现出新特征，即国际产业转移规模扩大化、结构高度化、区域内部化、方式多样化。这个时期，相较于过去的产业转移，此阶段转移的产业规模大幅增加，并且高技术产业、金融保险业、贸易服务业、电信业、信息业等产业逐渐成为产业转移的重点；此外，区域内的资本流动和产业转移超过区域间的资本流动和产业转移，也逐步形成了独资、合资、收购、兼并和非股权安排等多样化转移方式。跨国公司成为国际产业转移的主体则是该时期国际产业结构转移的新趋势。1992年，世界最大的100家跨国公司掌握的对外投资额占本国对外投资额的1/3，拥有的海外资本占其国内总资产的40%。

1. 影响产业结构演变的供给因素主要有什么？
2. 生命周期理论认为，产业发展必然会经历投入期、成长期、成熟期、衰退期，最终走向衰亡，这是否正确？
3. 生命周期理论对产业生命周期划分的通常依据是什么？
4. 如果一个产业部门发展正在处于收缩状态，这是否说明该产业没有实现产业的高度化？
5. 什么是形成技术密集型产业的基础？
6. 全球化背景下，产业布局在全球范围内的表现是什么？
7. 产业集聚实现的基础是什么？
8. 产业转移过程中产业通常是转移到什么地区？

第十三章

产业关联

【本章学习目标】

通过本章学习，学生能够：
1. 熟悉产业关联相关概念和内涵；
2. 掌握投入产出模型等分析工具；
3. 熟练运用产业关联相关方法进行计算。

中国产业波及效果的对比与评价

产业关联是分析社会经济活动相互协调、相互制约关系的关键工具，随着产业分工日益加深，其重要性与日俱增。产业关联主要立足于产业之间的投入和产出角度考察上下游产业间的供需关系，分析各产业部门之间的比例关系以及各产业部门对经济系统的影响。与产业结构理论不同，产业关联理论从"量"的视角揭示了国民经济各产业之间的技术经济联系方式。

基于 2012 年中国统计年鉴中的投入产出完全消耗系数表，对中国不同产业的感应度系数与影响力系数进行测算。结果发现，感应度系数最大的是机械设备制造业，系数值为 0.2681，高于所有行业的平均值（0.1144）。说明该产业通过产出能够对其他产业产生较大影响。也就是说，下游产业的发展能够通过产业关联一定程度地增加该行业的市场需求。影响力系数最大的是金属产品制造业（0.1704），是行业平均水平的 1.54 倍。说明该产业在投入环节对其他产业产生了较为明显的关联作用，也说明其他产业的规模增加，更多地需要金属产品制造业的需求拉动。另外，中国产业发展所需要的基建投入较大，以至于在其他产业发展过程中，均需要通过加大金属和非金属制品业的投入才能得到发展。这也从另一个侧面说明，中国的产业发展仍未脱离以规模扩张为主的粗放型发展道路。产业的感应度系数和影响力系数之和是产业关联的充分反映。其中，机械设备制造业（0.4153）、金属产品制造业（0.3854）、化工（0.3656）、采矿业（0.3103），是产业关联程度最高的四类产业。这些产业均为重化工业或资源型产业。说明中国目前所有产业的发展，尤其是在规模扩张方面，非常依赖重化工产业和资源型的采矿业。而农业、物流、服务业、房地产等具有基础地位，或者说，具有资源节约和环境友好等性质的产业，却表现出产业联系较弱的特征。

资料来源：于立宏，孔令丞. 产业经济学[M]. 北京：北京大学出版社，2017.

第一节　产业关联概述

一、产业关联的概念及特征

1. 产业关联的概念

在经济社会活动中，某产业的产出成为其他产业生产所需的投入要素，保障其他产业顺利生产，这种以投入品和产出品作为连接纽带形成的各产业之间的技术经济联系，即为产业关联。在产业关联过程中，某产业依赖于其他产业生产的产品来满足自身需求，同时又将自身产出提供给其他产业，这种相互依存、相互制约的直接或间接联系维持了整体经济系统的正常运作。因此，产业关联本质上体现了不同产业间的供给和需求关系。作为纽带的投入品和产出品，可以是有形产品或无形产品，也可以是实物形态或价值形态。在实践中，实物形态的联系和联系方式难以计量，所以更多考察的是价值形态的技术经济联系。

2. 产业关联的特征

第一，产业关联是产业间的技术联系，反映出不同生产过程之间的技术关系，体现了实物形态角度的数量关系。

第二，产业关联是产业间的经济联系，体现了价值形态角度的数量关系。

第三，产业关联是产业间的投入产出关系。产业运转在对其他产业产生投入需求的同时也为其他产业提供了相应的产品或服务产出，其投入品和产出品成为产业之间的联系纽带。

第四，产业关联是一种产业经济分析方法。产业关联分析又称投入产出分析，主要采用定量分析方法分析关联产业供需关系的相互影响。

二、产业关联方式

产业关联揭示的是不同产业之间通过何种方式联结成为一个运动着的有机整体。按照不同划分标准，主要分为以下几种类型。

1. 按关联纽带划分

1）产品劳务关联

产品劳务关联是指在生产过程中，部分产业部门向其他部门提供其所需的产品或劳务，或者不同产业部门互相提供产品或劳务。产品劳务关联是产业间最基本、最广泛的联系，能够派生出生产技术关联、价格关联、劳动就业关联、投资关联等。

2）生产技术关联

产业部门基于其生产技术与产品结构的特点，对所需产品或劳务的工艺、技术等提出一定要求。这种要求促使不同产业的生产工艺、技术等存在某种必然联系。生产技术直接影响了产业间产品和劳务的供求关系,是产业联系的重要依托。

3)价格关联

产业部门的投入产出联系,必然立足于以货币为媒介的等价交换关系,即价格关联。价格关联是产业间产品和劳务关联价值量的货币表现,使得产品和劳务联系能够通过价格形式实现统一度量,从而为产业结构变动、比例关系等分析提供有效支撑。

4)劳动就业关联

不同产业的发展既相互促进也相互制约。伴随着部分产业发展,其劳动就业机会上升的同时,也会推动相关产业的发展和就业增加,这种产业间的劳动就业联系对就业产生了乘数放大效应。

5)投资关联

在经济系统中,任何一个产业的发展都会影响其相关产业;反之,则会受相关产业发展水平的制约。因此,对某产业的发展进行投资,必然要求也对其相关产业进行投资,从而为该产业提供相应数量和质量的中间品,实现产业发展目标。产业间的这种投资关联主要表现为投资乘数效应,具体而言,在对产业进行投资时,产业的发展导致经济效益的增加,并且由于对某产业的投资推动了相关产业的投资,进而带动整个经济系统效益更大比例的提升。

2. 按关联方向划分

1)前向关联

前向关联是指某产业产品作为其他产业的中间投入,通过供给与其发生关联。例如,钢铁业为汽车制造业提供原材料,所以汽车制造业是钢铁业的前向关联产业,通常也称汽车制造业是钢铁业的下游产业。

2)后向关联

后向关联是指某产业在生产过程中需要依赖其他产业获得投入,即通过需求与其他产业发生关联。例如,由于汽车制造业在生产过程中需要钢铁业提供原材料,所以钢铁业是汽车业的后向关联产业,通常也称钢铁业是制造业的下游产业。

3. 按关联的紧密程度划分

1)直接关联

直接关联是指产业部门之间通过供给与需求关系形成的直接提供产品和服务的关系。

2)间接关联

间接关联是指在生产过程中,产业部门间不直接产生生产技术联系,而是通过其他产业部门的中介发生联系。

4. 按技术工业的方向和特点划分

1)单向关联

单向关联是指不同产业间,先行产业部门的产品或劳务以生产要素的形式参与后续部门的生产,但后续产业部门的产品或劳务不返回先行部门的生产,即表现为单一的投入产出联系方向。

2）多向关联

多向关联是指一方面先行产业部门为后续部门提供其生产所需的产品或劳务，另一方面后续部门的产品或劳务又返回相关先行部门进行生产，即相关产业的投入产出互相依赖进而形成循环的联系方式。

第二节　产业关联分析的基本工具

一、投入产出法

投入产出法是产业关联分析的基本方法。20 世纪 30 年代初期，俄裔美国经济学家里昂惕夫（Leontief）开始了关于投入产出法的研究工作，系统阐述了投入产出理论、投入产出表的编制以及相应模型的计算方法，其预测的准确性被美国此后的经济状况所证实。

投入产出法是基于数量角度对复杂经济体中不同产业部门之间的联系进行系统性研究的有效方法，对分析实际经济问题具有重要作用，包括研究某项经济政策的实施对社会经济产生的影响、进行经济预测以及研究环境、人口等专项社会问题。

投入产出分析是现代经济问题研究中使用较多的一种分析方法。它依据新古典经济学的一般均衡理论，对各种错综复杂的经济活动之间数量上的相互依赖关系进行经验分析。在研究过程中，将一定区域范围的经济活动视为一个完整的系统，力图根据观测到的经验数据描述产业经济体系的运行状况。

二、投入产出表

投入产出表反映在一定时期（通常为一年）内国民经济中各产业的投入来源及产品去向，是联合国普及推广的国民账户体系（System of National Accounts，SNA）的一种，是以矩阵形式衡量在特定时期内某经济系统不同部门间存在的产品或服务流量和交换关系的工具。主要假设条件包括：

（1）产业活动的独立性，即产业经济活动的影响仅限于投入产出联系，不会对其他产业造成外部性影响。各独立产业活动的效果总和等于其同时进行活动的总效果。

（2）产业产出的单一性，即投入产出表中任何产业的产出都是单一的，相同的产出仅来源于同一产业。

（3）规模报酬的不变性，即所有产业的投入增减与产出均呈正比例关系。

（4）技术的相对稳定性，假设技术在一定时期内保持稳定，从而表现在反映不同产业关联关系的直接消耗系数是不变的。

（5）价格体系的公正性，即价格体系客观公正地反映不同产业的供求情况，从价值维度有效反映不同产业间的投入产出关系。

1. 实物型投入产出表

1）概念

实物型投入产出表是以产品的标准单位或自然单位计量的，用于显示国民经济各部门间主要产品投入与产出关系的分析表，即这些主要产品的生产、使用情况，以及它们之间在生产消耗上的相互联系和比例关系。

2）一般形式

表 13-1 是一张简化的一般形式的实物型投入产出表。

表 13-1 实物型投入产出表

投入＼产出	单位	中间产品						最终产品	总产品
		产品 1	产品 2	⋯	产品 j	⋯	产品 n	合计		
产品 1		X_{11}	X_{12}	⋯	X_{1j}	⋯	X_{1n}	U_1	Y_1	X_1
产品 2		X_{21}	X_{22}	⋯	X_{2j}	⋯	X_{2n}	U_2	Y_2	X_2
⋮		⋮	⋮		⋮		⋮	⋮	⋮	⋮
产品 i		X_{i1}	X_{i2}	⋯	X_{ij}	⋯	X_{in}	U_i	Y_i	X_i
⋮		⋮	⋮		⋮		⋮	⋮	⋮	⋮
产品 n		X_{n1}	X_{n2}	⋯	X_{nj}	⋯	X_{nn}	U_n	Y_n	X_n
劳动力		L_1	L_2	⋯	L_j	⋯	L_n	L		L

表中的 X_{ij} 是指第 j 种产品生产时所消耗第 i 种产品的数量，或者是第 i 种产品提供给第 j 种产品生产时的数量。例如，X_{21} 不仅表示生产第 1 种产品所需的第 2 种产品的投入数量，还表示满足第 1 种产品生产所需要第 2 种产品的产出数量。表中的 Y_i 是指第 i 种产品作为最终产品使用的数量；X_i 是指第 i 种产品的生产总量；L_j 是指 j 部门生产产品的劳动力需要量；L 是指各种产品所需劳动力数量之和。

表 13-1 的横行反映了各类产品和劳动力的分配使用情况，其中包括作为中间产品的分配使用和作为最终产品的分配使用。表 13-1 的纵列反映了各类产品在生产过程中所消耗的各种产品数量和劳动力数量，反映了整个社会主要最终产品的构成和各种产品的总量。由于采用实物单位计量，纵列中各项元素不能相加，也就不能反映产品的价值运动。

3）平衡关系

实物型投入产出表中的平衡关系式主要有两个。

（1）总产品=中间产品+最终产品，公式为

$$X_i = \sum_{j=1}^{n} X_{ij} + Y_i (i=1,2,\cdots,n) \tag{13-1}$$

（2）劳动力总量=各产品生产所需劳动力数量之和，公式为

$$L = \sum_{j=1}^{n} L_j (j=1,2,\cdots,n) \tag{13-2}$$

2. 价值型投入产出表

1）概念

价值型投入产出表是用统一货币单位计量的价值形态来显示国民经济各部门间主要产品的投入与产出关系的分析表。

2）一般形式

其简化的一般形式如表 13-2 所示。

表 13-2 价值型投入产出表

供给部门 \ 需求部门	中间产品（中间需求）					最终产品 Y（最终需求）							总计: 总产值（总产出）
	部门 1	部门 2	...	部门 n	小计	固定资产更新与大修	积累 K		小计	消费 W		合计	
							生产性积累	非生产性积累		个人消费	社会消费	小计	
部门 1	X_{11}	X_{12}	...	X_{1n}	$\sum_{j=1}^{n} X_{1j}$	G_1	$K_{1(1)}$	$K_{1(2)}$	K_1	$W_{1(1)}$	$W_{1(2)}$	W_1	Y_1	X_1
部门 2	X_{21}	X_{22}	...	X_{2n}	$\sum_{j=1}^{n} X_{2j}$	G_2	$K_{2(1)}$	$K_{2(2)}$	K_2	$W_{2(1)}$	$W_{2(2)}$	W_2	Y_2	X_2
...	...	...	...	...	...	...	...	...	...	...	...	...	...	...
部门 n	X_{n1}	X_{n2}	...	X_{nn}	$\sum_{j=1}^{n} X_{nj}$	G_n	$K_{n(1)}$	$K_{n(2)}$	K_n	$W_{n(1)}$	$W_{n(2)}$	W_n	Y_n	X_n
物质消耗 小计（不包括折旧）	$\sum_{i=1}^{n} X_{i1}$	$\sum_{i=1}^{n} X_{i2}$	...	$\sum_{i=1}^{n} X_{in}$	$\sum_{i=1}^{n}\sum_{j=1}^{n} X_{ij}$	$\sum_{i=1}^{n} G_i$	$\sum_{i=1}^{n} K_{i(1)}$	$\sum_{i=1}^{n} K_{i(2)}$	$\sum_{i=1}^{n} K_i$	$\sum_{i=1}^{n} W_{i(1)}$	$\sum_{i=1}^{n} W_{i(2)}$	$\sum_{i=1}^{n} W_i$	Y	X
固定资产折旧 合计（包括折旧）	D_1 C_1	D_2 C_2	... ...	D_n C_n	D C									
新价值创造 劳动报酬 社会纯收入	V_1 M_1 N_1	V_2 M_2 N_2	... ...	V_n M_n N_n	V M N									
总计: 总产值（总投入）	X_1	X_2	...	X_n	X									

表 13-2 各元素的经济含义是：

X_{ij} 表示第 j 产业部门生产中所消耗第 i 部门产品数量的价值。

X_i 表示第 i 产业部门的年产品价值总量。

Y_i 表示第 i 产业部门所提供的年最终产品的价值。

D_j 表示第 j 产业部门全年提取的折旧基金。

C_j 表示第 j 产业部门全年生产中的价值转移总量。

N_j 表示第 j 产业部门在一年内所创造的国民收入。

V_j 表示第 j 产业部门劳动者一年内的劳动报酬。

M_j 表示第 j 产业部门劳动者在一年内创造的纯收入。

在表 13-2 中，纵列数字是各个产业的投入结构，即各产业为了进行生产，从包括本产业在内的各个产业购进了多少中间产品（原材料），以及为使用各生产要素支付了多少费用，包括工资、利息等。因此，每一纵列的总计代表了一定时期内（一年）相应产业部门的总投入。

横行数字是各行业的产出结构，包括中间产品和最终产品的产出，并反映了这些产品的销路或分配去向。每一横行的总和代表了相应产业部门的总产出。

纵列包括物质消耗的价值转移和新创造价值两部分，反映了社会总产品的价值构成；横行包括中间产品和最终产品两大部分，反映了社会产品的分配和使用流向。纵横交叉，构成了相互联系的三大部分，如图 13-1 所示。

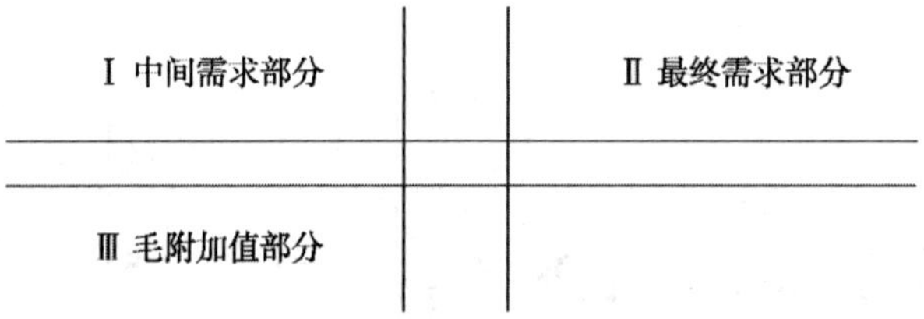

Ⅰ 中间需求部分	Ⅱ 最终需求部分
Ⅲ 毛附加值部分	

图 13-1　纵横交叉的三大部分

以上三大部分的经济含义如下。

Ⅰ 中间需求部分，或称内生部分。该部分体现了在一定时期内（如一年）经济体生产活动中不同产业间互相提供中间产品的依存关系，是投入产出表的核心部分。其中，横向的数据体现了所有产业生产中对该产业产品需求情况。如包括第 i 产业在内的所有产业生产中所需第 i 产业的中间产品的产出总量为

$$\sum_{i=1}^{n} X_{ij}(j=1,2,\cdots,n) \qquad (13-3)$$

纵向（投入）的数据表示某一产业生产中向包括本产业在内的各产业购进中间产品的状况，也就是所有产业向该产业的中间投入情况。如第 j 产业向包括本产业在内的所有产业"投入"中间产品的总量为

$$\sum_{j=1}^{n} X_{ij}(i=1,2,\cdots,n) \qquad (13-4)$$

Ⅱ最终需求部分,或称"外生部分",体现了最终产品的流向。该流向通常包括三部分:一是消费部分,由个人消费和社会消费两部分构成;二是投资部分,包括固定资产更新和新增固定资产两个方面;三是出口部分。

Ⅲ毛附加值部分,同样属于"外生部分"。由不同产业部门提留的折旧以及在一定时期内的净产值(附加价值)两部分构成。后者同时包括劳动者报酬与社会纯收入两个方面。

3)平衡关系

价值型投入产出表可以按行、按列以及在行与列之间分别建立起平衡关系。

(1)各行的平衡关系:各行的中间产品+各行的最终产品=各行的总产品,具体表达式为

$$\begin{cases} X_{11} + X_{12} + \cdots + X_{1j} + \cdots + X_{1n} + Y_1 = X_1 \\ X_{21} + X_{22} + \cdots + X_{2j} + \cdots + X_{2n} + Y_2 = X_2 \\ \quad\quad\quad\quad\quad\quad\quad\quad\quad \vdots \\ X_{n1} + X_{n2} + \cdots + X_{nj} + \cdots + X_{nn} + Y_n = X_n \end{cases}$$

即

$$\sum_{j=1}^{n} X_{ij} + Y_i = X_i \, (i = 1, 2, \cdots, n) \tag{13-5}$$

反映了各产业部门产品的流向(产出)。

(2)各列的平衡关系:各列的生产资料转移价值+各列新创造价值=各列的总产值,具体表达式为

$$\begin{cases} X_{11} + X_{21} + \cdots + X_{i1} + \cdots + X_{n1} + D_1 + N_1 = X_1 \\ X_{12} + X_{22} + \cdots + X_{i2} + \cdots + X_{n2} + D_2 + N_2 = X_2 \\ \quad\quad\quad\quad\quad\quad\quad\quad\quad \vdots \\ X_{1n} + X_{2n} + \cdots + X_{in} + \cdots + X_{nn} + D_n + N_n = X_n \end{cases}$$

即

$$\sum_{i=1}^{n} X_{ij} + D_j + N_j = X_j \, (j = 1, 2, \cdots, n) \tag{13-6}$$

体现了各产业部门价值形成的产出过程,反映了每一产业部门的产出与各产业部门为之投入的平衡关系。

(3)行与列之间还存在以下平衡关系。

第一,横行各产业部门的总产出等于相应的同名称的纵列各产业部门的总投入,具体表达式为

$$\sum_{i=1}^{n} X_{i'j} + D_{j'} + N_{j'} = \sum_{j=1}^{n} X_{i'j} + Y_{i'}, \, (当 i' = j' 时) \tag{13-7}$$

第二,最终产品总量等于国民收入总量和固定资产折旧总量之和,即最终需求部分和毛附加价值部分相等,表达式为

$$\sum_{j=1}^{n}D_j + \sum_{j=1}^{n}N_j = \sum_{j=1}^{n}Y_i \tag{13-8}$$

三、投入产出模型

1. 概念

投入产出模型是由系数、变量的函数关系所构成的数学方程组。即以投入产出表为基础，首先对各类系数进行计算，随后根据其平衡关系构建数学表达式，最终得到投入产出模型。

2. 模型系数

1）直接消耗系数

直接消耗系数又叫投入系数，其经济含义是生产单位 j 产品（生产一单位 j 部门产品）所直接耗费的 i 产品的数量。具体计算公式为

$$a_{ij} = \frac{X_{ij}}{X_j}(i,j=1,2,\cdots,n) \tag{13-9}$$

其中：a_{ij} 表示第 j 部门一个单位产品对 i 部门产品的消耗量。对应的矩阵形式可写为

$$A = Q\hat{X}^{-1}$$

式中：$A = \begin{bmatrix} a_{11} & a_{12} & \cdots & a_{1n} \\ a_{21} & a_{22} & \cdots & a_{2n} \\ \vdots & \vdots & \vdots & \vdots \\ a_{n1} & a_{n2} & \cdots & a_{nn} \end{bmatrix}$; $Q = \begin{bmatrix} X_{11} & X_{12} & \cdots & X_{1n} \\ X_{21} & X_{22} & \cdots & X_{2n} \\ \vdots & \vdots & \vdots & \vdots \\ X_{n1} & X_{n2} & \cdots & X_{nn} \end{bmatrix}$; $\hat{X}^{-1} = \begin{bmatrix} \frac{1}{X_1} & 0 & \cdots & 0 \\ 0 & \frac{1}{X_i} & \cdots & 0 \\ \vdots & \vdots & & \vdots \\ 0 & 0 & \cdots & \frac{1}{X_n} \end{bmatrix}$

就是直接消耗系数矩阵，反映了投入产出表中各产业部门间技术经济联系和产品之间的技术联系。直接消耗系数是建立模型最重要、最基本的系数。

2）直接折旧系数

直接折旧系数的经济含义是某产业部门生产单位产品所提取的直接折旧费用的数额。其计算公式为

$$a_{Dj} = \frac{D_j}{X_j}(j=1,2,\cdots,n) \tag{13-10}$$

式中：a_{Dj} 为产业部门单位产品所提取的折旧费。

3）国民收入系数

国民收入系数亦称净产值系数，表示某产业部门生产单位产品所创造的国民收入或净产值的数额。其计算公式为

$$a_{Nj} = \frac{N_j}{X_j}(j=1,2,\cdots,n) \quad (13\text{-}11)$$

式中：a_{Nj} 为第 j 产业部门生产单位产品所创造的国民收入或净产值的数量。

4）劳动报酬系数

劳动报酬系数是指某产业部门生产单位产品需支付的劳动报酬数量。其计算公式为

$$a_{Vj} = \frac{V_j}{X_j}(j=1,2,\cdots,n) \quad (13\text{-}12)$$

式中：a_{Vj} 为产业部门生产单位产品所要支付的劳动报酬量。

5）社会纯收入系数

社会纯收入系数表示某产业部门生产单位产品所能提供的社会纯收入数量。其计算公式为

$$a_{Mj} = \frac{M_j}{X_j}(j=1,2,\cdots,n) \quad (13\text{-}13)$$

式中：a_{Mj} 为第 j 产业部门生产单位产品为社会创造的纯收入量。

上述 a_{Dj}、a_{Nj}、a_{Vj} 和 a_{Mj} 四个系数可用矩阵式 $A_\delta = Q_\delta \hat{X}^{-1}$ 表示。

式中：$A_\delta = \begin{bmatrix} a_{D1} & a_{D2} & \cdots & a_{Dn} \\ a_{V1} & a_{V2} & \cdots & a_{Vn} \\ a_{M1} & a_{M1} & \cdots & a_{Mn} \\ a_{N1} & a_{N1} & \cdots & a_{Nn} \end{bmatrix}$；$Q_\delta = \begin{bmatrix} D_1 & D_2 & \cdots & D_n \\ V_1 & V_2 & \cdots & V_n \\ M_1 & M_2 & \cdots & M_n \\ N_1 & N_2 & \cdots & N_n \end{bmatrix}$；$\hat{X}^{-1}$ 与前述相同。

以上五个系数均根据价值型投入产出表计算得到。

6）直接劳动消耗系数

直接劳动消耗系数是表示某产业部门生产单位产品所需投入的劳动力数量，它是依据实物型投入产出表来计算的。其计算公式为

$$a_{Lj} = \frac{L_j}{X_j}(j=1,2,\cdots,n) \quad (13\text{-}14)$$

7）完全消耗系数

由于各产业的产品在生产过程中除了与相关产业有直接联系外，还与有关产业有间接联系，从而各产业的产品在生产中除了直接消耗外，还存在着间接消耗。完全消耗系数是直接消耗与间接消耗的综合反映，比直接消耗系数更全面、更本质地反映了部门间与部门内部的技术经济联系，在投入产出分析中具有重要的作用。具体公式为

$$b_{ij} = a_{ij} + \sum_{k=1}^{n} B_{ik} a_{kj} \cdots (i,j=1,2,\cdots,n) \quad (13\text{-}15)$$

式中：b_{ij} 为完全消耗系数，表示生产单位 j 产品所直接和间接消耗 i 产品数量之和 $(i=1,2,\cdots,n)$；a_{ij} 为直接消耗系数，其含义如前所示；$\sum_{k=1}^{n} B_{ik} a_{kj}$ 为完全消耗系数，其中 k

为中间生产部门，$\sum_{k=1}^{n} B_{ik} a_{kj}$ 表示通过 k 种中间产品而形成的生产单位 j 产品对 i 产品的全部间接消耗量。

用矩阵表示，即

$$B = (I - A)^{-1} - I \tag{13-16}$$

等式中

$$B = \begin{bmatrix} b_{11} & b_{12} & \cdots & b_{1n} \\ b_{21} & b_{22} & \cdots & b_{2n} \\ \vdots & \vdots & & \vdots \\ b_{n1} & b_{n2} & \cdots & b_{nn} \end{bmatrix}$$

$(I - A)^{-1}$ 是 $(I - A)$ 的逆矩阵；A 与上述相同。上述系数的确立，为建立一系列的投入产出模型做了准备。

3. 投入产出的两个基本模型

1）按行平衡关系式建立的投入产出模型

由直接消耗系数 $a_{ij} = \dfrac{X_{ij}}{X_j}$，得到 $X_{ij} = a_{ij} \cdot X_j$，并将其代入按行建立的平衡关系式，得到以下投入产出模型

$$\begin{cases} a_{11}X_1 + a_{12}X_2 + \cdots + a_{1n}X_n + Y_1 = X_1 \\ a_{21}X_1 + a_{22}X_2 + \cdots + a_{2n}X_n + Y_2 = X_2 \\ \quad\quad\quad\quad\quad\quad\quad \vdots \\ a_{n1}X_1 + a_{n2}X_2 + \cdots + a_{nn}X_n + Y_n = X_n \end{cases} \tag{13-17}$$

用矩阵转换，上述投入产出方程组模型可转换成

$$(I - A)X = Y$$

其变换过程如下。

用和式符号表示，上述方程组即为

$$\sum_{j=1}^{n} a_{ij} X_j + Y_i = X_i (i = 1, 2, \cdots, n) \tag{13-18}$$

由式（13-18）移项得

$$X_i - \sum_{j=1}^{n} a_{ij} X_j = Y_i (i = 1, 2, \cdots, n) \tag{13-19}$$

将式（13-19）变换成矩阵，则得

$$(I - A)X = Y \tag{13-20}$$

式（13-20）中，$(I - A) = \begin{bmatrix} 1-a_{11} & -a_{12} & \cdots & -a_{1n} \\ -a_{21} & 1-a_{22} & \cdots & -a_{21} \\ \vdots & \vdots & & \vdots \\ -a_{n1} & -a_{n2} & \cdots & 1-a_{nn} \end{bmatrix}$；$X = \begin{bmatrix} X_1 \\ X_2 \\ \vdots \\ X_n \end{bmatrix}$；$Y = \begin{bmatrix} Y_1 \\ Y_2 \\ \vdots \\ Y_n \end{bmatrix}$；

$$I = \begin{bmatrix} 1 & 0 & \cdots & 0 \\ 0 & 1 & \cdots & 0 \\ \vdots & \vdots & & 0 \\ 0 & 0 & \cdots & 1 \end{bmatrix}; \quad A \text{ 与前述相同。}$$

$(I-A)$ 称为里昂惕夫矩阵,其经济含义是:矩阵中的纵列表明每种产品的投入与产出关系;每一列都说明某产业为生产一个单位产品所要投入各相应产业的产品数量;负号表示投入,正号表示产出,对角线上各元素则是各产业的产品扣除自身消耗后的净产出。显然,上述投入产出的变换矩阵式(13-3)通过矩阵 $(I-A)$ 把 X 与 Y 的关系揭示了出来,即揭示了总产品与最终产品之间的相互关系。

2)按列平衡关系式建立的投入产出模型

同理,将 $X_{ij} = a_{ij} \cdot X_j$ 代入按列建立的平衡关系式,得到以下投入产出模型

$$\begin{cases} a_{11}X_1 + a_{12}X_2 + \cdots + a_{1n}X_n + D_1 + N_1 = X_1 \\ a_{21}X_1 + a_{22}X_2 + \cdots + a_{2n}X_n + D_2 + N_2 = X_2 \\ \vdots \\ a_{n1}X_1 + a_{n2}X_2 + \cdots + a_{nn}X_n + D_n + N_n = X_n \end{cases}$$

用矩阵可将该模型转换成

$$(I - \hat{C})X = N \tag{13-21}$$

其变换过程如下。

将直接折旧系数公式得到的 $D_j = a_{Dj}X_j$,代入上述方程组的和式符号表示的形式:$\sum_{i=1}^{n} a_{ij}X_j + D_j + N_j = X_j (j = 1, 2, \cdots, n)$,则得

$$\sum_{i=1}^{n} a_{ij}X_j + a_{Dj}X_j + N_j = X_j \quad (j = 1, 2, \cdots, n) \tag{13-22}$$

将式(13-22)整理可得

$$\left(I - \sum_{i=1}^{n} a_{ij} - a_{Dj}\right)X_j = N_j \quad (j = 1, 2, \cdots, n) \tag{13-23}$$

将式(13-23)写成矩阵形式可得

$$(I - \hat{C})X = N \tag{13-24}$$

式(13-24)中,I 为单位矩阵,X 矩阵同前。

$$\hat{C} = \begin{bmatrix} \sum_{i=1}^{n} a_{i1} + a_{D1} & 0 & \cdots & 0 \\ 0 & \sum_{i=1}^{n} a_{i2} + a_{D2} & \cdots & 0 \\ \vdots & \vdots & & \vdots \\ 0 & 0 & \cdots & \sum_{i=1}^{n} a_{in} + a_{Dn} \end{bmatrix} \tag{13-25}$$

$$N = \begin{bmatrix} N_1 \\ N_2 \\ \vdots \\ N_n \end{bmatrix}$$

$\hat{C}$ 矩阵各元素描述了转移价值系数，即直接物质消耗系数加直接折旧系数；$(I - \hat{C})$ 矩阵中的各元素则揭示了总产值与国民收入之间的函数关系。

除上述投入产出的两个最重要的基本模型外，还可以根据研究需要，建立中间产品流量模型、劳动力流量模型和国民生产总值流量模型。

第三节　产业关联分析的主要内容

以整个国民经济社会再生产的均衡关系为基础所建立的投入产出表及其模型，为一国在一定时期内的社会再生产过程和产业之间的联系提供了定量分析工具。而且，利用这一分析工具更广泛、更有意义的作用在于能为更深刻认识一个国家的经济现状、探索经济运动规律、预测经济变动结果和制定经济计划服务。

一、投入产出结构分析

社会化大生产是各产业部门相互联系、相互依存、相互作用的生产过程，任何一个产业部门的产品都不能离开其他部门产品的"投入"而独立进行；同样，任何一个产业部门的产品都不仅仅是自己消费，还以中间产品或最终产品的形式销往其他产业部门。前者属于"投入结构"问题，后者属于"分配结构"问题，不同产业的这两种结构是不同的。

1. 投入结构

投入结构是指投入产出表的纵列的费用结构。它以中间产品的投入形式反映各个产业部门之间的生产技术联系，采用"投入系数"即"直接消耗系数"进行衡量。通过投入系数，我们很容易找到当该产业的产品实现某一程度增长时，其他各产业的中间产品也应相应增长到某一程度的"量化"数据，从而为判别国民经济各产业部门结构比例的合理性提供准则。投入系数还为一国制订经济计划提供了重要的经济参数。同时，动态地看，某一产业的产品生产投入系数的变动也反映了产业间生产技术联系的变化，以及产业结构的变动。

2. 分配结构

分配结构又称销路结构，指各产业部门产品的分配去向，这是产业关联的重要方面，主要通过各产业部门产品的分配系数进行度量。分配系数表示某一产业部门的产品（销往）分配使用在各产业部门的比例，用 d_{ij} 表示，其计算公式为

$$d_{ij} = \frac{X_{ij}}{X_i} \quad (i = 1, 2, \cdots, n) \tag{13-26}$$

式中，d_{ij} 为第 i 部门的产品 X_i 分配使用在第 j 产业部门生产用途上的比重；X_{ij} 为第 j 部

门购入 i 部门的产品量。

通过分配系数 $d_{ij}(j=1,2,\cdots,n)$，可以清楚地看出 i 产业部门的产品流向及其比重，从而反映出某产业部门的发展受其他产业发展的不同影响和制约程度。

3. 产业间的比例关系结构

依据投入产出表的数据，计算以产值为根据的产业间比例关系和以净产值或最终产品为根据的产业间比例关系都是轻而易举的。不仅如此，投入产出表及其模型还为以大类产业分类的比例关系提供了良好的数量分析基础，如两大部类的比例关系、农轻重的比例关系等。这种数量分析为判别产业之间比例是否协调、合理，以及如何调整提供了重要依据。

二、供给与需求结构分析

"中间需求率"和"中间投入率"是反映各产业部门间互相联系、互相依存的两个指标。

1. 中间需求率

所谓中间需求率，即某一产业的中间需求率，是指各产业对某产业产品的中间需求之和与整个国民经济对该产业部门产品的总需求之比。其计算公式为

$$G_i = \frac{\sum_{j=1}^{n} X_{ij}}{\left(\sum_{j=1}^{n} X_{ij} + Y_i\right)} \quad (i=1,2,\cdots,n) \tag{13-27}$$

式中：G_i 为各产业部门对第 i 产业部门产品的中间需求率；$\sum_{j=1}^{n} X_{ij}$ 为各产业部门对第 i 产业部门产品的中间需求率之和；$\sum_{j=1}^{n} X_{ij} + Y_i$ 为第 i 产业部门的产品总产出；Y_i 为第 i 部门产品中的最终需求部分。

这个指标反映了各产业部门的总产品中有多少作为中间产品，即作为原材料为各产业所需求。中间需求率越高，表明该产业部门就越带有原材料产业的性质。由于一个产业的产品不是作为中间产品，就是作为最终产品，也就是说，具有"中间需求率+最终需求率=1"的关系，因而如果一个产业部门的中间需求率低，最终需求率必高，则这个产业也就带有提供最终产品的性质，换句话说，这个产业的产品更多的是提供最终需求，或居民消费，或投资消费，或出口。依据中间需求率，可以比较精确地计算出各产业部门产品用于生产资料和消费资料的比例，从而较准确地把握各产业部门在国民经济中的地位与作用。

2. 中间投入率

某产业部门的中间投入率是指该产业部门在一定时期内（通常为一年），生产过程

中的中间投入与总投入之比。其计算公式为

$$F_j = \frac{\sum_{i=1}^{n} X_{ij}}{\left(\sum_{i=1}^{n} X_{ij} + D_j + N_j\right)} \quad (j=1,2,\cdots,n) \quad （13-28）$$

式中：F_j 为第 j 产业部门的中间投入率；D_j 为第 j 产业部门的全部折旧费（一年）；N_j 为第 j 产业部门所创造的价值；X_{ij} 同前解释。

中间投入率指标反映各产业在自己的生产过程中，为生产单位产值的产品需从其他各产业购进的原料在其中所占的比重。由于某产业总投入＝该产业的中间品投入＋折旧＋净产值（附加价值）＝该产业的总产值（总产出），因此，某产业的附加价值率＝附加价值/总产值，且有"附加价值率+中间投入率＝1"这一恒等式。某产业的中间投入率越高，该产业的附加价值率就越低，高"中间投入率"产业就是低附加价值率产业部门，反之亦然。

反映产业关联程度的中间需求率、中间投入率指标，其在产业关联分析中的作用如下。

第一，可较准确地确定按不同的中间需求率和中间投入率划分不同产业群在国民经济中的地位。钱纳里、渡边等经济学家曾根据美国、意大利、日本、挪威等国的投入产出表进行计算，将具有不同的中间需求率和中间投入率的产业做了以下四类划分（表13-3）。若将矿业看成第一次产业，那么，第Ⅰ部分产业群，即中间投入率小、中间需求率大的产业群大多为第一次产业；而中间投入率大（包括中间需求率大与小在内）的第Ⅱ、第Ⅲ部分产业群大多为第二次产业；中间投入率小、中间需求率也小的第Ⅳ部分产业群则多是第三次产业。

表13-3　按中间需求率和中间投入率大小划分的不同产业群

	中间需求率小	中间需求率大
中间投入率大	Ⅲ 最终需求型产业 日用杂货、造船、皮革及皮革制品、食品加工、粮食加工、运输设备、机械、木材、木材加工、非属矿物制品、其他制造业	Ⅱ 中间产品型产业 钢铁、纸及纸制品、石油产品、有色金属冶炼、化学、煤炭加工、橡胶制品、纺织、印刷及出版
中间投入率小	Ⅳ 最终需求型基础产业 A. 渔业 B. 运输、商业、服务业	Ⅰ 中间产品型基础产业 农业、林业、煤炭、金属采矿、石油及天然气、非金属采矿、电力

这四部分产业群在国民经济运行过程中形成不同地位与作用的主体结构。即第Ⅰ、第Ⅱ、第Ⅲ部分是一国经济的物质生产部门，提供中间物质产品和最终需求物质产品；第Ⅰ、第Ⅱ部分是中间产品生产部门，它们的大部分产品是为第Ⅲ部分产业群的最终产品生产服务，且第Ⅰ部分产业群带有明显的基础产业属性；第Ⅲ部分产业群加工来自第Ⅰ、第Ⅱ部分的中间产品，然后投放到最终需求中去；第Ⅳ部分产业群除渔业外，是其他各部分产业群产品流动的中介部门。

第二，可较清楚地显示各产业间相互联系、相互依存的程度。如前所述，产业间的相互依赖关系可区分为单向联结关系和多向循环联结关系两种类型。如果用二维平面图按各产业中间投入率、中间需求率的大小，对投入产出表中的国民经济各产业部门重新排序，即用横轴从左至右按各产业的中间投入率由大至小排列，在纵轴上从上至下按各产业的中间需求率由小至大排列，则得到各产业部门联结关系的平面图，如图 13-2 所示。

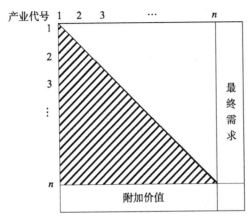

图 13-2 三角形配置投入产出图

图 13-2 表示各产业之间的联结是单向联结型的，此时投入产出表上的 X_{ij} 只出现在对角线以下三角形的阴影部分内，对角线以上不出现 X_{ij} 及不为零的数字。产业 1 的产品中间需求率等于零，中间投入率等于 1，这意味着产业 1 的产品没有任何中间需求，全部都是最终产品；同时还意味着它将从产业 $2,3,\cdots,n$ 的所有产业购进原材料。产业 2 只有产业 1 对其有中间需求，其他产业对它都没有中间需求，其产品大多为最终产品；同时产业 2 要从除产业 1 以外的其他所有产业购进原材料。以此类推，直至产业 n。产业 n 的中间需求率等于 1，中间投入率为零，表示该产业的产品全部是中间产品，同时，它无须从其他产业购进任何原材料。

从上述类推过程中，不难发现，相当多的产业部门间联结紧密，在生产过程中的相互促进、相互依存度很大；但也有一些产业在生产过程中内部关系十分密切，同其他产业的联结不多，甚至没有。这些相对独立的产业群主要有：非金属系最终产品、金属系最终产品、金属系中间产品、非金属系中间产品、服务、能源等产业部门。无疑，这种"亲疏程度"为政府制定抑制或促进某一特定产业部门发展的政策，提供了可靠的依据。

研究表明，许多国家的产业单向型联结的交易量大大超过多向循环联结的交易量。对美国、意大利、挪威、日本四国投入产出表的三角形排列结果表明，在对角线上方出现由多向循环联结而发生的交易量占全部交易量的比重很低：意大利占 4.3%，挪威占 8.8%，日本占 11.6%，美国占 12.7%。

第三，可揭示各产业部门协调发展的"有序性"。所谓产业发展的"有序性"，是指在国民经济运行中，各产业有先后的发展顺序。这种先后顺序是由产业之间关联的依存度决定的。结合表 13-3 和图 13-2，可以看到表 13-3 中第 I 部分产业群是处在三角形投入产出图 13-2 中带阴影三角形底部的产业,这些产业群对其他产业产品投入的依存度低(中间投入率小),但其他产业对它们的依存度最大(中间需求率大),它们为其他产业的发展提供原材料,是其他产业赖以生存和发展的基础,应先行发展。这就是国民经济发展中要强调农业、采掘工业、能源等基础产业先行的根本原因。同样,在表 13-3 中的第Ⅱ部分产业群,诸如钢铁、有色金属冶炼、化学、石油产品、煤炭加工、纺织等产业因其中间需求率大,对其他产业的发展也有较大的制约性,因而也应较先行地发展。

三、产业关联的广度与深度分析

各产业部门间的关联程度,可从两方面考察:一是产业间的联系广度;二是产业间的联系深度。

1. 产业关联广度分析

产业关联广度可用直接消耗系数 a_{ij} 指标考察与度量:当 $a_{ij}=0$ 时,表明 i 产业部门与 j 产业部门没有直接联系;当 $a_{ij}>0$ 时,且涉及 $j(j=1,2,\cdots,n)$ 产业部门越多,则表明第 i 产业部门与其他产业部门的联系就越广,反之亦然。需要指出的是,$a_{ij}=0$,不能断定 i 与 j 两个产业部门没有完全联系。事实上,任何两个或多个产业部门之间可以没有直接联系,但有无完全联系则要根据包括间接消耗在内的完全消耗系数 b_{ij} 是否等于零来断定。

2. 产业关联深度分析

产业关联深度要通过计算投入产出表各列中各自的流量(即产业间的直接消耗)在总的直接消耗中所占比重的大小来度量,可用下列公式计算

$$r_{ij}=\frac{X_{ij}}{\sum_{i=1}^{n}X_{ij}}(i,j=1,2,\cdots,n) \qquad (13-29)$$

式中:分母为 j 部门生产过程中对各产业部门产品总的直接消耗量;分子为 j 部门生产时对特定的 i 产业部门产品的直接消耗量;r_{ij} 则为两者之比,亦可称 j 产业部门对 i 部门的联系深度。r_{ij} 值越大,表明第 j 产业部门在生产过程中对第 i 产业部门产品的消耗量越大,进而说明第 j 产业与第 i 产业的联系深度越深,反之则联系深度越浅。通过计算所有产业的 r_{ij},便可从联系程度的深浅来反映产业间的关联程度。

此外,产业波及效果也是产业间关联程度分析的重要内容之一。对此,我们将在下一节做专门的分析。

第四节 产业波及效果分析

与上一节产业关联的方式、结构、比例的静态分析不同,本节的产业波及效果分析

是一种与产业关联的动态分析,即在特定的产业联系状态下,某些产业的发展变化如何通过这种联系影响到其他产业。

一、产业波及效果分析概述

1. 产业波及效果

产业波及是指国民经济产业体系中,当某一产业部门发生变化时,这一变化会沿着不同的产业关联方式引起与其直接相关的产业部门的变化,并且这些相关产业部门的变化又会导致其他产业部门的变化,依次传递,影响力逐渐减弱,这一过程就是波及。这种波及对国民经济产业体系的影响,就是产业波及效果。

产业波及效果分析就是分析某些产业发展变化会导致其他产业部门怎样的变化与影响,这种变化与影响主要是通过投入产出表中某些数据的变化所引起其他数据的变化来反映。

2. 产业波及源

产生产业波及效果的原因是产业波及源。在投入产出分析中,产业波及效果的波及源一般有两类:一类是最终需求发生变化。某一产业最终需求发生变化,必将导致包括本产业在内的各个产业部门各自产出水平的变化。这类波及效果反映在投入产出表中,就表现为表中第Ⅱ部分横行数据的变化及将要变化,并通过第Ⅰ部分的产业间的中间产品联系波及或将要波及各产业部门。另一类是毛附加价值(折旧费+净产值)发生变化。当某一或某些产业的毛附加价值部分的构成项目,如折旧、工资、利润等已发生或将要发生变化时,会对国民经济各产业部门的产出水平产生或将要产生或大或小、或多或少的影响。这类波及效果,在投入产出表中,表现为表中第Ⅲ部分中的某一或某些数据的变化,通过表中第Ⅰ部分产业间的中间联系而产生对国民经济各产业部门的影响。

3. 产业波及线路

某一或某些产业的变化按特定的走向波及各产业部门,这一走向就是产业波及线路。该线路可以是单向的、双向的,抑或是逆向的。由于产业波及效果总是通过已有产业间的通道即产业关联的联系状态来发生的,因而这些波及必然是依据产业间的联系方式和联系纽带所规定的线路一轮轮影响下去的。某产业变化发生的波及效果,既与该产业和其他产业的联系方式有关,又与该产业和其他产业的联系程度与广度有关。产业间的波及效果必然会在产业联系的各个纽带上反映出来。具体地说,某一产业的变化,不仅会使本产业部门生产技术、产品技术性能、成本开支、价格、就业等方面发生变化,而且会通过产业间的生产技术、价格等方面的联系纽带波及其他产业部门,从而形成了技术波及效果、价格波及效果、就业波及效果、投资波及效果等。

二、产业波及效果分析工具

对产业波及效果进行分析,主要使用三个基本工具,除了使用实物型和价值型的投入产出表这一基本工具外,还要借助以下两种基本工具。

1. 投入系数表

投入系数表是反映各个产业之间生产技术上的联系的一览表。着眼点是揭示投入产出表纵向的费用结构,即投入结构。投入结构以中间产品的投入形式来反映各产业部门之间生产技术上的联系。投入系数 a_{ij} 又称生产技术系数、物质消耗系数,其计算方法如前所述。

当所有产业部门的 a_{ij} 求出后,便得到投入系数表如下。

$$\begin{matrix} a_{11} & a_{12} & \cdots & a_{1n} \\ a_{21} & a_{22} & \cdots & a_{2n} \\ \vdots & \vdots & & \vdots \\ a_{n1} & a_{n2} & \cdots & a_{nn} \end{matrix}$$

有了投入系数表就有了进行产业波及效果分析的基本工具。例如,某一产业的最终需求要增长 30%,则这个产业部门必须增加 30%的生产量。为此,它需要增加 30%生产量的相应原材料投入量,这样向该产业提供原材料、中间产品的产业就要遵循投入系数的比例增加生产,以满足该产业部门原材料增量新投入的需要。而这些产业的生产扩大又使得向它们提供中间产品的另一部分相关产业的生产相应扩大,依次以减弱态势波及下去,直至该产业最终需求增长引起波及效果的连锁反应趋于消失。

显然,某一产业最终需求变化对各产业生产的波及与影响,是通过投入系数这一工具指示功能的指向逐层跟踪推进,并随之确定各产业产出的相应变化量,如图 13-3 所示。

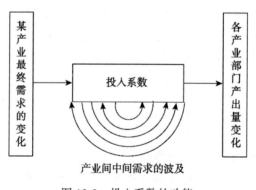

图 13-3 投入系数的功能

当然,投入系数表的指示功能并不止于此。通过投入系数表,能一目了然地得到各个产业每生产一单位的产品需要投入多少种原材料这个十分重要的经济信息。

从理论上说,这种波及效果将无限扩展和持续下去,直至趋向消失。那么有没有办法将这种由强到弱的各级波及效果的总量计算出来呢?也就是说,不论波及是单向循环还是多向循环,在已知某产业最终需求一定增长量后,能否用一种有效的工具或办法使受波及的各产业的最终产出量得以简明地显示或计算出来呢?回答是肯定的。这就是"逆阵系数表"。

2. 逆阵系数表

所谓逆阵,是指里昂惕夫矩阵$(I-A)$的逆阵$(I-A)^{-1}$。逆阵系数表就是指具体的$(I-A)^{-1}$矩阵,在这里是专门用来计算波及效果总量的系数表,即

$$(I-A)^{-1} = \begin{bmatrix} A_{11} & A_{12} & \cdots & A_{1n} \\ A_{21} & A_{22} & \cdots & A_{2n} \\ \vdots & \vdots & & \vdots \\ A_{n1} & A_{n2} & \cdots & A_{nn} \end{bmatrix}$$

逆阵系数表的系数就是$(I-A)^{-1}$中的每个元素。逆阵系数的经济含义是,当某一产业部门的生产发生了一个单位变化时,导致各产业部门由此引起的直接和间接地使产出水平发生变化的总和。

利用投入产出表、投入系数表和逆阵系数表这三个基本工具进行产业波及效果分析时应注意以下两个问题。

第一,投入系数的稳定性和有效性问题。为什么会存在投入系数有效性的问题呢?这是因为,投入产出表只是依据过去某一时期产业间生产技术联系的数据而得到的,它反映的是过去某一时期产业间的联系,故由此计算出的投入系数也就只反映过去那个时期产业间的投入状况。随着国民经济的发展、生产技术水平的提高,投入系数必然会发生变化。这种变化在短期内不大,但在较长时期里会十分明显。这样,依据过去投入系数分析将来短期的产业波及效果,并不影响分析的准确性和精度。而用于对将来长期的产业波动效果进行分析时,为保证分析的准确性,必须对现有的投入产出系数进行修正和预测,以保持其稳定性和有效性。修正时,要特别注意某些关键性产业部门的工艺技术变革,以及技术引进对有关产业部门"投入系数"的影响。

第二,波及效果的时滞现象。产业波及效果的时滞是指某产业最终需求的变动导致其他产业的变动并不立即反映在产出量的变化上。或者说,某产业最终需求变化引起其他产业产出量的变化有一个时间过程。这个时间过程的长短在不同的产业、不同的经济循环周期中的不同阶段,如繁荣时期和萧条时期有不同的表现。这种差异往往是由于"库存"的存在而发生的。

在需求增加时,多半首先反映在库存的减少上。这样,由某产业最终需求变动导致的波及效果会由于库存的存在而被中断或减弱。反过来,当库存不足以满足波及要求的需求增加,而生产又不能马上增加时,需求变动所造成的波及效果可能表现为价格的上升。显然,上述库存的缓冲作用表现在投入产出表的最终需求的库存栏里,中间需求、中间投入矩阵是无法反映这种经济变动的。因此,在进行产业波及效果分析时,要考虑时滞现象,以免得出错误的结论。

三、产业波及效果现状分析

这里的产业波及效果分析应用是指对现时的产业间波及效果进行现状分析,基本不涉及对未来情况的预测分析,其实质就是运用逆矩阵系数从投入产出表提供的数据中引申出有关系数,进而认识产业波及现状的有关规律。

1. 感应度系数与影响力系数

任何一个产业部门的生产活动通过产业间的联系方式，必然要影响或受影响于其他产业生产活动，这种相互影响就是波及。在这里，把一个产业影响其他产业的"程度"叫作该产业的影响力；把受到其他产业影响的程度叫作该产业的感应度。不同产业的感应度和影响力各异。产业的感应度和影响力的大小，分别用感应度系数和影响力系数来表示。那么，如何计算产业的感应度系数和影响力系数呢？

1）感应度系数

感应度系数的计算公式为

$$S_i = \frac{\frac{1}{n}\sum_{j=1}^{n} A_{ij}}{\frac{1}{n^2}\sum_{i=1}^{n}\sum_{j=1}^{n} A_{ij}} \quad (i, j = 1, 2, \cdots, n) \tag{13-30}$$

式中：S_i 为第 i 产业部门受其他产业部门影响的感应度系数；A_{ij} 为 $(I-A)^{-1}$ 中的第 i 行第 j 列的系数。

该公式的文字表述是

$$某产业的感应度系数 = \frac{该产业横行逆阵系数的平均值}{全部产业横行系数的平均值的平均}$$

某产业的感应度系数若大于1或小于1，表明该产业的感应度系数在全部产业中居于平均水平以上或以下。

2）影响力系数

影响力系数的计算公式为

$$T_j = \frac{\frac{1}{n}\sum_{i=1}^{n} A_{ij}}{\frac{1}{n^2}\sum_{i=1}^{n}\sum_{j=1}^{n} A_{ij}} \quad (i, j = 1, 2, \cdots, n) \tag{13-31}$$

该公式的文字表述是

$$某产业的影响力系数 = \frac{该产业纵列逆阵系数的平均值}{全部产业纵列系数的平均值的平均}$$

某产业的影响力系数大于1或小于1，表明该产业的影响力在全部产业中居于平均水平以上或以下。

总括来看，各个产业的感应度系数和影响力系数，在工业化的不同阶段以及由于不同国家在产业结构上的差别而有所区别。一般来说，在工业化过程中，不仅重化工业的感应度系数较高，而且轻工业的影响力系数也较高。当经济增长率较高时，感应度系数大的重化工业发展较快，同时影响力系数大的轻工业发展则对其他产业的发展起到推波助澜的作用。那些感应度系数和影响力系数均大于1的产业，往往是对经济发展表现最为敏感的产业。不管经济发展是上升还是下降，这些产业都会有强烈的反应。

2. 生产诱发系数与生产的最终依赖度

生产诱发系数是用于测算各产业部门的各最终需求项目（如消费、投资、出口等）对生产的诱导作用程度。通过投入产出表计算得到的相应的生产诱发系数表可以揭示和认识一国各最终需求项目对诱导各个产业部门作用的大小程度。生产的最终依赖度用来测量各产业部门的生产对最终需求项目的依赖程度大小，也就是说，最终需求对各产业生产直接或间接的影响程度就是生产的最终依赖度。

1）生产诱发系数

某产业的生产诱发系数是指该产业各种最终需求项目的生产诱发额除以相应的最终需求项目合计所得的商。用公式表示

$$W_{iL} = \frac{Z_{iL}}{Y_L} (i, L = 1, 2, \cdots, n) \tag{13-32}$$

式中：W_{iL} 为第 i 产业部门的最终需求 L 项目的生产诱发系数；Z_{iL} 为第 i 产业部门的最终需求 L 项目的生产诱发额；Y_L 为各产业对最终需求 L 项目的合计数额。

2）生产的最终依赖度

生产的最终依赖度既包括该产业生产对某最终需求项目的直接依赖，也包括间接依赖。其计算方法是，将该产业各最终需求项目的生产诱发额除以该产业各最终需求项目的生产诱发额之和所得的商，便是该产业对各最终需求项目的依赖度，即依赖系数。用公式表示

$$Q_{iL} = \frac{Z_{iL}}{\sum_{i=1}^{n} Z_{iL}} (i, L = 1, 2, \cdots, n) \tag{13-33}$$

式中：Q_{iL} 为第 i 产业部门的最终需求 L 项目的依赖度；Z_{iL} 为第 i 产业部门的最终需求项目的生产诱发额。

该公式的文字表述是

$$某部门的生产对各最终需求项目的依赖 = \frac{该产业各最终需求项目（消费、投资、出口等）的生产诱发额}{该产业各最终需求项目生产诱发额合计}$$

通过计算每一个产业的生产对各最终需求项目的依赖度，便可得到各产业的生产依赖各最终需求项目的系数表，即最终依赖度系数表。

对最终依赖度系数表进行分析、归类，一方面可以发现，有些在直接关系上同消费似乎毫无关系的产业部门，最终通过间接关系，竟有相当部分生产量是依赖于消费的，比如钢铁，约有10%的生产量是间接依赖消费的；另一方面，使各个产业的生产最终依赖消费还是投资，或是依赖出口这一问题一清二楚，据此，可将各产业部门分类为依赖消费型产业、依赖投资型产业和依赖出口型产业等。

3. 综合就业系数与综合资本系数

利用逆阵 $(I - A)^{-1}$ 除了可以计算各最终需求变化诱发的最终产出额变化外，还可以

计算出随着各产业部门生产的增长而最终需要投入的就业人数和资本量。这就需要计算综合就业系数和综合资本系数。

1）综合就业系数

某产业的综合就业系数的经济含义是，该产业为进行一个单位的生产，在本产业部门和其他产业部门直接和间接需要的就业人数。显然，不同产业的综合就业系数是不一样的。

综合就业系数的计算要借助逆阵系数表进行，其计算公式为

$$综合就业系数 = 就业系数 \times 逆阵中的相应系数$$

其中，就业系数就是每单位产值所需就业人数，即

$$某产业的就业系数 = \frac{该产业的就业人数}{该产业的总产值}$$

2）综合资本系数

某产业的综合资本系数的含义是，该产业为进行一个单位的生产，在本产业部门和其他产业部门直接和间接需要的资本。

综合资本系数的计算也要借助逆阵系数进行，其计算公式为

$$综合资本系数 = 资本系数 \times 逆阵中的相应系数$$

其中，资本系数就是每个单位产值所需资本，即

$$某产业的资本系数 = \frac{该产业的资本量}{该产业的资本值}$$

从各产业的资本系数看，一般来说，电力、运输、邮电通信、煤气供应等公共性产业和基础性产业投资的资本系数都较大；在制造业中资本系数较高的产业多半是水泥、钢铁、化工、造纸等"装置型产业"。与综合就业系数的情况类似，一般在各个产业综合资本系数同资本系数的比较中可以发现，其差距也是缩小的。

四、产业波及效果分析应用

产业波及效果分析的应用领域较广，这里主要就特定需求、特定产业波及效果的预测分析、价格波及效果的预测分析、波及效果分析在计划编制中的运用等问题做一个阐述。

1. 特定需求、特定产业波及效果的预测分析

这些最终需求和产业之所以冠以"特定"字样，是因为这类最终需求和产业的生产或扩大，同一般最终需求与产业的生产或扩大不同，其不同点在于前者产生的波及效果强烈，对其他产业的生产和发展乃至整个国民经济的发展都产生较大或重大影响。因此，要保持国民经济各产业部门按比例协调发展，必须做好特定需求和特定产业波及效果的预测分析。

1）特定需求波及效果的预测分析

这种特定需求往往是指特大型投资项目所造成的特殊需求，如高速公路、铁路、港湾、大型钢铁基地、巨型化工联合企业以及大规模住宅建设等投资项目。这些大型投资对国民经济的影响较大，而且一旦投资实施，就会增加大量需求，这些需求将直接或间接地影响到其他产业部门。如果受到较大波及的产业生产能力没有得到相应发展，那么

该大型投资需求就会导致物资供应严重短缺、价格上涨，甚至诱发和拉动通货膨胀，最终影响投资的预期效果。因此，在对大型投资项目进行可行性分析时，必须做好该项目对国民经济各产业部门的波及效果分析。

对某一大型投资项目波及效果的预测分析并不复杂，其计算方法也较简单。一般来说，其预测分析过程是：首先，将该投资项目所需的最终产品按产业分类进行分解；其次，运用前述方法，将这些需求作为各产业的最终需求 X_{iL} 的增加额，再用波及效果分析模型 $Z = (I - A)^{-1} X_{iL}$，来分别计算各产业的生产诱发额 Z_{iL}。这些生产诱发额便是该投资项目对各产业将要发生的影响，即该投资项目波及效果的预测数据。

2）特定产业波及效果的预测分析

对特定产业波及效果的预测分析，实际上是解决应选择何种产业为主导产业，应扶植、发展什么样的产业为战略产业的问题。当某一产业部门产生或准备兴办某产业的时候，需要了解该产业部门的兴起会对各产业产生什么样的波及效果，以及对整个国民经济增长产生多大影响等。这种特定产业波及效果的预测分析，不仅包括投资本身的波及效果，还包括在投资以后产生的波及效果，也就是原材料消费造成的生产波及效果。一般地说，对特定产业波及效果的预测分析分为以下两种情况。

第一，如果这个国家没有这一产业，这时需要根据这一新兴产业可能达到的生产水平，依据有关信息分解为投入各产业的产品，然后将它作为最终需求放到模型中进行计算，就可算出该产业的建立对原有各产业的波及效果。

第二，如果该国家有这类产业或国家内某一地区有这类工厂，并且投入结构也是相同的，那么有一个简便的计算方法，即先从原有投入产出表的逆阵系数表 $Z = (I - A)^{-1}$ 中求出一个次逆阵系数。计算方法是用该产业的纵列各系数除以该产业横行和纵列交叉点的系数，其各商数值就是该产业生产一个单位时对各产业产生的波及效果。这种方法可以用来测定任何产业对其他产业的波及效果系数。

2. 价格波及效果的预测分析

1）价格波及效果的含义

价格波及效果有两层含义。

第一，是指某一产业或某些产业的产品价格变动给其他产业产品价格变化带来的全部影响（包括直接影响和间接影响），这就是该产业或该产业产品价格变化的波及效果。

第二，是指某一或某些产业的工资、利润、折旧、税金等变动给各产业部门产品价格变动带来的全部影响。那么，某产业的工资、利润、折旧、税金等因素中的某一或某些因素发生变动怎样产生价格波及的效应呢？

首先，工资、利润、折旧、税金等都是构成产品价格的重要组成部分。从投入产出表的每一纵列看，某产业部门单位产品的价格由生产单位产品过程中直接消耗的中间产品价值和单位产品的毛附加价值两部分组成，后者包括单位产品中的固定资产折旧、劳动报酬和社会纯收入（即税金和产业利润）。根据投入产出表的纵向关系，可得到各产业部门产品价格的下列方程式

$$p_1 = \bar{a}_{11}p_1 + \bar{a}_{21}p_2 + \ldots + \bar{a}_{n1}p_n + D_1 + V_1 + M_1$$
$$p_2 = \bar{a}_{12}p_1 + \bar{a}_{22}p_2 + \ldots + \bar{a}_{n2}p_n + D_2 + V_2 + M_2$$
$$\vdots$$
$$p_n = \bar{a}_{1n}p_1 + \bar{a}_{2n}p_2 + \ldots + \bar{a}_{nn}p_n + D_n + V_n + M_n$$

式中：p_i 为部门单位产品的价格；$\bar{a}_{ij}$ 为实物型投入产出表的直接消耗系数；D_i 为第 i 产业部门的单位产品折旧；V_i 为第 i 产业部门的单位产品的劳动报酬；M_i 为第 i 产业部门的单位产品的纯收入。

将上述方程式写成矩阵形式为

$$p = [(I-A)^{-1}]^{\mathrm{T}} p + (D+V+M) = (\bar{A})^{\mathrm{T}} p + D + V + M \tag{13-34}$$

其中：$\boldsymbol{p} = \begin{bmatrix} p_1 \\ p_2 \\ \vdots \\ p_n \end{bmatrix}$；$\boldsymbol{D} = \begin{bmatrix} D_1 \\ D_2 \\ \vdots \\ D_n \end{bmatrix}$；$\boldsymbol{V} = \begin{bmatrix} V_1 \\ V_2 \\ \vdots \\ V_n \end{bmatrix}$；$\boldsymbol{M} = \begin{bmatrix} M_1 \\ M_2 \\ \vdots \\ M_n \end{bmatrix}$；$(\bar{\boldsymbol{A}})^{\mathrm{T}} \boldsymbol{p} = \begin{bmatrix} \bar{a}_{11} & \bar{a}_{21} & \ldots & \bar{a}_{n1} \\ \bar{a}_{12} & \bar{a}_{22} & \ldots & \bar{a}_{n2} \\ \vdots & \vdots & & \vdots \\ \bar{a}_{1n} & \bar{a}_{2n} & \ldots & \bar{a}_{nn} \end{bmatrix}$。

其次，从单位产品的价值来看，存在着各种因素的价值所占比重（即各种因素的系数）之和恒等于 1 的关系，即

$$\sum_{i=1}^{n} \bar{a}_{ij} + a_{Dj} + a_{Vj} + a_{Mj} = 1 \tag{13-35}$$

式中：$\bar{a}_{ij}$ 为实物型投入产出表的直接消耗系数；a_{Dj} 为折旧系数；a_{Vj} 为劳动报酬系数；a_{Mj} 为社会纯收入系数。

由此可见，从折旧、劳动报酬、利润、税金等因素作为单位产品价格的重要组成部分来看，任一因素的变动均会引起产品价格的变动；从系数关系看，任一因素的系数发生变化，如增加工资、劳动报酬系数增大，其他因素的系数必然相对减少，然而这些其他因素在单位产品中的绝对价值量并没有减少，这样就必然引起产品的价格上升。显然，某一或某些产业部门的这些因素的任何一项变动将直接引起该产业产品的价格变动，从而产生价格波动效应，导致各产业部门价格的相应变动。正是从这一角度出发，分析折旧、劳动报酬、利润税金等某一或某几个因素的变动对各产业部门产品价格的全面影响，是价格波动效果预测、分析的重要内容。

2）某一或某些产业部门产品价格变动对其他产业部门产品价格影响的预测分析

假设第 n 部门的产品价格要提高 ΔP_n，通过下列公式可以计算其对其他 $n-1$ 个产业部门产品价格的全面影响

$$\begin{bmatrix} \Delta P_1 \\ \Delta P_2 \\ \vdots \\ \Delta P_{n-1} \end{bmatrix} = \left(\begin{bmatrix} 1-a_{11} & -a_{12} & \ldots & -a_{1,n-1} \\ -a_{21} & 1-a_{22} & \ldots & -a_{2,n-1} \\ \vdots & \vdots & & \vdots \\ -a_{n-1,1} & -a_{n-1,2} & \ldots & 1-a_{n-1,n-1} \end{bmatrix}^{-1} \right)^{\mathrm{T}} \cdot \begin{bmatrix} a_{n1} \\ a_{n2} \\ \vdots \\ a_{n,n-1} \end{bmatrix} \cdot \Delta P_n = \begin{bmatrix} \dfrac{b_{n1}}{b_{nn}} \\ \dfrac{b_{n2}}{b_{nn}} \\ \vdots \\ \dfrac{b_{n(n-1)}}{b_{nn}} \end{bmatrix} \cdot \Delta P_n \tag{13-36}$$

式中：$\Delta P_1, \Delta P_2, \cdots, \Delta P_{n-1}$ 为由于第 n 产业部门产品价格提高 ΔP_n，而使其他 $n-1$ 个产业部门产品价格相应提高的幅度；$b_{n1}, b_{n2}, \cdots, b_{nn}$ 为 $(I-A)^{-1}$ 逆阵中第 n 行的各系数值；

$\begin{bmatrix} a_{n1} \\ a_{n2} \\ \vdots \\ a_{n,n-1} \end{bmatrix} \cdot \Delta P_n$ 为由第 n 产业部门产品价格提高 ΔP_n，对其他 $n-1$ 个产业部门价格的直接影响（因为是通过直接消耗系数计算出来的）；再乘以 $[(I-A_{n-1})^{-1}]^T$，则表示对 $n-1$ 个产业部门产品价格直接与间接的全部影响。

3. 波及效果分析在计划编制中的应用

编制国民经济中、长期计划，是对国民经济进行宏观控制和计划指导不可缺少的重要手段，无论是社会主义国家还是资本主义国家均可运用这种手段。而将波及效果分析应用于计划编制，有助于增强所编制计划的科学性和有效指导性。波及效果分析应用于计划编制的基本思路是，先预测计划目标年份的最终需求量，然后依据投入产出模型和波及原理计算这些最终产品需求量对各产业部门生产的波及以及相应产出量的影响。这种从最终产品出发编制计划的简要过程是：第一，预测计划期内国民消费总需求；第二，依据计划期生产的增长情况确定积累总额；第三，确定计划期的直接消耗系数，对短期计划可参照使用报告期的直接消耗系数，而对中长期计划，则要使用 $R \cdot A \cdot S$ 法等进行预测；第四，利用 $X = (I-A)^{-1}$ 计算计划期内各产业部门的总产出，并与各产业部门实际生产的可能进行反复平衡；第五，选择一个比较合理的计划。

1. 简述产业波及效果的时滞现象。
2. 简述实物型、价值型投入产出表及其平衡关系。
3. 什么是直接消耗系数、完全消耗系数？其经济含义分别是什么？
4. 简述中间需求率在产业关联分析中的作用。
5. 产业波及效果分析的基本工具有哪些？
6. $(I-A)^{-1}$ 的经济含义是什么？
7. 如何考察各产业部门间的关联程度？
8. 试述影响力系数的计算方法。

产业政策篇

第十四章

反垄断政策

【本章学习目标】

通过本章学习，学生能够：
1. 了解反垄断政策的发展脉络，厘清反垄断政策的理论基础；
2. 了解美国和欧盟的反垄断特征；
3. 理解不同行业反垄断监管政策的差异；
4. 熟悉我国的反垄断政策发展历程，以及反垄断政策监管的重点行业。

平台企业的反垄断

2020年12月，我国市场监管总局依法对阿里巴巴集团控股有限公司（以下简称"阿里巴巴集团"）进行了反垄断调查。调查结果显示，认定其在中国境内网络零售平台服务市场份额超过50%，长期保持较强的竞争优势，具有很强的市场控制能力、雄厚的财力和先进的技术条件，其他经营者对其在交易上高度依赖，相关市场进入难度大，具有市场支配地位。自2015年起，阿里巴巴集团滥用市场支配地位，通过多种奖惩方式来增强其市场力量，获取不正当竞争优势，如对平台商家实施"二选一"行为，通过禁止平台商家在其他竞争性平台开店和参加其他竞争性平台促销活动等方式，限定平台商家只能与阿里巴巴集团进行交易。该类行为阻碍了中国境内网络零售平台服务市场的竞争，不利于资源优化配置，遏制了平台经济创新发展，损害了平台内经营者与消费者的合法权益。

市场监管总局认定，阿里巴巴集团的行为构成《中华人民共和国反垄断法》第十七条第一款第（四）项禁止"没有正当理由，限定交易相对人只能与其进行交易"的滥用市场支配地位的行为。2021年4月，市场监管总局根据法定程序对其作出行政处罚决定，责令其停止违法行为，并按照阿里巴巴2019年中国境内销售额的4%进行罚款，共计182.28亿元。同时，依照《中华人民共和国行政处罚法》处罚与教育相结合的原则，向阿里巴巴集团发出《行政指导书》，该指导书要求阿里巴巴集团进行全面整改，包括但不限于严格落实平台企业主体责任、加强内控合规管理、维护公平竞争、保护平台内商家和消费者合法权益等方面。同时，阿里巴巴集团需要连续三年向市场监管总局提交自查合规报告。

具体分析：

早在 2017 年，京东贸易公司、京东叁佰陆拾度公司作为京东网站的所有者，就向北京市高级人民法院提起诉讼，认为自 2013 年以来，阿里巴巴集团、天猫网络有限公司等不断以各种手段包括但不限于要求在其平台上经营的众多品牌商家只能在阿里巴巴集团下属平台进行店铺开设、不得在京东商城开设店铺、不得在京东商城参加"618"、"双 11"等促销活动，请求法院认定阿里巴巴集团、天猫网络有限公司等在相关市场具有市场支配地位，构成滥用市场支配地位的行为，并赔偿因其实施滥用市场支配地位的行为给原告造成的经济损失 10 亿元人民币。而阿里巴巴集团、天猫网络有限公司等针对该诉讼提出管辖权异议，认为北京市高级人民法院没有行使管辖权的基础和法律依据，本案应当移送浙江省高级人民法院管辖。

同年，北京市高级人民法院作出（2017）京民初 152 号民事裁定书，依据《中华人民共和国民事诉讼法》第二十八条、第三十五条和相关司法解释，驳回了阿里巴巴集团、天猫网络有限公司等的管辖权异议申请。其后阿里巴巴集团、天猫网络有限公司等向最高人民法院提出上诉，但是在 2019 年 7 月 3 日最高人民法院作出终审裁定，认定北京市高级人民法院对此案有管辖权，上诉人称本案应移送浙江省高级人民法院无事实和法律依据。

市场监管总局对阿里巴巴集团作出的行政处罚决定，对于在互联网平台竞争中常见的包括"二选一"行为在内的限制经营行为的定性具有里程碑的意义。下面就来具体看一下市场监管总局在行政处罚书中的说理和阐述过程。

第一，就相关市场的界定而言。市场监管总局明确定义了本案的相关市场为中国境内网络零售平台服务市场。网络零售平台服务是指平台所有者为平台内经营者和消费者进行商品交易提供的网络经营场所，双方在平台上进行交易撮合、信息发布等服务，如商品信息展示、营销推广、搜索、订单处理、物流服务、支付结算、商品评价、售后支持等。网络零售平台服务市场属于服务于平台内经营者和消费者两个群体双边市场，具有显著的跨边网络效应，精密关联了双边用户对网络零售平台服务的需求。

第二，阿里巴巴集团实施了滥用市场支配地位的行为。自 2015 年起，阿里巴巴集团为进一步维护和增强自身市场地位，限制其他竞争对手发展，凭借其在中国境内网络零售市场份额较高的优势，限制在其平台上经营的商家不得在竞争对手平台开设店铺、不得参与竞争对手所举办的促销活动，逼迫平台商家进行"二选一"行为，限定平台内经营者只能与阿里巴巴集团进行交易。该行为违反《中华人民共和国反垄断法》的规定，构成滥用市场支配地位行为。

第三，阿里巴巴集团"二选一"行为排除、通过限制商家不得在竞争对手平台开设店铺、不得参与竞争对手所举办的促销活动，对商家进行锁定，从而减少竞争压力，维持和增强自身市场地位。该行为严重违背了平台经济开放、包容、共享的发展理念，抑制了市场竞争，阻碍了平台经营者的创新和发展活力，损害了平台内经营者和消费者合法权益，不利于平台经济长期健康发展。

资料来源：鄢楠. 平台经济模式下滥用市场支配地位的认定——阿里巴巴"二选一"案评析[J]. 产业与科技论坛，2022，21(8)：7-30。

第一节 反垄断理论基础

一、反垄断理论的发展脉络

1. 反垄断理论的提出

反垄断是指采用一些限制性行为对市场内的恶性竞争进行一定程度的约束,来维护市场经济的公平环境。事实上,现实中的反垄断政策多半是通过相应的法律条文实施的,所以反垄断法是反垄断政策的核心。

1890 年制定的《谢尔曼法》是世界上第一部反垄断法。《谢尔曼法》的出台是针对当时的私人垄断形式——托拉斯,故又名反托拉斯法。《谢尔曼法》的制定者参考了古典经济学的自由竞争价值和政治自由价值的思想,但是没有很清楚地定义政府和企业之间的关系,它不主张对经济进行全面的干预,而是主张对经济中一些不合理的贸易行为进行法律约束。

其实,《谢尔曼法》的制定正好处于第二次工业革命时期,在那个时代下,企业产量大幅度增加,工业品的价格大幅度下降,生产效率大大提高,经济形式一片繁荣。由此也可以看出《谢尔曼法》的制定并不是挽救社会经济局面,而更像是一种公众对于托拉斯和其他垄断组织的社会道德谴责与批判。于是在当时众多的支持者中,经济学家的身影却是为之甚少。斯蒂格勒认为有以下两个原因:一是企业暗地进行的联合行为并没有被足够重视;二是大部分经济学家认为管制能够行之有效地处理垄断带来的问题。

1911 年的标准石油公司案是一次典型反对大企业的行为。最高法院的陈述认为垄断是一种偏离正常经济行为的行动,且标准石油公司对竞争机制存在故意消除的迹象,其垄断的形成并不是自然原因所致,而是有意消除竞争的结果。自 1890 年《谢尔曼法》颁布以来,市场环境中的反垄断相关法律也在不断地发生着变化:一是经济不断发展所带来的垄断问题层出不穷;二是以产业组织理论为核心的反垄断经济学不断发展为反垄断理论的发展提供了有力的理论科学依据。反垄断理论在不同的学派之间的观点也有所不同。主要代表有:哈佛学派、芝加哥学派、后芝加哥学派等。其中,以哈佛大学为中心,梅森(Mason)和贝恩(J. Bain)为主要代表的哈佛学派首次系统性地展示了反垄断理论的基本思想,认为政府必须对垄断加以规制,通过调整不合理的市场结构来改善市场行为,才能够保持市场的有效竞争,实现改善市场绩效的最终目的。哈佛学派的反垄断理论主要来自对商业实践的经验性描述,在对其讨论中逐渐形成了芝加哥学派。不同于哈佛学派的结构性思想,芝加哥学派侧重于市场绩效分析,认为市场机制本身是完美的,而现实中的垄断与低效率来自政府干预和管制,并非市场失灵的结果,主张政府应当放松管制,减少对市场运行的干预。20 世纪 90 年代后,"后芝加哥学派"对原先芝加哥学派的反垄断思想发出挑战。后芝加哥学派对芝加哥学派自由主义反垄断思想的缺陷作出修正,指出现实市场中的厂商策略行为可能导致垄断,且无法通过市场机制本身加以消除,政府通过反垄断政策来规范厂商的行为十分必要。

反垄断理论的发展给后来市场环境的发展带来了巨大的效益：第一，反垄断经济学证明，竞争是管理一国经济的有效手段。第二，确立了反垄断立法的目标。反垄断的执法应该基于社会福利最大化，目的是保护自由竞争的市场环境，而不是保护在竞争中失利的企业。第三，推动了反垄断的相关立法进程并指导了执法行为。对于立法而言，如何正确地被解释和被执行是其关键所在，反垄断理论是以产业组织理论为基础发展起来的，其理论的不断完善为立法执法提供了充分的科学依据。反垄断是克服市场失灵的一种政策手段，并不是要完全取代市场机制。错误的反垄断执法会带来经济的扭曲和市场的低效率。因此在市场上实施反垄断政策时需要谨慎。

2. 反垄断的历史发展脉络

在18世纪前半期的西方世界中，资本主义正当势头，自由资本主义飞速发展。由于西方崇尚竞争，反对垄断，因此亚当·斯密的古典竞争理论十分盛行。随着工业革命的完成，基础设施不断建设，资本大规模空前累积，由此带来国内市场的不断扩大。在19世纪末到20世纪初，许多大型公司发展加快，行业内的市场集中度明显增强。在竞争的市场环境下，部分企业通过合伙、托拉斯、合并实现的经济力量不断集中，企业规模不断增大，部分行业内出现了垄断、寡头的经济结构，卡特尔较为普遍。

在《谢尔曼法》制定之前，针对公众普遍抱怨的托拉斯问题，众议院的制造业委员会曾举行过听证会，对食糖、威士忌、石油和棉花包装四个行业进行了重点考察。但与公众反映的情况不同，考察过程中并没有在四个行业中发现明显的剥削消费者的证据，反而相关产品价格还有下降。因此，委员会没有给出任何立法建议。

1882年，标准石油公司建立了美国第一个托拉斯组织，后续又有更多的托拉斯组织在不同行业内竞相出现，这威胁到众多小型企业的市场生存。垄断现象愈演愈烈，让人们意识到，毫无约束的私人利益带来的恶性竞争会导致糟糕的后果，恶性竞争带来的市场环境改变会严重影响到企业的发展。于是在20世纪80年代中期，通过对大部分的经济学家调查发现，有高达86%的学家表示支持反托拉斯法，同时他们认为反托拉斯法应该严格地去执行，来限制垄断力量的过分使用。

1914年，为了弥补《谢尔曼法》的缺漏，美国国会通过了《克莱顿法》和《联邦贸易委员会法》。其中，《克莱顿法》的核心在于明确了对价格歧视的规定，可在实质上减少竞争或形成垄断的独家交易协议，以及减少竞争或形成垄断的企业合并。《联邦贸易委员会法》的核心在于增补了对"不公平竞争方法"和"商业中不公平或欺诈性行为"的规则，以及授权成立联邦贸易委员会（FTC）专门负责调查处理"不公平竞争行为和方法"。1947年，日本颁布了《禁止私人垄断和确保公正交易法》，主要从禁止私人垄断、禁止不正当的竞争行为和禁止不公平的竞争方法三个方面对禁止垄断作出实体性规定。

在欧洲，反垄断法更多地被称为竞争法。1957年，欧洲经济共同体成立，《罗马条约》（即《欧共体条约》）正式签订。其中分别对垄断协议和滥用市场支配地位行为作出规定，并由欧洲共同体委员会下设的第四总司（竞争总司）负责实施，成为欧洲竞争法的最初蓝本。1997年，欧盟签署《阿姆斯特丹条约》，进一步对联合限制竞争行为作出细化规定。

以美国反托拉斯法和欧盟竞争法为基础,世界绝大多数国家反垄断立法均采用"反卡特尔"与"限制垄断企业的反竞争行为"两大制度为核心内容。经济学的精密体系已经证明,竞争能够为消费者提供更多价格更低、质量更好的产品,能够优化资源的配置来实现帕累托最优的目标。新竞争理论则表明,竞争能够减少信息不对称带来的激励不足问题,通过增强激励来提高企业的效率,所以维护竞争是实现经济增长的最基本机制。由于反垄断法保障的是市场经济的基本运行机制——竞争自由,所以"反垄断法"也被称作"经济宪法"。

二、反垄断的理论模型

1. 反垄断与福利损失

在既定的产业中,通常采用消费者剩余和生产者剩余来衡量社会福利。消费者剩余和生产者剩余在市场价格等于生产的边际成本时得到了最大化。在这种情况下,竞争市场上也同步实现了社会福利最大化。

然而,当市场中出现了一家垄断企业,其生产的产品没有替代品,其他企业也很难进入该行业时,该垄断企业对价格有完全的控制力。在不能实行价格歧视的情况下,垄断企业为了追求利润最大化,会提高市场价格,降低产品产量。在其他条件既定时,只有一小部分消费者可以接受以较高的价格购买此类产品,而另一部分消费者无法购买此类产品,进而导致社会总福利降低。垄断主要从三个方面影响社会福利:一是高价格低产量使得资源错配;二是部分消费者剩余转为垄断企业利润,发生收入转移;三是高价格低产量造成社会福利的净损失。

由于产出下降,原先在竞争市场中的部分资源无法得到高效利用,导致资源低效率配置。如图 14-1 所示,长方形 TSq^1q^2 表示在垄断情况下,产出下降导致资源错配的损失。

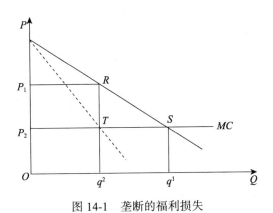

图 14-1 垄断的福利损失

在竞争市场中,$P_2 = MC$,即价格等于边际成本的情况下,三角形 PSP_2 的面积代表着消费者剩余,此时对应的产品数量是 q^1;在垄断的情况下,企业为追求利润最大化对产品进行定价,此时边际收益等于边际成本,即企业在 T 点进行生产,对应企业的产量为 q^2,消费者剩余变成了三角形 PRP_1 的面积。在消费者剩余减少的部分当中,长方

形 P_1P_2TR 的面积转变为垄断企业的利润。从中可以看出，垄断企业利润的增加是消费者剩余减少导致的，并非生产效率的提高。

垄断情况下生产者剩余的增加部分小于消费者剩余减少的部分，由此造成了社会福利的净损失。如图14-1所示，三角形 RST 的面积代表在竞争价格下消费者会购买，但当处于垄断价格的情况下，消费者会选择拒绝购买的部分。社会福利的净损失可以用三角形 RST 的面积来表示，因此该三角形也被称为"哈伯格三角形"。在这个区域内，需求曲线位于边际成本线 MC 之上，表明该产品给消费者带来的价值超过了生产的机会成本，但是企业一旦垄断定价，这部分的价值就损失掉了，并且消费者没有在企业那里得到补偿。

2. 合谋视角下垄断的社会福利分析

合谋是横向限制和纵向限制产生的先决条件。根据《布莱克法律辞典》的解释，合谋指的是"两个人及以上签订的旨在损害他人合法权利的协议"，或者是"两人及以上旨在欺诈的秘密联合、暗中通谋和协调一致的行为"。除此以外，合谋还可以分为明示型合谋和默契型合谋。明示型合谋是指明白以协议的形式来进行合谋。协议可以是合同、君子协定、口头约定，也可以是行业协会内的决议。默契型合谋则是合谋者之间并没有任何成文的契约，不存在言语上的确认，更多的是一种心照不宣的默契。史蒂文·H. 拉斯特加滕（Steven H. Lustgarten，1975）的研究表明，相较于买者，合谋的情况更容易发生在卖者之间，这是因为买者是分散在不同的市场购买产品，如若进行合谋的话组织成本太高。

合谋实际上是维持卡特尔有效性与稳定性的一种办法，两者的关系就像硬币的正反面。无论是明示型合谋还是默契型合谋，对于价格的控制都是其本质的来源。但是价格控制的稳定性通常会面临一些挑战。首先考察两个厂商生产成本的差异对达成一致价格所产生的影响。以图14-2为例，假设两个厂商的产品是同质的，且相互平分市场，每一个厂商所面临的需求曲线都是市场需求曲线（D）的一半，厂商1和厂商2的边际成本分别为 MC_1、MC_2，且 $MC_1>MC_2$。对于低成本的厂商2而言，利润最大化时的价格为 P_2，高成本的厂商1利润为最大化的价格为 P_1，很明显 $P_2<P_1$。所以，当厂商1和厂商2在协议价格的时候，低成本的厂商2就会倾向于更低的价格，高成本的厂商1就会

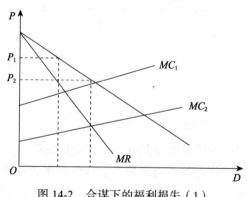

图14-2 合谋下的福利损失（1）

协定更高的价格。但是合谋的机制要求两个厂商需要达成一致的价格,否则在产品是同质的情况下,高成本的厂商将会失去所有的市场份额。因此,两个厂商之间的欺骗动机始终存在。

当不同厂家生产的产品之间存在品质差异时,在相同的价格下每个厂商将会占有不同的市场份额。假设只有产品品质存在差异而成本不存在差异,两个厂商就会面临相同的边际成本曲线 MC,假定厂商 1 的市场份额为 60%,面临的市场需求线为 D_1,边际收益为 MR_1;厂商 2 的市场份额为 40%,其面临的市场需求曲线为 D_2,边际收益为 MR_2,两个厂商仍然按照利润最大化原则确定产量和价格。从图 14-3 中可以看出,厂商 2 实现利润最大化的价格为 P_2,厂商 1 实现利润最大化的价格为 P_1,且 $P_2 < P_1$。由此可以看出,两个厂商之间的价格冲突依然存在。因此当两个厂商为了实现短期利润最大化达成价格卡特尔协议时,就会出现价格冲突,因为短期成本往往是随着产量递增的。

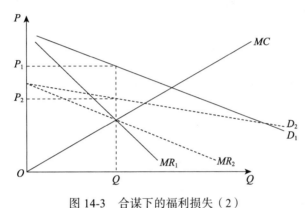

图 14-3 合谋下的福利损失(2)

3. 并购视角下垄断的社会福利分析

企业合并在经济社会中是一个较为普遍的现象。从经济学的角度来看,企业合并的方向可以划分为横向合并和纵向合并两种。企业进行合并的原始原因主要有以下两个方面。

利润追求的动机。企业的目的自始至终都是追求利润的最大化,企业进行合并不仅可以提高企业的市场竞争优势,还可以扩大生产规模,产生规模经济现象。因此企业总是想方设法地利用合并的途径来获得更大的利润。

竞争压力的推动。企业进行合并可能是因为市场上已有的竞争压力。作为企业只有不断扩大市场份额,不断降低产品的边际成本,才可以在市场中生存下去。根据《竞争战略》一书中的定义,可以将竞争的优势分为以下三部分,即成本领先优势、产品差别化优势、集中于细分市场的优势。企业进行合并能够实现竞争优势在企业间的双向转移,并且产生新的竞争优势。因此市场竞争压力会推动企业合并的实践。

1)横向合并

企业的横向合并能够产生两种反竞争效应:合谋促进效应和单边限制竞争效应。合谋促进效应理论认为,企业之间的横向并购会促进企业之间的合谋。根据合谋理论,横向合并能够减少竞争者的数量,提高产生市场支配力的可能性,增强市场的集中度;单边限制竞争效应认为,企业并购会使并购企业单方面增强市场势力和提高价格。根据古诺模型可以看出,市场中企业数量与产品价格负相关,与产品产量正相关。合并能够使得企业生产设备一体化,也会存在减少成本社会收益的可能。

下面就用威廉姆森的福利权衡模型分析横向合并的福利问题。

在图 14-4 中,水平线 AC_0,代表企业合并以前的平均成本水平,AC_1 代表企业合并以后的平均成本水平,并且假定在合并以前市场处于完全竞争状态,因此市场价格 $P = AC_0$。由于这是企业之间的横向合并,因此会出现生产成本的降低或者是企业效率的提高。合并后企业的平均成本由 AC_0 下降到 AC_1,且合并导致企业的市场势力增强,价格由 P 上升到 P_1。这里存在消费者剩余的损失,其大小为阴影部分 S_1 的三角形面积。由规模经济带来的成本减少则为长方形阴影部分 S_2 的面积,如果阴影长方形 S_2 的面积大于阴影三角形 S_1 的面积,即成本节约的部分超过了消费者剩余的损失,此时,横向合并对于社会福利的提升具有积极影响。

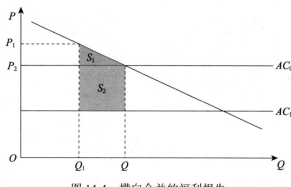

图 14-4 横向合并的福利损失

2)纵向合并

(1)纵向合并的原因。企业通过纵向合并能够有效解决由于专业化所致的各生产流程分离的问题,合并可将不同的环节纳入同一个体系之中,从而减少生产环节中的流程间隔,有效降低生产的成本,因此纵向合并也可认为是企业的一体化。当企业实行一体化以后,生产相同数量的最终产品会需要更少的中间投入。施蒂格勒(Stigler,1951)认为,一体化程度存在生命周期。在新产品或服务生产与分配的早期阶段,上游市场和下游市场都没有很强的竞争性,产业可能依赖纵向一体化。当产业成熟时,许多企业可能进入了不同的阶段,从而创造了竞争性供给,并且在管理上所花费的成本费用可能会超过纵向一体化的收益,企业会慢慢转向纵向分离。

(2)双边垄断的原因。在纵向的市场结构下,上游企业和下游企业在进行决策时,只会考虑到各自利润最大化的决策,而不是纵向结果下的利润最大化,各自企业就会在自己的边际成本基础上进行加价,这样的局面会导致上下游的"双重加成"问题,致使高价格、低效率的问题出现,使得纵向企业的总利润要明显低于纵向一体化企业的总利润。在进行纵向合并中,消除了上下游企业定价时的纵向外部性,规避双重加成现象的出现,从而降低了产品的价格,提高了纵向结构的总利润。尽管纵向合并使企业实现了垄断利润,但没有恶化消费者的情况,反而能够使得消费者的福利增加。

(3)应对不完全信息的风险。市场环境中企业之间的信息往往是不对称的。例如,上游企业不了解下游企业的需求状况和成本信息,中间产品的定价上就会存在盲目性。在纵向结构下,由于信息的不对称性,不能实现最优结果,企业就会有纵向一体化的动机。阿罗(Arrow,1975)认为,上游企业的供给如果是随机的,当下游企业对上游企业的信息不能完全掌握时,纵向一体化的企业合并就可能使企业获得有价值的私人信息,从而更好地对中间产品进行定价,作出有用的投资决策。克罗克(Crocker,1983)指出,在未实现纵向一体化的情况下,由于生产企业不能有效地观察最终产品的市场价格和产量变化,其利润一定会受到下游零售企业提供信息的影响。为了激励下游企业如实地提供信息,生产企业多半会提供一部分准租,准租会带来低效率,而前向一体化能够消除这种低效率。

现代企业理论从交易费用理论的角度出发,对企业进行纵向合并的动机进行了更好的解释。交易成本进行更进一步的说明就是利用市场的成本。根据科斯的理论,企业可以视作市场机制的替代物,二者是资源配置的两种可以互相替代的产物。企业的产生意味着运用了组织内部的行政管理手段,相较于市场机制下交易的费用更低。通过纵向合并,将原先市场的买者与卖者变为企业内部的行政组织关系,从而降低成本费用。如果企业支出的行政管理费用小于交易费用的降低金额,则对于企业来说是有利可图的。格罗斯曼和哈特(Grossman & Hart,1986)认为,合约的不完备性对交易费用起决定作用。由于现实经济运行中,合约大多是不完备的,所以就会存在机会主义的投机行为,纵向合并能够减少由于资产专用性而带来的机会主义行为。

4. 纵向合并交易的福利分析

按照哈佛学派的观点来考虑,市场结构决定市场行为,从而决定市场绩效。当将市场划分为上、中、下游等不同的阶段时,纵向合并所带来的效应也是不同的。当上下游企业处在一个完全竞争的环境中,纵向合并不能够给企业带来任何多余的福利。

假设上游企业生产商品 A,下游企业生产最终的商品 B,都处在各自的完全竞争的市场环境中。假设两个企业生产的边际成本为 MC 与 MC',且都是常数;生产一单位 B 产品需要一单位 A 产品,边际转换成本为 MC_T,因此对于 B 产品的成本来说,$MC' = MC + MC_T$。根据完全竞争市场的规则,最终 B 产品将按照边际成本来定价。

第二节 美国和欧盟的反垄断体系

一、美国的反垄断体系特征

美国是反垄断法律的发源地,在长时间的不断演变与改进过程中,已经形成了一套有效的反垄断法律体系制度和相应的执法原则。由于美国在反垄断法律体系中的地位,其反托拉斯法具有强大的国际影响力,大部分国家的反垄断立法基本规则大多与美国的反托拉斯法具有一定的联系。

美国的反托拉斯法主要是来自普通法对限制贸易自由的规定。总体上来说,三部分内容构成了美国的反托拉斯法体系:其一是以《谢尔曼法》《克莱顿法》《联邦贸易委员会法》，以及在此基础上衍生的相关法律条文所代表的成文法；其二是在过往大量案件的审理过程中法院所形成的大量判例，并依此所确定的法律原则；其三是由司法部、联邦贸易委员会联合或各自发布的各种不具有约束力的司法指南。

1. 成文法

1890年通过的《谢尔曼法》以法律条款的形式明确表明了美国政府对垄断行为的态度，确定了罚款、监禁等救济措施以及法院的执法程序。1914年美国颁布了《克莱顿法》和《联邦贸易委员会法》，这两部法律都是对《谢尔曼法》的修改，增加了一些反垄断、反限制竞争与不正当竞争的规定，使得《谢尔曼法》的制定原则更加允分。其中，《克莱顿法》是针对价格歧视、搭售、排他性交易、公司合并等违法行为进行了限制规定，《联邦贸易委员会法》主要是调整不正当的竞争行为。这三部法律的出台，构成了美国反垄断法的基本框架。

2. 司法判例

美国判例法所形成的各种判例是美国反托拉斯法的重要来源之一。反垄断法的许多原则都是依赖于法院的司法解释和法官的裁判，联邦司法系统授予联邦法官很大的自由裁量权。判例在审批过程中往往会依据成文法中成文的原则来进行审批，同时，判例又会对成文法规定的内容进行补充和丰富，判例会大大降低法律的不确定性，从而降低执法的成本。反垄断的成文法与司法判例的结合较好地解决了任何一种法律制度所必须具有的三个目标：一致性、稳定性、灵活性。

3. 法律指南

《谢尔曼法》《克莱顿法》及《联邦贸易委员会法》基本上都是制定一些概括性和原则性的规定，对于实体性的规定往往不是很具体，因此也给执法造成了一定的挑战。为解决这个问题，美国司法部和联邦贸易委员会基于美国经济和反垄断经济学的发展，在不同的时期颁布了大量的不具有约束力的反垄断行为指南来指导企业的经营行为。反垄断的行为指南对反垄断法案的审议和裁决以及指导企业的行为都发挥了重要的作用。

二、欧盟的反垄断体系特征

欧盟竞争政策的基本目标是维护共同体市场竞争和欧盟市场的统一。第一，为了使欧盟在市场上具有强大的竞争力，需要有一个具有竞争性的内部环境。因此，委员会的竞争政策一直在采取强有力的措施来打击价格固定和划分市场的卡特尔，同时也禁止不合理的政府赋予的垄断权。第二，共同市场的核心是扫除成员国之间存在的商业贸易障碍，实现商品的流通、人员流动、资本流动的自由。欧盟委员会认为，一个内部市场是发展高效率和高竞争力产业的重要条件，强调用竞争政策作为促进内部统一市场实现的手段。

作为一个大型的国际组织，其竞争法的体系比较复杂，体现出明显的跨国性和国家之间的协调性。各成员国共同完成欧盟竞争法的主体，成员国之间的竞争法在法律效力上低于欧盟制定的竞争方面的条约、规则等。从法律形式上来看，欧盟的竞争法体系包括了成文法和不成文法两部分，成文法包括了欧盟条约、欧盟制定的规则、指令、决定以及成员国制定的法律等；而不成文法则主要由法院的判例构成。

第一层次是《欧盟条约》中关于竞争的基本规则及有关规定。该条约在欧盟各成员国之间具有最高的法律效力，对成员国政府、企业、个人具有普遍的约束力。

欧洲理事会是欧盟的主要决策机关之一，它与欧洲的议会共同行使立法机关的职能。在竞争法方面，欧洲理事会制定了第二层次的竞争规则。这些规则的实施细则可以分为两类：一是适用于欧盟所有的成员国及所有行业的一般性规则；二是适用于特定行业或行为的规则。

欧盟委员会是欧盟的竞争政策执行机构，其主要职责有两点：首先是制定实施规则，欧盟委员会首先根据欧盟条约和欧洲理事会的规则，制定更加具体的实施规则，以指导企业和市场参与者遵守竞争法规；其次是限制竞争行为的执法活动，对企业和公民的限制竞争行为进行直接的执法活动，包括进行反垄断调查、监督市场行为，作出有关的决定或命令，确保市场的公平竞争和有效运行。

三、美国和欧盟反垄断体系的区别

20世纪90年代，后芝加哥学派主张以必要的干预政策对垄断行为进行监管，开启了对互联网平台市场进行监管的风潮。2018年，美国联邦贸易委员会重点收集了消费者对"互联网平台市场中的串谋、排他性或掠夺性行为"的意见，进一步加强了监管力度，在强化监管过程中美国监管部门坚持了两个基本原则：一是支持竞争性创新。垄断对创新的影响具有两面性，竞争性企业可以通过创新获得垄断地位，垄断者也可以利用垄断行为遏制市场创新。对于垄断者通过垄断行为抑制竞争对手或上下游企业创新的行为，美国执法机构多次提出警告或判罚。在1998年对英特尔反垄断诉讼中，联邦贸易委员会认定的垄断行为包括英特尔公司利用不平等协议抑制了OEM市场的竞争与创新。二是重视消除市场的进入壁垒。高市场进入壁垒是垄断存在的基础，也是美国法院或联邦贸易委员会在分析垄断结构时的重点参考依据。联邦贸易委员会认为，谷歌通过巨大的广告利润补贴其搜索引擎市场，使得一般新进入企业难以与其竞争，形成了巨大的市场进入壁垒。

欧盟的监管更强调两点：一是对个人信息数据的保护。《通用数据保护条例》对"个人数据"的内容和流通规则进行详细定义，明确了数据主体的权利和义务，充分表达了保护个人数据的原则和立场，率先建立了个人数据保护的国际标准，并成为欧盟输出数据监管理念的有效工具。欧盟《数字服务法》旨在建立一个适应数字时代的法律框架，以保护用户权益、促进数字经济发展、维护公共利益和社会秩序。二是保护市场有效竞争。《欧盟运行条约》致力于维护联盟内部市场一体化，促进欧盟市场内的资源要素自由流动。《数字市场法》的主要目的是促进数字市场的发展和创新，为数字经济提供一个健康、公平、透明和创新的环境，同时保护消费者的权益和维护市场竞争的秩序。

第三节 美国和欧盟反垄断监管行业分析

一、传统行业反垄断监管政策

行政监管与反垄断规制在一定程度上都是政府对经济活动进行干预的手段,目的都是维护公共利益和保障市场秩序。然而,它们在具体实施和重点方面存在着明显差异。行政监管涵盖了广泛的经济领域,旨在监督、管理和指导各行各业的活动,以确保其合法、公平、有序进行;而反垄断规制则针对市场中的垄断行为,通过制定法律和政策,以防止和打击市场垄断者的行为,以保护竞争和消费者权益。因此,虽然二者都旨在维护公共利益,但其重点和实施方式存在明显区别。

以美国相关法律为例,《运输法》《谢尔曼法》《克莱顿法》《联邦贸易委员会法》在维护公共利益和保障市场秩序中扮演了重要的经济法律角色。1887年颁布的《运输法》是美国历史上首部旨在监管经济活动的法律,其主要焦点集中于铁路运输领域。该法的目的在于确保公平运输条件,防止铁路企业实施歧视性定价和不合理的运费,从而维护市场秩序。接着,1890年颁布的《谢尔曼法》则成为美国反垄断法的开创性立法。该法的宗旨是防止、限制和打击垄断行为,保护自由市场竞争和消费者权益,确立了反垄断立法的重要基石。如著名的北方证券案(Northern Securities),案件涉及由铁路大亨詹姆斯·希尔和财团家约翰·皮尔庞特·摩根等人组建的铁路公司。他们试图通过控制多个铁路公司来垄断铁路运输市场。然而,美国政府认为这违反了《谢尔曼法》的反垄断规定,于是对其提起了反垄断诉讼。最终,美国最高法院在1904年的裁决中裁定,北方证券公司违反了《谢尔曼法》,被判定解散。这个案例成为美国历史上一起重要的反垄断诉讼,也彰显了《谢尔曼法》在打击垄断行为方面的重要作用。这一裁决为后续的反垄断执法奠定了重要的法律基础,也表明美国政府对于保护市场竞争的决心。

随后,1914年颁布的《克莱顿法》进一步完善了对《谢尔曼法》的补充和修正,旨在强化反垄断法律的效力。该法明确了许多被认为是反竞争的行为,如垄断价格歧视和独家交易等。同时,同年颁布的《联邦贸易委员会法》设立了联邦贸易委员会,该机构负责监管市场竞争,保护消费者免受不公平或欺诈性商业行为的影响。这四部法规共同构成了美国反垄断法律体系的重要组成部分,旨在维护公平市场竞争,保护消费者利益,促进经济健康发展。它们的历史和作用深刻地影响了美国经济和商业环境的演变,成为维护公平竞争和保障市场秩序的法律保障体系。

行政监管在一些情况下可能会出现低效率与消费者福利不足的情况,这部分原因包括信息不对称、监管机构受利益集团影响、监管成本和效率损失等。此外,过度的监管也可能限制了企业的创新活力,导致市场竞争受限。因此,反垄断法对行政监管的取代具有历史必然性。反垄断法在保护市场竞争、防止垄断行为和保障公平交易等方面发挥着重要作用,逐渐取代了部分行政监管,为经济活动提供了明确的法律规则和保障。这也有助于确保市场在公平、透明、稳定的基础上运行,从而促进了经济的健康发展。正如俘获理论所强调的那样,监管机构需要保证独立性和透明度,以防止监管机构受到被监管行业的控制和影响,从而保障公共利益和市场竞争。这也提醒了政策制定者和监管机构需要采取相应措施,以避免俘获现象的发生。

中国在反垄断和市场开放方面取得了一些显著成就,但仍与发达国家的反垄断效果存一定的差距。首先,尽管在一些关键行业中实施了市场开放政策,但在某些情况下,市场竞争的程度仍未达到预期水平。一些行业可能仍然存在垄断企业或寡头垄断的情况,这可能导致价格不合理,或者服务质量不稳定,从而影响消费者的利益。其次,监管和执法方面还存在一些不足。监管机构可能面临着信息不对称、资源不足等问题,导致执法效果不如预期。最后,政府在引入市场竞争的过程中,需要平衡公共利益和商业利益。有时候,市场开放可能会带来一些不良影响,比如价格下降导致企业投入减少,从而影响服务质量。因此,政策制定者需要仔细权衡各方利益,确保政策的实施不会对公共利益造成不利影响。

二、数字经济行业反垄断监管政策

长期以来,欧盟在数字领域的反垄断规制趋向于强化监管,注重强调确保中小企业及市场竞争者的利益。而美国整体上偏向于审慎、包容,高度重视保护创新和消费者利益。对于美国来讲,数字经济规模庞大,对国民经济举足轻重;相比之下,欧盟对数字经济的倚重程度相对较低,并且在欧洲开展业务的大型平台公司几乎都不是欧洲本地的,因此对平台进行严监管的成本就非常低。

结合中国的实际情况,我国的平台经济跟欧、美有较大不同。不同于欧洲,我国的大型科技公司多为本土公司,因此欧洲式的宽范围严监管并不十分适用。和美国相比,我国平台企业趋向于采取多元化策略,追求范围经济,因涉及行业和领域众多,在监管层面识别平台垄断有较大困难。我国头部平台企业利用基础服务能力形成的流量优势、数据集中优势等,通过运用杠杆,不断进入新的领域,希望打造全生态的闭环体系,推动其垄断地位延伸到其他领域,从而在多个新领域形成垄断。在此过程中为了版图的扩张,往往会收购或并购一些其他初创企业,不断扼杀初创企业今后的发展机会,进而巩固自身的平台优势,有学者将之称为"扼杀式并购"(Killer acquisition),认为这种并购行为对市场创新和竞争具有一定的破坏性影响,应引起重视。

2021年11月,中国第十三届全国人大常委会第三十一次会议审议了《中华人民共和国反垄断法(修正草案)》。随后,在第十三届全国人大常委会第三十五次会议上,表决通过关于修改反垄断法的决定,并决定自2022年8月起施行。修订后的《反垄断法》列入了互联网新业态并大幅提升处罚标准,首度将滥用数据和算法排除、限制竞争的行为纳入禁止实施的行为范畴,将"具有市场支配地位的经营者利用数据和算法、技术及平台规则等设置障碍,对其他经营者进行不合理限制的",纳入"滥用市场支配地位的行为"的范畴中。

但是对于规制对象中,我国关于互联网经营者市场支配地位的认定尚缺乏明确的认定标准;在数据使用和排除、限制竞争中,跟欧盟的要求数据共享和美国的要求取消"自我优待"相比,我国的规制则显得颇为温和;在处罚标准上,跟欧盟相比也有较大的差距。相较于欧盟和美国这些反垄断执法相对更成熟的司法辖区,我国在平台经济反垄断执法领域尚处于探索阶段。

1. 欧盟《数字市场法案》

2021年12月,欧洲议会审议通过《数字市场法案》(Digital Markets Act)草案,其监管对象是被定义为"守门人"的互联网企业。此类企业需同时满足以下三个要求:第一,至少在三个欧盟国家提供核心平台服务;第二,每月至少有4500万名终端用户以及超过1万家商家用户;第三,在欧洲经济区(EEA)的年营业额达到80亿欧元,市值达到800亿欧元。这些企业主要提供中介服务、社交网络、搜索引擎、操作系统、在线广告、云计算、视频共享等"核心平台"领域服务,也是最容易出现不公平市场竞争行为的领域。本次草案文件着重对可能会形成行业垄断的收购交易进行了规定。在系统性违规的情况下,欧盟委员会可以限制"守门人"企业在与《法案》有关领域进行收购,以补救或防止对内部市场竞争秩序的进一步损害。"守门人"也有义务将任何打算收购的情况通知委员会。如果"守门人"平台不遵守规则,欧盟委员会可以对其上一财年全球总营业额处以"不低于4%且不超过20%"的罚款。同欧盟2020年提出的草案相比,本次修改体现了两个非常重要的方向,即监管对象的精准化和监管手段的严格化。

《数字市场法案》的出台意味着欧盟将对数字市场进行大规模立法改革,并持续性增强数字监管力度,旨在有效约束亚马逊、谷歌、脸书和苹果等在欧盟运营的大型在线平台,进而有效推动在线平台公平竞争。这一法案目前已经得到实践应用,如2022年1月至3月期间,由于苹果公司未满足荷兰消费者和市场管理局(ACM)针对其开放第三方支付系统的相关要求,ACM对其共处以十次罚款,总数额累计已达到5000万欧元。此外,欧盟委员会已经向苹果公司发出书面说明,阐述了苹果公司通过Apple Pay滥用以稳定其在移动支付领域主导地位的详细过程,并对苹果公司展开反垄断调查以评估其是否违反了欧盟竞争规则。

2. 美国反垄断监管

2021年7月,美国总统拜登签发了《关于促进美国经济竞争的行政令》,该行政令罗列了72项举措,以解决美国经济中最紧迫的竞争问题,其中包括指示司法部和联邦贸易委员会更严格审视涉及科技巨头的并购案。行政令也要求FTC就科技企业的数据监督和积累制定条规,以确保小型企业能更好地与大企业竞争。

当前,互联网平台垄断已成为主要国家政策和法律规制的焦点。《终止平台垄断法案》等五项互联网平台反垄断相关法案于2021年6月在美国众议院表决通过,表明了美国政府对于维护公平竞争和保护消费者权益的决心。这也将对互联网平台行业的发展和市场格局产生深远的影响,并推动美国成为全球数字经济领域规则制定的领导者。

其中,《终止平台垄断法案》旨在终止互联网平台的垄断地位,鼓励市场多元化;《美国选择与创新在线法案》旨在保护用户数据隐私和网络中立性;《2021平台竞争和机会法案》旨在促进数字经济发展和创新;《2021通过启用服务切换法案》旨在降低用户切换互联网服务提供商的障碍,增强市场竞争。

五项互联网平台反垄断相关法案的出台指向数字市场中的支配性平台，进而对这类主体实行更为严格的约束，以期改造数字市场中反垄断规制格局。其中，《终止平台垄断法案》除了禁止亚马逊、苹果、谷歌等平台运营商偏袒自己的产品和服务之外，甚至可以通过强制手段迫使行业巨头消除或出售某些部门进而阻止它们的垄断；一旦违反该法案，这些公司还将面临年收入15%的罚款。如法案要求亚马逊以拆分、出售或剥离等方式分离品牌业务，使亚马逊无法提供其他公司产品，第三方品牌商品将不必与亚马逊自有品牌竞争。

三、传统行业和数字经济行业反垄断监管政策差异化分析

数字经济与传统经济相比具有明显的垄断趋势。如搜索引擎、社交媒体、电商平台等大型互联网平台在现代社会中扮演着至关重要的角色。它们成为用户获取信息、进行交易和社交互动的主要场所，具有了类似"基础设施"的功能。同时，在互联网平台中，一些公司可能需要依赖其他平台提供的接口、服务或者数据来实现自己的业务目标，因此可以将这些接口、服务等看作一种"必需设施"。由于数字企业是通过市场竞争产生的垄断地位，因此政府不应当将其作为公共事业，采用市场之外的方式对其进行"公有化"监管。

数据互操作在数字经济中至关重要。数字经济中的数据互操作指的是不同数字系统、应用程序或平台之间能够有效地共享、交换和处理数据的能力。它涉及不同数据源、系统或软件之间的互相理解和交流，使它们能够协同工作，从而实现更高效、更智能的数字经济运作。在数据互操作过程中，需要考虑到数据的权限控制和安全保护，以确保数据的隐私和安全不受到侵犯，否则会出现竞争损害，这与传统行业的服务存在较大的不同。

第四节　我国反垄断政策规制

一、我国反垄断政策发展历程

一般来说，竞争政策被认为是基本的经济政策，核心是保护和促进市场竞争，通过维护公平竞争环境、防止垄断和滥用市场支配地位等手段，推动经济健康、有序和可持续发展。这使得竞争政策成为维护市场经济秩序的重要组成部分，也是保障消费者权益和推动经济创新的关键措施。在我国从计划经济向市场经济转型期间，垄断形式主要分为行政性垄断和经济性垄断。行政性垄断是指政府通过行政权力的滥用或者不当行使，对市场的进入、退出、价格、生产能力等方面进行干预和控制，从而妨碍、限制或者扭曲了市场竞争的正常进行，导致市场资源分配的不合理情况，行政性的垄断行为实质上是政府的反竞争行为；经济性垄断是市场主体自身经过市场的搏杀而获得经济势力，进而形成垄断控制。因此，不少国内的经济学者认为，打破行政性垄断是建设中国特色社会主义的市场经济体系的必要措施，应当尽快实现政府职能的转变，避免行政垄断现象

发生。制定反垄断法虽然能够说明政府对竞争政策的重视，但是从实施的角度来看，规制经济性垄断行为是其面临的主要任务，是政府面对市场竞争失灵的适当干预政策。当时，有不少学者从行为主义学派的观点出发，认为可以将行政性垄断和经济性垄断进行合并立法，可参考匈牙利、乌克兰等转轨国家的做法。

但是从现实来讲，竞争政策在我国过去很长一段时间内不受重视，尤其是产业政策。1994 年，商务部开始负责起草和调研《反垄断法》立法工作，于 1998 年前后形成了完整的《反垄断法》草案，经讨论修改后于 2006 年提交全国人大审议。2008 年，我国实施了《中华人民共和国反垄断法》用来维护市场正常秩序，促进市场的公平竞争，但实际上竞争政策仍然没有得到应有的地位。为了更好地推进司法竞争，我国于 2012 年出台《关于审理垄断民事纠纷案件适用法律若干问题的规定》，在一定程度上细化了竞争规则并推动反垄断施行。

2013 年 11 月，《中共中央关于全面深化改革若干重大问题的决定》在党的十八届三中全会予以通过，明确了全面深化改革的总体目标、基本原则和重要举措，为推动我国各领域改革提供了指导方针，对于推动经济社会发展、提升治理效能具有重要意义。2014 年 10 月，《中共中央关于全面推进依法治国若干重大问题的决定》在党的十八届四中全会予以通过，强调依法治国的战略地位，明确了全面推进依法治国的总体目标、基本原则和重点任务，为建设法治国家、提升国家治理现代化水平提供了全面指导。

随着我国改革的不断推进，党中央发现公平市场环境的塑造对于市场经济体系发展的重要性，并于 2015 年 3 月下发了《中共中央国务院关于深化体制机制改革加快实施创新驱动发展战略的若干意见》。2015 年 5 月，国务院批转国家发改委《关于 2015 年深化经济体制改革重点工作的意见》，该意见为了保障市场竞争的公平、有序进行，避免政府干预导致产业扭曲和市场垄断的情况发生，着重强调产业政策的公平性、竞争性审查机制。2015 年 6 月，国务院印发《关于大力推进大众创业万众创新若干政策措施的意见》，要求创业者和创新者提供公平的市场环境，制定公平竞争审查制度，旨在保障市场竞争的公平性，避免不正当的竞争行为和政府干预。2015 年 10 月，国务院发布《关于推进价格机制改革的若干意见》，旨在通过建立协调机制，平衡竞争政策与产业、投资等政策的关系，保障公平竞争，提升价格的市场化程度，为经济发展提供更加健康和有序的市场环境。

2016 年 6 月，国务院发布《关于在市场体系建设中建立公平竞争审查制度的意见》，旨在建立健全公平竞争审查机制，保障市场竞争秩序的公正、公平、公开，防止市场主体在竞争过程中出现不正当行为，促进市场资源的有效配置和经济发展的健康持续。该意见强调通过公平竞争审查，规范市场行为，防止市场垄断，提升市场竞争力，为创新创业提供公正的市场环境，有力促进了我国市场经济体制的健康发展。2017 年 1 月，国务院印发《"十三五"市场监管规划》，进一步强调了保障市场公平竞争、促进资源优化配置的重要性，竞争政策将成为市场监管的重要基石；2019 年 10 月，国务院公布《优化营商环境条例》，强调了加强市场竞争机制建设，促进公平竞争，防止垄断和不正当竞争行为。条例明确了依法保护市场主体的合法权益，建立健全市场主体退出机制，并加强对市场行为的监督和处罚，保障了市场经济秩序的健康运行，为企业创新发展提供了公正、公平的营商环境。

二、我国反垄断政策监管的重点行业

"十三五"以来我国垄断问题突出的一共有九大行业,包括互联网、公用事业、医药、半导体、汽车、建筑材料、交通运输、石油化工和钢铁领域。

1. 互联网

"十三五"以来,中国的网络技术不断发展,互联网经济蓬勃发展,但同时网络领域的竞争风险也在不断增大。目前,互联网行业形成了市场集中度较高的竞争局面,经营者纷纷通过投资、收购等方式来扩建市场份额。同时,互联网的竞争从"增量竞争"到存量竞争转变,开始对消费者实行"二选一"的模式。国家市场监管总局反垄断局发布的《中国反垄断年度执法报告(2020)》显示,一些互联网平台通过垄断行为或滥用市场支配地位,对市场造成了不正当的干扰,如通过垄断定价、限制交易等手段,扰乱了市场的公平竞争环境。在自身生态系统中设定不合理的规则,限制了其他竞争者的参与和发展,造成了市场资源分配的不合理情况。

2. 公共事业

长期以来,公共事业具有自然垄断的属性,因此市场集中度普遍较高。从反垄断执法情况来看,供水供气行业垄断最为严重。"十三五"期间,市场监管总局办结4件公用事业行业垄断协议案件,39件滥用市场支配地位案件,8件滥用行政权力排除、限制竞争案件,审结经营者集中案件30件,共计罚没超9500万元。

案例:上汽通用公司纵向垄断协议一案

此外,医药行业垄断一直是执法关切所在。"十三五"期间,市场监管总局共办结6件医药垄断协议案件,7件滥用市场支配地位案件,36件滥用行政权力排除、限制竞争案件,1件违法实施经营者集中案件;审结医药行业经营者集中案件38件。以上案件罚没金额高达4.8亿元。

3. 制造业

传统制造业方面,反垄断执法机构将目光投向汽车、钢铁和建材等行业,目前汽车业反垄断案件主要集中在垄断协议上,包括横向垄断协议和纵向垄断协议,在销售领域多表现为固定价格、划分市场等行为。在经营者集中方面,汽车业纵向集中以及新设合营企业比较常见,呈现将汇集优势纵向整合的趋势。

钢铁行业与汽车制造业紧密相关。在我国,大型钢铁集团的主要业务涵盖从铁矿石加工到钢铁产品生产与销售的各环节,因此合并往往同时涉及横向和纵向,市场集中度较高。

由于建材商品和服务特性、案件相关地域市场区域性明显,加上行业去产能压力大,产品同质化程度高,且经营者之间透明度高,所以经营者往往通过垄断协议减小竞争压力。此外，建材行业协会涉案现象突出，说明协会是实施垄断行为的重要"推手"。

三、我国反垄断政策未来走向

近年来，我国市场监管部门陆续发布《〈反垄断法〉修订草案（公开征求意见稿）》《个人信息保护法（草案）》《关于平台经济领域的反垄断指南（征求意见稿）》等多部法律（指南）征求意见稿，共同聚焦互联网平台市场的垄断行为。美国和欧盟的反垄断侧重点各有不同，我国要根据自身国情充分吸收其中经验，完善监管政策。

鼓励竞争、减少壁垒是国际监管经验的共同之处，也应是我国反垄断监管的基本出发点。与美国互联网市场相比，我国互联网巨头企业发展存在滞后性，国际市场参与度较低，盈利模式以流量盈利为主，科技支撑力较低。我国互联网平台发展应聚焦国际国内两个市场：一方面，在互联网企业成长初期，借鉴美国芝加哥学派宽松的监管理念，允许企业在竞争市场中扩张规模，利用国内市场培育能参与国际竞争的巨头企业，同时加大对科技企业的支持力度与专利技术保护力度。另一方面，防止在位垄断者对国内市场形成依赖，固化国内市场的垄断结构。对已经具有垄断规模的企业实施严格的监管政策，降低市场进入壁垒，禁止不合理的价格补贴策略损害中小企业合法利益。

在鼓励竞争的同时，更要借鉴欧盟经验：一是要强化对消费者权利的保护，强化互联网平台对消费者信息、公平交易权利的保护责任；二是制定发布反垄断（竞争）合规指引，推进企业构建有效的反垄断合规，全面提升反垄断法的实施效果，培育竞争文化和科技向善文化，强化互联网企业合规意识；三是要增强监管能力和监管工具的科学性，对互联网平台市场中的垄断行为进行深入剖析，防止过度监管打击市场积极性，丰富监管体系，提高政策的灵敏性。

1. 理念挑战

数据已经成为市场竞争的核心要素和法律客体。随着信息技术的飞速发展，数据已经成为信息化时代最重要的资源之一。企业可以通过数据分析获取市场趋势、用户需求等信息，通过大数据分析、人工智能等技术实现精准营销、个性化推荐等，提升了服务质量和用户体验，从而取得了市场竞争的优势，构建一个区别于工业经济时代的新型经济生态系统。但是，平台经济的使用也会带来诸多的挑战与风险，政府政策的不完善极易导致企业权力的滥用。我国的电子商务法是最早对数字经济平台进行规制与约束的法律之一，但是还要借助市场的竞争机制和传统的法律规范来规范、约束平台的私有权利。同时，数字经济的特征包括网络效应、规模经济、数据驱动和用户参与、数据集中、信息不对称、创新速度和竞争动态、多边平台和生态系统等，这些特征使得传统的反垄断分析方法在数字经济环境下显现出局限性。传统方法难以全面理解和评估数字经济中快速变化的市场格局、创新速度以及复杂的商业模式，因此需要针对数字经济的特点不断探索和完善相应的反垄断分析方法，以保障市场竞争的公平和有效运行。我国反垄断政策可能会面临的挑战是面对平台、数据、算法所形成的三维竞争市场，如何有效地划分以及如何界定垄断。在数字算法不断成熟的市场中，过高地进入壁垒，使得反垄断法在数字经济中扮演了更重要的角色，需要综合考虑市场的动态特征、国情实际、发展阶段等来对数字市场进行干预。

2. 市场挑战

传统的价格中心型分析方法在驱动型市场环境中已显然不适用，需要综合考虑创新能力、用户参与、数据价值等多方面因素，同时考虑网络效应、规模经济等特点，以更全面地评估市场格局。反垄断政策面临的第一个问题就是如何界定平台垄断。在数字经济的环境下，大部分企业明显呈现出数据驱动、算法驱动的特征。在这种情况下，对于涉嫌垄断的企业认定中，数据的权重应显著增强，虽然传统的市场集中度指标仍会发生作用，但执法部门应当更多地关注企业的商业模式与具体行为。另外，对于涉嫌违法的企业，可以采用"假设违法行为没发生"的方式来对比前后的市场竞争状况，从而判断该企业是否限制了竞争。在市场上，除了价格因素以外，质量也决定了消费者是否会购买该种产品。同时市场对于质量的需求会加快创新的进度，提升动态效率，但是要精准评估质量属性也是比较有挑战性的事情。随着数字经济的发展，尤其是现在市场上出现了大量的数据驱动型产业，隐私保护已经成为讨论话题度较高的一个方面。但从现阶段来看，隐私保护是不是该纳入反垄断的分析框架仍具有争议性。除去隐私问题，近年的反垄断分析与实务界对创新方面的竞争问题也重视起来，数字市场是近年来与创新成果联系最紧密的行业，反垄断审查机构不仅需要考察静态的市场状况，同时还需要增强对动态竞争状况的审查。此外，反垄断还要注意"过度干预"的风险，过度干预会减弱企业的创新动力与市场的长期发展，不利于企业的发展。

3. 审查规范

公平竞争的规范审查是约束政府行为的有力工具。通过对市场竞争环境进行审查和监督，可以有效防止政府滥用权力或干预市场，保障市场的公平竞争和资源有效配置。公平竞争的规范审查不仅是保护市场秩序的重要手段，也是维护社会公平正义的法律保障。这种审查机制能够规范政府的行为，强调政府在制定政策或干预市场时应当遵循公正、透明、合法的原则，确保市场经济的正常运行，同时保护市场主体的合法权益，促进经济发展的稳健和可持续。虽然在对经济社会的发展过程中，需要政府的政策来为市场主体提供一个健康和谐的大环境，但是政府的有形之手需要在适当的范围用合适的力度进行调控，政府在市场竞争中扮演着引导与监管的角色，调控需要在合适的范围内进行，以避免过度干预市场，保持市场的灵活性与活力。通过有针对性的调控，政府可以保障市场的稳健运行，同时也为企业提供公平的竞争环境，促进经济的健康发展。当前，我国在实施公平竞争的审查制度时面临着许多挑战，尤其容易与地方和行业的发展思路相违背，这会受到较多的阻力。但是若一直坚持自我审查为主的执行方式，则一定会弱化审查的效果与力度。当前，我国的公平审查制度主要由国务院通过规范性文件和部门规章制度的形式建立，是一种较为有效的实践路径，能够提高工作的效率，同时为全面建立和实施该制度打下基础。

4. 实施规范

我国现有的反垄断法还存在一些需要完善的地方：首先，在处理垄断协议时采取了横向协议与纵向协议"一分为二"的处理方式，这种操作可能导致应受惩罚的人逃脱制裁，同时也使执法机构陷入难以判定的困境。其次，法律规定了市场支配的推定制度，其中包括两个或三个经营者作为整体推定具有市场支配的地位，以便对相同行业的寡头垄断者的行为进行约束。然而，法律条文中并未对"共同支配"一事作出明确的分析解释，这使得在执行过程中容易陷入困境，缺乏明确的法律依据。因此，有必要对垄断协议与滥用市场支配地位的处理进行更明确的规定，以保障反垄断执法的公正性和有效性。在行政垄断规制方面，应当加强各级政府与具有管理公共事务职能的其他主体的相关学习与培训，以便在执行立法之时能够准确判断市场主体活动的行为的规范性。总之，我国在反垄断立法修订与完善以及反垄断法执行的道路上仍然面临不少挑战。

1. 简述反垄断理论提出的背景。
2. 如何理解垄断对福利的影响？
3. 简述纵向合并交易的福利分析过程。
4. 简述美国反垄断体系的主要框架。
5. 简要概述欧洲竞争政策的主要特征。
6. 简述我国反垄断政策面临哪些市场挑战。

第十五章

产业规制政策

【本章学习目标】

通过本章学习,学生能够:
1. 熟悉产业规制政策的含义、演进和目标;
2. 掌握产业规制政策实施的依据和工具;
3. 了解政府的规制失灵以及放松规制;
4. 了解国内外产业规制的发展历程、缺陷和发展方向。

天然气行业的规制

天然气产业行业涉及综合性的系统,涵盖了上游的勘查和开发、中游的管道运输和调峰设施的建设,以及下游的地方配送公司。由于天然气行业属于国家垄断经营,因此,其产业链也就具有明显的垄断性特点。多年以来,我国在石油和天然气上游资源的勘查和开发方面,对民营企业和外资企业实施了严格的限制措施。随着国家能源战略转型和西部大开发进程加快,我国天然气工业迎来新的机遇,而其产业链也进一步延伸。在我国实施改革开放政策之前,天然气只是作为石油的副产品存在,并未经历全面的发展阶段。随着国民经济的高速增长,特别是天然气消费需求的不断增加,天然气成为我国能源工业中一个重要的组成部分。在西气东输项目开始执行之后,"西气东输"项目的价格策略研究便被提上了议事日程。2005年12月,《关于改革天然气出厂价格形成机制及近期适当提高天然气出厂价格的通知》正式公布,国家发展和改革委员会决定将天然气的出厂价格分为存量气和增量气两个档次,并统一采用政府的指导价格。其中,第一档气的出厂价格是基于国家的基准价,并由供需双方在10%的浮动范围内共同协商确定的;另外一档气由市场供求情况自行确定,其零售价根据市场供需状况进行调节。二档气的出厂价格是基于国家的基准价设定的,其上浮的范围是10%,而下浮的范围则没有限制。这意味着"一费制"终结。2010年5月,国家发展和改革委员会公布了《关于加快落实天然气价格调整方案的通知》,在这份通知中,国产气的出厂基准价被上调了0.23元/立方米,并在那些用气量季节性差异和峰谷差较大的城市中推广了相应的差异化气价政策。这标志着我国天然气定价机制正式从"市场决定"向"政府调控"过渡。到2011年底,广东和广西成为天然气价格形成机制改革试点工作的先行者。到了2012年10月,试点项目已经扩展至川渝地区。2013年7月,全国范围内开始广泛推行天然气价格的改革方案，该方案遵循"增量气价格一次性到位、存量气价格在三年内逐步调整到位"的实施策略。2015年4月，非居民用气的价格实现了存量气和增量气的合并。2015年11月，非居民用气的价格将从最高门站价调整为"基准价+浮动幅度"的管理模式。同时，非居民用气量也开始实行市场定价。2016年11月，福建省启动了天然气门站价格的市场化改革试验，供应和需求双方经过协商决定了西气东输作为福建省天然气门站的价格。从2016年6月开始，居民用气和非居民用气的基准价格将会合并。2019年11月，天然气门站的价格从中央定价目录中被移除，这意味着全国的天然气门站价格将不再是由中央设定的，而是完全由市场来决定。同时，取消对管道运输企业和液化石油气经营单位销售终端气价格补贴等措施。2019年12月，国家石油天然气管网集团有限公司成立，该公司全权负责全国主要油气管道网络的建设以及运营调度工作。多年来，我国的天然气价格行业主要是依赖国家发改委、国家市场监督管理总局等相关执法部门的紧密协作和配合。然而，天然气行业的独特性质导致了它在客观上存在垄断的风险，特别是在天然气管道的运输部分。天然气行业市场化改革的核心方向主要集中在上游的资源供应和下游的终端销售环节。在这一过程中，市场的自由化、市场主体的活力发挥以及形成有效的市场竞争机制都是至关重要的，以确保整个天然气产业能够持续健康发展。从上述天然气行业发展历程来看，在产业规制的实施过程中，我国是逐渐放宽对天然气行业的监管，直至2019年才开始走向市场化的定价策略。

资料来源：https://www.163.com/dy/article/ENRNV2JE0518KJJC.html。

第一节　产业规制概述

产业规制政策是以政府为经济社会目标，促进产业均衡发展和有效发展而实施的各项措施的总称。早期研究主要集中于微观经济学和产业经济学中，然而，长期以来，学术界对规制的定义并没有达成一致。有学者认为，规制实际上是社会公共机构根据某一特定准则，对企业行为施加限制的一种方式。还有学者认为，规制是政府为了维护市场经济的健康运行，对市场运行机制或经济实体的特定行为进行直接或间接的干预，从而影响企业运营和市场供求的特殊活动与行为。从市场失效的管理视角看，政府部门利用国家的强制手段，对微观经济实体进行直接或间接的干预和管理。传统规制理论对规制的产生背景和目标进行了深入探讨，但从全面信息的角度来看，它与实际的规制操作存在显著的不同。拉丰和梯诺尔针对实际操作中遇到的信息不对称、不完美的规制者和缺乏承诺的问题，将激励理论引入规制问题中，将规制问题转化为设计满意的机制，实现在不完全信息下的最优控制，从而极大地推动了规制理论的进步。国内一些学者较早地采纳并详细解释了国外关于政府对经济的规制理论，并对中国在经济转型期间所面临的规制问题进行了研究。如对规制的供需、成本收益进行了分析，探讨了环境保护、食品安全等社会性规制领域，并预测了国内政府规制的发展趋势；如何平衡规制供应与规制需求之间的关系；以及规制经济学研究从"政府—市场"模式转向"政府—市场—社会"模式的转变，等等。对国内外经验进行比较和总结，将有助于我们更深入地理解产业规制政策和对实际操作进行借鉴。

一、产业规制含义

虽然各个文献对产业规制政策表述不一,但对其的理解包括以下四个层面。

1. 政策层面

根据产业规制侧重点的不同,产业规制政策可分为经济性和社会性两种规制政策,垄断、信息不对称、外部性等导致的市场失灵是产业规制政策的重点关注对象。产业规制政策通常由规制机构依据法律授权,通过制定各种规章制度、监督实施、处罚与裁决等规制行为对经济个体实施直接或间接限制。

制定规制政策通常需要多方面的参与,由利益集团进行博弈,最终采取折中的方案;在执行规制政策过程中,应遵守规制程序,以保证相关参与人的合法权益;在对规制进行依法行政时,应当遵守六项原则:合法行政、合理行政、程序正当、高效便民、诚实守信、权责统一。

2. 产业层面

产业规制政策主要针对产业在发展过程中存在的问题而设计的。产业发展所衍生的问题是指在发展过程中,某些产业出现的与其他产业发展不协调或者不均衡的现象,突出表现为持续存在。一方面,在改革开放之前,国家实行重工业优先发展的赶超战略,在促进重工业发展的同时也带来了产业之间发展不协调的问题;另一方面,改革开放后,中国构建了以"三驾马车"(投资、消费、出口)为驱动,尤其是以出口为主要驱动要素来促进经济的快速发展,给产业协调发展带来了一定的影响。

3. 政策行为层面

作为产业组织政策的组成部分,产业规制政策实质上是政府或社会对产业间经济资源的配置所实施的限制或制约。古典理论提出,完全竞争市场下,全面排除了垄断和限制,生产要素自由流动,市场完全由"看不见的手"进行调节,而政府只是扮演一种"守夜人"的角色,从而使资源配置达到均衡。但是,这种假设下所实现的市场均衡与现实的经济活动严重背离。实践表明,为弥补市场的固有缺陷,降低交易成本,实现产业间资源的合理配置,政府这只"看得见的手"也必须充分发挥作用。

4. 目标层面

产业规制政策干预资源配置要达到两个目标:一是促进各产业间的协调发展,实现产业之间的均衡,并且使得规制的供给满足规制的需求,即均衡目标;二是提高生产力和促进整个经济增长效率,即效率目标。因而,产业规制政策本身也是在国家经济宏观发展下为受规制产业利益服务的微观规制,同时兼顾实现发展均衡与效率之间的协调。

二、产业规制理论(产业规制演进)

1. 公共利益理论

公共利益理论是一种基于市场失灵和福利经济学,阐述了政府响应公众需要对低效率和不公平的市场行为进行规范的理论。该理论认为，市场存在失灵，规制是为了缓解市场扭曲和市场缺陷带来的效率损失，提高资源配置效率，增加公众的福利。公共利益理论研究主要分为两大部分：首先是确定自然垄断、外部效应、信息不平衡等因素导致的市场功能障碍；其次是探索"最佳"策略来纠正市场的功能失调。公共利益理论是对规制进行规范性分析的一种方法，其核心目标是确定在何种具体情境下应当实施规制。

公共利益理论在很长一段时期内一直作为规制经济学的正统理论，但因其自身也存在诸多缺陷而引致学者们的批评。公共利益理论基于三个核心假设：首先，经济市场是非常不稳定的，如果放任自由，其运行效率往往很低（或导致不公平）；其次，由政府进行的规制不仅成本低廉，而且效果显著；最后，政府具有无所不能和无所不知的特质，也就是说，政府掌握了全面的信息资源，并能最大限度地提升社会福利。有了这些假设，很容易得出政府进行经济规制只是政府对公众要求的回应，以纠正市场运作过程中可弥补的低效率和不平等现象。波斯纳指出，规制与外部性的存在和垄断的市场结构等并不正相关。施蒂格勒和克莱尔对1912—1937年美国电力事业价格规制的效果进行了深入研究，研究表明：公共利益理论宣称规制对价格有比较大的下降作用，但是实际效果表明规制导致价格下降的效应是很微小的。阿顿的次优理论指出，在自然垄断或提供公共产品部门中零星地制定一些规制政策，无法确保资源配置达到最优，实际上这些规制政策会使经济背离最优化。

2. 规制俘获理论

利益集团规制理论最早就是以规制俘获理论为雏形的。规制俘获理论认为：在公共政策形成中，利益集团发挥了重要作用，规制形成的原因是响应利益集团相互斗争以使其成员收入最大化的需求。为了满足产业对于规制不断增长的需求，相应的规制措施被提出，这导致立法者在这种情况下受到产业的操纵和捕获；随着时间的流逝，产业将逐渐对规制机构施加控制，与此同时，规制的实施者也将被产业所吸引。规制的提供是为了满足产业对规制的需求（即立法者被产业所控制和俘获），而且随着时间的推移，规制机构也逐步被产业所控制（规制执行者被产业所俘获）。规制俘虏理论的核心观点是，该理论主张规制实际上提升了产业的盈利能力，而非社会福利，也就是说，无论规制政策是如何构建的，规制者在对产业进行规制时实际上是被该产业所"俘获"的。斯蒂格勒持有这样的观点："规制是由产业追求的，并且主要是基于被规制产业的利益来进行设计和操作的。"斯蒂格勒将产业规制视为经济体系中的一个核心变量，他坚信，规制的核心驱动力是产业部门对规制的需求与政界人士对规制的提供相融合，目的是实现各方的最大利益。规制是某些产业中的制造商利用规制者的权利为自己谋求利益的一种努力，规制的制定和实施过程被利益集团利用以实现自己的目标，是特殊利益集团为了最大化收益而寻租的结果。1976年，佩尔兹曼对规制俘虏理论进行了进一步的拓展和深化。他指出规制者是否能够获得利益，并不完全依赖于被规制产业的产量和价格，而是主要取决于利益集团之间如何分配收益。1995年，伯恩斯坦提出的"规制机构生命周期理论"持有这样的观点：公共利益的理论似乎过于乐观，尽管最初的规制机构可能能够独立行使其规制职权，但随着时间的推移，这些机构最终可能会被受规制的垄断性企业所吸引。但规制俘获理论缺乏理论基础，利益集团是如何影响和控制规制过程的，以及在实践中规制机构经常促进消费者的利益而不是被规制产业的利益等现象，都无法得到解释。因此，规制经济理论应运而生。

3. 规制经济理论

斯蒂格勒在1971年发表的文章《规制经济理论》中为规制经济理论提供了一个结构性的框架，该理论是在摒弃公共利益和规制俘获理论之上构建的，它将政治行为纳入经济学的供求分析框架下，推导了规制的产生，并解释了利益集团是如何俘获规制的。后来规制经济理论由佩尔兹曼和贝克尔等人进行了完善和发展。

1）斯蒂格勒模型

斯蒂格勒模型包含两个前提：首先，政府的核心资源是其强制力，利益团体劝说政府，但被利益团体劝说去使用强制力来提高该团体的福祉；其次，所有的监管机构在行为选择上都遵循"理性人"的理论，它们都是理性的，并且都在追求最大的效用。斯蒂格勒阐述了他的观点，他相信规制的存在是由规制的供需关系所决定的。也就是说，规制的提供是为了满足利益集团追求最大化收益的需求，而通过规制可以提高利益集团的收益。规制的存在是由供需关系所决定的，为了最大限度地提高利益集团的收益，规制的供应需求应时而生，这也为通过规制来增加利益集团收益提供了可能。斯蒂格勒明确表示，一个行业在寻求政府监管时，可能会考虑的政策措施包括现金补助、价格限制、对替代产品和互补品的影响以及进入市场的控制。他的观点是，如果受益于现金补贴的企业没有任何限制，那么随着企业数量的增长，补贴可能会逐渐减少；此外，对替代产品和补充品的管理似乎并不特别高效；在产品差异化程度较高的行业中，限制性定价的影响相对较小。因此，产业在追求规制时，最关键且最高效的方法是实施进入控制，因为这可能导致进入的障碍，从而妨碍新企业的进入。斯蒂格勒的核心观点认为，规制是产业发展所必需的，并且是为了满足该产业的利益而精心设计和实施的，而规制的主要受益者则是那些受到规制的产业。他认为，首先，规制对产业的影响主要体现在使产业结构发生变化，提高了该产业的新企业进入壁垒，增加了新企业在该产业的生存难度。其次，对立法者的影响，主要体现在利益集团对立法者提供的支持，从而使立法者有积极被俘获的动机和行为。最后，对利益集团的影响，利益集团之间的竞争使规制成本上升。斯蒂格勒模型体现了"规制结果总是有利于生产者"的思想。

2）佩尔兹曼模型

1976年，佩尔兹曼对斯蒂格勒理论进行了完善，并通过数学模型格式化和正式化规制理论，发展出了斯蒂格勒模型的扩展版本，即佩尔兹曼模型。佩尔兹曼模型假设规制过程是财富再分配的过程，规制过程最重要的是财富的转移。规制者的决策会从自身利益最大化出发，进而制定出政治支持最大化政策，并且遵循边际政治收益等于边际政治成本的原则，而利益集团则都在竞争向其他人收税的权利（获得规制的保护）。佩尔兹曼认为，规制是利益集团竞争中财富再分配的杠杆，规制者不会完全服务于生产者，在某一阶段，生产者可能会受到保护，而在另一阶段，消费者可能会受到保护。他还指出，在经济萧条的时候，规制者更多地关注生产者的保护，而在通货膨胀的时候，规制者更多地关心消费者的权益。

3）贝克尔模型

斯蒂格勒和佩尔兹曼的规制模型都是基于规制者的视角,旨在选择能够最大化政治支持的规制策略。当规制者倾向于选择能够最大化政治支持的规制政策时,贝克尔模型则更倾向于研究利益集团间的竞争关系。贝克尔认为,规制的主要目的是提升具有更大影响力的利益集团的福利水平。

在贝克尔模型中,假设有两个利益团体存在,并且这两个利益团体对规制的整体影响是恒定的。当一个利益团体的影响增强时,另一个利益团体的影响则会相应地减弱,即一方利益团体的政治效率是由另一利益团体的效率决定的。在贝克尔模型中,政府作为规制供给者的作用被忽略,仅根据各利益集团对规制压力的大小被动制定政策;利益集团间的竞争实际上是一种零和博弈,因此,每个集团都会以自身利益最大化为目标,为了达成这一目标,每个集团都会通过各种途径向立法者施压以提高其影响力,期望自身获得更多的利润。贝克尔模型有以下特征:第一,模型中没有看到政府的作用,政府似乎不存在;第二,规制者具有完全信息,并且利益集团施加压力的机会相等;第三,利益集团之间的竞争可以产生有效率的政策选择。依据规制经济学的理论框架,可以推导出四个核心结论:第一,在规制设计中,那些具有较大相对规制偏好的利益群体更容易被牺牲,从而让那些相对较小但具有强烈规制偏好的利益群体受益。在众多场合中,规制的设计往往更偏向于生产者。第二,尽管某些规制可能更偏向于生产者群体,但这些规制者既不会完全为生产者提供服务,也不会仅仅为生产者服务。他们可能在某一阶段为生产者提供保护,而在其他阶段则为消费者提供保障。第三,当涉及相对垄断或竞争的产业时,规制更有可能出现。这是因为对这些产业的规制可以提高消费者群体的福利,而对竞争激烈的产业的规制则可以给生产者群体带来更多的福利。第四,要强调的是,市场的失效增加了制定规则的机会,这是因为一个利益团体所获得的政治利益是基于其相对于另一个利益团体的效率来决定的。规制经济理论也存在一些局限性:首先,该理论只强调单一的利益集团的作用或者规制者的作用,并没有从二者的交互影响方面进行考虑。其次,该理论认为,利益集团可以直接对规制政策产生影响,但规制过程是十分复杂的,这种影响也必须建立在一些适当的条件之上。最后,规制经济理论并不能有效地解释放松规制;该观点忽略了信息的不平衡和缺少委托—代理的理论基础,这导致它不能充分解释规制者的自由裁定权和利益团体的权益与权利。

4. 新规制经济学

公共利益理论、规制俘获理论和规制经济理论都属于传统规制经济学,包含了两大范式:"公共利益范式"和"利益集团范式"。但在传统规制经济学中两大范式之间是非兼容的、冲突的,在20世纪70年代末和80年代初,激励性规制理论的出现成功地将这两个主要的理论范式融合在一起。一方面,规制经济学的理念成功地从"完全理性"转向了"有限理性"。在追求社会福利最大化的前提下,规制者将交易成本和信息不对称的分析融入了规制的设计与决策流程中,这实际上是坚持了"公共利益"范式的激励性规制理论;另一方面,规制者可能被利益集团或企业所俘获,发展了一种包含三层科层结构的利益集团政治的委托—代理理论。因此,二者在一定程度上形成了"范式整合"。

新规制经济学指出,在规制环境中,存在三种不同类型的规制性限制,即信息不对称、交易成本以及行政或政治方面的约束。首先,规制者不能完全获取企业拥有的信息、行业情况,监督又能减少信息不对称,通过对相似企业的绩效进行比较实现监督,使实行激励政策成为可能。其次,由于合约的不完备性,完善合约的交易成本花费巨大,并且信息越不完备,交易成本越高,新规制经济学采用完全契约理论,重点关注事后最优监督行为,认为交易噪声对合约履行没有影响,最优合约没有发生偏离。最后,归根结底,行政约束和政治约束来源于信息约束与交易约束,新规制经济学把规制政策制定机构、公众与规制政策执行机构分离开,规制政策制定机构、公众是政策的委托人,规制政策执行机构是规制政策的代理人。因此,规制者在制定立法、实施规制时,还会受到政治环境的制约。新规制经济学主要关注信息问题,但问题的性质(信息不完全和不对称性)和现实中数据的缺乏导致了此方面的实证研究十分困难。

三、产业规制目标

由于市场机制运行存在失灵现象,通过规制可以减少市场扭曲和市场缺陷带来的效率损失,因此,产业规制可以视为对市场失灵的补充。一般说来制定产业规制政策通常有以下目标。

1. 公平与效率目标

引发市场失灵的首要表现是自然垄断,一方面,自然垄断产业的特性决定了其通常由一个或极少数企业垄断经营,会造成供给不足、垄断高价的结果,不利于社会资源的最优配置,规制机构对自然垄断产业实行规制可以引导资源优化配置,使得这类企业充分实现产业的规模经济或范围经济,而且,垄断企业由于没有外部竞争,缺乏进行技术创新和管理创新的积极性,规制机构可以通过引入竞争的刺激机制,促使企业达到更高水平的生产效率。另一方面,自然垄断产业拥有垄断地位,使其成为产品或服务价格的制定者,如果这些企业凭借其垄断地位进行垄断定价、歧视定价等,将一部分消费者剩余转化为企业的利润,这就极大地损害了消费者利益,曲解了分配效率。而规制机构通过对自然垄断产业实行价格规制,有利于实现社会公平。

2. 生产力发展目标

自然垄断产业投资于固定成本数额巨大、投资回报期长,并且伴随着生产力发展和经济水平的提高,对于自然垄断企业产品和服务的需求呈现大规模且不断增加的趋势,如电力、通信、铁路运输等都存在这样的特点,这就需要这些产业不断进行大规模投资以及产品和服务的优化升级,规制机构在对这类企业进行规制时,应当考虑到企业的自我积累和大规模投资能力,不仅可以有利于该产业的发展,而且可以促进与之联系的其他产业生产效率的提高,进而提高全社会的生产力水平。

3. 外部成本内部化

当经济活动的社会成本与私人成本、社会收益与私人收益之间不匹配时,就产生了外部性。关于外部性的讨论始于马歇尔,最早提出了"外部不经济"和"内部不经济"的概念,并运用边际分析方法,提出了边际社会净产值和边际私人净产值,进而形成了外部性理论。庇古进一步完善了外部性理论,他认为,尽管企业给社会造成了损失,但不需要付出代价时,就产生了外部不经济。此时,由于市场无法解决,因此应当引入政府规制,对这类边际私人成本小于边际社会成本的企业征税,后被称为"庇古税"。科斯(1960)认为,当交易成本为零时,无论初始产权如何配置,资源最终都会得到最有效的利用,理性主体会考虑到外部成本和收益,并提出解决外部性的方案,即重新界定产权,使外部成本内部化,以协调各方的利益。

4. 解决公共产品供给

在完全竞争市场中,私人产品具有排他性和竞争性的特点,而在现实市场中,还存在具有非排他性和非竞争性特点的公共物品,如国防、灯塔、路灯等。由于公共物品的非排他性和非竞争性导致了"搭便车"问题的存在,而且由于私人生产公共物品的成本高于收益,通常不愿生产;此外,还存在一些非价值类物品(如毒品、核武器等)。因此必须引入政府规制进行有效管理。

产业规制是一个复杂的过程。首先,要对规制产业进行界定,看其是否存在市场失灵的情形;其次,在进行产业规制时,必须明确规制的目标和实现规制目标的手段;最后实行规制时要对规制行为实行监督,避免被规制俘获。因此,实现产业规制目标需要以动态和实践的观点来观察规制。

第二节 产业规制的依据和工具

一、产业规制的依据

1. 自然垄断

自然垄断,是指由于资源稀缺、规模经济和范围经济以及成本的弱增性,只有由一家企业或极少数企业提供单一产品或服务,或由一家企业同时生产几种产品或服务,才能发挥其成本优势。早期经济学家们把规模经济看作自然垄断成因,因此从整个社会的利益出发,政府应当对市场进入进行规制,以便发挥单一企业的规模经济性,但单一自然垄断企业处于垄断地位时可能会采取垄断定价和价格歧视等以牟取超额利润,给社会福利造成损失,因此需要对其进行价格规制。对于范围经济和成本劣加性的观点,詹姆斯·邦布赖特(J.Bonbright)首次提出了质疑。19 世纪 80 年代,美国知名的经济学家如鲍莫尔(Baumol)、潘札(Panzar)、威利格(Willig)和夏基(Sharkey)等,认为自然垄断最明显的特点是成本函数的弱增性(Subadditivity)。假设有 N 种产品,K 个企业,一个企业可以生产任何一种或多种产品。如果一个企业生产所有产品会导致规模不经济,但该企业生产所有产品的总成本小于多个企业分别生产这些产品的成本之和,这不仅反映了规模经济,而且也表明了企业的成本就是弱增的。在成本弱增性的作用下,企业在平均成本递增的阶段进行生产,此时边际成本曲线位于平均成本曲线上方,采用边际成本定价可以实现社会福利最大化,规制机构可以采取价格规制;而根据可竞争市场理论，潜在进入者的存在会威胁在位者，因此如果潜在进入者进入该产业，并以一个略低于在位者价格出售该产品，在位者的垄断地位就会受到威胁，就又产生了新的问题，多家企业的总成本可能高于独家企业生产的成本，因此需要规制机构进行规制。

政府对市场规制后，垄断企业解决了生存问题，但也极易因其垄断地位造成一些负面因素：①采取垄断定价牟取超额利润，导致社会福利损失；②追求垄断利润导致供给不足，制约经济增长；③缺乏产品或服务生产标准，质量可能得不到保障；④缺乏竞争，技术进步的动力不足。自然垄断产业的成本效率适用于独家企业的生产，但也会面临过度进入或者垄断高价等问题，因此自然垄断产业需要政府对其进行规制。

在对自然垄断产业进行规制时，应考虑在成本弱增性的范围经济下，由独家垄断企业进行生产，而当产生范围不经济等情况时，就应该进行调整或允许新企业的进入，以保证整个产业的经济性。

2. 信息不对称

信息不对称是指在经济活动中，当事人双方所掌握的信息是不对称的，一方比另一方掌握的信息多的状态，可以分为事前信息不对称和事后信息不对称。信息不对称可以用来解释为什么非自然垄断也存在规制，虽然某些产业是竞争性的市场结构，但消费者并不能充分了解这些产业所生产的产品和服务的信息，而信息不对称非常容易损害消费者利益，这也是这些行业需要国家监管的原因。例如，银行、保险和证券等行业提供一系列服务并收取服务费用，如果消费者缺乏其提供产品和服务的信息，那么既有可能购买了非合意的产品或服务并因此造成损失，也有可能不知如何抉择购买哪种产品或服务，难以实现资源配置效率；同时，这些产业之间和产业内部也存在竞争，如果存在恶意竞争情况，不仅会严重损害企业的利益，消费者也会因此蒙受损失。规制机构对此类产业进行规制时，应考虑从事前和事后两方面进行，即规制事前有关产业的进入和事后具体的市场行为。因此，信息不对称是政府对某些竞争性产业实行规制的重要依据。

3. 破坏性竞争

破坏性竞争是进行产业规制的重要依据之一。自然垄断产业一般存在于基础设施建设领域，或者是关乎国计民生及社会稳定的产业，这些产业的固定成本所占比重较大，如果产业中存在多数企业，企业可能会以回收固定成本和盈利为目标，进而扩大产量，造成供给过剩，并且基础设施产品同质性较强，可能会导致激烈的价格竞争，即破坏性竞争，而破坏性竞争也会导致严重的后果。因此，为避免破坏性竞争，通过引入政府对产业的规制，赋予某些特定的企业以垄断供应权或垄断经营权，让这类产业承担稳定供给产品和服务的义务。一些学者提出，破坏性竞争只适用于部分特定产业，甚至是个别产业的某些环节，因此，可以将这些竞争性的环节分化出来采取市场竞争的方式，而对另一些产业环节采取垄断经营的方式。

4. 合理再分配

2021年8月，中央财经委员会在其第十次会议上强调，必须坚守以人民为核心的发展理念，在追求高品质发展的过程中推动共同富裕，妥善平衡效率与公平之间的关系，并构建一个包括初次分配、再分配和三次分配在内的全面制度安排。初次分配指的是在生产过程中，企业作为主要的分配实体，在国家、企业和个人之间进行国民收入的分配。再分配是指在初次分配的基础上，政府通过税收、政策、法律等措施，调节现金或实物在各收入主体之间的分配过程，也是要素收入再调节的过程，再分配是政府作为分配主体，通过调控机制起作用，是国民收入继初次分配之后在全社会进行的分配。而三次分配就是通过自愿的公益捐赠进一步调节的。

其中，收入的再分配涉及两种不同的情形：一是企业的垄断定价未受限制，导致消费者的一部分剩余转变成企业利润；二是企业内部业务间进行交叉补贴，高盈利业务补贴低盈利甚至亏损业务，盈利地区业务补贴亏损地区业务，如电力、电信等行业，企业通过把利润较高的产品或服务的成本转嫁给消费者，进而获利。企业内部业务间的交叉补贴不仅会造成不同业务之间的分配差异，还会导致消费者之间造成不合理的收入再分配。从福利分配的角度考虑，应对此类产业加以限制。

二、产业规制的工具

产业的规制策略涵盖了经济方面的规制以及社会方面的规制。经济性规制主要关注对市场活动的经济干预效果，尤其是在自然垄断和信息不平衡的问题上，表现为价格规制、进入规制、质量和数量规制、规制框架下的竞争等；相对于经济性规制，社会性规制较为复杂，涉及领域众多，包括环境保护、公众健康、安全、文化、教育、民生等领域，因此，社会性规制的对象、手段、表现形式也是多种多样的。

1. 经济性规制

经济性规制的主要手段是价格规制，价格规制指的是监管机构为被监管企业的产品或服务设定价格上限，并要求这些企业必须在一定的范围内进行定价。价格的规定涵盖了边际成本定价、平均成本定价、两部收费制以及拉姆齐定价。

1）边际成本定价

依据经济学的基础理念，当价格与边际成本相等时，可以达到资源最优配置和社会福利的最大化，因此，采用边际成本进行定价被认为是最佳的定价策略。在自然垄断的行业中，由于规模经济的存在，成本曲线在特定范围内往往向右下方倾斜，这导致边际成本曲线位于平均成本曲线的下方。图 15-1 展示了在自然垄断背景下，边际成本价格是如何形成的，图中阴影部分面积为企业采用边际成本定价造成的固定成本。

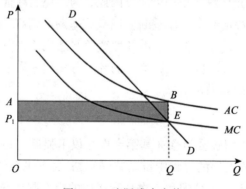

图 15-1　边际成本定价

因此，在自然垄断产业采取边际成本定价的方式，能够保证分配效率，由于自然垄断产业的固定成本巨大，企业会发生亏损，无法刺激企业提高生产效率，从而陷入生产效率和分配效率的两难境地。

税收补贴可以解决自然垄断行业的固定成本问题，但也会产生以下问题：首先，由于自然垄断产业的固定成本在总成本中所占比例巨大，如果用财政收入支付补贴额，那么就要减少其他项目的财政支出，同时可能造成财政困难等，并且自然垄断商品非购买者没有义务去补贴购买者；其次，如果政府税收补贴长期处于亏损状态的企业，那么就无法刺激这些亏损企业提高生产率和控制成本；最后，鉴于企业的盈利并不是基于其工作效率，而是基于税务补贴，这可能导致企业更容易寻求更多的补助，进而可能引发规制者与被监管企业之间的不正当合作，即所谓的"规制俘虏"问题。因此，在自然垄断行业中，采用边际成本定价策略是相当具有挑战性的。然而，这一策略可以作为政府在价格规制方面的参考依据，并可用于比较规制价格与使用边际成本定价策略之间存在的差距。

2）平均成本定价

平均成本定价是指自然垄断企业在总收入与总成本相等的运营，即自然垄断产品或服务的价格等于平均成本。平均成本定价是被规制企业在盈亏平衡的约束条件下，如何定价使得总福利最优。

但是，基于平均成本进行定价可能会带来某些福利上的损失。图 15-2 展示了价格 P 和产量 Q，这些数据揭示了平均成本定价的核心信息。在平均成本定价与偏离边际成本定价的情况下，这种偏离会引发图中所示的三角形福利损失，而将平均成本定价视为一个次优的选择。然而，从另一个角度看，边际成本定价策略可能会使企业遭受损失，这有可能将自然垄断的企业逐出市场，进而引发更为严重的效率降低。

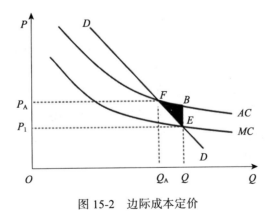

图 15-2　边际成本定价

收益率规制实质上就是一种平均成本定价模型，规制机构基于被规制企业投入资本而允许其制定接近公平的、竞争的回报率。假设自然垄断企业生产 n 种产品，投入资本量为 K，产量函数为 $Q = Q(Q_1, Q_2, \cdots, Q_n)$，可变成本函数为 $TVC = C(Q_1, Q_2, \cdots, Q_n)$，消费者对第 i 种产品的反需求函数为 $P_i = P_i(Q_i)$，规制机构要求其获得的最高收益率为 r，

其中 $i=1,2,\cdots,n$。则回报率规制模型可以写为

$$\left[\sum_{i=1}^{n}P_i(Q_i)Q_i-\text{TVC}\right]/K\leqslant r \tag{15-1}$$

进一步可写为

$$\sum_{i=1}^{n}P_i(Q_i)Q_i\leqslant\text{TVC}+rK \tag{15-2}$$

可根据模型计算出被规制企业提供商品的综合价格。但收益率规制也存在一些问题：作为企业收益率最重要因素的未折旧的资本存量难以估计；什么是"公平的""竞争的"回报率难以确定；规制滞后性问题使得收益率规制受到影响。由于收益率规制本质上是一种平均成本定价，因此被规制企业可能会降低生产产品和服务积极性，导致生产效率降低。Joskow 和 Schmalensee（1986）提出一种改进的方案，即允许规制的收益率在一定范围内浮动。

3）两部收费制

两部收费制是一种非线性定价的方式，由两部分构成：一部分是基础设施投入的固定费用；另一部分是单位价格，即所提供产品或服务的单价。按照边际成本定价，自然垄断行业会发生亏损，对于这部分的亏损，通过税务补助是不现实的，因此我们可以构建一种收费机制，让消费者来支付这部分的费用。假设固定投入费用为 K，消费者数量为 N，则每个消费者需支付固定费用为 K/N，再为消费每单位产品或服务支付等于其边际成本的价格。但两部收费制实施面临一项困难，即总消费者数量 N 无法确定，从而每个消费者支付固定成本费用 K/N 无法确定，一种可行的办法是将总固定费用分摊到每一年，用年固定费用 k 除以年用户数量 n，每一消费者支付的年平均费用为 k/n。例如，游客进入景区会支付入门费，而在景区内游客需要为其消费的每单位产品或服务支付相应的价格。

4）拉姆齐定价

边际成本定价使得企业利润为负，遭受固定成本的损失，并且规制者无法给予被规制企业巨额补贴；平均成本定价能弥补成本，但会导致非效率，拉姆齐探讨了如何在确保企业不受损失和不亏损的成本限制的同时，实现社会福利的最大化（Ransey，1928）。

假设自然垄断企业生产 n 种产品，产量函数为 $Q=Q(Q_1,Q_2,\cdots,Q_n)$，总成本函数为 $C=C(Q_1,Q_2,\cdots,Q_n)$，第 i 种产品的成本函数为 $C_i=C_i(Q_i)$，消费者对第 i 种产品的反需求函数为 $P_i=P_i(Q_i)$，其中 $i=1,2,\cdots,n$。

垄断企业的利润函数为

$$\pi=\sum_{i=1}^{n}P_i(Q_i)*Q_i-\sum_{i=1}^{n}C_i(Q_i) \tag{15-3}$$

消费者总剩余为

$$CS=\sum_{i=1}^{n}\left[\int_0^{Q_i}P(X)dX-P_i(Q_i)Q_i\right] \tag{15-4}$$

拉姆齐定价要求企业不遭受损失，即至少满足总收益和总成本相等的约束条件，同

时满足社会福利最大化

$$\text{MAX}W = CS + \pi = \sum_{i=1}^{n}\left[\int_{0}^{Q_i}P(X)dX - P_i(Q_i)Q_i\right] + \sum_{i=1}^{n}P_i(Q_i)Q_i - \sum_{i=1}^{n}C_i(Q_i)$$

$$= \sum_{i=1}^{n}\int_{0}^{Q_i}P(X)dX - \sum_{i=1}^{n}C_i(Q_i) \quad (15\text{-}5)$$

$$s.t.\pi = \sum_{i=1}^{n}P_i(Q_i)*Q_i - \sum_{i=1}^{n}C_i(Q_i) \geq 0 \quad (15\text{-}6)$$

构造拉格朗日函数

$$L = \sum_{i=1}^{n}\int_{0}^{Q_i}P(X)dX - \sum_{i=1}^{n}C_i(Q_i) + \lambda\left[\sum_{i=1}^{n}P_i(Q_i)Q_i - \sum_{i=1}^{n}C_i(Q_i)\right] \quad (15\text{-}7)$$

其中：λ 为拉格朗日乘数。为了使 L 最大化，对 Q_i 求偏导，并令其为零，可得

$$\frac{\partial L}{\partial Q_i} = P_i(Q_i) - \frac{\partial C_i(Q_i)}{\partial Q_i} + \lambda\left[P_i(Q_i) + Q_i\frac{\partial P_i(Q_i)}{\partial Q_i} - \frac{\partial C_i(Q_i)}{\partial Q_i}\right] = 0 \quad (15\text{-}8)$$

进一步化简为

$$P_i(Q_i) - \frac{\partial C_i(Q_i)}{\partial Q_i} = -\frac{\lambda}{1+\lambda}Q_i\frac{\partial P_i(Q_i)}{\partial Q_i} \quad (15\text{-}9)$$

根据需求价格弹性的定义，第 i 种产品的需求价格弹性为 $e_{Q_i} = -\frac{dQ_i}{dP_i(Q_i)}\frac{P_i(Q_i)}{Q_i}$，则有

$$\frac{P_i(Q_i) - \frac{\partial C_i(Q_i)}{\partial Q_i}}{P_i(Q_i)} = \frac{\lambda}{1+\lambda}\frac{1}{e_{Q_i}} \quad (15\text{-}10)$$

上式中所确定的价格 $P_i(Q_i)$ 即为拉姆齐价格。

拉姆齐定价原则表示，一个商品的价格与其边际成本的偏离比例与该商品的需求价格弹性是成反比的。当一个产品的需求弹性较低时，其价格与边际成本的偏差越大，那么就有可能设定更高的价格，从而使定价更为合理；当一个产品的需求弹性增大时，其价格与边际成本的偏差就会减小，因此应当制定更为合理的低价定价策略。拉姆齐定价在实际工作中常常面临困难：首先，规制者对于企业的信息（如边际成本的信息）无法掌握；其次，拉姆齐的定价策略是基于产品需求价格弹性的差异来决定的，这样可以根据不同的定价来分摊福利损失，但这种方式可能会损害需求价格弹性较低的消费者的权益。

2. 进入与退出规制

进入规制是指在自然垄断产业中，为了确保规模经济、范围经济、生产效率以及防止过度竞争，政府只允许一家或少数几家企业进入，而限制其他企业进入。进入规制需要考虑两个方面的问题：一方面，为了防止因过度竞争和重复建设导致资源浪费与生产效率下降；另一方面，也应适当放松规制，不能因为过度严格而阻碍竞争的积极效应。

进入规制主要有批准、认可、注册、申报、行政命令等方法。

除了进入规制，还有市场退出规制，即限制自然垄断者退出某一产业。一旦自然垄断的企业退出市场，确保产品供应将变得极为困难，而这些自然垄断的产业通常是生产和日常生活所必需的基础设施行业，因此很难被其他产业所取代。如果已经进入市场的自然垄断公司选择退出，那么该产品的供应可能会受到威胁。而这些自然垄断的行业主要集中在基础设施领域，它们是生产和日常生活中不可或缺且难以被取代的部分。因此，对于企业的退出，规制机构也应该制定相应的规定。

3. 规制下的竞争

规制框架下的竞争是在规制机构主导的情况下，以各种形式的竞争替代规制，弥补市场失灵，但其不能替代规制，而是一种对规制的补充，主要包括特许经营权竞标、有效竞争理论、标尺竞争理论等。

1）特许经营权竞标

德姆塞茨（1968）对为最大化社会福利必须对自然垄断行业进行规制的理论提出了质疑，从而将特许经营权竞标引入政府规制研究领域。特许经营权竞标强调在对垄断问题进行规制的过程中，应当通过拍卖某产业领域中的特许经营权来引入竞争机制，允许多家企业参与竞争，最终将特许经营权授予出价最高者或能够以最低单位成本提供产品的竞标者。如果将特许经营权授予出价最高者，则中标的经营者可能会在获得特许经营权之后按照更高的垄断价格出售商品，从而降低了消费者福利。因此，理论和实践都倾向于采取将特许经营权授予最低单位产品价格竞标者。

特许经营权竞标引入竞争机制缓解了信息不对称问题，规制机构不需要清楚地知道被规制企业的成本信息，降低了相应的规制成本；同时特许经营权竞标达到了规制的平均成本定价，避免了进行收益率规制的低效率。但在现实中进行特许经营权竞标过程中是否能达到提高社会福利的目标，还取决于在竞标过程中能否做到充分竞争、竞标者是否会串标、中标后企业如何经营、提供的产品质量问题、重新竞标的成本等。针对特许经营权竞标机制的缺陷，Che 等人（1993）提出多维竞标机制，引入了一级得分价格拍卖（First Score）、二级得分价格拍卖（Second Score）、二级得分优先价格拍卖（Second Preferred Offer）三种竞标规则。此外，还可以通过规定产品或服务质量、价格等前提进行竞标。

2）标尺竞争理论

标尺竞争理论（Lazear and Rosen，1981）提出，在自然垄断行业中，存在许多相似的企业。这些企业基于"影子企业"的成本数据进行竞争，目的是激励被监管的企业减少成本并提高盈利。具体而言，规制机构可以利用一切可得到的信息减少信息不对称，规制机构通过比较不同企业的技术、绩效等，以"影子企业"作为标尺，考虑不同发展阶段和环境下的差异，从而对企业进行规制。标尺竞争理论应考虑两个问题：一是不同环境下企业的异质性问题；二是被规制企业可能会合谋的问题。

4. 社会性规制

社会性规制的核心目标是确保人们的健康、安全、环境的守护和灾害的预防，它为产品和服务的品质以及与之相关的经济或社会活动设定了标准，并对某些行为进行了限制和禁止。目前，健康、安全和环境规制是应用最为广泛的三类社会性规制，规制对象主要包括职业安全和健康、产品安全、环境污染等；规制依据主要是负外部性和信息不对称等市场失灵的存在；各种规制方法层出不穷，不仅涵盖了对特定行为的直接限制或禁止，还涉及市场准入、产品数量与质量，以及生产和经营活动等多个方面的资格和准则。

社会性规制绩效更侧重于社会公平的实现，成本—收益分析方法是社会性规制绩效评估的主要方法，从而产生了大量对经济、社会绩效的基本评估标准。但社会性规制面临不确定性和风险、信息不对称等问题，并且社会性规制绩效包括经济绩效和社会绩效，社会绩效的测度较为困难且可能存在很大偏差，给社会性规制绩效评估带来了很大挑战。

第三节　规制失灵与放松规制

一、规制失灵

在自然垄断产业中存在市场失灵，因此需要政府进行产业规制，但政府与被规制企业之间存在信息不对称，或者被规制企业向规制机构施加压力，或者规制机构被规制企业所俘获等原因，结果可能使得规制没有缓解市场失灵，反而导致"规制失灵"，不仅原来规制的目标无法实现，而且可能造成比原有的市场低效率更大的负面影响。

1. 信息不对称

规制者在制定规制政策之前，需要掌握被规制企业相应的信息，而规制者和被规制企业之间存在信息不对称，通常被规制企业掌握着更多的信息，例如，在某些情况下，被规制的企业相对于规制者更为明确地了解自己所使用的生产技术、需求弹性，以及企业的生产成本、内部的劳动力构成和外部的供应商与销售商的组织结构等相关信息。当规制者掌握更多信息时，规制的效率就会提高；相反，当规制者掌握较少信息时，规制效率就变低。同时，由于规制者和被规制者的目标函数存在差异，被规制企业通常不愿意提供更多的信息，这必然会导致两者之间的矛盾和相背离的行为结果。比如，在执行价格调控的过程中，受到规制的企业可能会提供远超其实际生产成本的数据，这可能会引发逆向选择的问题。另外，被规制的企业可能会被规制机构所控制。这些被规制的企业可能会通过向规制机构提供更高的生产成本信息，从而使规制机构制定更有利于自己的规制合同。这可能导致规制机构被规制企业所控制，规制者无法确定被规制企业的真实成本信息，从而无法确定最优的规制价格水平和相对的价格结构。这将对企业的规制产生不利影响，不利于提高社会福利和优化资源配置，最终可能导致规制失效。因此，在规制政策实施之前，规制者由于缺乏足够的信息，被规制企业倾向于提供更少的信息，而且二者的目标函数不一致，可能会导致逆向选择甚至规制机构被俘获，从而使规制失灵。

2. 导致企业内部低效率

因为在采用边际成本定价时，被规制企业就会发生亏损，所以在实践中一般采用平均成本定价，规制机构对被规制企业实行收益率规制（公平报酬率规制）。在这种情况下，企业由于在市场中具有垄断地位，缺乏降低成本的积极性，并且企业在技术、产品或服务、管理等方面的创新动力不足，导致长期缺乏创新。在投资收益率规制下，容易产生 $A-J$ 效应，即规制机构基于被规制企业所投入资本而规定其最高收益率，这可能导致企业倾向于资本集约化生产方式，用更多的资本替代其他生产要素，最终使产品在高成本且缺乏效率情况下生产出来。在回报率规制下，价格基于投入资本确定，规制机构试图消除由于垄断带来的高价和低产量的低效率，却产生了另一种低效率。

3. 规制目标与结果不一致

当规制目标与规制的最终结果不一致时，导致了规制失灵。例如，规制机构实行进入规制是为了达到限制过度竞争、提高效率的目标，但由于企业的垄断地位，追求自身的利润最大化，并且规制机构和被规制企业在各个方面的信息劣势，反而造成了无法达到规制效果、生产和创新低效率结果。

4. 规制时滞

从规制政策制定到规制机构实施需要经历认识、决策和执行时间，即由于客观环境和条件的影响，规制的传导机制存在时滞。例如，规制决策往往受到规制机构预见能力和制定政策效率的影响，规制执行也同样需要经历一定的时间才能影响政策目标。规制时滞的存在容易导致政策在不适当的时候发挥不确定性的作用。

二、放松规制

规制的核心目标是确保垄断企业在效率和消费者福利之间取得平衡，从而实现社会福利的最大化。然而，由于信息的不对称、寻租行为和规制的俘获等因素，规制机构所实施的各种监管措施往往效果不尽如人意。这不仅导致被规制企业的效率降低，还增加了规制的成本，从而使规制失效，这也是放宽规制的直接原因。放宽规制的初衷是借助竞争的力量，提供创新的多样化服务，减少交易的费用，并推动技术的创新和进步。斯蒂格勒通过比较受规制和不受规制的供电企业，指出规制可能并没有达到预期的降低电费的效果。因此，他持有这样的观点：人们的期望与实际情况之间存在一定的偏差。大量关于规制的立法只能证明被规制的企业是为了主动争取规制，而不能为实际的规制提供确凿的证据。如果人们的行为很少像在没有立法的情况下那样受到立法的规范，那么立法的实际效果就是值得质疑的。规制失灵的存在，促使我们重新思考规制的作用。政府规制成本高昂，但带来的规制效益却极少，从而需要通过放松规制、缩小规制范围

案例：网约车的规制失灵

等以缓解规制失灵。

20世纪早期，尤其是经历了"大萧条"以后，发达国家纷纷依靠经济规制手段来控制关键经济部门，以减少市场竞争的弊端。20世纪70年代，经济的困境削弱了公众对规章制度的信任，许多人甚至错误地认为，过度的规制干预是导致经济停滞的关键因素。因此，芝加哥学派的经济学家们将自由主义的理念推向了新的高度，并尝试将其应用于自然垄断的研究中。他们坚决不放弃市场失灵这一观念，而是更多地强调规制可能带来的负面效应，而不是垄断所带来的风险。因此，新自由主义的观点推动了对自然垄断领域的宽松管理和竞争的加入。

20世纪70年代末，全球主要的国家都掀起了对规制放宽的改革热潮。美国是放宽规制方面的主要国家之一。特别是美国，开始逐步放宽对垄断行业的规制。在这一过程中，主要垄断行业的规制程度也在不断下降，规制指数从1975年的3.7降至2013年的1.4。在美国的引领之下，其他各国纷纷开始模仿，逐渐放宽规制并引入更多的竞争，这已经变成全球垄断行业改革的核心议题。表15-1详细列出了OECD国家在2006—2013年对主要垄断性行业的规制总指数，这些行业包括民航、电信、电力、天然气、邮政、铁路和公路等。

表15-1 2006—2013年OECD主要国家规制指数

国家和地区	2006年	2007年	2008年	2009年	2010年	2011年	2012年	2013年
澳大利亚	1.89	1.89	1.84	1.67	1.66	1.65	1.6	1.55
比利时	2.2	2.08	2.08	2.01	1.96	1.86	1.86	1.84
加拿大	1.78	1.78	1.78	1.78	1.73	1.73	1.73	1.72
智利	2.01	2.01	2.02	2	1.97	1.96	1.96	1.95
捷克共和国	2.47	2.45	2.45	2.4	2.25	2.06	2.01	2.01
丹麦	1.86	1.83	1.7	1.7	1.65	1.6	1.61	1.61
爱沙尼亚	2.8	2.73	2.6	2.3	2.5	2.47	2.41	2.4
芬兰	2.64	2.61	2.61	2.6	2.6	2.53	2.47	2.47
法国	2.89	2.78	2.77	2.68	2.67	2.52	2.52	2.51
德国	1.42	1.33	1.33	1.32	1.33	1.28	1.27	1.27
希腊	3.69	3.32	3.13	2.68	2.63	2.57	2.55	2.55
匈牙利	2.65	2.12	1.87	1.83	2.17	2.14	1.73	1.73
冰岛	2.05	2.04	2.03	2.02	2.02	2.01	2.01	2
爱尔兰	3.19	2.64	2.49	2.47	2.25	2.21	2.21	2.21
以色列	3.6	3.49	3.09	2.97	2.76	2.75	2.75	2.67
意大利	2.45	2.45	2.45	2.23	2.15	2.01	2.01	2.01
日本	1.98	1.96	1.96	1.97	1.97	1.83	1.94	1.95
韩国	3.05	3	2.95	2.86	2.92	2.82	2.69	2.69
荷兰	1.8	1.72	1.71	1.61	1.6	1.58	1.57	1.57
新西兰	2.63	2.5	2.71	2.7	2.62	2.57	2.56	2.46
挪威	2.38	2.27	2.27	2.27	2.32	2.33	2.3	2.3
葡萄牙	2.57	2.55	2.55	2.55	2.37	2.31	2.31	2.18
斯洛伐克共和国	2.67	2.28	2.28	2.21	2.05	1.94	1.88	1.88
斯洛文尼亚	4.37	4.04	3.41	3.13	3.13	3.01	2.95	2.9
西班牙	1.97	1.92	1.65	1.65	1.68	1.63	1.6	1.59

续表

国家和地区	2006年	2007年	2008年	2009年	2010年	2011年	2012年	2013年
瑞典	2.21	2.2	2.2	2.12	1.93	1.93	1.93	1.87
瑞士	2.59	2.49	2.47	2.32	2.31	2.31	2.31	2.26
英国	1.12	1.13	0.98	0.97	0.97	0.8	0.79	0.79
美国	—	—	1.56	—	—	—	—	1.4
非经济合作与发展组织国家	—	—	—	—	—	—	—	—
保加利亚	—	—	—	—	—	—	—	2.45
印度尼西亚	—	—	—	—	—	—	—	3.33
南非	4.5	4.49	4.48	3.94	3.94	3.9	3.9	3.79

资料来源：OECD. Indicators of Regulation in Energy, Transport and Communications, Indicators of Product Market Regulation Database.

伴随着放松规制的改革浪潮，各国纷纷将竞争机制和放松规制引入垄断行业，这些行业在新的体制下焕发了生机活力，相应的产品和服务也因此降低价格、改进服务和提高效率。在美国，垄断行业放松规制获得了巨大的综合收益。根据Winston（1993）的估算，美国通过运用消除进入和退出规制、放开价格管制等手段（表15-2），每年从放松规制中获得的总收益可达350亿~460亿美元（以1990年美元价格计算），其中消费者从中获得320亿~430亿美元的收益，而生产者从中获得30亿美元的收益。

表15-2　1990年美国从放松规制获得的收益（单位：10亿美元）

行业	消费者	生产者	合计	潜在收益
航空	8.8~14.8	4.9	13.7~19.7	4.9
铁路	7.2~9.7	3.2	10.4~12.9	0.4
公路运输	15.4	-4.8	10.6	0
电信	0.7~1.6	—	0.7~0.6	11.8
有线电视	0.4~1.3	—	0.4~1.3	0.4~0.8
证券市场交易	0.1	-0.14	0	0
天然气	—	—	—	4.1
合计	32.6~43.0	3.2	35.8-46.2	21.6~22.0

资料来源：Winston（1993）.

同时，许多发展中国家也从放松规制改革中获益。例如，一些拉美国家放松对电信行业的规制，使安装新线路的等待时间，从至少两年缩短至几周。在乌拉圭首都蒙得维的亚，向多个参与方开放港口业务使生产率提高了300%。而这些成果是在放松规制后一年内实现的。

第四节　产业规制国内外实践

一、国外产业规制历程

20世纪20年代末30年代初，西方经济陷入危机，顺应时代的发展，凯恩斯主义在西方主流经济学中掌握了话语权，政府干预经济的思想日益高涨，各种形式的政府干预经济的行为层出不穷，美国已经发布了多项行业相关的法律规定，其中包括《电信法》《民用航空法》《证券法》《银行法》等。此外，还成立了若干监管机构，包括联邦电力委员会、联邦通讯委员会和证券交易委员会等。20 世纪 70 年代，西方主要经济体陷入"滞胀"的困境，凯恩斯主义无法解释这些经济现象，人们开始转向对"规制失灵"的研究。新自由主义战胜了"滞胀"，带动了西方经济体的繁荣，在这段时间里，放宽规制的倾向明显，尤其是在电力、通信、交通等行业中引入了竞争策略。利益集团规制理论中的放宽规制观点在这段时间内得到了广泛的传播和应用。20 世纪 70 年代末，激励性规制理论开始崭露头角，它成功地在信息不完整的情况下将规制难题转变为机制的设计，为规制理论注入了新的活力。21 世纪初，随着经济全球化的推进，规章制度不仅局限于一个国家，还从国内扩展到了国际范围。尤其是在 2008 年全球金融危机之后，新自由主义的放任自由思想遭到了严重的挑战，金融等行业的区域网络外部性逐渐增强，对金融规制的需求也随之大幅增加。在 2008 年金融危机之后，新自由主义的放任自由思想面临着巨大的挑战，这导致了大量的市场需求。为了减少投机行为，政府增强了对经济的介入力度，规制思维逐步浮现，政府对经济的干预更为频繁，旨在减少投机行为，这更多地反映了"集中规制"与"深化规制"的理念。与此同时，由于机制设计的迅猛进展，规制经济学在解决实际问题方面的能力也得到了提升。从历史发展和实践的角度观察，经济性规制经历了从"提高市场效率"到"加强规制"，再到"放宽规制"，最后再次规制的发展轨迹。

二、中国产业规制的实践

1. 产业规制阶段及改革历程

政府在产业规制方面的实施历程与规制机构改革有着紧密的联系。规制机构改革的核心思想是从一种平衡状态过渡到另一种平衡状态，即破坏和重新平衡现有的、不适应生产力发展需求的权利和利益的平衡，进而转向再次实现这些平衡的过程。在规制机构的改革中，最核心的议题是如何平衡政府与市场之间的关系，明确两者之间的职责界限。政府需要减少对那些不应被管理或管理不当的事务的监督，以更有效地发挥市场在资源分配中的决策性作用。与此同时，政府的焦点也应转向维护公平、创造有利的竞争环境以及更有效地提供公共服务。根据我国规制机构的改革历史演变，可以将我国的规制实践发展历程分为五个不同的阶段。

第一阶段：严格规制阶段（1978 年之前）

改革开放之前，中国处于计划经济时期，对经济实行严格规制，即实行严格的计划规制和价格规制，然而缺少独立规制机构和规制法规，呈现出"两严两缺"的局面。价格方面由国家统一定价，排斥市场机制，企业亏损由国家财政弥补，致使多数产业持续亏损、发展缓慢；此外，政企不分现象严重，政府的规制者同时也是自然垄断产业的经营者。对于自然垄断产业进行规制需要依靠法律法规，而法律法规的大部分也是由这些规制者制定的，其主要目的是保障国家基础设施安全，使产业稳定运行，并未有规范市场主体的行为。

此时虽然存在有关生产安全、产品质量、环境保护等方面的机构和行政准则、条例，但是这一时期建立的规制供给并不能满足规制的需求，存在许多规制方面的空白，因此该时期缺乏规制机构的数量和规制法规；并且该时期依靠的主要是一些行政准则、条例等，缺乏对这些经济活动的立法，法律效力较弱。同时，在计划经济体制下，部门管理体制使得政府规制职能分散于不同的生产经营单位，形成了多部门管理的格局，这极大地影响了规制效率。但是，计划经济体制下各部门的利益冲突和矛盾并不突出，因为各部门和地方政府的自身利益存在并不明显。

第二阶段：酝酿阶段（1979—1992 年）

党的十一届三中全会的召开标志着将党和全国的工作焦点转向全面经济建设的新阶段，这标志着中国进入了经济体制改革和对外开放的新时期。为了更好地适应改革和发展的需求，1982 年，中国进行了改革开放后的首次规制机构精简工作。经过三年的努力，国务院的部门数量从 100 个减少到了 61 个，人员编制也从 5.1 万人减少到了 3 万人。同时，政府也进行了精简，加速了干部队伍的年轻化进程。1984 年，中共中央在党的十二届三中全会上通过了《中共中央关于经济体制改革的决定》。该决定明确指出，加速以城市为中心的整体经济体制改革是我国当前形势发展的紧迫需求，从那时起，中国的经济体制改革开始全面推进。1988 年，国务院重新启动了机构改革，强调了政府职能的转变、权力的下放、结构的调整和人员的精简，并将这些改革与经济体制的改革紧密结合。随着经济体制改革的全面推进，价格规制、放松规制等产业方面的规制改革也逐步实施，但这一阶段的规制改革还仅仅处在开始酝酿的阶段。

第三阶段：起步阶段（1993—2001 年）

党的十四大报告明确指出了构建社会主义市场经济结构的方向。在这样的大背景之下，这次改革焦点集中在改变政府的职责，推行政府与企业的分离，强化宏观经济的管理，并放宽微观经济的约束。1993 年，围绕建立社会主义市场经济，继续推进规制机构改革，精减机构和人员。在这一时期，国务院组成部门和直属机构由 86 个减少到 59 个，人员减少 20%，国务院直属机构从 19 个调整为 13 个，办事机构由 9 个调整为 5 个，国务院直属事业单位则调整为 8 个。推进市场在资源配置中的基础性职能，扩大企业自主经营权。1998 年，随着社会主义市场经济结构的初步确立，市场在资源分配中的角色得到了进一步的加强。同一年进行的政府机构改革是自改革开放以来最具力度、机构和人员更为精简、各方面认同度更高的一次改革。在这次改革中，工业专业经济部门几乎全部被撤销，这极大地改变了政企不分的现状。从宏观角度看，在这个时期，规制的实践更多地集中在经济规制上，而社会规制的进展则显得较为迟缓。

第四阶段：全面推进阶段（2002—2012 年）

2001 年，中国加入世贸组织。在此背景下，我国开始了新一轮改革，党的十六大报告提出行政管理体制改革，此次改革成为政府机构改革的重要转折点。在经济监管领域，完善了金融监管结构，成立了专门的银行业监督管理委员会，并进一步强化了金融监管体系，这都标志着我国"一行三会"（中国人民银行、中国银行业监督管理委员会、中国证券监督管理委员会、中国保险监督管理委员会）的分业监管体制正式确立。从社会规制的角度看，国家安全生产监督管理总局已经成为国务院的直接下属机构，为了加强对食品安全和生产安全的监督管理，成立了国家食药品监督管理总局。由此，我国经济性规制与社会性规制并存的规制体系基本形成。2008年，我国围绕转变政府职能，明晰部门职责关系，实施大部门制改革，对职能相近的部门进行了整合和协调。国家环境保护总局升级为环境保护部；国家食药品监督管理总局现已纳入卫生部的管理之下，而卫生部则主要负责食品安全的综合协调、调查处理以及重大食品安全事故的查处工作。这一阶段，经济性规制基本完善，社会对于社会性规制更加重视。

第五阶段：改革创新阶段（2013年至今）

2012年，中国共产党第十八次全国代表大会成功召开，这一事件标志着中国特色社会主义步入了一个全新的历史阶段。2013年发布的《国务院机构改革和职能转变方案》标志着新一轮的政府机构改革正式开始。铁路开始实施政企分开的政策，这导致铁路运输行业经历了一次重大的调整。为此，成立了交通运输部（下辖国家铁路局），并进一步组建了中国铁路总公司，负责接管原铁道部的各项工作职责。此外，还对一系列多部门进行整合，转变为大部制的单一部门监管。

2018年，我国开始了新一轮的政府机构改革，此次机构改革的广度、深度和力度都大大超过前述改革。这一轮的改革进一步完善了机构的职责，强化了政府在经济调控、市场监督、社会治理、公共服务以及生态环境保护方面的功能，致力于构建一个以服务为导向的政府，并加强了社会规范的系统性和全面性。在实际操作中，积极推动以"放管服"为核心的行政审批制度改革，减少了微观层面的监管，并增强了事中和事后的监管力度。在市场监管领域，整合了工商、质检、食品药品、物价、商标和专利等多个部门，进而成立了国家市场监督管理总局的执法团队。在金融监管方面，成立了中国银行保险监督管理委员会，该委员会负责全面协调和管理监管活动，以预防和解决金融风险，确保金融市场的稳定性。在环境监管方面，整合了环境保护、国土、农业、水利和海洋等多个职能部门，成立了生态环境部和自然资源部，以实现环境保护、国土、农业、水利和海洋职能的整合，并加强了环境保护的责任。在健康与卫生领域，成立了国家卫生健康委员会和国家医疗保障局，这进一步加强了对涉及人民生命安全和身体健康领域的监管，确保为大众提供全面的健康服务。在公共安全领域，成立了应急管理部门，以预防和解决重大的安全风险，进一步完善和提升公共安全的保障水平，确保广大人民群众的生命和财产安全，以及社会的稳定。

随着数字经济的不断发展，人们的生活方式急剧变革，在数字产业化和产业数字化过程中会不断涌现出新的问题，也可能造成新的市场失灵的情景出现，政府对产业的规制也应当不断适应新的要求。总体而言，在这一阶段，经济性规制进入创新期，社会性规制进入活跃期，并且更加重视社会性规制，进而营造适合市场良性运转的环境。

随着时代发展和历次政府机构改革的不断深入，规制体系不断建立，趋于完善，各产业的监管模式也不断适应产业的发展，如食品安全产业从单一部门监管走向分段监管与一体化监管，金融产业从混业监管走向分业监管，与此同时，与环境规制有关的部门的重要性也在不断凸显。我国的产业规制经历了五个主要阶段，分别是"严格规制、酝酿、起步、全面推进和改革创新"，具体情况可以参见表15-3。

表 15-3 我国产业规制发展阶段

阶段	时间	规制改革背景	改革内容	经济性规制	社会性规制
严格规制阶段	1978 年前	计划经济		严格规制	严格规制
酝酿阶段	1979—1992 年	经济体制改革、对外开放	精简机构；首次提出转变政府职能	酝酿期	酝酿期
起步阶段	1993—2001 年	社会主义市场经济体制	政府职能进一步转变；政企分开	逐步发展	酝酿期
全面推进阶段	2002—2012 年	加入 WTO，提出行政管理体制改革，建设服务型政府	进一步转变政府职能，首次提出大部门制改革	不断完善	快速发展
改革创新阶段	2013 年至今	中国特色社会主义进入新时代	大部门制改革继续推进；完善政府职能，提高执行力	创新发展	活跃发展

改革开放以来，规制体系不断适应产业发展要求，并通过调整产业规制政策，为产业的发展创造环境，建立了适应社会主义市场经济产业发展的经济性规制和社会性规制体系。然而，随着时代发展，产业发展也会面临新的矛盾和问题，与之相适应的规制机构改革也需要不断推进。

2. 产业规制缺陷

中国的市场化规制改革源于严格规制的计划经济的背景，因此，不可避免地存在两类问题：传统产业规制领域存在规制过剩或过于严格规制；新兴经济形态特别是数字经济领域的规制不足现象。

1）产业规制的过剩与不足

产业规制过剩主要体现在：部分传统产业仍然实行政府定价或政府指导价，但是政府并不能完全掌握被规制行业的成本信息，被规制行业有虚报成本的动机，过高成本成为企业制定过高价格的依据；对于电信、民航、电力、铁路等产业的进入规制仍实行较为严格的管理。产业规制不足主要体现在：存在规制机构制定规制措施和实施规制行为缺乏正式制度依据，依靠一些非正式制度制约往往不能解决新问题，这极大地影响了产业改革，进而影响产业竞争、产业升级和发展；缺乏独立的规制机构，目前我国规制机构分为两种：一种是产业政策与规制机构混合，另一种是单独设置的规制机构，这两种类型都只有不完整的规制职能，从而导致了实行规制困难和无效率。

2）产业规制结构非对称

在我国，进行产业规制的参与者包括公众、人民代表大会、政府规制机构、被规制企业，这样就产生了多重委托—代理问题，当代理人的目标与委托人的目标不一致时，就会损害委托人的利益而造成产业规制结构的非对称性：一是由于各参与者的目标不一致而产生的非对称性；二是规制政策制定者受到外部因素影响，导致产业规制政策初始目标与制定政策结果不一致而产生非对称性；三是规制政策执行者因管理体制落后不能适应新问题而产生非对称性；四是在被规制企业内部由于股东之间、经营者与所有者内部利益冲突而产生的非对称性。

3）产业规制政策与宏观经济调控高度相关

在我国，产业规制政策与宏观经济调控息息相关，这主要是由我国的规制环境所决定的。一是计划经济时期实行重工业优先发展的赶超战略是由特殊的历史背景所决定的，这也相应地存在一些弊端，产业规制带有计划经济时期的特点，如政府干预过多、行政垄断、规制越位等特点；二是西方国家经济波动，给我国带来了输入型的经济低迷，如 2008 年全球金融危机导致国内大量企业倒闭、经济发展困境等，政府加大力度进行宏观调控，刺激产业发展；三是部分产业因资本的无序扩张而导致过度发展，如社区团购、教育产业的过度扩张与国家发展战略相冲突而对其进行规制。

4）新兴数字经济产业规制不足

数字经济属于一种新兴经济形态，数字经济推动新产业的发展以及传统产业与数字经济相融合产生两种不同的方式：数字产业化模式与产业数字化模式。数字经济在推动产业转型升级、促进新业态蓬勃发展、提升公共服务水平等方面极其重要。数字经济促成平台经济的产生，平台经济以其双边市场、网络外部性、降低成本等呈现出显著的优势，但是也涌现了一系列新的问题，如数据安全、消费者隐私、垄断高价等，在这些新问题上，对这些产业的规制政策尚不完善。

3. 产业规制方向

政府与市场的边界没有合理划分是影响产业规制效率和规制效果的重要因素，对于产业规制应根据发展阶段和市场实际情况变化来进行适当调整，以进一步明确政府和市场的边界。依据产业规制的目标和规制中存在的缺陷，调整政策中的不合理成分，进而达到产业规制的动态均衡。

1）完善产业规制立法

法律法规是基于国家强制力保证实施的，为产业规制提供了最基础的依据，为规制机构的授权建立和行使相应职权提供了公信力来源。因此，发挥立法机构提供规制依据的基础性作用，完善规制立法对确立规制边界具有重要意义。同时，完善规制立法也是全面深化改革和全面依法治国的重要组成部分，是规制政策演进和创新的过程。因此，推动完善产业规制立法是作为规制实施、规制演进和规制创新的先导。

2）合理界定产业规制边界

改革开放以来，我国多次进行市场化改革，不断调整政府与市场的关系、明确政府与市场之间的职责界限，可以让市场在资源分配中扮演更为主动的决策性角色，更好地发挥政府作用。政府的作用应该包括以下三个层面：一是政府作用应该避免规制对经济运行的扭曲；二是政府规制应限于能够规制的范围之内；三是政府规制也应当考虑规制成本与规制收益的比较。随着市场化改革的完善，产业规制的内容和方向也进行着动态化转变，在市场配置资源的功能能够正常发挥时，应当放松规制，而当市场无法正常发挥其功能或者有很大的负外部性时，政府的规制才是合理的。

3）设计规制运行机制

在实施产业规制过程中，可能会由于新问题产生而导致规制不当或规制失灵，应当建立规制的反馈机制，通过"快试、快错、快改"及时纠偏以应对不确定性；也可能会出现规制俘获、规制机构的积极性不足等问题，可通过监督和激励机制设计防止与解决这些问题。同时,司法体系独立于规制机构、被规制者和公众所参与的规制链条,应当发挥司法体系作为维护社会公平正义最后一道防线的监督作用。

4)经济效率与"非经济目标"

产业规制是为了提高经济效益,达成资源配置等经济目标,对于其他非经济性的目标涉及较少。Julia Black(2002)提出,几乎绝大多数规制都旨在解决市场失灵问题,只是偶尔涉及财富分配或其他附属性目标;产业规制不应当仅仅是纠正市场失灵、提升经济效率的工具,更应当发挥塑造良好社会的制度潜能。随着经济社会的发展,经济效率已不再是唯一的目标,产业规制政策应当由市场效率的单一目标转化为兼顾多元化的非经济目标,尤其是对于环境、安全、互联网等产业的规制,"非经济目标"逐渐变得不可或缺。

1. 如何理解产业规制政策的含义?
2. 如何理解产业规制的目标?
3. 如何理解产业规制的依据?
4. 论述产业规制的工具。
5. 论述规制失灵和放松规制的原因。
6. 简述西方产业规制历程。
7. 论述我国产业规制改革历程。
8. 论述我国未来产业规制方向。

扫描此码 自学自测

第十六章

各国产业政策调整与产业发展趋势

【本章学习目标】

通过本章学习，学生能够：
1. 了解主要国家的产业政策调整和产业发展状况；
2. 理解产业经济发展实践的新趋势，掌握我国产业经济发展走向；
3. 了解我国产业经济发展的问题，对其有清晰的认识；
4. 了解目前产业经济理论的研究前沿内容。

不同国家的产业政策

联合国贸发会（UNCTD）在最新的《世界投资报告》中指出，现代产业政策的目的是：①建立包括基础设施和金融系统在内的支持性产业系统；②建立包括生产资本和技术在内的生产能力；③支持内、外部市场发展。产业政策可以被用在国家的各个发展阶段，但需要随着国家发展、生产能力变化和新技术的运用而调整，分别对应三种产业政策模型（积累型、追赶型和新工业革命驱动型）。开放、可持续发展、包容等新主题在产业发展战略中扮演着越来越重要的角色。产业政策的制度既要结合新的发展主题，也要实现政策的一致性、灵活性和有效性。

根据UNCTD的全球调查显示，过去10年中，全球有至少有101个经济体采取了正式的产业发展战略，这些经济体的国内生产总值占全球国内生产总值90%以上。过去的产业政策侧重于保护或扶植特定行业以促进结构转型。而现代产业政策则旨在改变经济结构和增长路径，不仅要致力于提升国内生产能力，还要提高国际竞争力。现代产业政策的方法和范围都在延伸扩展，包括改善基础设施、教育和培训、企业发展、建立集群、创业、创新、提升金融和社会服务可得性的政策。

现代产业政策的驱动力量来自发展中国家积极参与全球价值链的政策意愿、数字化发展和可持续化发展目标。投资政策，尤其是外国直接投资政策是产业政策的重要组成部分。不同阶段的产业政策和投资政策大不相同。

产业政策并非是一个单一整合的政策框架，而是一系列相互关联的策略和措施的集合，各种政策高度关联，需要很好地互补和协同。表16-1提供了一个产业政策集的案例。产业政策的设计需要根据国家产业结构、发展或增长机会和制度安排。因此,不同情况和目标下制定的产业政策各不相同。大多数产业政策都集中包含投资政策。不同的产业政策设计配套的投资政策和监管框架也有所不同。数字技术和先进的制造业供应链技术推动的新工业革命对产业发展战略的制定提出了新的挑战。开放、可持续发展、包容等新主题在产业发展战略中扮演着越来越重要的角色。

表 16-1 部分国家产业政策集

		产业政策集	
发达国家	德国	工业 4.0 面向未来的智能制造; ZIM(中小型企业集中创新项目); 高新技术战略创新; 共同产业研究	中小企业数字化; 德国制造; 集群发展项目; 数字战略 2025
	日本	新机器人战略; 日本振兴战略; 产业集群政策; 提高产业竞争法案	促进创新倡议; 促进制造业技术基本法; 支持中小企业新商业行为
	美国	国家先进制造业战略规划; 小企业就业法案 2010; 国家出口倡议(NEXT); 美国复兴和再投资法案	美国制造; 制造业企业家精神和创新; 美国 COMPETES 法案
发展中国家	巴西	国家科学技术和创新战略; 巴西 PROFUTURO 未来产业,先进制造业 ICT 规划; 巴西数字革命战略(E-DIGITAL)	信息技术和通信总体规划; 战略信息技术规划; 数字治理战略(EGD)
	中国	中国制造 2025; "互联网+"战略; 下一代人工智能发展规划	智慧制造规划 2016—2020; 战略新兴产业主要产品和服务指导目录(2016)
	印度	国家技能发展政策; 国家通用电子辅助政策; 国家制造业政策; 科学技术和创新政策 2013	国家技能发展和企业家精神政策 2015; 国家钢铁业政策 2017
	南非	国家工业政策框架; 工业政策行动规划; 汽车产业发展项目; 国家统一出口战略(出口 2030)	DTI 战略规划(SP)2014—2019; 南非先进制造业技术战略; 促进中小微企业统一战略

产业政策可以被用在国家的各个发展阶段。随着国家发展、生产能力变化和新技术的运用,产业政策也会随之调整。在协调整合的框架中,现代产业政策可以更好地支持可持续发展战略。这要求国家的总体发展战略、产业政策、宏观经济政策、贸易和投资政策、社会和环境政策相辅相成、协调运作,并通过整体设计使不同政策产生协同效应、避免冲突和差异性。现代产业政策需要平衡市场和国家角色之间的关系。市场扮演资源分配的角色,而国家需要解决市场和系统失灵。最后,好的产业政策需要有效实施。

资料来源:网址 https://www.sohu.com/a/237250598_463913。

第一节　主要国家产业政策调整与产业发展状况

一、美国

1. 产业政策调整

1）1790—1945 年

美国一直标榜自己为"自由市场经济",事实上,美国产业政策在美国经济发展中发挥了重要作用。

1789 年,美国建国不久后,美国第一位财政部长向美国国会递交了名为《制造业发展计划》的报告,该报告覆盖多个产业领域,提出制造业的重要性,针对当时美国经济面临的困境提出了行业财政补贴、进出口配额、税收减免等多种产业政策。这标志着美国在建国不久后就第一次形成了明确的"产业政策"思想。

在 19 世纪中期,美国充分发挥政府的作用,颁布包括高关税政策,分配土地,政府采购等诸多政策手段来确保市场的稳定,推动基础设施的建设与发展,可以说美国的高关税政策持续已久,直到美国在全球市场上有了初步竞争力后,高关税政策才逐步放缓。

1914—1918 年第一次世界大战期间,总体来说,美国联邦层次的产业政策和规划呈现出战时复归、战后退出的特征,而战时的规划主要由企业高层来管理。第一次世界大战时,由于军事技术的日益复杂化,对军事规划的要求也随之提高。为此,联邦政府实施了一系列新的结构性新政策,包括供应商的生产配额和对私营铁路的临时国有化等措施。这些建议的政策在规模和总体上都超越了之前的所有产业规划,但随着战争的结束,联邦的产业规划又一次消失了。在相同的时间段内,地方的产业政策是由私营部门和市场来主导和控制的。各个州在联邦权力逐渐退出的背景下进行了投资,虽然取得了部分成果,但信贷泡沫和发展不平衡也随之出现。为了更高效地进行监管,各个州政府决定将其产业规划任务外包给公共领域的私营企业,并为此制定了具有不同效果的地区性产业规划。然而,通常高效的规划更多地依赖于州政府的具体指导和要求;由私营部门管理的计划通常倾向于支持对资本家有益而不是对公共有益的行业(江鸿和贺俊,2020)。

1933 年美国大萧条时期结束,经济逐渐恢复,美国的产业政策边界迅速扩大,这使得它在整个经济体系中起到了更加多元和丰富的作用。在罗斯福的新政策推动下,美国政府在经济活动中的参与度有了显著的提升。他们建立了美国存款联邦保险公司等多个政府机构,并批准了《美国产业复苏法》等一系列政府立法,这些法律和机构将被用于风险管理、贫困减少、就业援助和经济复兴。

1939—1945 年第二次世界大战期间,美国将重心转移至军事建设。美国总统罗斯福曾重组美国国防生产公司(DPC)等一系列机构,促进了美国经济复苏。新建了价值数百亿美元的军事设施,并在全国范围内建立了众多的基础设施,这包括遍布全国的石油和天然气管道、炼油工厂、电厂设施和军事基地等。

2）1945—1979年

二战终结后，国家安全成为美国当时的最重要议题，美国将经济重心置于国家安全与基础研究，支持基础科学研究与基础通用技术研究，实行"先军后民，以军带民"的产业发展方针。二战后这一时期，美国研发投资飙升至原来的两倍，其对基础研究的重视，也为下一阶段的科技产业迅速发展奠定了基础。

3）1980—1999年

在20世纪80年代，当面对日本和德国的追赶压力时，美国开始深入思考并探索为什么本国产业竞争力增速会放缓，有被日德赶超的威胁。美国认为尽管本国基础科研建设有一定成就，但却没能将这些基础科学研究应用于商业中获利。于是为了将基础科学研究进行商业化转化，美国推行了一系列产业政策，如1980年美国政府颁布的《拜杜法案》允许小型企业和高等教育机构保留政府资助的研发成果的知识产权，希望借由这一系列政策来推动应用技术的研发和普及，构建创新型活力市场。在这一阶段，美国初步构建了以创新政策为核心的产业政策体系。

4）2000年至今

2000年世纪交替之际，经历了长久的繁荣发展后，美国经济进入了衰退期。在国内，严峻的财政赤字问题对美国经济造成了强烈的负面影响，互联网泡沫崩溃和就业问题也日益突出；在全球一体化背景下，全球变暖、生态破坏、恐怖主义等世界性问题成为美国面临的社会挑战。面对国内外的严峻挑战，新世纪美国的产业政策开始着重于战略性新兴产业，尤其重视技术人力培养和劳动者技能提升，例如，2004年至2007年依次颁发的《创新美国》《超越风暴》《美国竞争力计划》和《美国竞争法》等。

在2008年国际金融危机爆发之后，美国政府对先进制造业在经济发展中的核心作用有了深入的认识。他们重新评估了虚拟经济和实体经济的联系，并在战略布局上逐步将重点集中在先进制造业上。为了进一步推动这一领域的发展，美国政府颁布了多项政策文件，例如2012年由美国国家科学技术委员会公布了《先进制造业国家战略计划》；2013年，美国推出《制造业创新网络：一个初步设计》和《从互联网到机器人：美国机器人路线图》两份报告；2018年10月，先进制造技术分委会颁布了名为《先进制造业美国领导者战略》的文件；以及2019年颁布的《国家人工智能研究和发展战略计划》等相关文件。这项政策的核心目标是明确产业的发展策略，积极地促进新兴产业的成长，对中长期的产业布局进行规划，培养制造业所需的劳动力，推动高品质的就业机会，并增强创新的能力。

2. 产业发展

1）工业化准备阶段：18世纪末至1860年

在这个阶段，城市的非农经济与农村的农业经济之间的和谐，以及城市化与工业化之间的平衡，已经成为美国产业结构变革的显著标志。在19世纪初期，随着城市商品经济和市场经济的逐渐形成，商品经济开始深入到那些仍然维持自给自足的农村地带。

随着水力机械的广泛使用，美国的纺织产业效率得到了显著的提升。农村地区占据了人口的大部分，已经变成了城市制成品的主要消费场所，而城市的商业活动主要集中在农产品的销售和出口上。另外，工业的持续发展必须依赖于贸易增长和市场覆盖范围的拓宽，同时，交通运输基础设施的进一步完善也为全国统一市场的建立提供了坚实的基础。在南北战争期间，美国的中西部和东部地区已经建立了一个相对完整的铁路交通网络，以及当时全球最完善的运河系统。通过运河系统，东部的商业城市成功地打开了前往西部市场的通道，从而逐步消除了国内市场的地理障碍。美国已经成功地构建了一个以轻纺工业（涵盖棉纺织、毛纺织、生铁冶炼、机械制造和日常用品制造等多个部门）为核心的工业结构，并形成了东北地区的轻纺工业、南方地区的棉花生产以及中西部地区的粮食生产的分工模式。

2）工业化实现初期：1860—1930 年

自 19 世纪 60 年代之后，美国在建材、煤炭、钢铁、石油和铁路等多个领域都取得了飞速的进展，这也意味着美国步入了一个高度工业化的时代。到了 19 世纪末期，美国的制造业总产值已经是农产品总产值的三倍之多，其工农业的国内生产总值也超过了其他先进国家，稳居全球首位。在第一次世界大战即将爆发之前，美国制造业的 GDP 已经超越了其三大主要竞争者——英国、法国和德国的制造业总产值。1890 年美国的工农业总产值中，工业所占的份额高达 80%，其中重工业的产值与轻工业的产值持平。到了 1900 年，农工业的产值比例达到了 73∶27 的水平。到了 20 世纪 20 年代，炼油、钢铁和通用机械已经成为资本规模最大的三个工业领域，而炼油、联合化工和汽车则变成了对工业增长贡献最大的支柱行业。在这一轮的工业进展中，美国成功地从一个准工业国家转型为一个标准工业国家。

3）美国工业化后期：第二次世界大战后到 20 世纪 90 年代初

自第二次世界大战终结之后，美国的经济步入了一个全新的成长时期。随着物质生产行业中劳动效率的逐渐提升，大量节省下来的劳动力开始逐渐流向服务业，这一现象进一步推动了美国社会经济结构步入后工业化的新时代。战争时期的军事技术在民间经济中的运用为民用行业带来了创新的技术供应，而产业技术的不断进步和结构的优化也催生了经济增长的新浪潮。在跨国公司的引领下，全球经济的整合导致了全球工业生产结构的巨大转变，而在这一阶段，建立全球一体化的生产体系已经成为经济增长的核心主题。在这段时间里，尽管美国的经济增长速度出现了一些起伏，但其产业结构的持续性特点却显得尤为突出。

4）信息经济时代的产业结构：20 世纪 90 年代初至今

在信息技术革命的催化作用下，美国在 20 世纪 90 年代步入了以信息经济和知识经济为主导的新时代。随着信息技术的不断进步，人类现在有能力挖掘和利用隐藏在物质运动中的庞大信息资源，这些信息资源已经变得和物质资源一样重要。信息技术的进步不仅促进了信息技术行业的持续成长，同时也为其他先进技术和行业提供了改革或装备的机会。在信息经济时代，美国的产业结构主要以高新技术产业为主导，而现代农业、制造业和现代服务业则以高新技术装备为核心，从而构成了美国产业结构的显著特点。

二、日本

1. 产业政策调整

1）20 世纪 50 年代

在 20 世纪 50 年代初，日本政府推出了一项名为"产业合理化"的政策，这是战后首次执行的产业政策。该政策的目的是恢复战后经济的低迷状态，并激活生产活力。特别是在钢铁、煤炭、电力和造船这四大产业方面，政府通过更新设备和技术进步来降低基础工业的成本，并大力推动民间企业投资现代化设备，因此在 1951 年至 1955 年期间，劳动生产率提升了 76%。

在 20 世纪 50 年代的后半段，日本的产业政策焦点由基础工业逐渐转移到了新兴工业领域。随着经济的发展，产业结构也发生着相应的变化。政府已经开始有计划地对支柱产业和以出口为导向的产业给予支持和培养。1955 年，日本正式成为关贸总协定的一员，标志着贸易和资本自由化的开始。为了实现本国经济结构合理化、提高竞争力、促进产业结构升级，以实现长期稳定高速增长，日本政府推出了针对资本密集型产业发展的具有潜力的政策。

2）20 世纪 60 年代

日本已经步入了经济的快速增长阶段，其产业政策的主要目标是推动重工业化的实现。自 20 世纪 60 年代起，日本政府设定了赶超欧美的战略目标，并确立了"贸易立国"的方针，同时也推动了重化工业化的进程。经过这一系列的发展，日本的产业结构经历了深刻的转型，其国民生产总值在全球排名第二。到了 20 世纪 60 年代的中后段，日本的重化产业已经展现出强大的国际竞争实力，逐渐成为主导的出口行业。

3）20 世纪 70 年代

在 20 世纪 70 年代，日本逐渐将其焦点转向了电脑、电子等知识密集型行业的复苏，并颁布了《特定机械信息产业振兴临时措施法》，其目的是塑造和促进知识密集型产业的持续发展。该计划是一个由政府主导并通过民间机构实施的长期战略项目，目的在于提高企业对信息技术及其产品的需求。此项目被认为是日本产业技术策略的典范，它为日本半导体行业打下了坚实的基础，并为其在全球市场中的份额带来了显著的增长。日本进一步强化了其能源政策，该政策以节约能源和推动替代能源为两大核心支柱，从而解决了由石油危机引发的各种问题。

4）20 世纪 80 年代

在该时期，日本产业政策的核心关注点已经转移到结构的优化以及技术创新的深化。

1983 年，日本对《稳定特定萧条产业临时措施法》进行了修正，随后颁布了《特定产业结构改善临时措施法》，旨在优化因产能过剩而需要调整的工业布局。该法不仅规定了相关部门应当采取的应对政策与措施，也为企业提供了参与市场竞争、寻求合作机会以及获得政府扶持等多种渠道来解决过剩产能问题的途径。此外，还颁布了《顺利化法》，这是一部旨在调整某些行业过剩产能并促进生产模式转变的具有代表性的法律和法规，其核心目标是有效地处理过剩产能，并确保企业能够平稳过渡。在 1986 年发布的《21 世纪产业社会的基本构想》文献中，首次明确指出了日本产业结构的变迁方向，即朝着国际合作和知识创新的融合发展；同时，还将"技术转移"作为一个重要的内容列入其中。产业政策的核心目的是适应全球的结构调整，增强产业与企业之间的灵活转型，保障就业的流动性，并保持地区经济的活跃性。

日本在其《80 年代通商产业政策构想》中明确了"技术立国"的策略。1985 年推出的《基础技术研究顺利化法》旨在创建一个促进基础技术研究和开发的中心，并为企业提供必要的资金援助，以便它们能进行有助于未来业务拓展的基础性研究。

5）20 世纪 90 年代

政策的主要焦点已经转向了优化企业与市场的环境。在 20 世纪 90 年代，日本的政府策略主要集中在改革和废弃已有的制度，例如放宽某些规定，并推出新的制度，以确保当前的经济环境不会对市场产生负面影响，对《石油业法》和《电气事业法》中的限制性法律条款进行了修订，目的是激发市场竞争；对商法中允许引入股票认购权的规定进行了修订；对反垄断法进行了修订，从而允许了控股公司的建立；已经开始执行合并纳税的制度；为了推动控股公司的建立，实施了股份交换制度等措施，这极大地优化了公司的运营环境。

6）21 世纪

政策焦点在经济的结构性改革和创新策略。在 21 世纪的交汇点，日本通商产业省实施了多项改革措施，将其重新命名为经济产业省，并推出了名为《日本经济结构改革与创造的行动计划》的文件，其核心目标是优化日本的经济布局并增强其经济的竞争力。此计划的核心目标是优化总体经济环境，激发企业的创新经济行为和建立新的企业，缓解老龄化等社会问题造成的影响，调整并优化经济结构，将环境议题视为新的增长动力，并在经济活跃度与经济负担之间找到一个平衡点。即一方面对经济进行结构性改革和实施创新策略，另一方面推行环境保护产业方针。

2. 产业发展

1）1945—1960 年：经济复兴期

第二次世界大战结束后，日本在经济和社会各个领域都面临着巨大的挑战，其工业结构完全停滞。这一阶段，日本政府的产业政策向工业倾斜，重点发展煤炭、钢铁等重工业产业。在这个重工业化的进程中，制约其最大问题是资本问题，日本先后建立金融公库、开发银行等政策性金融机构，打造积极良好的融资环境，有效解决了重工业化的资本问题，最终促进了日本重工业化工程顺利完成。在 20 世纪 50 年代，日本的核心产业包括化学、钢铁、电气机械、通用机械以及运输机械（如造船）。

2）1960—1974 年：高速成长期

在 1960-1974 年期间，日本的重化工业呈现出快速增长的趋势。日本的产业政策以重化工业为主，重点扶持钢铁、汽车等工业部门。除了发布各种产业政策，日本还引入财政金融政策等多种渠道间接完善产业发展政策。在这一时期，日本第一产业占比大大下降，而第二产业和第三产业占比显著上升，尤其是重化工业对 GDP 的贡献增多。在

20世纪60年代，日本的核心产业包括运输机械（如轿车）、通用机械、电气设备（如家用电器）、化学制品和钢铁制造。

3）1974—1985年：低速成长期

受1973年石油危机的影响，日本经济增长速度减缓，在这段时间里，日本经历了严重的通货膨胀和日元急剧贬值的经济状况，其产业结构正面临着转型和升级的挑战。日本产业政策开始转向"知识密集型"产业，加大对计算机等电子产业的政策扶持。同时也放松了对金融的管制，产业间资源的配置由以往银行信贷逐步转向了债券、股票和保险等。在20世纪70年代，化学、电气机械（如电子计算机）、运输机械（例如轿车）和普通机械成为日本的核心产业。

4）1985—2000年：结构调整期

在1985年，美国、英国、法国、德国和日本这五个国家签署了被称为"广场协议"的协议。该协议的核心目的是通过对外汇市场的干预，造成美元大幅贬值，而日元却显著升值，从而给日本经济带来了巨大的打击。为了减少汇率波动导致的负面效应，日本产业政策开始实施扩大内需、增加出口、加大海外投资的战略。与此同时，日本产业政策也逐步向高科技创新产业倾斜，诸如信息通信和软件开发这样的多元化新兴产业正在不断出现，并且这些产业在整体产业结构中所占的比重也在逐渐增加。在20世纪80年代，日本的主要产业包括电气机械（通信设备）、通用机械、运输机械（轿车）和化学。

5）2000年至今：稳定发展期

从2000年至今，日本的制造业技术水平一直处于世界前列，在全球价值链高端环节占据一席之地，在这一时期，制造业对GDP的贡献相对稳定。在这一阶段，日本的第三产业内部结构不断调整，金融保险业、信息通讯业和运输业等长期受到政府保护的行业，随着面向企业的生产性服务业的迅速发展而稳定增长，已经成为推动第三产业发展的重要力量。

三、德国

1. 产业政策调整

二战结束后，德国的产业政策发挥了重要作用。产业政策主要围绕以下核心内容实行。

1）战后初期

为基础工矿业、交通运输业在经济方面进行扶持，并持续加强对这类行业的资助，相应的补贴数额也在不断上升。同时，在农业领域，德国政府采取了农业市场秩序政策，其中包括价格的调控和财政的补助，旨在通过政策手段来确保农产品的生产，提升农业的生产效率，确保农业生产者能够获得合适的收益，并保持农产品市场的稳定性。在财政方面，也为农业提供了相当大的财政补助。

2）1960—1979年

此前，德国通过财政补贴重点扶持的产业在全球市场上取得了优势，但是其他欧美国家也陆续补贴某些产业，德国在这些产业上的优势逐渐减少，面对这一状况，德国对造船业、航空航天企业、机械制造、石油化工、汽车制造以及电气电子行业等其他核心产业进行财政补贴、资金支持和税收优惠等，并且取得了明显的效果。

3）1980—1989 年

在 1980 年到 1989 年期间，德国聚焦于产业科技发展，希望调整产业结构。为此，德国政府不仅对科技创新研发进行直接投资提供财政支持，而且还为企业科技发展创造了良好的市场环境，比如提供税收优惠等。

4）1990—2000 年

德国产业政策是为了维持市场竞争的稳定而实行的，高度重视保护自由竞争，因此德国的产业政策更侧重于产业组织而非产业结构。20 世纪 90 年代，德国中小企业在外贸出口方面表现优异，主要原因在于德国政府对中小企业的保护政策，不仅明令禁止大企业串谋形成垄断，而且对中小企业提供财政补贴和技术援助。

5）21 世纪以来

自 21 世纪初，第四次工业革命的兴起使得全球各个国家高度重视科技创新，面对各种新兴经济体的竞争压力，德国政府越发重视产业政策的制定和实施。德国政府加强了对市场活动的介入，提高财政补助的额度，在 2015 年至 2018 年这段时间里，德国政府为企业提供的财政补助金额持续上涨。同时，德国还扩大财政补助的范围，其中对工业和贸易领域的财政补贴占比超过一半，而在 2018 年，这一比例高达 53.1%。

面对全球新兴经济体的竞争压力以及德国在科技创新领域的竞争优势渐渐式微的现状，为了维持国内的竞争市场，保持德国工业在全球市场的竞争力，德国 2019 年发布了《国家工业战略 2030》。明确地说，截止到 2030 年底，目标是将工业在德国和欧盟的总增加值中的份额增加到 25% 和 20%。同时也保护好德国工业产业链的完整性，并努力提升中小型工业企业在经济和技术方面的实力。

2. 产业发展

德国的产业布局经历了三次重大调整。自二战结束后，德国的产业结构经历了三次主要的调整：农业占比逐渐减少，工业占比在下降后逐渐恢复，而服务业的占比在急剧增加后又有所下降。

第一阶段：在 20 世纪五六十年代工业迅速复苏的阶段，工业占比持续上升，而农业的比重逐步减少。第二次世界大战结束后，德国的经济和工业几乎面临崩溃。为了重振经济，联邦德国不得不加强对工业的关注，利用其现有的工业基础和东德的低成本劳动力，减少农业的占比，大力发展工业，从而使工业的占比显著增加。在 1960 年，德国的三个主要产业——农业、工业和服务业的占比分别达到了 5.5%、53.5% 和 40.9%，其中工业的占比表现出了显著的优越性。德国与法国的友好关系、东方外交的正常化以及欧洲联盟的成立都推动了德国加强其贸易交往，从而使得工业的占比进一步上升。到了 1970 年，工业的占比上升到了 57.6%，与此同时，农业的占比持续减少。第二次世界大战结束后，德国重建家园的国内需求为能源、钢铁、建筑、机械、化学和汽车等多个工业领域带来了大量订单，这使得这部分产业成为当时德国经济的支柱，因此为国民生产总值作出了显著贡献，并为其他行业的快速发展提供了有益的示范。

第二阶段：在20世纪七八十年代，德国经历了一个中低速的稳定发展阶段。全面的经济危机导致了严重的产能过剩问题，再加上劳动力成本的上升和流动性的增加，德国不得不调整其产业结构，减少工业的投入和生产力度，同时加强第三产业服务业的发展。在1975年，服务业的占比攀升至49.4%，而工业的占比则减少到了47.7%。到1980年结束时，德国的三大产业在结构调整中的占比分别是2.2%、44.8%和53%，此时，服务业的比重已经大大超过了工业部门。自20世纪70年代以后，德国的发展焦点逐渐转向了电子产业和生物技术领域。

第三阶段：从20世纪90年代开始，一直到国际金融危机爆发之前的"去工业化"和"知识经济"阶段。随着全球经济一体化和国际分工模式逐渐明晰，德国开始致力于绿色经济的发展，进行产业结构的调整，逐渐淘汰了纺织、服装和煤炭等缺乏竞争力、污染环境和高能耗的产业，同时也大力推动了高新技术和服务业的发展。工业的占比已经下降到27.7%，而服务行业的占比持续上升，达到了76%。20世纪80年代末到90年代初，德国重点发展了新兴产业，如微电子技术等逐渐成为德国新兴的核心产业。自20世纪90年代中期之后，德国则致力于加强对计算机及信息技术的扶持。

新一轮的产业结构调整主要集中在交通和基础设施建设、能源转型、数字革命、安全和保健这五大领域的投资和发展，这涉及生命科学、纳米技术、材料、能源、信息通信等核心技术，特别是结合制造业和ICT系统，实施"工业4.0计划"。在执行工业4.0计划的过程中，德国面临的挑战是如何将ICT与机械制造行业相结合，进一步发展其生产结构，并对生产流程进行优化。同时，还要加强标准化、IT技术和网络安全的发展，引进新型人员培训方式。新一轮产业结构调整处于"再工业化"和"第三次工业革命"的关键阶段，其调整将成为改善现有经济状况和确定未来经济发展方向的一个重要环节。相较于之前的三次产业结构调整，新一轮的产业结构调整不仅仅是对制造业的简单调整回归，更是向高新技术产业、高附加值和新兴产业转移，其中最重要的是新兴能源和生物技术行业。截止到2013年年底，德国的三大产业的占比分别是0.86%、30.71%和68.43%。其中，工业，特别是高端制造业的比重正在上升，而服务业的比重则呈现下降趋势。这一轮的产业结构调整可以被看作是一场以环保、智能化和可持续性为核心特点的科技和产业革命。这种创新和突破不仅会催生新的市场需求，还将深刻地改变人们的生产、生活和经济发展模式。

四、中国

1. 产业政策调整

1）产业政策萌芽（新中国成立到改革开放之前）

改革开放之前，我国没有清晰明确的产业政策研究，仅仅只有学者对产业结构的政策和产业区位的政策进行研究。

关于产业结构的政策研究，一方面是农业与工业问题，另一方面是轻重工业结构问题。1953 年，第一个"五年计划"强调集中资源推进工业化建设，优先发展重工业。1956 年毛泽东作了《论十大关系》的报告，提出要正确处理农业、重工业和轻工业的关系，要用多发展一些农业、轻工业的办法来发展重工业。

关于产业区位问题的研究。主要讲产业均衡布局，具体而言，是指地区之间均衡发展，将大量产业转移至内陆地区，这一举措对我国工业布局产生了深远影响。

总的来看，我国在这一阶段的产业政策更多借鉴苏联体系，基于计划经济体制优先发展重工业。

2）产业政策形成（改革开放后到 90 年代初期）

改革开放后，中国开始逐步调整轻重工业结构，借改革开放的契机充分利用劳动力。此时不再局限于学习苏联体系，也开始关注日本等发达国家二战后的产业发展经验。根据对国外产业政策的学习，我国政府开始推出清晰明确的产业政策规划。1987 年有学者作了《以产业政策推进发展和改革》的报告，提出应当合理引导农民等劳动力向第二、三产业流动，以机械工业为主导产业，并重点开发三类高技术产业等，但最终由于对政策认识不足、执行经验不够等原因未能落实。但学者对产业政策的研究分析对我国经济也起到了促进作用。同时改革开放经济特区的设立也为下一阶段产业政策发力奠定了基础。

3）产业政策发展（1994—2002 年）

1994 年国务院颁布《90 年代国家产业政策纲要》，提出应当为我国产业发展创造良好的基础环境，兼顾"倾斜型产业政策"和"竞争型产业政策"的平衡，再一次突出了提升产业的技术标准、鼓励新兴产业的成长以及新产品研发的重要性。1997 年《当前国家重点鼓励发展的产业、产品和技术目录》，提出 "机械电子、石油化工、汽车制造和建筑业之间的融合高级发展，以及加快对外贸易、生活服务行业、文旅产业和社区服务业等第三产业的协调辅助发展。"此外，还提出应当注意区域发展平衡，1999 年正式提出西部大开发战略。

4）产业政策完善（2002—2012 年）

为了促进区域协调发展，"十五"规划进一步对"西部大开发"战略进行了详细部署，"西部大开发""东北老工业基地振兴"和"中部崛起"这三大区域均衡发展战略正在持续不断地推进中。另外，2001 年中国加入 WTO 后，经济进入快速增长期，同时产业体系更加完备。众多学者提出了我国加入 WTO 后产业政策转型的建议，应当在保护好本国幼稚产业的同时积极参与国际竞争，以竞争政策促进中国企业的竞争，更好地适应全球化进程。2010 年国务院印发了《关于加快培育和发展战略性新兴产业的决定》，该决定指出应当重视基础创新，将政策倾斜给电子计算机等战略性新兴产业。

5）产业政策成熟（2012 年之后）

自党的十八大以后，中国面临百年未有之大变局，因此中国的产业政策也必须进行相应的调整以适应这一新的发展趋势。在 2012 年发布的《"十二五"国家战略性新兴产业发展规划》中，强调了对知识和技术密集型产业的关注，特别是那些物质资源使用相对较少，但具有巨大增长潜力和出色综合效益的产业。在 2013 年，中共中央发布了《中共中央关于全面深化改革若干重大问题的决定》，该决定明确了政府职能和市场机制的历史演变，并特别强调了市场在资源分配过程中的决策性作用，同时也突出了市场与政府间的和谐关系。随着我国经济发展进入新常态，市场竞争日趋激烈，企业作为市场主体参与竞争是市场经济活动的基本方式和必然要求。因此，市场的作用已经从一个基本的层面演变成了一个更加核心的角色。

在 2015 年发布的《中国制造 2025》文件中，国务院明确表示："我们应该将创新和发展视为核心，推动新一代信息技术与制造业的深度融合，并积极促进智能制造技术的进步。"在"十三五"规划期内，我们将集中精力于产业结构的高级化、协同化和生态化，明确提出了对能源消费总量和强度进行双重控制的目标。这是我国经济增长方式转变过程中的重大举措之一。中华人民共和国的第十四个五年国民经济和社会发展规划，以及 2035 年的远景目标纲要，特别强调了在追求高质量发展的同时，实现"全体人民共同富裕"的目标。这表明我国未来经济增长的方向就是要走一条以绿色低碳为导向的新型工业化道路。显然，这个目标与产业结构的合理化、高级化、协同化和生态化在本质上是高度一致的，并且它们之间存在着紧密的联系。

2. 产业发展

1）1978—2000 年：以加快改革为主要动力阶段

从产业构成的角度来看，在这一阶段，中国的产业结构发生了巨大变化，第一产业比重显著下降，而第二、三产业占比大幅度上升，表明了我国工业化趋势。轻工业领域我们拥有大量民营经济产业集群，重化工领域，国企迅速壮大，为融入全球市场做好了准备。在这一时期，改革开放显著提高了我国人均收入。改革开放初期，家庭联产承包责任制推动了农业迅速发展，第一产业对 GDP 的贡献提升较大。随着工业化进程的加深，农业占比减少，工业占比上升，已经初步形成一个以满足基本生活需求为核心的经济增长模式。而在第三产业中，服务业迅速崛起，对 GDP 也作出了显著贡献。

2）2001—2012 年：以扩大开放为主要动力阶段

从产业布局的角度看，到 20 世纪末，我国已经成功地构建了一个既独立又完整，并且具有竞争力的产业结构。这一结构是由产业组织政策和产业政策两大子系统共同构成的有机整体，并形成了完整而协调的经济发展系统。这一体系覆盖了国民经济的诸多领域，并持续快速增长。在改革开放初期，从产业构成的视角出发，我国的产业布局明显呈现了向重化工方向发展的趋势。改革开放以来，随着经济发展速度的不断加快，我国的工业化进程也逐渐加速。特别值得注意的是，随着市民消费能力的增强，城市居民的核心需求已从基本的日常生活需求转向了如汽车和住宅这样的耐用消费品，这表明产业结构正逐渐向重型工业转型。

与此同时，在这一时期，以出口为核心的工业化策略已经取得了明显的成果。这主要是因为我国经济发展水平和技术水平相对较高。自中国加入 WTO 以来，其出口的增长连年保持在一个较高水平。到 2009 年为止，中国的出口商品贸易量已经超越了德国，稳居全球首位。这也是我国经济发展速度最快、最稳定的一个时期。到了 2013 年，中国在货物进出口的总量上已经超过了美国,稳居全球首位。从整体上看,我国对外贸易的发展水平正在逐步提升。

3) 2013 年至今:以创新驱动为主要动力阶段

在这一时期,我国产业发展呈现出几个阶段性的特征,包括经济增长速度的减缓、产业结构的高级化,以及向创新型驱动发展模式的转变。

从经济增长的视角出发,尽管中国的经济总值已经突破 82 万亿元(2017 年),并且与全球最大的经济强国美国的经济差距也在逐步减小,但中国的经济增速已经开始明显放缓。通过对产业结构的观察,我们能够清晰地观察到产业结构正朝着更高级的方向发展。我国从改革开放后开始实施以工业化为主导、城镇化和农业现代化协调发展为主要内容的经济转型战略以来,第三产业在 GDP 的占比正在快速增长,并已经成功地实现了"两级跳的目标"。从产业结构来看,我国已由传统工业时代进入到现代服务业时代。在这个新时代的大背景之下,服务业正在逐步演变为我国经济增长的新动力,同时也成为稳定经济增长、结构调整、惠及广大民众以及风险防范的新支柱。

自从党的十八大以来,中国全面地转向了一个以创新为核心驱动力的发展策略,其中,创新被认为是新发展观念的中心和经济增长的主要推动力。在这一背景下,创新成为国家竞争力提升的关键要素。在一个以创新为核心动力的大背景下,中国的产业发展焦点已经从单纯追求增长速度转变为更加重视产品的质量。这就需要对传统的经济发展方式进行改革与转型,通过技术创新来提高生产过程中产品的附加值以及企业的市场竞争力。党的十九大报告清晰地指出,我国经济已经从一个高速增长的时期转变为一个高质量发展的时期。因此,我们有必要加快实施以创新为驱动的发展战略,以促进经济发展在质量、效率和动力方面的全面变革。

第二节 产业经济发展实践的新趋势

一、产业转移全球化

在全球经济发展的大背景下,产业的竞争力依赖于国内产业经济能力的同时,还要依赖于上游产业和下游产业两者之间的跨国间的互动关系:在国内的上游产业在国际市场上的竞争优势,有助于下游产业在全球市场中确立其竞争地位;更进一步地说,在全球的产业结构中,主导产业与辅助产业的密切合作与协同,也有助于塑造和维护国内的国际竞争力。这使得一国的产业日益突破国内狭隘的市场和资源约束,转而可以面向国际市场进行战略选择。因此,也间接推动了全世界范围内的产业要素加速流动,在全球拓展和发展产业链,由此,国际产业体系初步形成。不仅如此,随着国际产业体系的建立,产业分工大幅度变化,之前是全世界范围内不同产业分工,之后是产业内部在全世界分工,再之后甚至扩展到企业内部于全世界分工。显而易见,随着这个分工过程逐渐推进,产业结构必然发生革命性的转变,不仅国内的产业结构会发生巨大变革,而且产业国际化趋势也会就此形成并发展。

随着国际竞争的加剧,国际产业的转移成为不可避免的后果,这也是开放经济环境的一个结果。资本具有逐利性，同样，国际资本为了追求国际贸易利益最大化，必然会想办法向低成本转移，产业资源也会随资本进行转移，由此一个国家的分工模式会因此改变。就部分发达国家而言，一方面，它们牢牢掌控高新核心技术，比如信息产业、新材料产业、生物技术产业和新能源产业的核心技术。另一方面，它们将过剩已无发展前景和上升空间的产业或生产环节转移到某些发展中国家去。举例来说，发展中国家拥有大量低成本人力资本，跨国公司就将需要大量劳动力资源的生产装配环节转移至这些发展中国家，而将研发和营销环节留在本国。由此，一些发达国家资本技术比较密集的产业就转移到了发展中国家。看似那些拥有人力资本优势的发展中国家在国际分工上受到了人力资本掠夺，但实际上在这个过程中技术水平相对低的发展中国家可以获取一部分好处：顺应产业全球化趋势，充分吸纳跨国公司转移至本国的产业，提升技术水平，增强技术创新能力，在此基础上，不断加速国内产业结构的优化和升级过程。通过这些措施，在多个层面全面参与国际竞争，逐渐提升其在国际分工中的地位。

二、产业升级全球化

在全球经济一体化背景下，各个跨国公司相互交叉投资，彼此合作贸易，进而产业资源得以在全世界范围内流通，由此全球产业网络体系成功建立。在全球化产业体系建立的过程中，各个产业环节得以优化，资源得以最佳分配，产业结构逐步完善升级。

全世界产业资源的最优化配置在某种程度上体现为数量上的增长，具体表现为产业资源被大规模地跨国分配；从另一个角度来看，质量的巨大进步主要体现在高科技产业不断涌现，同时传统产业结构变革巨大。

具体来说，各个跨国公司的合作和互动不仅使高科技产业竞争更加激烈，某种程度上也促进了全球产业的升级优化。高科技产业有高风险、高回报的特点，这迫使发达国家在全世界内对资源进行最优化配置。众多的跨国企业计划在其子公司中进行研发和资源的重组与优化，这不仅展现了显著的规模经济效益，还大幅度地减少了研发的总成本，使得高科技产业在全球范围内占据了主导地位；此外，这也进一步减少了技术发展的时间周期。摩尔定律和吉尔德定律，这两个在网络和 IT 领域广受欢迎的法则，为我们提供了最佳的解释。为了最大化经济收益，发达国家正在逐渐将那些处于成熟或衰退阶段的产业技术转移到发展中国家。许多发展中国家巧妙地利用这一机会，充分吸纳接受发达国家转移至本国的产业中的技术，并在此基础上逐步独立开发出自己的技术。化被动为主动，从被动接受发达国家转移过来的产业转变为主动寻求与发达国家合作。

全球化的产业升级也体现在高科技对传统行业的持续改进，这已经变成了经济增长和转型的核心路径。观察那些经济长时间维持高速增长的国家，它们都在不断地利用先进技术渗透到传统行业中，以确保持续的高速增长，传统行业在过往发展过程中持续消耗大量的自然资源，这与我们推崇的可持续发展理念相悖，因此传统行业若想要保持高质量发展，必然要主动更新，学习现代先进技术和管理模式。此变革必然推动传统产业的先进技术持续进步，甚至可以在传统产业基础上催生出一批新兴产业，例如半导体、微电子等相关产业，加速一批高新基础产业的发展，例如航空航天、新能源等相关产业，促进一批"冷门"产业出现，例如光学电子等。从不同角度推动产业全面升级。产业的全球化升级，对中国来说是不可错过的机遇，借此契机，中国不仅能拥有在全世界获取相对有限资源的计划，还可以借此实现产业的全面升级。随着产业的全球化升级，我们可以与国际先进技术、前沿管理经验接轨；通过"引进来"与"走出去"相融合的策略思维，为我国产业开辟宽广的发展空间；不断加快改革步伐，增强创新能力。总体来说，在全面开放和融入全球经济结构的过程中，我国的产业升级需要积极抓住产业升级全球化带来的机会，以形成具备国际竞争力的产业部门。

三、产业经济融合化

在过往历史中，受自然资源和制造业的限制，世界经济的运行主体是以国家为主体的国家型经济模式。但随着技术变革和发展，以信息和服务业为媒介的新型经济模式兴起，经济可以突破地区和资源限制，产业系统则转变为经济和产业互相关联的一体化产业体系。具体而言，以往一个国家拥有相对完备独立的产业体系，而随着产业全球一体化，如今各国产业结构调整优化，越发深入融合到全球产业体系中，众多国家跨国参与国际产业的分工，成为世界产业体系中的一部分。

经济全球化的核心思想是根据全球产业资源配置的需求来构建产业结构，将由历史和地理因素形成的所有国家的产业体系都纳入全球产业体系，从而形成一个既存在利益冲突和激烈竞争，又相互依赖和广泛合作的产业互动关系。宏观上，产业结构的发展模式从根本上得以塑造，产业经济全球一体化是产业经济发展的新方向。

一方面，发达国家为了降低运输费用并且利用其他国家的低成本人力和丰富廉价的自然资源，将产业的一部分环节转移至这些发展中国家去，由此拓展了资本至更广泛的世界范围中。另一方面，这些发展中国家也应当充分利用此契机，明确自己在全球市场上的产业角色分工，完善产业发展契机。

作为全球最大的发展中国家，中国拥有众多良好的发展基础：强大政治资本、优越的社会制度、广阔的发展前景、持续稳定的经济增速、优质的人力资本，应该明确产业发展战略，充分利用自身优势，推动中国产业体系深入融合至国际化产业体系中去。

四、产业经济知识化

在经济全球一体化的背景下，全世界各个国家的经济基础设施正在经历深刻的变革。这种变革的显著特征是：全球的产业机构正在从过去的固定模式逐渐转向更为灵活的模式，不再主要依赖厚、重、长、大的重型化生产技术结构，转而依赖以高效、智能、知识、信息和服务为核心的软型化结构。以金融、咨询和信息服务为核心特点的知识型服务比重不断增大，未来产业发展过程中知识的份量逐步加大是必然趋势。

教育和科研领域持续向产业化发展是产业结构知识化的一个重要体现。首先，技术产业创新能力需不断加强，技术创新需求日益增长，社会对知识型人才的需求逐步增加，这些都需要从事相关产业技术的人员保持终身学习，接受培训。其次，消费者群体对定制化服务的需求增多，相对更灵活的需求促使产品也需保持更新换代。最后，教育和科学研究不仅在整个国民经济收入中作出的贡献日益瞩目，而且与各行各业的相关联系和渗透日益加深，这也推动了教育和科学研究成为独立产业。

在目前全球化产业结构调整过程中，研发、管理和咨询服务等领域的知识型人才比重逐渐增加，这也是产业结构知识化的另一个体现。以往每个经济单位都存在一部分以"服务"为导向的岗位，如文秘、会计、管理者及后勤、物业等，这样的服务性岗位一般由各个产业部门内部自行安排。但随着产业知识逐步集中和生产技术日渐提升，各个产业部门的自我服务岗位已无法胜任更高效率的需求。由此，一大批专业服务公司如保洁公司、会计事务所、咨询公司等成立，来专门满足各个生产部门的服务需求。这部分服务性产业独立出来，增加了知识产业在整体结构中的比重，加速了产业结构知识化的转变。

五、产业经济绿色化

产业经济绿色化的内涵是利用最少环境资源代价实现经济社会效益最大化，建立一个顺应自然、促进人与自然和谐共生、高质量可持续发展的经济模式。

早在 1970 年，全球环境问题就日益突出，气候变化、极端气候事件频发、森林面积急剧下降、荒漠化加剧、生物多样化丧失，给人类生存和发展带来严峻挑战。人类痛定思痛，共同携手，着手于恢复大自然的生态平衡。提出不应当以牺牲生态平衡为代价，追求经济高速发展，而是应当建立生态和经济平衡的健康发展模式，推动产业经济绿色化发展。

至 1990 年，可持续发展战略深入人心，世界各地兴起绿色产业发展浪潮。产业和生态之间的有机平衡，不仅体现在产业的绿色化程度持续上升，还体现在新兴的生态产业广泛应用。产业生态化（产业绿色化）是指坚持以节能减排、提质增效为主要目标，在整个产业生态流程中，对传统产业各环节进行生态化改造，兼顾经济社会效益和生态效益。而生态产业化，则是指将生态资源作为生产投入品，运营实现生态资源的转化和应用，实现生态产业的经济效益。不管是生态产业化，还是产业生态化，都是生态环境和产业发展协同共进的重要途径，二者相互作用，促进了生态产业的整合，也推动了传统产业向绿色转型。

六、军民结合全球化

"军队与民众的结合，和平与战争的结合；军队保卫民众，民众供养军队。"这是世界众多国家推进军民产业发展的关键策略。

尽管在和平时期，各大国博弈的焦点已由军事实力转为经济比拼，但军工产业始终有着不可动摇的地位。军工产业的技术是由一个国家整体技术发展为支撑的，代表着最领先的科学技术。和平时期，将军工技术转移应用于民用工业，民用产业的技术实力得以大大加强，国家产业经济竞争力也大大增强。战争时期，民用产业则可反哺军工产业，为军事战争提供强有力支持,例如美国曾利用民用飞机运输战备物资。

在全球范围内,众多国家高度重视军事与民用产业的融合,实施了多种强有力的策略,例如美国为了推动军民两用技术的研发,曾推出"技术再投计划"(TRR)项目。军民产业相结合,彼此促进,有利于提高国家技术实力,也能更好地提高国际地位,全世界各国都积极推进军民结合的策略,也推动了军民结合全球化。

第三节　我国产业经济发展的问题和趋势

一、我国产业经济发展面临的问题

1. 科技发展压力大

伴随着科技的飞速发展,我国的科技实力持续上升,与发达国家的技术差距也在逐步缩小。然而,我国发展仍然面临着重大科技瓶颈,关键领域核心技术受制于人的格局还没有从根本上改变,科技基础依然薄弱,科技创新能力特别是原创能力还有很大差距。近年来西方国家对我国科技发展无理打压,我国科技创新能力和产业优化依然面临着严峻的挑战。

2. 产业集群化发展

产业集群,是指某些具有共同特征的企业或者组织,通过某一特定的地理空间集聚而形成的具有高度关联性的有机整体。产业集群有利于形成产业规模效应,加速产业发展。

但总体来看,我国产业集群化发展水平还不够高。在某些地方,由于产业市场秩序不规范,政策措施不到位,产业集群发展过程中出现"集而不群"的现象。也就是说,尽管形式上促成了企业在空间地理上的集聚,但并未真正形成有机的产业集群,整体对产业经济的健康发展造成不利影响。甚至在某些企业内部,由于企业在发展过程中专业分工的不完善和各部门之间的协调不足,各部门各行其是,无法使公司利益最大化。

3. 产业经济生态化

产业生态化,是指产业发展要兼顾经济发展与生态环境的有机平衡。产业经济生态化,是我国产业发展的必然选择。尽管我国已投入多项举措促进产业经济生态化,如壮大清洁能源和产业,建立循环生态示范区等,但实际上依然与发达国家有着不小的差距,比如相关产业技术创新能力较为一般,人才短缺,管理模式相对落后,产业规模有待扩大。

二、我国产业经济发展趋势

1. 产业结构服务化

近年来,我国产业结构经历了显著的转变,从过去以工业为主导的模式逐步演变为以服务业为主导。不仅对企业、事业部门的服务，而且对个人和社会提供的服务都不断扩大。各个产业在相互联系中彼此促进，使经济日益趋向服务化。

2. 需求结构消费化

2020年以前，中国需求结构存在失衡问题，即投资率偏高、消费率偏低。与世界各国消费率相比，我国消费率长期以来居于世界较低水平。经过政府供给侧和需求侧改革，我国的经济发展逐渐从以往过于依赖投资和出口拉动向更多依靠国内需求特别是消费需求拉动转变。回望"十三五"，消费已成为中国经济增长主引擎。超大规模市场释放的巨大消费潜力，为中国经济高质量发展提供了有力支撑。我国需求结构不断优化，向消费化方向转变。

3. 新动能转换

早在2015年，我国首次提出"新旧动能转换"。新旧动能转换是指培育新动能、改造旧动能。新动能，指利用新的科技革命和产业变革形成的经济社会发展新动力、新技术、新产业、新业态、新模式等。旧动能，是指传统动能，它不仅涉及高耗能高污染的制造业，更宽泛地覆盖利用传统经营模式经营的第一、二、三产业，是以政府和资源为导向的。随着产业经济发展，延续老旧产业模式不可取，向新的经济动能转变是必由之路。这既是我国产业经济发展面临的挑战，也是机遇，更是趋势。

4. 绿色可持续发展

"绿水青山就是金山银山"，大力推动我国产业经济绿色可持续发展是高质量发展的必经之路。众多企业纷纷重视绿色可持续发展理念，将该理念贯彻应用于日常运营和生产实践中。这不仅加强了对环境的保护和环境保护的监管，还改变了过去主要依赖资源消耗的生产模式，构建了一个更加绿色的生产和供应模式。这也推动了我国产业日趋绿色可持续发展。

5. 更加注重产业链完善体系的建设

最大限度地发挥地方的优势，将产业链的上下游资源进行整合。例如，在江西、山东、深圳等地，已经开始实施"链长制"。这一制度由当地的主要领导或管理部门的主要负责人担任，主要负责对产业链上的生产、研发、运营规范、协调和维护等方面进行管理，以鼓励企业利用地方的优势来构建产业链。此项措施有助于将产业链的进展与地方的规划紧密结合，不仅可以推动地区有限的资源为产业链提供全方位的服务，还可以根据产业链的成长需求，积极引入相关行业，进一步完善和加强产业链。

我们鼓励制造业建立全球性的供应链，并在长远的视角中重视国与国之间的合作。以"人类命运共同体"的思想为导向，与邻近国家和地区合作，共同处理重大公共事件，从而增强企业供应链在面对区域或全球重大公共事件风险时的应对能力。

6. 推动国内外双循环新发展格局

面对国际贸易日益紧张和投资与出口对经济增长贡献逐渐减少的背景下，我们需要重新审视消费在劳动经济增长中的核心地位，并思考如何激发国内消费成为未来经济增长的关键议题。强化"六个确保"政策的执行力度，确保企业的稳定就业，同时支持线上业态、线上服务和线上管理等新兴业态的发展。为了促进投资驱动出口，我们采取了一系列具体措施，包括但不限于：扩充新型基础设施的建设，提高全球制造业价值链的分工效率，增强外贸企业的风险应对能力，推行"信保+担保"模式，并为外贸企业的融资活动提供更多的信任支持，同时也支持跨境电商、海外仓库和外贸综合服务企业等新兴业态的发展。我们高度重视国内市场，致力于满足国内的消费需求，并逐渐构建了一个以国内大循环为核心，国内与国际双重循环相互推动的新的发展模式。

第四节　产业经济理论研究前沿

一、企业选址

在企业发展过程中，选址和建厂被视为关键的微观操作之一。丰田公司的前任主席奥田硕谈及在法国投资建设丰田在欧洲大陆的第一条生产线时，曾明确表示："哪里有市场，哪里就有工厂。"企业与市场的相对距离决定了它们与市场的连接难度，这也是决定企业选择地点的关键因素之一。目前，企业选址已成为产业经济研究的焦点。周浩和陈益（2013）对 FDI 的三种外溢效应对新建企业选址的影响进行了研究，发现 FDI 的水平外溢和后向外溢对内资和外资企业的选址都具有显著的吸引力。周浩与郑越（2015）采用泊松模型来研究环境规制如何影响中国新建制造业企业的选址，并观察到环境规制对这些企业的迁移产生了明显的限制效果。周浩和余壮雄等人（2015）对可达性和集聚经济对中国制造业新企业选址的影响进行了研究。他们发现，区域间的需求可达性对新企业有排斥力，而供给可达性和区域内的需求可达性对新企业有吸引力，集聚经济是吸引新企业落户的重要因素。

二、人工智能对产业发展的影响

1. 人工智能与农业发展的关系

在农业领域，人工智能的应用主要体现在智能农业和精准农业方面。通过植物识别技术，人工智能可以快速检测作物病虫害，提前预警，从而有针对性地采取防治措施。此外，人工智能还可以通过分析大量的气象、土壤和作物数据，精确地为农民提供种植建议，降低化肥、农药的使用量，提高农业生产效率。未来，农业无人机、自动化种植和收割设备等智能农业设备将更加普及，有望极大地缓解农村劳动力短缺的问题。人工智能技术还可以帮助农业实现可持续发展，减少对环境的污染。

汝刚（2020）的研究表明，智慧农业可按照三步发展：先利用人工智能减少劳动力短缺，再智能化升级传统农业工具，最后利用科技提升农业产业技术水平，提高农产品质量。因此，将人工智能技术应用于农业产业，同时优化劳动力和工具，既解决了农业产业现有困境，还能引导农业走上新的发展道路。

2. 人工智能与制造业发展的关系

在制造业全面转型与升级的过程中，人工智能毫无疑问发挥了重要作用。在企业层面，智能化升级体现在方方面面，如生产的产品，企业提供的服务，企业产品生产方式与企业管理水平等；在产业层面，可以充分利用人工智能技术打造全新模式的产业制造体系；在宏观经济层面，人工智能技术水平的提高，相关产业人才的培养，铺建技术基础设施体系等都有利于制造业智能化转型和升级。

然而，智能化升级制造业，还需克服多重困难。首先，众多制造业企业智能化转型动机不足，由于人工智能应用路径不明晰，收益成本和风险难以准确核算，前期转型利润不足，制造业还处于劳动密集型产业，对数字化、信息化、智能化转型需求缺乏，故而制造业智能化转型动机不足，造成智能化转型障碍。其次，我国制造业仍然在某些核心技术上存在瓶颈，部分关键组件仍高度依赖进口，故而技术瓶颈也是智能化转型的障碍。最后，创新模式的探索不足，复合型人才短缺都是亟待克服的严峻挑战。

面对众多困难，如何达到智能制造的目标，是我们需要深入思考的问题。从机制和路径来看，人工智能通过提升制造业生产效率、产品质量和资源配置效率等方面全面推动制造业升级。从技术应用的角度来看，关键在于推动人工智能核心技术的创新突破，不断挖掘智能技术的创新突破点，促进制造业各环节对该智能技术更加广泛地应用，从而加快落实其在制造业的应用布局。从发展模式的角度来看，我们应该加强人工智能在企业生产、管理、装备、产品、服务各个环节上的应用，打造全新型智能制造业体系。

3. 人工智能与服务业发展的关系

人工智能的快速发展，技术水平的不断提高，使得其在服务领域也发挥了重要作用。服务领域主要包括生产性服务业和生活性服务业。生产性服务业主要服务于生产者，包括交通运输业、现代物流业、金融和信息服务业等，其产品常用作中间投入品。生活性服务业服务于消费者，产品用于最终消费，被称为消费性服务业，一般包括住宿餐饮、娱乐旅游、教育等。

人工智能应用于服务业，有着丰富的例子。由于服务业行业特点，人工智能在服务业上的应用场景呈现出显著的差异性。例如，在酒店业中，人工智能可以通过语音识别技术和自然语言处理技术，实现智能客服机器人服务。这些机器人可以根据客人的需求和问题，提供准确的答案和解决方案，减少人工客服的负担，提高服务效率。此外，人工智能还可以通过分析客户的行为和偏好，提供个性化的推荐和建议，提高服务质量。又如，餐饮行业中，通过智能点餐系统和智能厨房设备，可以实现餐厅的自动化管理和智能化生产。除此之外，人工智能产品也广泛应用于各行各业中，如智能物联网，客服机器人，人脸识别机等，这些人工智能产品都在无形之中为人类的生产生活带来极大的便利。

三、金融体系与产业结构

产业结构的升级，是通过不断提高技术和规模效率，实现生产要素改进、产业结构优化、产业附加值提高的系统工程。金融则是为实体经济提供投资融资途径,通过资金分配实现资源的跨时间空间配置,最终得以实现最优配置。通过金融市场引导资源流动,产业结构也得以升级优化转型。

金融市场在推动经济增长和产业结构升级方面起到了关键作用。金融深化与金融集聚是产业结构升级的重要推动力。所谓金融深化是指国家放弃对金融市场与体系的过分干预,使利率与汇率实现市场化,最大化发挥市场调节作用;金融集聚,是指政府金融部门、金融机构、投资公司等金融类企事业单位在特定区域内的集中。

之所以说产业升级得靠金融深化助力,是因为产业升级需要资本积累及资本优化配置给予支持。倘若金融未进行深化,市场仍在计划把控中,资源就不能按照市场自我调节流向更高效率的部门;且金融市场也不能充分反映供求关系,信息传递不到位,好的产业得不到关注与支持,产业无法转型升级。随着金融自由化逐步放开,产业会转型、发展乃至升级:一方面,金融深化通过推动高技术产业发展促进产业升级,比如提高直接融资比例,扩大金融体系规模,为高技术产业提供更多资金支持,推动产业结构升级。另一方面,金融深化可以有效解决企业融资约束问题,避免处于转型关键期企业陷入"技术进步方式长期以模仿为主、产业结构长期以低创新密度产业为主导"的模仿陷阱中去,助力产业升级。

金融集聚是产业升级的另一个重要推动力。金融集聚形成弧吸效应,金融资源的集中带来丰富的劳动力资源和强大的信息网,集聚范围内金融产业之间的联系更加紧密,信息资源传递效率更高,资金融通机制更加健全,间接助力实体经济产业优化。此外,金融集聚可以促进区域内创新主体集聚,进而降低区域内交易成本、运输成本等,形成规模经济效益。

产业经济是基础和根本,金融则充当催化剂,二者相互促进,只有当金融体系与产业相适配,才能更有效地促进产业优化,实现经济增长。

四、数字贸易与价值链

近年来,数字贸易发展迅猛,正在重塑和创新各类经济活动,全球价值链以贸易为纽带在全球范围实现资源配置,数字贸易的发展和繁荣正在成为重塑全球价值链的关键力量。

数字贸易不仅可以给技术带来突破性创新,催生贸易新形态,重塑价值链,还能够通过数据流动,促进各个产业之间的要素共享、协同发展,引导传统产业数字化转型甚至向全球价值链延伸。首先,数字贸易可以推动更多服务和产品嵌入全球价值链,数字技术可以显著降低贸易成本,促进价值链各环节分工细化重新组合,推动数量更多和范畴更广的服务和产品融入全球价值链。其次,数字贸易推动更多中小微企业甚至消费者个体融入全球价值链,数字技术的广泛应用降低了贸易成本,细化了生产分工,能推动将传统大规模、同质化产品转向定制化、个性化产品需求,这都使得众多中小微企业参与到全球价值链中提供服务和制造。最后,数字贸易推动全球价值链,向区域化和全球化方向发展,一方面,为了更加及时地将产品送达客户手中,制造环节更加考虑靠近客户，故而制造环节越发向区域化发展；另一方面，数字技术使得生产性服务业成本降低，为了服务更多客户，服务环节更倾向于全球化。

为了牢牢把握数字经济顺势发展的机遇，加速推进以数字贸易为代表的新业态、新模式发展，不断提升我国在全球价值链中的地位。我们更应当以数字贸易为抓手构建国内价值链和新的全球价值链，加大力度推进新型基础设施建设，加快我国各类产业和企业的数字化转型，推动我国产业经济不断发展。

1. 美国产业政策调整及美国产业发展分别经历了哪几个阶段？
2. 日本产业政策调整及日本产业发展分别经历了哪几个阶段？
3. 德国产业政策调整及德国产业发展分别经历了哪几个阶段？
4. 中国产业政策调整及中国产业发展分别经历了哪几个阶段？
5. 简述产业经济发展实践的新趋势。
6. 简述我国产业经济发展面临的困境有哪些？
7. 简述我国产业经济发展的趋势。
8. 简述数字贸易和价值链的关系。

参 考 文 献

[1] [美]埃弗里特·M. 罗杰斯. 创新的扩散[M]. 唐兴通，郑常青，张延臣，译. 北京：电子工业出版社，2016.
[2] [爱尔兰]伯纳德特·安德鲁索，戴维·雅各布森. 产业经济学与组织——一个欧洲的视角[M]. 王立平，尹莉，译. 北京：经济科学出版社，2009.
[3] 白钦先，高霞. 日本产业结构变迁与金融支持政策分析[J]. 现代日本经济，2015(2).
[4] 白让让. 国有企业主导与行政性垄断下的价格合谋——"京沪空中快线"引发的若干思考[J]. 中国工业经济，2007(12): 46-52.
[5] 蔡敏，李长胜. 美国重振制造业完全依靠自由市场吗?——论重振过程中的美国产业政策[J]. 政治经济学评论，2020, 11(5).
[6] 曹鑫，欧阳桃花，黄江明，等. 智能互联产品重塑企业边界研究：小米案例[J]. 管理世界，2022, 38(4).
[7] 陈桂芬，李静，陈航，等. 大数据时代人工智能技术在农业领域的研究进展[J]. 吉林农业大学学报，2018(4).
[8] 陈俊龙. 交易成本、科斯定理与混合所有制经济发展[J]. 学术交流，2014(4).
[9] 陈韶华. 战后日本产业政策研究[D]. 武汉：武汉大学，2011.
[10] 崔世腾，张东风. 论资产专用性与纵向一体化[J]. 经济与管理，2012, 26(2).
[11] 邓洲. 促进人工智能与制造业深度融合发展的难点及政策建议[J]. 经济纵横，2018(8).
[12] 董景荣. 技术创新扩散的理论、方法与实践[M]. 北京：经济科学出版社，2009.
[13] 范方志，张立军. 中国地区金融结构转变与产业结构升级研究[J]. 金融研究，2003(11).
[14] 方晨茜，俞立霞，张瀚芳，等. 浙江省制造企业创新升级研究[J]. 合作经济与科技，2022(8).
[15] 冯志刚，张志强. 美国重拾国家产业政策的新动向——基于"美国国家产业政策战略"报告的剖析与启示[J]. 图书与情报，2022(6).
[16] 付文宇，李彦，赵景峰，等. 人工智能如何影响地区制造业优化升级?——基于双重中介效应的研究[J]. 经济体制改革，2020(4).
[17] 高煜. 中国经济高质量发展中人工智能与制造业深度融合的智能化模式选择[J]. 西北大学学报（哲学社会科学版），2019(5).
[18] 耿子恒，汪文祥. 人工智能对产业发展影响的研究进展[J]. 企业经济，2021, 40(10).
[19] 龚强，张一林，林毅夫，等. 产业结构，风险特性与最优金融结构[J]. 经济研究，2014, 4(3).
[20] 龚仰军. 产业经济学教程[M]. 上海：上海财经大学出版社，2014.
[21] 贺俊. 制度逻辑、竞争位势与政府干预：美国产业政策的分解与合成[J]. 国际经济评论，2023(4).
[22] 黄桂田. 产业组织理论[M]. 北京：北京大学出版社，2012.
[23] 黄磊. 韩国德国产业政策比较及对我国的启示[J]. 国际经贸探索，2004(2).
[24] 黄群慧，贺俊. 未来30年中国工业化进程与产业变革的重大趋势[J]. 学习与探索，2019(8).
[25] 霍苗，李凯，李世杰，等. 集群企业竞争中的伯川德陷阱研究——基于永康保温杯企业集群案例的启示[J]. 财会通讯，2012(2): 50-52.
[26] 胡汝银. 从智能制造到经济与社会全方位智能化重塑[J]. 上海对外经贸大学学报，2020(5).
[27] 姜苏玲. 人工智能产业政策的欧盟方案[J]. 文化纵横，2023(1).
[28] 江鸿，贺俊. 美国结构性产业政策的变革走向与中国应对[J]. 中州学刊，2020(10).
[29] 蒋媛媛，李雪增. 不完全契约理论的脉络发展研究[J]. 新疆师范大学学报(哲学社会科学版)，

2014, 35(2).

[30] 纪华道. 企业组织结构的变革演化及趋势[J]. 学术界, 2014(11).
[31] 孔令丞, 李悦. 论产业经济发展新趋势[J]. 财经问题研究, 2003(9).
[32] 廖进球. 产业组织理论[M]. 上海: 上海财经大学出版社, 2012.
[33] 李思奇, 孙梦迪. 美国产业补贴政策实践及其对中国的启示[J]. 国际贸易, 2022(10).
[34] 李彬, 赵佩玉. 我国产业经济趋势展望[J]. 全国流通经济, 2020(35).
[35] 李成, 刘子扣. 基于经济增长的金融结构与产业结构协调性分析[J]. 经济问题探索, 2021(1).
[36] 李芳芳, 冯艳玲. 区域协调发展背景下的中国产业经济研究——2021中国产业经济研究学术年会观点综述[J]. 产业经济评论, 2022(01).
[37] 李建民. 俄罗斯产业政策演化及新冠疫情下的选择[J]. 欧亚经济, 2020(5).
[38] 李孟刚, 蒋志敏. 产业经济学理论发展综述[J]. 中国流通经济, 2009, 23(4): 30-32.
[39] 林恩·佩波尔, 丹·理查兹, 乔治·诺曼, 等. 产业组织:现代理论与实践[M]. 北京: 中国人民大学出版社, 2014.
[40] 刘飞, 鲍身伟, 王欣亮, 等. 人工智能时代养老产业高质量发展的抉择: 依据、动力与策略[J]. 西北大学学报(哲学社会科学版), 2020(2).
[41] 刘海波, 刘砾丹. 中国产业政策演进与产业结构全面优化[J]. 内蒙古社会科学, 2022, 43(3).
[42] 刘汉民, 冯芷莹, 齐宇, 等. 现代企业理论三大流派的比较分析[J]. 经济社会体制比较, 2021(1).
[43] 刘静. 大连市主导产业关联分析及产业融合发展对策[D]. 大连: 大连理工大学, 2006.
[44] 刘亮, 胡国良. 人工智能与全要素生产率——证伪"生产率悖论"的中国证据[J]. 江海学刊, 2020(3).
[45] 刘姝璠, 张荣光, 邓江晟, 等. 科技金融、高新技术产业与产业结构升级[J]. 统计与决策, 2021(2).
[46] 柳卸林. 技术创新经济学[M]. 北京: 清华大学出版社, 2014.
[47] 刘雄. 大国崛起的产业政策及其特征——以工业化时期的英国、德国、美国为例[J]. 湘潭大学学报(哲学社会科学版), 2017, 41(5).
[48] 刘永焕. 发达国家产业结构调整的经验借鉴——以美国和德国为例[J]. 经济论坛, 2017(5).
[49] 刘媛媛, 朱鹤. 德国新一轮产业结构调整对欧盟的影响研究[J]. 工业经济论坛, 2015(5).
[50] 刘志彪, 安同良, 王国生, 等. 现代产业经济分析[M]. 南京: 南京大学出版社, 2001.
[51] 刘志彪, 等. 产业经济学[M]. 北京: 机械工业出版社, 2015.
[52] 李廉水, 石喜爱, 刘军, 等. 中国制造业40年: 智能化进程与展望[J]. 中国软科学, 2019(1).
[53] 李伟. 代际演进背景下后发标准赶超机制研究——对4G标准竞争的解释[J]. 经济管理, 2022, 44(5): 24-40.
[54] 李夏. 基于产业关联理论的我国建筑业投入产出分析[D]. 济南: 山东建筑大学, 2012.
[55] 鲁钊阳, 李树. 农村正规与非正规金融发展对区域产业结构升级的影响[J]. 财经研究, 2015(9).
[56] 马军. 彩电行业价格战研究[D]. 成都: 电子科技大学, 2003.
[57] 马薇, 惠宁. 创新驱动发展下的金融结构与产业结构升级——机遇30各省份动态面板数据的实证分析[J]. 经济问题, 2019(4).
[58] 倪娟. 奥利弗·哈特对不完全契约理论的贡献——2016年度诺贝尔经济学奖得主学术贡献评介[J]. 经济学动态, 2016(10).
[59] 戚聿东, 肖旭. 数字经济时代的企业管理变革[J]. 管理世界, 2020, 36(6): 18.
[60] 汝刚, 刘慧, 沈桂龙, 等. 用人工智能改造中国农业: 理论阐释与制度创新[J]. 经济学家, 2020(4).
[61] 沙德春, 荆晶. 中美人工智能产业国家顶层政策比较研究[J]. 科学管理研究, 2021, 39(3).
[62] 盛朝迅. 改革开放40年中国产业发展成就与方向前瞻[J]. 中国发展观察, 2018(22).
[63] 沈梓鑫, 江飞涛. 美国产业政策的真相:历史透视、理论探讨与现实追踪[J]. 经济社会体制比较, 2019(6).
[64] 孙效华, 张义文, 侯璐, 等. 人工智能产品与服务体系研究综述[J]. 包装工程, 2020(10).

[65] 孙毅. 数字经济学[M]. 北京：机械工业出版社，2021.
[66] 孙志红，张娟. 金融科技、金融发展与经济增长[J/OL]. 财会月刊，2021(4).
[67] 汤志伟，雷鸿竹，周维. 中美人工智能产业政策的比较研究——基于目标、工具与执行的内容分析[J]. 情报杂志，2019, 38(10).
[68] 唐岳驹. 熊彼特和他的"创新理论"[J]. 世界经济，1981(9).
[69] 王丰. 美国产业结构的升级路径及启示[J]. 产业与科技论坛，2012, 11(9).
[70] 王建军. 产业链整合与企业提升竞争优势研究——以钢铁企业为例[J]. 经济经纬，2007(5).
[71] 王兰平，王昱，刘思钰，等. 金融发展促进产业结构升级的非线性影响[J]. 科学学研究，2020(2).
[72] 王小艳. 人工智能赋能服务业高质量发展：理论逻辑、现实基础与实践路径[J]. 湖湘论坛，2020(5).
[73] 王勋，JOHANSSON A. 金融抑制与经济结构转型[J]. 经济研究，2013(1).
[74] 温丹辉. 电信业的过度竞争、串谋与资源共享[D]. 北京：北京邮电大学，2006.
[75] 吴汉洪. 产业组织理论[M]. 北京：中国人民大学出版社，2007.
[76] 吴旺延，刘珺宇. 智能制造促进中国产业转型升级的机理和路径研究[J]. 西安财经大学学报，2020(3).
[77] 肖兴志，张嫚. 产业经济学[M]. 北京：首都经济贸易大学出版社，2007.
[78] 谢蓉. 浅谈产业经济新的发展趋势[J]. 国际公关，2019(9).
[79] 新一代人工智能引领下的制造业新模式新业态研究课题组. 新一代人工智能引领下的制造业新模式与新业态研究[J]. 中国工程科学，2018(4).
[80] 熊红星. 网络效应、标准竞争与公共政策[M]. 上海：上海财经大学出版社，2006.
[81] 徐进，王剑敏，杨友才，等. 二维 Bertrand 博弈和随机配给[C]//中国优选法统筹法与经济数学研究会，南京航空航天大学，《中国管理科学》编辑部，中国科学院科技政策与管理科学研究所. 第八届中国管理科学学术年会论文集，2006: 505-509.
[82] 叶旭廷. 国内企业并购重组对产业安全的影响研究[D]. 北京：北京交通大学，2016.
[83] 伊娜（NELIUBINA INNA）. 俄罗斯产业结构演变研究[D]. 西安：西安石油大学，2019.
[84] 余南平，廖盟. 全球价值链重构中的国家产业政策——以美国产业政策变化为分析视角[J]. 美国研究，2023, 37(2).
[85] 袁斐，朱婧. 组织结构变革的动因、影响因素及途径[J]. 现代企业，2008(8).
[86] 袁庆明，郭艳平. 科斯定理的三种表述和证明[J]. 湖南大学学报(社会科学版)，2005(3).
[87] 于斌斌. 金融集聚促进了产业结构升级吗：空间溢出的视角——基于中国城市动态空间面板模型的分析[J]. 国际金融研究，2017(2).
[88] 于畅，李佳雯. 数字经济时代企业边界突破的逻辑与路径[J]. 商业经济研究，2021(4).
[89] 于雯杰. 德国产业政策的路径变迁与启示——基于《国家工业战略 2030》的分析[J]. 财政科学，2021(7).
[90] 张秋红. 电信运营商间合谋行为的机理及对企业绩效的影响[D]. 长青：吉林大学，2012.
[91] 张文英. 由 ofo 共享单车发展历程引发的思考[J]. 中国集体经济，2020(16): 28-29.
[92] 张一林，龚强，荣昭，等. 技术创新、股权融资与金融结构转型[J]. 管理世界，2016(11).
[93] 赵玉林. 创新经济学[M]. 北京：中国经济出版社，2016.
[94] 郑晓. 产业结构与经济增长[D]. 北京：中共中央党校，2012.
[95] 中国人民银行武汉分行办公室课题组，韩飚，胡德. 人工智能在金融领域的应用及应对[J]. 武汉金融，2016(7).
[96] 周浩，陈益. FDI 外溢对新建企业选址的影响[J]. 管理世界，2013(12).
[97] 周浩，余壮雄，杨铮，等. 可达性、集聚和新建企业选址——来自中国制造业的微观证据[J]. 经济学(季刊)，2015, 14(4).
[98] 周浩，郑越. 环境规制对产业转移的影响——来自新建制造业企业选址的证据[J]. 南方经济，

2015(4).

[99] 周建军. 美国产业政策的政治经济学：从产业技术政策到产业组织政策[J]. 经济社会体制比较，2017(1).

[100] 周三多. 管理学[M]. 北京：高等教育出版社，2018.

[101] 周仕浩. 对科斯产权思想与企业边界理论的思考[J]. 产业与科技论坛，2014, 13(13).

[102] 朱玉杰，倪骁然. 金融规模如何影响产业升级：促进还是抑制？——基于空间面板 Durbin 模型 (SDM)的研究：直接影响与空间溢出[J]. 中国软科学，2014(4).

[103] Ajay Kumar and Justin Paul. Mass prestige value and competition between American versus Asian laptop brands in an emerging market—Theory and evidence[J]. *International Business Review*, 2018, 27(5): 969-981.

[104] Arrow K. Economic Welfare and the Allocation of Resources for Invention. In The Rate and Direction of Inventive Activity: Economic and Social Factors[M]. 1962, Princeton: Princeton University Press.

[105] Athey, Susan, and Glenn Ellison. "Position Auctions with Consumer Search. "Quarterly Journal of Economics126, No. 3(2011): 1213-1270.

[106] BAUM C F, SCHAFER D, TALAVER A O. The impact of the financial system's structure on firm's financial constraints[J]. *Journal of International Money and Finance*, 2011(4).

[107] BECK T, DEMIRGUC－KUNT A, LEVINE R. Financial institutions and markets across countries and over time: the updated financial development and structure database[J]. *World Bank Economic Review*, 2010(1).

[108] BENMELECH E, BERGMAN N K. Collateral pricing[J]. Journal of Financial Economics, 2009(3).

[109] Cunningham C, Ederer F, & Ma S. 2021, "Killer acquisitions", Journal of Political Economy, 129(3): 649-702.

[110] d'Aspremont. On Hotelling's "Stability in competition"[J]. *Econometrica*, 1979(5).

[111] Denicolo V. Patent races and optimal patent breadth and length[J]. *The Journal of Industrial Economics*, 1996: 249-265.

[112] Economides. The principle of minimum differentiation revisited[J]. *European Economic Review*, 1984(3).

[113] Edelman, Benjamin, Michael Ostrovsky, et al. "Internet Advertising and the Generalized Second-Price Auction: Selling Billions of Dollars Worth of Keywords." American Economic Review 97, No. 1(2007): 242–59.

[114] Edgeworth F Y. The Pure Theory of Monopoly. In: Gabszewicz JJ, Thisse J-F, eds. Microeconomic Theories of Imperfect Competition: Old Problems and New Perspectives. Elgar Reference Collection. 1999: 44-75.

[115] Gabszewicz, Thisse. Entry (and exit) in a differentiated industry[J]. *Journal of Economic Theory*, 1980(22).

[116] Gabszewicz, Thisse. Price competition, quality and income disparities[J]. *Journal of Economic Theory*, 1979(3).

[117] GEHRIG T. Cities and the geography of financial centers[M]. London: Cambridge University Press, 2000.

[118] Gilbert R J, Newbery D M G. Preemptive patenting and the persistence of monopoly[J]. *The American Economic Review*, 1982: 514-526.

[119] Gilbert R, Shapiro C. Optimal patent length and breadth[J]. *The RAND Journal of Economics*, 1990: 106-112.

[120] GREENWOOD J, JOVANOVIC B. Financial development, growth, and the distribution of

income[J]. *Journal of Political Economy*, 1990(5).

[121] Hall B H. Innovation and diffusion[J]. *NBER*, 2004: 10212.

[122] Hotelling. Stability in competition[J]. *Economic Journal*, 1929(1).

[123] HSU P H, TIAN X, XU Y. Financial development and innovation: cross-country evidence[J]. *Journal of Financial Economics*, 2014(1).

[124] Jones C I, Williams J C. Measuring the social return to R&D[J]. *The Quarterly Journal of Economics*, 1998, 113(4): 1119-1135.

[125] Katz M L, Shapiro C. R and D Rivalry with Licensing or Imitation[J]. *The American Economic Review*, 1987, 77(3): 402-420.

[126] Katz, M. L. (1983). Non-uniform pricing, output and welfare under monopoly[J]. *The Review of Economic Studies*, 50(1), 37-56.

[127] Katz. The Return of the Humanities and Sociology[J]. *Journal of Communication*, 1983(33): 51-52.

[128] KINGR, LEVINER. Finance and growth: schumpeter might be right[J]. *Quarterly Journal of Economics*, 1993(3).

[129] Klemperer P. How broad should the scope of patent protection be?[J]. *The RAND Journal of Economics*, 1990: 113-130.

[130] Kremer M. Patent buyouts: A mechanism for encouraging innovation[J]. *The Quarterly Journal of Economics*, 1998, 113(4): 1137-1167.

[131] Leontief W W. Quantitative input and output relations in the economic systems of the United States[J]. *The Review of Economic Statistics*, 1936: 105-125.

[132] LEVINER. Stock markets, banks and economic growth[J]. *American Economic Review*, 1998(3).

[133] Mansfield E. Technical change and the rate of imitation[J]. *Econometrica: Journal of the Econometric Society*, 1961: 741-766.

[134] Mansfield E, Schwartz M, Wagner S. Imitation costs and patents: an empirical study[J]. *The Economic Journal*, 1981, 91(364): 907-918.

[135] Mansfield E, Rapoport J, Romeo A, Wagner S, Beardsley G. Social and Private Rates of Return from Industrial Innovations[J]. *The Quarterly Journal of Economics*, 1997, 91(2): 221-240.

[136] MERTONR, BODIE Z. A Conceptual framework for analyzing the financial environment[M]. Cambridge, Massachusetts: Harvard Business School Press, 1995.

[137] Pigou. The Economics of Welfare[M]. London: Macmillan, 1920.

[138] PORTARL, LOPEZ-DE-SILANES F, SHLEIFER A, et al. Legal determinants of external finance[J]. *Journal of Finance*, 1997(3).

[139] Posner R A. The social costs of monopoly and regulation[J]. *Journal of Political Economy*, 1975, 83(4): 807-827.

[140] RAJANRG. Has Financial development made the world riskier?[J]. *Economic Policy Symposium*, 2005(8).

[141] RAJANRG, ZINGALES L. Financial dependence and growth[J]. *The American Economic Review*, 1998(3).

[142] Rayo, Luis, and Ilya Segal. "Optimal Information Disclosure." Journal of Political Economy 118, No. 5(2010): 949-987.

[143] Reinganum J F. Uncertain innovation and the persistence of monopoly[J]. *The American Economic Review*, 1983, 73(4): 741-748.

[144] Salop. Monopolistic competition with outside goods[J]. *Bell Journal of Economics*, 1979(10).

[145] Scherer FM. Firm Size, Market Structure, Opportunity, and the Output of Patented Inventions[J]. *American Economic Review*. 1965; 55(5): 1097.

[146] Scherer FM. Market Structure and the Stability of Investment[J]. *American Economic Review*. 1969; 59(2): 72.

[147] Schumpeter J A. The theory of economic development: An inquiry into profits, capital, credit, interest, and the business cycle[M]. 1934, Cambridge: Harvard University Press.

[148] Shaked, Sutton. Natural oligopolies[J]. *Econometrica*, 1983(5).

[149] Shaked, Sutton. Relaxing price competition through product differentiation[J]. *Review of Economic Studies*, 1982(1).

教师服务

感谢您选用清华大学出版社的教材！为了更好地服务教学，我们为授课教师提供本书的教学辅助资源，以及本学科重点教材信息。请您扫码获取。

》教辅获取

本书教辅资源，授课教师扫码获取

》样书赠送

经济学类重点教材，教师扫码获取样书

 清华大学出版社

E-mail: tupfuwu@163.com
电话：010-83470332 / 83470142
地址：北京市海淀区双清路学研大厦 B 座 509

网址：https://www.tup.com.cn/
传真：8610-83470107
邮编：100084